MW01601776

ALIANZAS SOCIALES EN AMÉRICA LATINA

ENSEÑANZAS EXTRAÍDAS DE COLABORACIONES ENTRE EL SECTOR PRIVADO Y ORGANIZACIONES DE LA SOCIEDAD CIVIL

*Miembros del equipo de investigación de SEKN,
por institución participante:*

James Austin (Harvard Business School)
Ezequiel Reficco
Gustavo Herrero

Gerardo Lozano (EGADE - Tec de Monterrey)
Carlos Romero
Angel Maass

Enrique Ogliastri (INCAE - Instituto Centroamericano
John Ickis de Administración de Empresas)
Felipe Pérez

Mladen Koljatic (Pontificia Universidad Católica
Mónica Silva de Chile)

Roberto Gutiérrez (Universidad de los Andes)
Diana M. Trujillo
Iván Darío Lobo

Gabriel Berger (Universidad de San Andrés)
Mario Roitter

Rosa Maria Fischer (Universidade de São Paulo)
Tania Casado
João Teixeira Pires

Las opiniones expresadas en este libro pertenecen a los autores y no necesariamente reflejan los puntos de vista del BID.

Cataloging-in-Publication data provided by the
Inter-American Development Bank
Felipe Herrera Library

Alianzas sociales en América Latina: enseñanzas extraídas de colaboraciones entre el sector privado y organizaciones de la sociedad civil / Miembros del equipo de investigación de SEKN, por institución participante: James Austin ... [*et al.*].

p. cm.
Original title in English: *Social partnering in Latin America*.
Includes bibliographical references.
ISBN: 1597820075

1. Social responsibility of business-Latin America. 2. Strategic alliance (Business)-Latin America. 3. Nonprofit organizations-Latin America. 4. Corporations-Charitable contributions-Latin America. 5. Social marketing-Latin America. 6. Corporate sponsorship-Latin America. I. Austin, James E. II. Inter-American Development Bank. 3. SEKN.

658.408 S832 –dc22

IDB Bookstore
1300 New York Avenue, NW
Washington, DC 20577
Estados Unidos de América
Tel. (202) 623-1753, Fax (202) 623-1709

idb-books@iadb.org
www.iadb.org/pub

Coordinación editorial: María Teresa Barajas S.
Edición y diagramación electrónica: Alfaomega Colombiana S.A., Bogotá, Colombia

*A los líderes de empresas y el sector social
quienes han tenido visión, compromiso y competencia
para combinar recursos para crear alianzas poderosas
que contribuyen a construir un mundo mejor.*

Contenido

Parte I: El proceso de colaboración

Parte II: Temática por país

LISTA DE CUADROS Y GRÁFICOS

Cuadros

Gráficos

LISTA DE COLABORADORES

La realización de este libro ha sido posible gracias al trabajo entusiasta de numerosos académicos e investigadores de diversas instituciones, que desde sus diferentes áreas de especialización, contribuyeron a la investigación que se cristalizó en las páginas que siguen. Se enumeran a continuación por orden alfabético:

Luis Noel Alfaro Gramajo obtuvo su doctorado en Economía Agrícola y Sociología Rural de Ohio State University y es profesor de INCAE, donde imparte cursos de Maestría en Administración de Empresas sobre control gerencial, finanzas, microfinanzas, métodos de intervención gerencial y análisis y solución de problemas gerenciales. Es fundador y presidente de la firma *Empresa y Desarrollo* (E&D). Gramajo ha tenido a su cargo varios procesos de planificación estratégica, de reestructuración y de mejoramiento del desempeño en diversas organizaciones, entre las cuales se encuentra BANRURAL S.A., una de las instituciones financieras de desarrollo de más éxito en el mundo. Es autor o coautor de seis libros sobre finanzas para el desarrollo y organizaciones sociales.

James Austin es titular de la cátedra Snider de Administración de Empresas en Harvard Business School y director de la Iniciativa de Emprendimientos Sociales de dicha institución. Es miembro del cuerpo docente de Harvard University desde 1972. Obtuvo su título de doctor en Administración de Empresas y su diploma de maestría en Administración de Empresas con distinción de Harvard University. Es autor de 16 libros, docenas de artículos y más de cien estudios de casos sobre el sector privado y las organizaciones sin fines de lucro. Su publicación más reciente es el premiado libro *The Collaboration Challenge: How Nonprofits and Businesses Succeed through Strategic Alliances*.

Julio Ayca obtuvo una maestría en Administración de Empresas de INCAE, donde se desempeña como investigador. Su trabajo de investigación se centra en las disciplinas de operaciones y finanzas. Ha realizado investigaciones y diagnósticos de organizaciones y ha escrito varios estudios de casos en las áreas de operaciones, logística, finanzas, control gerencial, organización y empresas sociales. Por otra parte, trabajó en la industria textil peruana y en la entidad local de recaudación tributaria, donde participó en proyectos sobre normas de fiscalización, reducción de costos y mejoramiento de la calidad en los servicios.

Mónica Azofeifa obtuvo su maestría en Administración de Empresas de INCAE con la mejor calificación de su generación. Actualmente se desempeña como consultora senior especializada en Recursos Humanos en PriceWaterhouseCoopers. Trabajó en INCAE como investigadora del Centro Latinoamericano para la Competitividad y el Desarrollo Sostenible (CLACDS), donde escribió casos de enseñanza para miembros del cuerpo docente. Además, en representación de Centroamérica, coordinó el proyecto Red de Conocimiento sobre Emprendimientos Sociales (SEKN).

Gabriel Berger es profesor adjunto de la Universidad de San Andrés, donde dirige el postgrado en Organizaciones sin fines de lucro (CEDES-UDESA-UTDT) y el Programa de Responsabilidad Social. También tiene a su cargo la coordinación del equipo SEKN de Argentina. Obtuvo un doctorado en Política Social y una Maestría en Gestión de Organizaciones Sociales de Heller School of Social Policy and Management (Brandeis University). Sus intereses en el campo académico y de la investigación se enfocan en estrategias de responsabilidad social empresarial, y en gobierno y gestión estratégica de organizaciones sin fines de lucro.

Monica Bose es licenciada en Psicología y actualmente cursa una maestría en Administración de Empresas en la Facultad de Economía, Administración y Contabilidad de Universidade de São Paulo. Trabaja como investigadora en CEATS (*Centro de Empreendedorismo Social e Administração em Terceiro Setor*), y representante de USP en SEKN. Su interés en el área de la investigación comprende el tercer sector, el emprendimiento social y la gestión de recursos humanos. Ha publicado artículos, como "Human Resources Management on Nonprofit Organizations" (Conferencia de BALAS, abril de 2003) y se encuentra preparando su tesis de Maestría sobre "Dirección de personas en las organizaciones de la sociedad civil".

Tania Casado tiene un doctorado en Administración de Empresas de la Facultad de Economía, Administración y Contabilidad de Universidade de São Paulo. Miembro de SEKN, forma parte del equipo CEATS (*Centro de Empreendedorismo Social e Administração em Terceiro Setor*), y es representante de USP. Imparte cursos en el Departamento de Administración de Empresas en FEA/USP, donde también dirige el Programa de Orientación de Carreras. Su investigación se enfoca en potencial humano, diferencias psicológicas, autoevaluación, desarrollo de carreras, comportamiento organizacional y emprendimiento social.

Forrest Colburn obtuvo su doctorado en Gobierno de Cornell University y es profesor visitante en INCAE. Formó parte del cuerpo docente de Princeton University durante ocho años y actualmente enseña en City University of New York (CUNY). En INCAE, ha dado cursos sobre análisis político y administración pública. Escribió *Latin America at the End of Politics* y *The Vogue of Revolution in Poor Countries*, ambos libros publicados por Princeton University Press. Es coautor (junto con Fernando Sánchez) de "Individuos *versus* instituciones en las democracias centroamericanas" y de "Empresarios centroamericanos y apertura económica".

Arturo Condo tiene un doctorado en Administración de Empresas de Harvard University e imparte cursos sobre estrategia empresarial, negocios internacionales y gestión de producción y operaciones en INCAE. También ocupa el cargo de decano asociado del Centro Latinoamericano para la Competitividad y el Desarrollo Sostenible (CLACDS). Obtuvo su maestría en Administración de Empresas de INCAE, donde se graduó con el mayor promedio en la historia de la institución y por lo cual recibió la distinción de Escolasta Distinguido. Ha liderado programas de competitividad para el desarrollo y fortalecimiento de *clusters* en América Latina. Su investigación se enfoca principalmente en el desarrollo de estrategias exitosas en empresas latinoamericanas, tanto en el ámbito local como internacional.

Elidia Maria de Novaes Souza obtuvo su maestría en Comunicación Social de la Escola Superior de Propaganda y Marketing de São Paulo. Se especializó en Geografía en la Facultad de Geografía e Historia de Universidade de São Paulo. Elidia forma parte del equipo de CEATS (*Centro de Empreendedorismo Social e Administração em Terceiro Setor*), que representa a USP en SEKN, y se desempeña en las áreas de investigación, administración y comunicación. Su investigación se ha enfocado en las áreas de responsabilidad social empresarial, alianzas estratégicas intersectoriales para la acción social, emprendimiento social y gobierno empresarial.

Alexandra de Royere tiene una maestría en Administración de Empresas de Harvard Business School. Después de una década de experiencia profesional en el sector privado en Europa y América Latina, ocupa actualmente el cargo de investigadora senior en el Latin America Research Center (LARC) de la sede de Harvard Business School en Buenos Aires. Ha sido coautora de varios estudios de casos sobre empresas y organizaciones sin fines de lucro en América Latina.

Guillermo S. Edelberg fue el primer egresado de habla hispana en recibir un doctorado en Administración de Empresas de Harvard University, en 1963. Actualmente es profesor titular en INCAE. Su tesis doctoral fue publicada en la Ciudad de Nueva York. En Argentina, dirigió el Centro de Investigaciones Económicas del Instituto Di Tella. Fue el primer director de la Escuela de Administración de IDEA y se desempeñó como asesor en el Ministerio de Economía y la Secretaría de Industria de Argentina. Por otra parte, fue consultor del Departamento de Asuntos Económicos de la OEA. Su libro *Temas de actualidad en recursos humanos* se publicó en 2002. Es miembro de la International Academy of Management.

Diana Victoria Fernández, ingeniera industrial y con una Maestría en Comunicaciones Organizacionales, dirige la Oficina de Comunicaciones de la Universidad Javeriana.

Rosa Maria Fischer es socióloga, con maestría y doctorado de Universidade de São Paulo, y tiene un doctorado en Administración de Empresas de la Facultad de Economía, Administración y Contabilidad (FEA/USP), donde ocupa el cargo de profesora titular. Coordina el CEATS (*Centro de Emprendedorismo Social e Administração en Terceiro Setor*) en la Fundación del Instituto de Administración (FIA), y dirige el equipo que representa a USP en SEKN. Sus áreas de investigación incluyen responsabilidad social empresarial, alianzas estratégicas intersectoriales para la acción social, emprendimiento social, administración empresarial y del tercer sector, gobierno corporativo, cultura organizacional y poder, así como gestión de recursos humanos.

Luz Marina García se desempeña como consultora y tiene una maestría en Ingeniería Industrial de University of Wisconsin en Madison. Trabajó como investigadora de INCAE, donde escribió 30 estudios de casos y 9 notas técnicas. Impartió seminarios de *marketing,* dio cursos sobre ISO 9000 y colaboró con Guillermo S. Edelberg en un capítulo de su libro *Temas de actualidad en recursos humanos.* Su caso *Bembos* pronto se publicará en el primer número del *Journal of International Business.* Este caso también se publicó en la revista INCAE en julio de 2003.

Gustavo González es ingeniero civil y tiene un doctorado en Filosofía de la Universidad de Navarra. Ocupó el cargo de vicerrector académico de la Universidad de los Andes, donde ahora dirige el área de Administración y enseña Gestión Pública y Responsabilidad Social.

Roberto Gutiérrez es profesor asociado en la Facultad de Administración de la Universidad de los Andes. Tiene un doctorado en Sociología de Johns Hopkins University. En los últimos tres años, estuvo a cargo del *Programa de Iniciativas Sociales* y ha recibido una distinción por Servicio Social y un premio a la Excelencia Académica. Ha publicado artículos sobre educación, alianzas y desarrollo, en revistas académicas y de divulgación.

Gustavo A. Herrero obtuvo su maestría en Administración de Empresas de Harvard Business School en 1976 y ocupa el cargo de director ejecutivo del Centro de Investigación para América Latina (LARC, por sus siglas en inglés) de Harvard Business School. Gustavo lleva a cabo investigaciones relacionadas con América Latina para todos los departamentos de Harvard Business School o en conjunto con los mismos. También ha participado en la creación y coordinación de varias iniciativas académicas en la región, como el Colloquium on Participant Centered Learning (CPCL), Publishing Latin American Case Consortium (LACC) y SEKN.

John Ickis tiene un doctorado de Harvard University y es profesor titular de Administración de Empresas en INCAE. Su trabajo de investigación se ha centrado en procesos estratégicos en las organizaciones sociales. El Dr. Ickis es coautor de *Beyond Bureaucracy* y ha publicado varios artículos en *Harvard Business Review* y en *World Development.* Su nombre figura en *Who's Who of Professionals, Who's Who in Finance and Industry,* y en *Who's Who in the World.* También recibió la ciudadanía honoraria en Soweto (Sudáfrica).

Mladen Koljatic se ha desempeñado como docente en la Facultad de Administración de Empresas de la Pontificia Universidad Católica de Chile desde 1974. Tiene una maestría en Administración de Empresas de University of Michigan y un doctorado en Educación de Indiana University. Imparte cursos de investigación de *marketing* y publicidad y, más recientemente, sobre responsabilidad social empresarial y gestión de organizaciones sin fines de lucro. Ha escrito varios artículos sobre administración de la educación superior para publicaciones internacionales de prestigio.

Francisco Leguizamón obtuvo su doctorado en Administración de Empresas en el IESE de la Universidad de Navarra y es profesor titular en INCAE, donde también ha ocupado los cargos de decano y de director académico. El profesor Leguizamón imparte cursos en programas de postgrado y en seminarios ejecutivos sobre comportamiento organizacional, estrategia empresarial, negociación y administración de pequeñas empresas. Es autor de dos libros sobre programas de apoyo para la pequeña y mediana empresa. También ha escrito una serie de artículos y numerosos estudios de casos que abordan los diversos problemas que se suelen enfrentar en la administración de empresas.

Iván Darío Lobo Romero se graduó de ingeniero industrial en la Universidad de los Andes. Ha sido miembro de SEKN desde abril de 2002. Como investigador asistente para la Iniciativa en Emprendimientos Sociales de la Facultad de Administración de la Universidad de los Andes, se interesa por los emprendimientos sociales, la gestión pública, la planificación y el desarrollo.

Gerardo Lozano posee un doctorado en Administración de Empresas con especialización en *Marketing* y Comercio Internacional. Es profesor en la Escuela de Graduados en Administración y Dirección de Empresas (EGADE, Tec de Monterrey), donde dirige la sección mexicana de la Red de Conocimiento sobre Emprendimientos Sociales (SEKN). Desde 2001 ha impartido clases en el programa Líderes Sociales, iniciativa emprendida por la Universidad Virtual de Monterrey, La Conservación de la Naturaleza, el Banco Mundial y el Centro Mexicano de Filantropía (CEMEFI). Dicho programa ofrece cursos a distancia sobre desarrollo de capacidades para organizaciones de la sociedad civil en América Latina.

Angel Maass Villafranca es investigador asociado del equipo SEKN en EGADE, del Tecnológico de Monterrey, Campus Monterrey. En

2002 obtuvo la licenciatura en Economía del Tecnológico de Monterrey, Campus Monterrey. Por otra parte, ha asistido a cursos de especialización en Banca y Finanzas (ESC, Rouen, 2001). Actualmente cursa una maestría en Finanzas (EGADE, Tecnológico de Monterrey, Campus Monterrey). Entre sus trabajos más recientes, ha sido el coautor, en conjunto con Harvard Business School, de los estudios de casos "Construyamos sus sueños: Danone México y la *Casa de la Amistad* para Niños con Cáncer" y "Reciclable por Naturaleza".

Christopher Moxon, investigador asociado de SEKN en México, obtuvo su maestría en Administración de EGADE, Tecnológico de Monterrey. Su gran interés en el tema de la responsabilidad social empresarial lo llevó a elegir el estudio de caso "Construyamos sus sueños" como el proyecto de investigación final de su Maestría. Actualmente reside en Seattle (Washington, Estados Unidos) y ocupa el cargo de vicepresidente del Community Development Bank de Bank of America.

Enrique Ogliastri, con un doctorado de Northwestern University, dirige el proyecto SEKN en INCAE, donde enseña negociación, organización, estrategia y emprendimiento social. Profesor investigador en la Universidad de los Andes durante 25 años y en Harvard University durante cuatro, también ha sido profesor visitante en Japón, Francia y España. Realizó investigaciones especializadas en áreas interdisciplinarias, sobre la clase dirigente y el poder regional en Colombia, las crisis y etapas en el desarrollo del adulto, la historia y estrategia de empresas, la relación entre cultura y gerencia, y los procesos de negociación intercultural. Ha sido autor de 12 libros.

Felipe Pérez Pineda tiene un doctorado en Economía Agrícola de Purdue University y es profesor asociado de INCAE. Pérez Pineda imparte varios cursos en los programas de maestría regular y ejecutiva del Instituto en las áreas de desarrollo sostenible, negociación, emprendimiento social y métodos cuantitativos. Su investigación se enfoca en las áreas de metodologías de valoración de bienes y productos ambientales, legislación y regulación ambientales, desarrollo económico y crecimiento en países emergentes, competitividad y eficiencia ambiental, así como en actualización de la agroindustria. Participa activamente en proyectos internacionales, como SEKN, y en eventos académicos en el exterior, donde presenta los resultados de sus investigaciones.

Andrea Prado, titular de una maestría en Economía Internacional de University of Essex, se desempeña como investigadora en el Centro Latinoamericano para la Competitividad y el Desarrollo Sostenible (CLACDS) de INCAE, donde actualmente coordina el proyecto Red de Conocimiento sobre Emprendimientos Sociales (SEKN). Beneficiaria de una beca Óscar Arias del British Council para realizar sus estudios de maestría, ésta la obtuvo con honores. Trabajó en CLACDS como consultora externa, donde colaboró en la investigación sobre la competitividad en el sector turístico en América Central. Ha escrito numerosos estudios de casos y ha participado en análisis sobre la competitividad latinoamericana.

Julio Sergio Ramírez, doctor en Economía Política y Gobierno con título de Harvard University, es profesor titular en INCAE, donde enseña análisis político, análisis ambiental, decisiones gerenciales, políticas de desarrollo, evaluación de proyectos y administración pública, entre otros temas. Sus obras publicadas incluyen *El caballo volador: los retos de la gerencia general* y *Negociar es bailar: conceptos y guías para la negociación eficaz.* Actualmente se encuentra preparando un libro sobre un nuevo enfoque para la formulación y la implementación de estrategias por parte de gobiernos y entidades públicas.

Ezequiel Reficco es abogado (Universidad de Buenos Aires, 1989), y obtuvo una maestría en Estudios Internacionales (Universitat Autònoma de Barcelona) y un doctorado en Leyes y Diplomacia (Tufts University, 2002). Se incorporó al cuerpo docente de Harvard Business School en 2002 como investigador de posdoctorado en la Iniciativa de Emprendimientos Sociales de dicha institución. Su trabajo en Harvard Business School se centró en colaboraciones entre organizaciones sin fines de lucro y empresas, responsabilidad social empresarial y emprendimiento social empresarial. Jugó un papel capital en el lanzamiento del proyecto SEKN. Ha publicado en revistas académicas y en periódicos de Estados Unidos, Argentina, España, Italia y Venezuela.

Ricardo Reisen de Pinho se ha desempeñado como investigador senior en el Centro de Investigación para América Latina de Harvard Business School desde 2002. Realizó el Program for Management Development (PMD) de Harvard, el Advanced Management Program (AMP) de Wharton y tiene una maestría en Finanzas de la Pontifícia Universidade Católica de Rio de Janeiro, donde también se graduó como ingeniero. Colaboró con varios estudios de casos sobre empresas y se forjó una carrera como profesional en el área de servicios bancarios a través de diferentes misiones y cargos en ABN Amro, Banco Garantia y Banco Itaú.

Jesús Revilla de Taboada obtuvo su maestría en Administración de Empresas con honores de INCAE. Actualmente es gerente comercial para la Región Andina y el Cono Sur de RTC Industries, una empresa multinacional especializada en puntos de venta. Al culminar su maestría en Administración de Empresas, Jesús permaneció en INCAE como investigador y escribió 18 estudios de casos, algunos de los cuales han sido publicados en revistas académicas y figuran en el libro *Marketing* (edición latinoamericana), escrito por Philip Kotler en 2001. Además, tuvo a su cargo el proyecto Análisis de la competitividad de Panamá, que sirvió de base para un documento en el que se promovía el desarrollo competitivo en ese país.

Luciana Rocha de Mendonça concluyó sus estudios de maestría en Administración de Empresas y actualmente se encuentra realizando un doctorado en la Facultad de Economía, Administración y Contabilidad de Universidade de São Paulo. Como investigadora en CEATS (*Centro de Empreendedorismo Social e Administração em Terceiro Setor*), representante de USP en SEKN, ha trabajado en temas sobre responsabilidad social empresarial en las organizaciones sin fines de lucro, gobierno empresarial y alianzas intersectoriales. Entre sus publicaciones se encuentran: *O desafio das alianças intersetoriais para o desenvolvimento social,* con R. M. Fischer y T. Dutra (CLADEA, 2002) y *The Constitution of Cross-Sector Alliances,* con R. M. Fischer (BALAS, 2003).

Wendy Rodríguez, con una maestría en Administración de Empresas de INCAE, es investigadora en el Centro Latinoamericano para la Competitividad y el Desarrollo Sostenible de INCAE. Se ha desempeñado como consultora en el área de Estrategia, enfocando su interés en la sostenibilidad financiera, económica, social y ambiental de comunidades indígenas de México y de las islas Galápagos. En el marco del programa SEKN, estudió la sostenibilidad de las empresas sociales en América Central. Actualmente, Wendy participa en Digital Nations, un proyecto de investigación emprendido por el Laboratorio de Medios de Massachusetts Technological Institute y varias empresas internacionales.

Mario M. Roitter es economista (Universidad Nacional de Cuyo) y tiene una maestría en Administración de Empresas (IESA, Caracas). Se ha desempeñado como delegado de Argentina en el Proyecto Internacional Comparativo del Tercer Sector, coordinado por Johns Hopkins University. Ocupa el cargo de investigador titular en el Centro de Estudios de Estado y Sociedad (CEDES). Es profesor en el Programa de Postgrado en Organizaciones sin fines de lucro (CEDES-UDES-UTDT) y es miembro del equipo de investigadores de SEKN Argentina. Su interés académico y de investigación comprende la responsabilidad social empresarial y estudios sobre el tercer sector.

Carlos Romero-Uscanga ocupa un cargo de profesor en la Escuela de Graduados en Administración y Dirección de Empresas (EGADE) del Tecnológico de Monterrey, Campus Monterrey. Se ha desempeñado como profesor desde 1992. Recibió un doctorado en Administración del Instituto Tecnológico y de Estudios Superiores de Monterrey (ITESM) y de University of Texas (Austin), así como una maestría de ITAM, Ciudad de México. Ha escrito varios casos para libros, artículos y tres estudios de casos sobre organizaciones empresariales y sin fines de lucro. Sus temas de investigación comprenden *e-strategy,* el proceso de la toma de decisiones, el emprendimiento social y la administración ambiental.

Jaime Alberto Ruiz es ingeniero industrial y tiene un doctorado en Matemáticas Aplicadas a las Ciencias Sociales de École des Hautes Études en Sciences Sociales de París. Es profesor en el área de las organizaciones.

Alejandro Sanz de Santamaría, ingeniero industrial con un doctorado en Economía de University of Massachusetts en Amherst, es profesor en el área de las organizaciones.

Loretta Serrano es investigadora asociada y directora del proyecto SEKN en EGADE. Obtuvo una maestría en Gestión del Desarrollo de London School of Economics y se le han otorgado becas de la Fundación Luis Donaldo Colosio y de la Universidad de las Naciones Unidas en Tokio. Sus intereses principales en el área de la investigación están relacionados con los papeles específicos que el sector público, el sector privado y el tercer sector juegan en el desarrollo económico y social. Concluyó recientemente su tesis "Development Partners... for Business?", y se ha desempeñado como consultora para

Business Linkages Challenge Fund del Departamento de Desarrollo Internacional del Reino Unido.

Mónica Silva ha sido investigadora asociada en la Facultad de Administración de Empresas de la Pontificia Universidad Católica de Chile desde 1999. Sus estudios de grado se enfocaron en Psicología Educacional y Clínica, y tiene una maestría y un doctorado en Psicología Educacional de Indiana University. Su especialización cubre las áreas de evaluación educacional y los métodos de investigación en las ciencias sociales. Ha escrito libros sobre adolescencia y educación sexual, así como también varios artículos sobre investigación de evaluación publicados en revistas internacionales de prestigio.

João Teixeira Pires se graduó de ingeniero mecánico de POLI/USP, Escola Politécnica, en Universidade de São Paulo. Culminó su maestría en Recursos Humanos y se encuentra actualmente realizando una maestría en Administración de Empresas en la Facultad de Economía, Administración y Contabilidad de FEA/USP. João trabaja como investigador para CEATS (*Centro de Empreendedorismo Social e Administração em Terceiro Setor*), institución que representa a USP en SEKN. Sus áreas de especialización comprenden la responsabilidad social empresarial y las alianzas estratégicas intersectoriales para la acción social. Uno de los artículos que ha publicado es "Evaluation of Social Projects and Programs", VI SEMEAD (Seminários em Administração-FEA/USP) (2003).

Diana Trujillo es investigadora de la Iniciativa en Emprendimientos Sociales (IESO) de la Universidad de los Andes. Obtuvo el título de ingeniera industrial de la Universidad Javeriana y se especializó en Gerencia de Recursos Humanos en la Universidad de los Andes, donde cursa actualmente una maestría en Educación. Su área de investigación es emprendimientos sociales, en particular los temas de responsabilidad social individual y empresarial y alianzas intersectoriales.

PRÓLOGO

Gran parte de lo que han escrito aquí el profesor James Austin y sus excelentes colaboradores refleja mi filosofía en los negocios y en la vida. *Alianzas Sociales en América Latina* y las relaciones de colaboración que describe, representan muchas de mis propias experiencias y me permiten comprender mejor las alianzas entre las empresas y las organizaciones civiles. No participé en forma directa en la producción de este trabajo, pero un libro como éste me hubiera venido muy bien hace diez años.

He tenido bastante éxito como emprendedor durante mis 30 años de carrera. En 1991 decidí alejarme por un tiempo de mi actividad empresarial para formar el Consejo Mundial de Empresas para el Desarrollo Sostenible (WBCSD, World Business Council for Sustainable Development), con el fin de ofrecer una perspectiva empresarial a la "Cumbre Mundial" de Río de Janeiro de 1992 y tratar de llevar el mensaje del desarrollo sostenible a las empresas. En realidad, se trataba de un primer intento de crear vínculos más fuertes entre las compañías y las sociedades en las que operan.

En 1994 formé la Fundación AVINA, con el propósito de apoyar y promover el liderazgo con miras a un desarrollo sostenible en América Latina y la península Ibérica. De inmediato surgió un problema: si vivo de acuerdo con una cierta visión y ciertos valores y trato de promoverlos, mientras que mi compañía latinoamericana –GrupoNueva– actúa según su propia visión y sus valores y la Fundación responde a otro conjunto de valores, ¿qué pasa con mi propia integridad? ¿No debería integrar mis valores en las organizaciones que construyo? ¿No deberían mi compañía y mi fundación compartir mi visión? ¿Es posible esa integración o soy un ingenuo, al creer que las organizaciones que operan en distintos sectores pueden compartir los mismos valores fundamentales?

Hace ya más de una década que vengo utilizando distintas estrategias para lograr que AVINA y GrupoNueva respondan a un mismo "VIVA" (visión y valores). Por ello, con gran interés leí en *Alianzas Sociales en América Latina* sobre las distintas formas de "alineamiento" entre valores, estrategias y objetivos de las organizaciones de la sociedad civil (OSC) y las empresas: alineamiento amplio, alineamiento profundo, y sobre las distintas formas de desarrollar y mantener el alineamiento.

Este libro demuestra la importancia de la creación de alianzas entre las empresas y las OSC como mecanismo innovador para aprovechar la fuerza de ambos sectores, en pos de mejorar la sociedad. Les muestra a las compañías que asociarse con organizaciones sin fines de lucro puede ser conveniente para el negocio en lo inmediato. Además, el libro constituye una contribución fundamental para nuestros conocimientos sobre la importancia y la factibilidad de estas alianzas intersectoriales.

A través del trabajo de AVINA con líderes sociales y empresariales, descubrimos una desconexión. Los líderes de las OSC conocían sus comunidades y sus problemas en profundidad y proponían algunas soluciones, pero muchos carecían de las habilidades básicas para el manejo del dinero y los proyectos –es decir, capacidades empresariales. Los líderes de empresas solían conocer a fondo sus negocios, pero no estaban al tanto de las amenazas y oportunidades que encerraban las sociedades a su alrededor.

Entonces, AVINA comenzó a construir puentes entre las OSC y las empresas. En algunos países comenzamos por ofrecerles a los líderes de las organizaciones sin fines de lucro una "donación adicional", si lograban reunir el mismo monto de dinero en el sector privado, con aportes corporativos y personales. Fue un éxito financiero. En Brasil, el aporte del sector privado fue más allá de las metas comprometidas para fondos de contrapartida y superó la contribución de AVINA.

Sin embargo, ¿cuáles son los beneficios intangibles de este tipo de colaboración? ¿Cuáles son los obstáculos y cómo se pueden superar? Con estos interrogantes en mente, AVINA se asoció con Harvard Business School y el profesor James Austin para crear, en 2001, la Red de Conocimiento sobre Emprendimientos Sociales (SEKN, Social Enterprise Knowledge Network), con el objeto de avanzar en el terreno del conocimiento y la práctica de empresas sociales en América Latina, a través de la investigación conjunta, el aprendizaje compartido, la enseñanza sobre la base de casos específicos y el fortalecimiento de las capacidades de las instituciones dedicadas a la formación ejecutiva para atender las necesidades de sus comunidades. Harvard comenzó a trabajar con seis de las mejores instituciones dedicadas a la formación ejecutiva en América Latina y sus socios.

Este libro representa el resultado inicial y tangible de dicha colaboración. No se trata de un tratado académico dedicado a alabar las bondades de las alianzas entre las empresas y las organizaciones sin fines de lucro. Más bien es un libro incisivo, que analiza las fortalezas y debilidades, las oportunidades y amenazas que presenta el camino de la colaboración intersectorial. En un momento, señala: "No existen las colaboraciones gratuitas. Las colaboraciones implican costos. Cuando los beneficios no exceden esos costos, la relación no es sostenible ni debería continuarse".

El libro divide a las OSC en cinco niveles, que van desde las que carecen de organización hasta aquellas que son maduras y sostenibles. Examina tres etapas en las relaciones de colaboración: la etapa *filantrópica* (que consiste exactamente en lo que la palabra sugiere); la etapa *transaccional*, en la que las empresas y las organizaciones sin fines de lucro colaboran en proyectos tales como campañas de *marketing* de causas o programas de voluntariado de empleados, pero la unión de sus fuerzas se circunscribe a estos proyectos específicos; y la etapa *integrativa*, en la que el proyecto común se asemeja a un emprendimiento conjunto, con un alto nivel de integración de misiones, valores y estrategias y una frecuente interacción entre los personales de ambas organizaciones.

Este tipo de proyectos integrados todavía constituye una minoría en América Latina, pero la descripción de uno de ellos me causó especial satisfacción. El diario argentino *La Nación* inició una relación de colaboración con la Red Solidaria (RS) con el fin de conectar a las personas o grupos que tenían necesidades concretas con quienes podían ofrecer la ayuda necesaria. Uno de los productos que desarrolló esta alianza fueron los "clasificados solidarios", una sección regular del diario que publicaba avisos de necesidades sociales insatisfechas. La alianza involucró al personal clave de ambas organizaciones: voluntarios de la RS y periodistas de distintas secciones de *La Nación*, al punto que resultó difícil distinguirlos. Como comentó un editor del diario: "Nuestra relación con RS es muy intensa porque es cotidiana".

Los autores de SEKN han identificado algunos temas interesantes para investigaciones futuras. ¿Cómo se asocian las empresas y las OSC con los gobiernos, en especial los locales, cuya participación en estas alianzas debería ser más frecuente? ¿Cómo se supera lo que los autores definen como "la aparente ambivalencia que sienten algunos empresarios e individuos frente a la posibilidad de que las empresas obtengan beneficios comerciales, a la vez que generan beneficios sociales"?

Esta última pregunta es crucial, ya que los esfuerzos corporativos para promover el desarrollo continuarán siendo marginales, si las compañías no logran participar del proceso y ofrecer a la gente necesitada servicios básicos, como agua, comida, salud, educación, transporte, comunicaciones y empleo, de tal manera que beneficien a estos clientes y, al mismo tiempo, generen ganancias para las empresas.

GrupoNueva está buscando alternativas de negocios con los pobres. El WBCSD ha organizado un grupo de trabajo sobre "negocios a favor de los pobres" y está reuniendo ejemplos, mientras elabora una guía de instrucciones para este tipo de emprendimientos. En muchos de estos ejemplos, son las OSC quienes proveen los contactos –un tipo de intermediación honesta entre las empresas y las comunidades pobres a las que atienden.

En lo que a mí respecta, el concepto de alineamiento se ha convertido en una especie de obsesión, que espero sirva de inspiración a otros empresarios. He transferido las acciones del *holding* GrupoNueva y otras acciones a un fondo que administra una entidad llamada VIVA. En esencia, se trata de la donación de mis activos comerciales a la causa de la fundación. Básicamente, quiero que VIVA realice la función que yo desempeñé en el pasado. La compañía ya no me pertenece, por lo que VIVA actuará como propietaria, fijará las pautas estratégicas al directorio de GrupoNueva y definirá los parámetros mínimos de desempeño en los ámbitos económico, social y ambiental. Al mismo tiempo, los dividendos que VIVA reciba de la compañía, le permitirán financiar la labor de AVINA. De este modo, se originará un alineamiento muy profundo y muy amplio a la vez.

Felicito a los coautores de SEKN por *Alianzas Sociales en América Latina.* Se trata de un análisis sólido, de excelente lectura. Sus contenidos incorporan avances intelectuales significativos, traducidos a lecciones y enseñanzas muy útiles para los líderes empresariales y sociales. Seguiré utilizándolo y recomendándolo a los líderes de empresas, líderes sociales, políticos y a todos aquellos que se dedican a forjar un mejor futuro para América Latina. Este libro muestra el camino hacia el progreso.

Stephan Schmidheiny
Fundador
Fundación AVINA

PREFACIO

Este libro es el producto de un importante esfuerzo conjunto de investigación, desarrollado por un grupo de escuelas de negocios líderes en América Latina y Harvard Business School. En 2001, las siguientes escuelas de negocios se unieron con AVINA para crear la red SEKN:

- Argentina: Universidad de San Andrés – Universidad Torcuato Di Tella – CEDES
- Brasil: Universidad de São Paulo – CEATS
- América Central: Instituto Centroamericano de Administración de Empresas (INCAE)
- Chile: Pontificia Universidad Católica de Chile
- Colombia: Universidad de los Andes
- México: Instituto Tecnológico y de Estudios Superiores de Monterrey – Escuela de Graduados en Administración y Dirección de Empresas (EGADE)
- Estados Unidos: Harvard University Graduate School of Business Administration (HBS)

Las instituciones que conforman SEKN y AVINA detectaron la necesidad de profundizar el conocimiento y la capacitación gerencial, en relación con las organizaciones dedicadas a fines sociales o a las actividades que denominamos *emprendimientos sociales*. El término abarca todo tipo de organizaciones y emprendimientos relacionados con actividades de valor social significativo o con la producción de bienes y servicios con propósitos sociales intrínsecos, más allá de su categoría legal (con o sin fines de lucro o públicas). En su condición de escuelas de gestión de negocios, las instituciones participantes en SEKN tienen una marcada orientación al mundo de la práctica. La investigación desarrollada apunta a generar nuevo capital intelectual, con el fin de mejorar las prácticas gerenciales en todo tipo de empresas sociales. El proyecto de investigación inicial de SEKN, que se presenta en este libro, se ha concentrado en la colaboración estratégica entre compañías de negocios y organizaciones sin fines de lucro –actividad a la que consideramos fundamental en el logro de progreso social en América Latina y cuya necesidad de nuevos esfuerzos de investigación era urgente.

La misión específica de SEKN consiste en:

Avanzar en el terreno del conocimiento y la práctica de empresas sociales a través de la investigación conjunta, el aprendizaje compartido, la enseñanza sobre la base de casos específicos y el fortalecimiento de las capacidades de las instituciones dedicadas a la formación ejecutiva para atender las necesidades de sus comunidades.

Esta misión y el abordaje del tema de las empresas sociales constituyen un aspecto integral de los objetivos básicos de las escuelas que participan en SEKN. Estas instituciones se han comprometido a asignar recursos significativos al desarrollo de investigaciones sobre emprendimientos sociales y de cursos de capacitación para los alumnos de los programas de MBA y educación ejecutiva. Además, comparten una profunda convicción y un compromiso cabal en relación con el trabajo en conjunto para lograr su misión colectiva.

La capacidad de SEKN para desarrollar estas actividades cuenta con el apoyo fundamental del generoso aporte financiero e intelectual, además de la experiencia, de la Fundación AVINA. La misión de AVINA consiste en "asociarse con líderes de la sociedad civil y las empresas en sus iniciativas que apuntan al desarrollo sostenible en Iberoamérica". AVINA ha demostrado su espíritu emprendedor en su disposición para asociarse con las escuelas que conforman SEKN, con el propósito de crear una alianza hemisférica sin precedentes –en sí misma, un claro ejemplo de emprendimiento social–. Somos muy afortunados de contar con AVINA como socio.

La naturaleza aplicada de la investigación de SEKN y el desarrollo de casos requieren una importante cooperación de las empresas y las OSC. Agradecemos profundamente a las organizaciones que han colaborado en este proyecto, así como a sus líderes, por permitirnos aprender de sus experiencias. Su generosidad posibilitó la edición de este libro y la elaboración de los correspondientes casos de estudio que, a su vez, servirán para que otros fortalezcan sus emprendimientos sociales. Los líderes de las compañías y las OSC merecen nuestro reconocimiento no sólo por las excelentes actividades sociales de sus organizaciones, sino también por su vocación de compartir sus conocimientos con toda la comunidad.

SEKN también agradece a los decanos, rectores y presidentes de las escuelas participantes por su inquebrantable apoyo a este esfuerzo. Asimismo, nuestro agradecimiento se extiende a todo el personal administrativo y de investigación, que nos brindó el apoyo necesario para nuestras actividades.

También deseamos agradecer al David Rockefeller Center for Latin American Studies, de Harvard University, por considerar nuestro manuscrito dentro de la colección especial que publica Harvard University Press. Agradecemos, además, a los revisores del manuscrito por sus aportes constructivos, pues éstos contribuyeron a mejorar la calidad del libro.

Por último, nuestro agradecimiento especial está dirigido a los autores que colaboraron en este trabajo, no sólo por su gran esmero profesional y académico en el desarrollo de las complejas tareas de investigación de campo y comunicación de resultados, sino también por su voluntad y aptitud para colaborar con colegas de diversas instituciones y de distintos países. Este libro es el producto del extraordinario esfuerzo conjunto de los equipos de investigación de las escuelas de negocios participantes en SEKN. Los grandes equipos tienen grandes líderes. Este libro no hubiera sido posible sin el gran liderazgo que desplegaron: Gabriel Berger, Universidad de San Andrés; Rosa Maria Fischer, Universidade de São Paulo; Roberto Gutiérrez, Universidad de los Andes; Mladen Koljatic, Pontificia Universidad Católica de Chile; Gerardo Lozano, EGADE; y Enrique Ogliastri, INCAE. Finalmente, cabe destacar la participación de Ezequiel Reficco, quien aportó una cuota excepcional de capacidad, energía y paciencia para realizar la difícil tarea de reunir los hallazgos de los estudios desarrollados por los países participantes. De igual importancia para el éxito del esfuerzo internacional fue la destacada dedicación y el liderazgo de Gustavo Herrero, director del HBS Latin America Research Center, cuya función de coordinación resultó vital para el emprendimiento conjunto de la Red.

Los estudios de escala hemisférica, que involucran a docenas de investigadores y una multitud de instituciones de campo y utilizan un marco y una metodología de investigación común, son en extremo complicados, razón por la cual se realizan con tan poca frecuencia. Por tanto, constituyen una valiosa oportunidad para producir el nuevo conocimiento que genera progreso en la práctica gerencial. Esperamos que este libro contribuya al importante campo de las colaboraciones entre las organizaciones de la sociedad civil y el sector privado. Si bien este trabajo no tiene la intención de ofrecer respuestas concluyentes, creemos que servirá para mejorar significativamente nuestra comprensión colectiva y señalar áreas productivas para futuros trabajos de investigación. Más que un libro, *Alianzas Sociales en América Latina* constituye una etapa del viaje continuo hacia el aprendizaje conjunto para alcanzar el bienestar de nuestras sociedades.

James E. Austin
Titular de la Cátedra Snider de Administración de Empresas
Director de la Iniciativa de Emprendimientos Sociales
Harvard Business School
Boston, Massachusetts

Prólogo a la edición en castellano

La publicación de este libro no podría ser más oportuna. Los últimos años han sido de un gran auge en la globalización de la información, que ha tenido un gran impacto en el desarrollo de dos movimientos relacionados, el del crecimiento y evolución de las instituciones de la sociedad civil y el de la responsabilidad corporativa. La cada vez más elevada velocidad de la transmisión de información conduce a que la sociedad civil, los consumidores, los competidores, los gobiernos y demás partes involucradas tengan mayor información sobre las actividades de las empresas. Ello ha conducido no sólo a mayores presiones competitivas en los mercados internacionales y locales, sino, además, a una mayor exposición pública del comportamiento de las empresas y a una mayor demanda, de las partes involucradas, de un comportamiento responsable y una revisión del papel de la empresa más allá de la mera producción de bienes y servicios, el pago de impuestos y la creación de empleo.

Sin embargo, el fin primordial de la empresa sigue siendo la obtención de beneficios, y si bien debe preocuparse del impacto de sus actividades sobre todas las partes involucradas, no es menos cierto que la principal parte involucrada es la representada por los accionistas o dueños. No obstante, la empresa hace bien en recordar que sin consumidores o clientes, y sin trabajadores, no hay empresa; que sin comunidad, ésta operaría en un vacío.

La empresa debe ser responsable por multitud de razones, morales y económicas, pero es su responsabilidad de continuar siendo viable la que determina y está por encima de todas las demás. ¿De qué nos sirve una empresa responsable que camina hacia la extinción? La empresa debe ser viable y responsable. Es su responsabilidad ser viable. ¿Cómo pueden la responsabilidad y la viabilidad reforzarse mutuamente? Ejecutando sus actividades sin perjudicar a las partes involucradas, y, de ser posible, beneficiándolas, de tal manera que esas actividades tengan un impacto financiero neto, medido sobre el largo plazo, positivo. Cuando la responsabilidad sea vista dentro de la empresa como una contribución a su competitividad, será parte de la estrategia empresarial y, por ende, será una responsabilidad sostenible, no efímera.

Una de las mejores maneras de potenciar la competitividad a través de las actividades responsables es aprovechar las sinergias obtenibles en alianzas tanto comerciales como con organizaciones de la sociedad civil. Este último caso tiene la virtud de permitir a la empresa ser no sólo social y ambientalmente responsable, sino además obtener beneficios de ello.

Este libro está repleto de casos de alianzas entre empresas y organizaciones de la sociedad civil que muestran la responsabilidad de las empresas ante la comunidad en la cual desempeñan sus actividades y de la cual deriva su "licencia para operar", y cómo esta responsabilidad contribuye a la viabilidad misma de la empresa. Los casos presentados en este libro cubren una amplia gama de ejemplos de diferentes países y deben constituirse en referencia obligada de los interesados en promover la responsabilidad empresarial y el desarrollo de las comunidades.

Una de las principales virtudes de este libro, y su ventaja comparativa, es que presenta claramente los conceptos y muestra cómo hacer las alianzas productivas, no en forma de recetario, que sería de aplicación limitada, sino a través de un análisis exhaustivo de los principios básicos, lo cual permite su combinación y adaptación a las circunstancias del caso al que se quiere aplicar, haciendo la discusión presentada de aplicación universal.

Para nosotros, en el Banco Interamericano de Desarrollo, es motivo de orgullo poder contribuir a la difusión de estos ejemplos del aporte privado al mejoramiento de la calidad de vida de los pueblos de América Latina y el Caribe, que complementan los esfuerzos de instituciones multilaterales de desarrollo como la nuestra.

Antonio Vives
Subgerente de Empresa Privada y Mercados Financieros
Banco Interamericano de Desarrollo

Lista de siglas

AEMA	Aprender a Emprender en el Medio Ambiente
AMCHAM	American Chamber of Commerce
AUSOL	Autopistas del Sol
BAM	Banco de Alimentos de Monterrey
BCI	Banco de Crédito e Inversiones
CCA	Coca-Cola de Argentina
CCM	Corporación de Crédito al Menor
CdA	Casa de la Amistad
CENPEC	Centro de Estudos e Pesquisas em Educação, Cultura e Ação Comunitária
CG	Comité de Gestión
CGH	Centro de Gestión Hospitalaria
CI	Conservation International
CIT	Centro de Investigación de Tambopata
CMC	Campaña de *marketing* de causas
CMD	Corporación El Minuto de Dios
CMM	Corporación Municipal de Melipilla
CNI	Comunidad nativa Ese'eja de Infierno
COANIQUEM	Corporación de Ayuda al Niño Quemado
EGADE	Escuela de Graduados en Administración y Dirección de Empresas
EJN	Emprendedores Juveniles de Nicaragua
FASA	Farmacias Ahumada S.A.
FLR	Fundación Las Rosas
FUPROVI	Fundación Promotora de Vivienda
FPC	Fondo Perú-Canadá
FRP	Fundación Rafael Pombo
FSC	Forest Stewardship Council
GEC	Grupos de Estudio Comunitario
GEM	Global Entrepreneurship Monitor
HBS	Harvard Business School
INCAE	Instituto Centroamericano de Administración de Empresas
INDE	Instituto Nicaragüense de Desarrollo
ISE	Initiative on Social Enterprise
JAA	Junior Achievement Argentina
JAI	Junior Achievement Inc.
JLCM	Junior League de la Ciudad de México
KC	Kimberly-Clark

LARC	Latin America Research Center
MECD	Ministerio de Educación, Cultura y Deportes
ONG	Organizaciones no gubernamentales
OSC	Organizaciones de la sociedad civil
PA	Posada Amazonas
PROAC	Programa de Apoio Comunitário
REPRETEL	Representaciones Televisivas
RFE	Rainforest Expeditions
RS	Red Solidaria
RSC	Responsabilidad Social Corporativa
SEKN	Social Enterprise Knowledge Network
UDESA	Universidad de San Andrés
Uniandes	Universidad de los Andes
USP	Universidade de São Paulo
ZRTC	Zona Reservada Tambopata-Candamo

PARTE I

El proceso de colaboración

1

Aspectos clave de la colaboración

J. Austin, E. Reficco y el equipo de investigación SEKN

El fenómeno de la colaboración

¿Pueden las empresas privadas y las organizaciones no gubernamentales (ONG) trabajar juntas? Mucha gente considera que estos dos sectores tienen funciones y características muy diferentes; de hecho, en muchos aspectos, son opuestos. Sería comprensible que no existiera interacción alguna entre ambos. Sin embargo, es cada vez más frecuente que se unan para trabajar conjuntamente en actividades con fines sociales. Este tipo de colaboración intersectorial ha sido ampliamente documentado en Estados Unidos[1], pero a la fecha no ha sido objeto de estudios de amplitud significativa en América Latina. El objetivo de este libro es ofrecer a los directivos de compañías y ONG latinoamericanas, así como a los estudiosos de estas alianzas, una mayor comprensión de estas colaboraciones.

En Estados Unidos existe una larga tradición de filantropía corporativa, de compañías que realizan donaciones a entidades benéficas. La mayoría de las principales fundaciones actuales surgieron de la beneficencia de hombres de negocios y sus riquezas corporativas: Rockefeller, Mellon, Ford, Gates, Kellogg, Packard, entre otros. Todas las compañías importantes realizan donaciones a las ONG. En 2002, las corporaciones norteamericanas donaron un total de US$12.200 millones en efectivo y en especie a organizaciones benéficas. Este monto representó un aumento real del 8,8% en comparación con el año anterior[2]. No obstante, se ha observado un giro significativo, que ha transformado las típicas relaciones basadas en la "entrega de cheques" en modelos de interacción más amplios y profundos[3]. Las nuevas modalidades de colaboración involucran flujos de recursos bilaterales, y generan a sus protagonistas y a la sociedad mayor valor que las relaciones tradicionales. Desde luego, existen otros tipos de colaboraciones con fines sociales: entre ONG[4], entre compañías[5], entre gobiernos y ONG[6], entre compañías y gobiernos[7], y entre los tres sectores[8]. A pesar de la importancia de estos distintos tipos de colaboraciones, en este libro nos hemos limitado a investigar

3

las alianzas entre compañías y ONG, también denominadas organizaciones de la sociedad civil (OSC). Si bien es posible realizar ciertas distinciones organizacionales entre estos términos, en este libro los hemos utilizado indistintamente. Para los fines del presente estudio, consideraremos a las alianzas o colaboraciones como relaciones en las que participan dos o más organizaciones de los sectores de negocios y sin fines de lucro, para lograr objetivos propios o comunes a ambos[9].

Los estudios sobre colaboraciones realizados en Estados Unidos han revelado la existencia de un *continuo de colaboración* (*véase* el gráfico 1), que describe distintos tipos o etapas de las relaciones entre empresas y OSC, que van desde colaboraciones *filantrópicas* a *transaccionales* e *integrativas*[10]. Desarrollaremos este marco conceptual, ya que lo hemos utilizado como punto de referencia inicial para nuestra investigación en América Latina.

- *Etapa filantrópica.* Se trata del tipo más tradicional y habitual de relaciones entre las OSC y compañías. Para simplificar, podríamos decir que se refiere a las relaciones basadas en las donaciones de dinero o en especie que realizan las compañías, en respuesta a los pedidos de las OSC. El nivel de compromiso y recursos es relativamente bajo, con escasa frecuencia, administración sencilla y sin fines estratégicos. El donante corporativo tiene mentalidad benefactora y el receptor sin fines de lucro, una actitud agradecida. Para las OSC, estas relaciones son valiosas como fuentes de fondos, lo cual encierra la visión que la mayoría de las ONG tiene de las empresas. Para las empresas, estas relaciones representan una manera de promover su imagen y desarrollar sus valores como instituciones responsables y comprometidas.
- *Etapa transaccional.* Una cantidad significativa de empresas y OSC ha avanzado hacia esta etapa posterior, en la cual la interacción tiende a concentrarse en actividades más específicas, que involucran un importante intercambio bilateral de valor. Los beneficios para ambas partes no son necesariamente los mismos; de hecho, casi siempre son diferentes. Las organizaciones participantes comienzan a desplegar sus capacidades básicas, ya no se trata de una simple transferencia de fondos. La relación pasa a ser importante para las misiones y estrategias de cada una de las instituciones. Esta etapa abarca actividades tales como programas de *marketing* de causas, auspicios de eventos, proyectos especiales y actividades de voluntariado de empleados. En especial, las actividades de *marketing* de causas han crecido con gran rapidez y se han convertido en un elemento predominante en el *marketing mix* de muchas compañías. Estas campañas generan alrededor de US$1.500 millones anuales para las OSC[11].

- *Etapa integrativa.* Una cantidad menor, aunque creciente, de colaboraciones evoluciona hasta convertirse en alianzas estratégicas, con misiones conjuntas, estrategias sincronizadas y valores compatibles. Las organizaciones comienzan a interactuar con mayor frecuencia y desarrollan una mayor cantidad y variedad de actividades en común. Se multiplican los tipos y cantidades de recursos institucionales utilizados. Las competencias básicas no sólo se aplican, sino que convergen para crear combinaciones únicas de alto valor. El nivel de integración organizacional corresponde más a un emprendimiento conjunto que a una simple transacción. En algunos casos, los socios llegan a crear nuevas entidades de gestión conjunta para desarrollar sus actividades de colaboración.

Gráfico 1. Continuo de colaboración intersectorial

Etapa de la relación	1 Filantrópica	2 Transaccional	3 Integrativa
Nivel de compromiso	Bajo - ▸		Alto
Importancia para la misión	Periférica - - - - - - - - - - - - - - - - - - ▸		Central
Magnitud de los recursos	Pequeña - - - - - - - - - - - - - - - - - - - ▸		Grande
Espectro de actividades	Estrecho - - - - - - - - - - - - - - - - - - - ▸		Amplio
Nivel de interacción	No frecuente - - - - - - - - - - - - - - - - ▸		Intenso
Complejidad administrativa	Simple - ▸		Compleja
Valor estratégico	Modesto - - - - - - - - - - - - - - - - - - - ▸		Determinante

Fuente: James E. Austin, *El desafío de la colaboración.* Buenos Aires, Granica, 2003.

En la práctica, el *continuo de colaboración* ha resultado especialmente útil para los ejecutivos y académicos, en su afán de comprender la naturaleza de estas relaciones de manera sistemática. Cabe señalar que las tres etapas no constituyen marcos excluyentes. Las relaciones de colaboración se ubican en un punto del *continuo*, según los distintos parámetros descriptivos considerados. Es posible que existan elementos de las etapas *filantrópica* y *transaccional* en una misma relación, por ejemplo, y que éstos se modifiquen a medida que evoluciona la asociación entre las partes, ya que las alianzas constituyen fenómenos dinámicos. Este marco referencial no es rígido; las asociaciones de colaboración van cambiando dentro de estas categorías. Tampoco es automático el avance dentro del *continuo*; resulta de las decisiones y acciones de los socios. Además, los movimientos pueden darse en ambas direcciones. El *continuo* también sirve para clasificar los distintos tipos de relaciones que desarrolla una organización, cuando encara varios proyectos a la vez[12]. Es importante que los ejecutivos y los investigadores identifiquen y analicen sistemáticamente las múltiples características de las alianzas, con el fin de que puedan decidir cómo manejarlas o modificarlas para generar mayores beneficios.

Este crecimiento hacia formas de colaboración más robustas, no es un fenómeno exclusivo de Estados Unidos, también ha surgido en otros países del mundo. Por ejemplo, en un estudio realizado en la República de Sudáfrica, el 48% de las corporaciones estudiadas tenía alianzas con OSC (y el 30% con el gobierno). También se observa el mismo fenómeno en muchos países europeos[13] y en Japón[14].

¿Qué pasa en América Latina?

La fuerza del fenómeno de colaboraciones intersectoriales es evidente en los países desarrollados, pero sería razonable dudar de que algo similar pueda estar ocurriendo en América Latina. La filantropía personal e institucional en Latinoamérica no se encuentra tan desarrollada como en los países más ricos del hemisferio norte. Históricamente, los gobiernos latinoamericanos han desempeñado un papel preponderante en la provisión de servicios sociales. Por el lado de las organizaciones sociales, las instituciones religiosas han desempeñado también una actuación muy importante en obras de beneficencia[15]. La familia, en un sentido amplio, ha funcionado como el mecanismo básico de la sociedad para el cuidado mutuo. Tradicionalmente, las empresas han sido consideradas como organizaciones dedicadas exclusivamente a la búsqueda de lucro. De hecho, en muchos países, el sector empresarial ha sido visto con recelo, como fuente de intereses oscuros y egoístas, y no como un actor benéfico, interesado en el bienestar de la comunidad. Sin embargo, y en marcado contraste con esta imagen, estudios recientes han revelado que existen fuertes colaboraciones de contenido social entre las empresas y las ONG en América Latina.

En Brasil, una encuesta realizada en 385 compañías reveló que, cada vez más, las empresas desarrollan su responsabilidad social a través de asociaciones con otras instituciones, en lugar de hacerlo en forma unilateral[16]. Este estudio demostró que las empresas buscan al tercer sector como socio para llevar a cabo sus iniciativas sociales, más que al gobierno o al resto del sector privado. Entre las empresas estudiadas, el 85% contaba con alianzas de acción social, de las cuales el 80% involucraba a ONG, el 56% incluía entidades gubernamentales y el 47% abarcaba otras empresas. Otro estudio, realizado en Colombia, identificó más de 300 alianzas intersectoriales[17]. En México, una encuesta reciente en el tercer sector descubrió que el 61% de las 44 ONG incluidas en la muestra mantenía algún tipo de relación de colaboración con el sector privado, y el 87% de ellas declaró que sus respectivas instituciones se habían fortalecido gracias a esas relaciones. En términos más generales, el Banco Mundial estudió 210 asociaciones entre empresas, OSC y organismos gubernamentales en Argentina, Bolivia, Colombia, El Salvador, Jamaica y Venezuela[18].

Es indiscutible que muchas empresas y OSC latinoamericanas están desarrollando relaciones de colaboración y que existe un creciente interés en este tipo de asociaciones. Son muchas las fuerzas que impulsan esta transformación. Cada vez es más evidente que la creciente complejidad de los problemas sociales y económicos trasciende la capacidad individual de los distintos sectores. En muchos países, el gobierno nacional ha participado en procesos de privatización y descentralización. Muchos servicios y productos que proveía y producía el Estado han pasado a manos privadas, y están a cargo de empresas propietarias o consignatarias o de OSC. Las administraciones federales han descentralizado sus operaciones y delegado la responsabilidad de una variedad de servicios a los gobiernos locales, lo que ha creado oportunidades para numerosas actividades intersectoriales en el nivel local. El modelo de desarrollo basado en un Estado omnipresente y preponderante ha caído en descrédito, pero al mismo tiempo existe un creciente reconocimiento general de que las fuerzas del mercado no podrán aliviar, por sí solas, la gama completa de los problemas sociales que aquejan a estos países. Son cada vez más los empresarios que consideran que el mejoramiento de las condiciones sociales es vital para el desarrollo de mercados fuertes y sostenibles. Además, la sociedad en su conjunto espera que las empresas desempeñen una función social más amplia y significativa que en el pasado.

Es importante señalar que las alianzas no son la panacea para los problemas sociales de América Latina. Tanto las empresas como las ONG y los gobiernos deben encarar un gran número de acciones importantes en forma independiente, sin ningún tipo de colaboración. Por otro lado, las relaciones de colaboración implican ciertos riesgos y costos, además de no ser adecuadas para todas las empresas y las ONG. No obstante, el mencionado estudio sobre colaboraciones realizado por el Banco Mundial, concluye que "el beneficio de las asociaciones es muy grande... [y]... existe una creciente conciencia regional de dicho potencial... [Más aún,] se detecta una gran necesidad de asesoramiento sobre los mecanismos de creación de relaciones en los miembros de las asociaciones existentes y nuevas"[19].

Muestra de casos y metodología

El presente libro responde directamente a esa necesidad. Existe una marcada escasez de análisis detallados sobre prácticas concretas de colaboración en Latinoamérica, y la intención de este trabajo es tratar de subsanar esa carencia empírica. Nuestro propósito consiste en ayudar a los ejecutivos y académicos de la región a que comprendan mejor la naturaleza de este proceso y los factores que contribuyen a su éxito. El libro ofrecerá experiencias y asesoramiento práctico a los líderes de OSC y empresas. Esta investigación aplicará al contexto de Latinoamérica el marco conceptual desarrollado en trabajos anteriores para otras latitudes, lo ampliará y lo desarrollará, para aumentar nuestra comprensión de las colaboraciones intersectoriales. Estos conceptos se desarrollan progresivamente en los capítulos subsiguientes. En el último capítulo, el análisis comparativo de los casos nos permitirá formular la siguiente pregunta: ¿en qué se asemejan y en qué difieren las colaboraciones que se dan en distintos países de América Latina, y cómo son éstas comparadas con las que se desarrollan en Estados Unidos?

Para lograr estos objetivos, los equipos de investigación de las escuelas participantes en SEKN (*ver* la descripción presentada en el Prefacio o consultar en www.SEKN.org) analizaron en profundidad 24 alianzas entre empresas y OSC: cuatro en Argentina, Brasil, Chile, Colombia y México; tres en América Central y una en Perú. De esta manera, la investigación logró cubrir América del Norte, del Sur y Central. A fin de ofrecer una mayor diversidad y aplicabilidad, los estudios abarcan una amplia gama de colaboraciones en términos de tipos de empresas y de las ONG participantes, y de los distintos tipos de colaboraciones que cubren el espectro completo del *continuo de colaboración* ya mencionado.

Estos casos de estudio de campo utilizaron un mismo protocolo de investigación para facilitar el estudio de este fenómeno en forma estructurada y específica, de manera tal que permita un análisis comparativo entre los distintos países. Las alianzas se analizaron a través de entrevistas en profundidad con los principales participantes, tanto de las empresas como de las ONG involucradas; además, se revisó toda la documentación relevante a las distintas relaciones. De este modo, los hallazgos presentados en los capítulos subsiguientes brindan una visión hemisférica de las asociaciones intersectoriales, tanto entre distintos países latinoamericanos como en comparación con Estados Unidos, lo que se presentará en el capítulo final del libro.

Como todo trabajo basado en el método de estudio de casos, nuestra investigación manejó una muestra limitada, que no pretende ser necesariamente representativa de todo el universo de las organizaciones analizadas. La fortaleza de esa metodología consiste en la posibilidad de observar en detalle una cantidad reducida de situaciones, con el propósito de ofrecer un análisis profundo que contribuya a una mejor comprensión de un fenómeno en particular. Las alianzas cubiertas en nuestra muestra incluyen instituciones muy diversas. Entre las empresas hay corporaciones nacionales y multinacionales, familiares y por acciones, que operan en distintos sectores, tales como supermercados, servicios bancarios, agroindustria, medios de comunicación, energía y turismo. Las OSC participantes también son variadas y se dedican, por ejemplo, a temas de salud, educación, medio ambiente, desarrollo juvenil y vivienda. El estudio se focalizó en las asociaciones entre empresas y OSC en una amplia gama de industrias y tipos. En su mayoría, las alianzas estudiadas son bilaterales e involucran una sola empresa con una sola OSC, aunque también incluimos algunas pocas colaboraciones múltiples, en las que participan varias empresas y OSC. Hemos excluido en forma explícita las alianzas con el gobierno, ya sea de empresas o de ONG o de ambas, no porque carezcan de importancia, sino para preservar el objetivo del estudio dentro de los límites factibles de esta investigación. En algunos de los casos de la muestra, no obstante, uno de los socios es una entidad gubernamental autónoma, que opera de manera institucional como una ONG en la provisión de servicios o productos –por ejemplo, una escuela pública– y no como un organismo regulador o legislativo.

En los capítulos que siguen se encontrarán reiteradas referencias a las alianzas estudiadas, con el fin de ilustrar los hallazgos realizados. El cuadro 1 enumera los principales protagonistas de las colaboraciones estudiadas y a los miembros SEKN que realizaron la investigación de campo. Además de haber sido el insumo principal de nuestro análisis transversal del proceso de colaboración, cada una de estas alianzas dio origen a un caso de enseñanza, que reproduce con fines pedagógicos los desafíos que estas organizaciones debieron enfrentar en sus colaboraciones intersectoriales. La distribución mundial de dichos casos se realiza a través de Harvard Business School Publishing[20].

Seguidamente presentamos al lector los principales actores de esta historia, algo compleja. En estos resúmenes ofrecemos una breve descripción de los protagonistas institucionales de estas enriquecedoras asociaciones. A lo largo de los capítulos venideros iremos presentando individualmente, con mayor riqueza descriptiva, a los emprendedores sociales y corporativos que construyeron cada una de estas alianzas.

Cuadro 1. Miembros de SEKN y muestra de casos

Argentina Universidad de San Andrés Universidad Torcuato Di Tella CEDES	• Autopistas del Sol - Alberto Croce • Coca-Cola de Argentina - Junior Achievement Argentina • *La Nación* - Red Solidaria • Techint Group - *Fundación Proa*
Brasil Universidade de São Paulo	• Banco Itaú – Centro de Estudos e Pesquisas em Educação, Cultura e Ação Comunitária • Natura – Grau Matilde Maria Cremm School • Natura – Imaflora – comunidades • Telemig Celular – Grupos de Apoio de Voluntários

Centroamérica (y Perú)
Instituto Centroamericano de
Administración de Empresas
(INCAE)
	• AMCHAM de Nicaragua – Ministerio de Educación,
	  Cultura y Deportes – escuelas
	• Rainforest Expeditions – Comunidad nativa
	  Ese'eja de Infierno
	• Representaciones Televisivas – Fundación
	  Promotora de Vivienda
	• Texaco – Emprendedores Juveniles de Nicaragua

Chile
Pontificia Universidad Católica
de Chile
	• Agrícola Ariztía – Corporación Municipal
	  de Melipilla
	• Banco de Crédito e Inversiones – Corporación de
	  Crédito al Menor
	• Esso Chile – Corporación de Ayuda al Niño Quemado
	• Farmacias Ahumada – Fundación Las Rosas

Colombia
Universidad de los Andes
	• Centro de Gestión Hospitalaria – Fundación Corona
	  – Johnson & Johnson – General Médica de Colombia
	• Foro de Presidentes de la Cámara de Comercio
	  de Bogotá – escuelas
	• Indupalma – Fundación Rafael Pombo
	• Manuelita – Corporación El Minuto de Dios

México Instituto Tecnológico y de Estudios Superiores de Monterrey – Escuela de Graduados en Administración y Dirección de Empresas (EGADE)	• Danone de México – Casa de la Amistad • H-E-B – Banco de Alimentos de Monterrey • Grupo Bimbo – Papalote Museo del Niño • Tetrapak – Junior League de Ciudad de México

Argentina

• *Autopistas del Sol y Alberto Croce.* En 1994, Autopistas del Sol (AUSOL) obtuvo la concesión para la construcción y administración del complejo de autopistas de dos accesos a la ciudad de Buenos Aires. Desde el comienzo de la obra, la empresa debió enfrentar la oposición de los intendentes y vecinos pertenecientes a algunos de los municipios pudientes próximos a la autopista. Esta oposición amenazaba con sumarse a los crecientes reclamos de las familias de escasos recursos, que ocupaban terrenos en la traza de la nueva vía y enfrentaban la posibilidad del desalojo. La situación, potencialmente conflictiva, se superó mediante la colaboración de la empresa con el líder social Alberto Croce, quien había trabajado en organizaciones de base en algunas de las zonas afectadas por el proyecto. En esta colaboración, la empresa encontró una nueva forma de relacionarse con la comunidad, que continuó aun después de superadas las circunstancias que dieron origen a la asociación. Con el paso del tiempo, aumentó el compromiso de AUSOL con el trabajo de Croce y sus colaboradores. En 1999, Croce creó la Fundación SES, con la misión de desarrollar programas informales de educación para la integración social de jóvenes de escasos recursos, y recibió un fuerte apoyo de la compañía. A su vez, la Fundación SES se convirtió en un instrumento fundamental de las actividades de carácter social desarrolladas por AUSOL.

- *Coca-Cola de Argentina y Junior Achievement Argentina.* Esta última era la franquicia local de Junior Achievement Inc. y desde su fundación, en 1990, ha experimentado un proceso de rápido crecimiento, con presencia en los mejores colegios privados del país. Su foco inicial fue la propagación de los valores de la responsabilidad individual, el emprendimiento y la libre empresa mediante la educación y, en 1999, su misión se amplió para incluir el emprendimiento social y la responsabilidad en temas comunitarios, ambientales y personales. Aquella empresa, por su parte, era la filial local de The Coca-Cola Company. Durante más de cuatro décadas, sus relaciones con la comunidad habían estado basadas en donaciones en efectivo y en especie, hasta que en los años noventa pasó a centrarse en programas relacionados con el reciclado de residuos, el cuidado del medio ambiente y la educación. Uno de éstos fue Aprender a Emprender en el Medio Ambiente (AEMA), desarrollado en conjunto con Junior Achievement Argentina y lanzado en 1999, en escuelas públicas de la ciudad de Buenos Aires y sus alrededores. El programa consideraba a la ciudad como un ecosistema urbano y apuntaba a que los niños pudiesen identificar a distintos actores sociales con responsabilidad en el cuidado del medio ambiente. Como consecuencia de su éxito inicial, entre los años 2000 y 2002, el programa se repitió y expandió a distintas localidades del interior de Argentina.
- *La Nación y La Red Solidaria. La Nación*, el segundo diario en circulación y uno de los más influyentes de Argentina, comenzó a incluir artículos referidos al sector social y a informar sobre las innovaciones desarrolladas por organizaciones comunitarias, en respuesta a urgentes necesidades sociales. En este proceso, los periodistas y

la gerencia de *La Nación* trabajaron con la Red Solidaria (RS), un grupo de base que surgió en 1995 con la misión de difundir la cultura solidaria en la sociedad argentina, mediante una red que contactara a aquellos que sufrían una necesidad con quienes pudieran ayudarlos. A través de esta relación, se desarrollaron suplementos para el diario y la revista semanal y, desde septiembre de 2000, se incluyó una sección –de por lo menos media página por día– en el suplemento de avisos clasificados, que se denominó "Clasificados solidarios". Esta sección publica avisos gratuitos de OSC que plantean sus necesidades de productos, equipos y voluntarios, y los voluntarios ofrecen sus servicios. Este emprendimiento conjunto se ha convertido en una poderosa herramienta, que vincula a los donantes con las organizaciones del sector social.

- *Grupo Techint y la Fundación Proa*. Techint fue fundada en 1945, en Italia, y extendió sus operaciones de ingeniería, construcción y siderurgia a América Latina, en especial a Argentina. Durante la década de 1990, el Grupo Techint se expandió a través de su exitosa participación en el proceso de privatización que tuvo lugar en la región. A fines de 1996 apoyó la creación de la Fundación Proa (Proa), un centro de arte contemporáneo ubicado en el barrio de La Boca, zona de bajos ingresos en el sur de la ciudad de Buenos Aires. Ese mismo año, Techint continuó su expansión internacional mediante la adquisición de la planta siderúrgica de Dalmine, en Italia. Como consecuencia del proceso continuo de crecimiento del área siderúrgica del Grupo Techint, se creó una nueva compañía global llamada Tenaris, con el propósito de unificar a los fabricantes de siete países (Canadá, Brasil, Italia, Japón, Argentina, México y Venezuela) y la red comercial que vinculaba a más de 20 países. La creación de Tenaris impuso a la dirección de Techint el desafío de construir una identidad corporativa coherente para la nueva organización. En ese contexto, la relación con la Fundación Proa adquirió una nueva dimensión: por un lado, a través de su apoyo a Proa, Tenaris cumplía con su enfoque internacional; mientras que, por el otro, el arte se convertía en una poderosa herramienta de comunicación que conectaba culturalmente a Tenaris con sus diversos grupos de interés, internos y externos.

BRASIL

- *Banco Itaú y CENPEC (Centro de Estudos e Pesquisas em Educação, Cultura e Ação Comunitária)*. El Banco Itaú, fundado en 1945, es el segundo banco privado de Brasil. En función de su estrategia de responsabilidad social, creó el Programa de Asistencia Comunitaria con el objetivo de desarrollar proyectos relacionados con la educación y la salud. Para llevar a cabo este programa, el banco estableció alianzas intersectoriales con socios elegidos por sus conocimientos técnicos en la operación de este tipo de programas y en el desarrollo de relaciones con las comunidades. Uno de los proyectos, llamado Educación y Participación, asistía a las OSC que ayudaban a alumnos carentes de recursos mediante programas escolares complementarios. Los socios de Itaú incluían al Ministerio de Educación, UNICEF y CENPEC, una organización sin fines de lucro dedicada a la investigación y el fortalecimiento de la educación pública. CENPEC provee supervisión técnica y establece contactos con las organizaciones comunitarias. Una de las principales acciones dentro del Programa de Educación y Participación consiste en la entrega de un premio bienal, instaurado en 1995, a los proyectos más destacados desarrollados por las ONG.

- *Natura y la escuela Matilde Maria Cremm.* Natura es una empresa del sector higiene, cosméticos y salud de Brasil. A principios de la década de 1990, y como parte de su política de "buen vecino corporativo", la empresa realizaba donaciones esporádicas en las comunidades próximas a sus plantas de manufactura y oficinas administrativas. La relación con la escuela pública Matilde Maria Cremm, vecina a la planta de Itapecerica da Serra, obedecía a ese modelo. Para 1992, el vínculo entre ambas organizaciones tenía todas las características de una relación de filantropía tradicional, ya que consistía en donaciones financieras y en especie por parte de la empresa, para atender las necesidades específicas de la escuela. Sin embargo, la gerencia de Natura no estaba conforme con este tipo de vínculo, al que consideraba paternalista, y le propuso a las autoridades de la escuela establecer un nuevo tipo de relación, que generara resultados más profundos y sostenibles. A través del diálogo, ambos socios cristalizaron una visión compartida, en la que Matilde se transformaría en un agente de cambio de la comunidad que la rodeaba. Para ello, solicitaron la colaboración del ya mencionado CENPEC. Como consecuencia de esta alianza, Matilde, una escuela ubicada en la periferia de un municipio cercano a la capital del estado, logró posicionarse entre las cinco mejores de esa región del estado de São Paulo.
- *Natura, Imaflora y varias comunidades.* Como se señaló en el párrafo anterior, en 2000 Natura ya estaba embarcada en varias iniciativas sociales relacionadas con las comunidades que rodeaban sus fábricas y oficinas. Sin embargo, con el lanzamiento de la línea de productos Ekos, la empresa llevó su concepto de responsabilidad social al centro de su negocio principal. La característica distintiva de la

línea Ekos es que está basada en la biodiversidad brasileña, ya que incorpora varias sustancias que, hasta entonces, sólo utilizaban las comunidades indígenas tradicionales del interior del país. En lugar de limitarse a comprarles los insumos, Natura se asoció con esas comunidades para compartir los beneficios económicos resultantes de la explotación responsable de esos recursos. Estas comunidades, que poseían los conocimientos clave para el desarrollo de los productos Ekos, habitaban zonas remotas en condiciones sumamente precarias. Por tanto, el éxito de la línea de productos tenía el potencial de mejorar profundamente su calidad de vida. La OSC Imaflora también participó en la alianza, para asegurar que la extracción de los recursos naturales de la región resultara sostenible en términos sociales, económicos y ecológicos.

- *Telemig Celular y los Grupos de Apoyo de Voluntarios.* En 2002, Telemig Celular era una compañía de telefonía móvil que operaba en el estado brasileño de Minas Gerais. En sus operaciones, la empresa había adoptado el principio de "capilaridad": acceder a sus consumidores, distribuidos en todo el territorio del estado, y atender efectivamente sus necesidades. Este principio también se aplicó a las actividades del Instituto Telemig Celular, la división social de la compañía, que apuntaban a asegurar los derechos de los niños y los adolescentes. Para cumplir con su misión, el instituto se dedicó a trabajar en la creación y el fortalecimiento de los Concejos Tutelares (órganos del gobierno local encargados de garantizar los derechos de los niños) y los Concejos Municipales de los Derechos de los Niños y los Adolescentes (entidades a cargo de la formulación de políticas públicas sobre la niñez y adolescencia en el nivel local) en el estado de Minas Gerais. En el marco de su Programa Pro-Concejos, el instituto reunió a diversas OSC de las 12 regiones del estado, para formar los Grupos de Apoyo de Voluntarios. Con el liderazgo y el asesoramiento del Instituto, estos grupos trabajaron con los gobiernos locales y brindaron apoyo operativo para la creación de los Concejos.

América Central (y Perú)

- *Cámara de Comercio Americana de Nicaragua, Ministerio de Educación, Cultura y Deportes de Nicaragua y escuelas públicas de Nicaragua.* En el año 2000, la Cámara de Comercio Americana de Nicaragua (AMCHAM, por sus siglas en inglés), bajo el liderazgo de su comité de Educación, promovió un programa de apadrinamiento de escuelas en el que las empresas privadas, con el apoyo del Ministerio de Educación (MECD), prestaban ayuda a las escuelas públicas más necesitadas de Nicaragua. El papel promotor de AMCHAM apuntaba a despertar el interés en la comunidad empresarial sobre la necesidad de apoyar la educación, motivar a las empresas a incorporarse y mantenerse dentro del programa, y servir como canal de información y apoyo entre las empresas y el MECD. Las características de las relaciones individuales entre las empresas y las escuelas variaban, pero, en líneas generales, se limitaban a la entrega de donaciones en efectivo o especies por parte de las primeras, que trataban de aportar soluciones a las carencias que planteaban las segundas. La relación no generó ningún cambio en la estrategia ni en las operaciones internas de las compañías participantes. Tampoco se esperaba que las escuelas modificasen sus políticas o su administración interna. El esquema de colaboración no establecía sistemas de apoyo ni requisitos mínimos para la participación. El nivel de apoyo dependía de los recursos disponibles de cada uno de los padrinos, de la iniciativa de las escuelas receptoras para generar una mayor participación y del compromiso personal de los interlocutores de ambas partes.

• *Representaciones Televisivas y la Fundación Promotora de Vivienda.* Esta alianza desarrollada en Costa Rica entre Representaciones Televisivas (REPRETEL), una de las principales cadenas de televisión del país recientemente adquirida por inversionistas mexicanos, y la Fundación Promotora de Vivienda (FUPROVI), una organización sin fines de lucro dedicada a proyectos de vivienda social, surgió como consecuencia de los daños producidos por un huracán. Ambas organizaciones se unieron con el propósito de llevar a cabo una campaña televisiva para recaudar fondos y construir viviendas para las víctimas del huracán. Esta asociación se comprometió con esta iniciativa y no continuó una vez culminado el proyecto original.

• *Texaco y Emprendedores Juveniles de Nicaragua.* Texaco formaba parte del grupo Chevron Texaco Business y recibía un presupuesto anual para realizar donaciones benéficas. La organización Emprendedores Juveniles de Nicaragua (EJN) había surgido en 1991 como filial local de Junior Achievement International, con el apoyo del Instituto Nicaragüense de Desarrollo. La misión de EJN consistía en promover los valores de la libre empresa y la economía de mercado entre los jóvenes nicaragüenses. Desde su creación, EJN mantenía una relación filantrópica con Texaco, en la que la empresa aportaba fondos y voluntarios para dictar los programas de la organización sin fines de lucro. En 1997, EJN adoptó un enfoque diferente al que imperaba en los programas de Junior Achievement desarrollados en Estados Unidos. Consciente de que la tasa de deserción escolar en

Estados Unidos era del 5%, mientras que en Nicaragua alcanzaba el 50%, EJN adaptó los programas y comenzó a dirigirlos hacia jóvenes en situaciones de riesgo social. Ese mismo año, Texaco construyó una escuela primaria y secundaria cerca de una de sus plantas, para ofrecer capacitación laboral a los estudiantes de escasos recursos. En 1999, EJN comenzó a dictar varios de sus programas en las instalaciones educativas de la compañía.

• *Rainforest Expeditions y la comunidad nativa Ese'eja.* En 1997, una empresa de ecoturismo llamada Rainforest Expeditions (RFE), se asoció con la comunidad nativa Ese'eja de Infierno de la Amazonia peruana. A partir de esta colaboración, se construyó la Posada Amazonas en la Zona Reservada Tambopata-Candamo (ZRTC). El acuerdo cubría un período de 20 años y establecía obligaciones para ambas partes. La comunidad nativa aportaba a la sociedad los derechos de explotación turística de un área de 2.000 hectáreas de extraordinaria riqueza ecológica, que el gobierno le había concedido. Además, se comprometía a trabajar exclusivamente con RFE en el área de turismo y a proteger los recursos ecológicos y turísticos de la zona. Por su parte, RFE asumía la responsabilidad de conseguir el financiamiento necesario para la construcción del albergue, de administrarlo y de contratar a miembros de la comunidad para su operación. La compañía recibía un 40% de las ganancias, mientras que la comunidad conservaba el resto y ambas partes contaban con el 50% de los votos en la administración del establecimiento. Una vez que se cumpliera el plazo del acuerdo, la comunidad tendría la opción de continuar o concluir la sociedad.

CHILE

• *Empresas Ariztía y la Corporación Municipal de Melipilla.* Empresas Ariztía, uno de los principales productores avícolas de Chile, estableció una alianza con la Corporación Municipal de Melipilla (CMM), organización sin fines de lucro encargada del sistema de salud y educación en ese municipio de 100.000 habitantes, al sur de Santiago. La compañía consideraba a la comunidad como uno de sus principales grupos de interés. El presidente de esta compañía familiar ocupaba una posición en el consejo directivo de la CMM e introdujo una mentalidad gerencial en su administración. En 2002, la CMM era una de las pocas corporaciones municipales financieramente viables. Tanto los líderes de la compañía como los de la corporación enfrentaron cambios de dirección durante el proceso y, a pesar de ello, aseguraron la continuidad de la colaboración.

- *El Banco de Crédito e Inversiones y la Corporación de Crédito al Menor.* El Banco de Crédito e Inversiones (BCI) era uno de los pocos bancos chilenos de capital nacional que, históricamente, se había destacado como uno de los más rentables de ese mercado. En 1990, algunos ejecutivos del banco y su contralor decidieron fundar la Corporación de Crédito al Menor (CCM), una OSC dedicada a la protección de niñas en situación de riesgo por abandono, pobreza, abuso o familias disfuncionales. La nueva institución nació y comenzó a operar bajo el tutelaje del BCI. Una vez que obtuvo el apoyo del gerente general del banco y de los miembros del directorio, la relación entre ambas instituciones se profundizó. Si bien estas entidades eran independientes, el directorio de la CCM estaba formado por empleados o ex funcionarios del banco. La relación no sólo incluía a la gerencia y al personal del banco, sino también a sus clientes, quienes participaban a través de donaciones mensuales que se deducían de sus cuentas. La CCM creció hasta convertirse en una organización ejemplar en la protección de jóvenes en situación de riesgo social, en gran parte gracias al apoyo brindado por el BCI.
- *Esso Chile y la Corporación de Ayuda al Niño Quemado.* Esso Chile, empresa controlada por la corporación global Exxon Mobil, era el principal distribuidor de combustibles de ese país. La Corporación de Ayuda al Niño Quemado (COANIQUEM), por su parte, era una OSC fundada en 1979, para ofrecer tratamiento gratuito a niños con quemaduras. Al poco tiempo de su creación, COANIQUEM estableció una relación de colaboración con Esso, que ha perdurado por más de dos décadas. A través de los años, la relación se consolidó y se intensificó. El apoyo de la empresa resultó esencial para el crecimiento y la notoriedad de COANIQUEM, tanto en Chile como en el extranjero. Al mismo tiempo, la asociación entre ambas organizaciones se convirtió en una fuente de beneficios para la compañía.
- *Farmacias Ahumada y la Fundación Las Rosas.* En 1997, Farmacias Ahumada S.A. (FASA) era la principal cadena de farmacias de Chile. La Fundación Las Rosas (FLR), a su vez, era una ONG dedicada al cuidado de ancianos desprotegidos. A instancias de un alto ejecutivo de FASA, ambas organizaciones iniciaron una relación de colaboración ese año. Los cajeros de las farmacias de la cadena recibieron la capacitación necesaria para solicitar pequeñas contribuciones monetarias a los clientes, antes de abonar sus compras. La compañía descubrió que a medida que los empleados mejoraban sus habilidades para recaudar fondos, aumentaban también las ventas de las farmacias participantes. En otras palabras, ambas organizaciones se beneficiaban con la relación. En 2002, las contribuciones de FASA

cubrían el 5% de los costos operativos de la Fundación y los directivos de ambas organizaciones confiaban en que, con entrenamiento y motivación, lograrían aumentar dicho porcentaje.

COLOMBIA

• *Centro de Gestión Hospitalaria, Fundación Corona, Johnson & Johnson y General Médica de Colombia.* En marzo de 1992 inició sus labores el Centro de Gestión Hospitalaria (CGH), una corporación mixta sin fines de lucro. Sus miembros patrocinadores fueron cuatro fundaciones –cada una como brazo social de un grupo económico colombiano y ninguna relacionada con el sector salud–, seis empresas de negocios –todas pertenecientes al sector salud–, siete hospitales, el Fondo Nacional para el Desarrollo y el Instituto de Seguros Sociales. Entre las fundaciones participantes estaba la Fundación Corona, brazo social de la Organización Corona, un grupo empresarial dedicado principalmente a la manufactura y comercialización de productos cerámicos. La misión de aquella OSC era "contribuir al desarrollo social del país mediante la mejora de la calidad de la gestión de los procesos sociales, a través de programas y proyectos innovadores...". Entre los patrocinadores del sector privado estaba Johnson & Johnson Medical, filial local del grupo Johnson & Johnson. Esta empresa producía equipos para el tratamiento de lesiones, prevención de infecciones, acceso vascular y monitoreo de pacientes. Otro patrocinador privado era General Médica de Colombia, representante local de General Electric Medical Systems para la venta y mantenimiento de sus equipos de diagnóstico por imágenes. Los 19 miembros se comprometieron con el desarrollo del sector salud, a través del asesoramiento y el apoyo financiero al CGH. Aparte de los patrocinadores, otras organizaciones se unieron como miembros activos y miembros institucionales. Durante 10 años, el foro anual ha contado, en promedio, con la participación de unos 600 asistentes provenientes de unas 130 instituciones. En asesoría y capacitación, el CGH trabajó con 125 hospitales, que representaban el 25% del total de camas hospitalarias en Colombia; con 10 empresas promotoras de salud, que reunían al 35% de los afiliados al sistema de salud y seguridad social; con 5 Secretarías de Salud, que cubrían al 34% de la población colombiana; y con 35 instituciones prestadoras de salud ambulatorias.
• *El Foro de Presidentes y escuelas colombianas.* El proyecto Líderes Siglo XXI (Líderes) nació en 1994, a partir de la iniciativa de un grupo de empresarios pertenecientes al Foro de Presidentes de la

Cámara de Comercio de Bogotá. Diez compañías y escuelas privadas se propusieron el objetivo común de mejorar la calidad de la educación en Colombia. En la actualidad, 189 escuelas –públicas y privadas– están asociadas con 109 empresas en nueve ciudades, para fortalecer sus organizaciones y beneficiar a más de 100.000 niños. El proyecto ayuda a las escuelas a adoptar las mejores prácticas de gestión. En 2002 realizaron la Segunda Reunión de Calidad de Gestión Educativa, para destacar la experiencia de las escuelas que han mostrado un notable progreso. Además de cuestiones relacionadas con la calidad, estas instituciones trabajan en temas de planeamiento e implementación de políticas.

- *Indupalma y la Fundación Rafael Pombo*. Indupalma era una compañía colombiana que, desde 1961, se dedicaba a la producción y comercialización de aceite de palma africana. La Fundación Rafael Pombo era una OSC que tenía la misión de "contribuir a la formación de niños y niñas mediante la integración de la creatividad y los referentes culturales en una propuesta de educación no formal, que procure el desarrollo de una cultura de sus derechos y deberes". En 2000, ambas organizaciones firmaron el Convenio del Buen Trato, en cuyo marco se dictaron talleres abiertos a toda la comunidad de San Alberto, para generar mejores relaciones interpersonales y propiciar encuentros intergeneracionales y mixtos. A partir de esa experiencia, decidieron continuar trabajando para "construir la paz". Para ello, en 2001, lanzaron el programa "Manos para la Paz", que consistió en una serie de talleres. El programa culminó con una audiencia pública, realizada en octubre del mismo año, en la cual los niños de San Alberto presentaron sus necesidades y propuestas frente a la comunidad y las autoridades locales, con el objetivo de que sean incluidas en los planes de desarrollo del municipio.

- *Manuelita S.A. y la Corporación El Minuto de Dios*. Manuelita S.A. era un grupo agroindustrial colombiano que, a partir de un ingenio azucarero establecido a mediados del siglo XIX, se diversificó a otros rubros, principalmente alimentarios. La Corporación El Minuto de Dios era una organización sin fines de lucro dedicada a promover el desarrollo integral de la persona humana y de las comunidades marginadas, a la luz del Evangelio. Su principal actividad era la construcción de viviendas de interés social: entre 1956 y 1995 había construido más de 15.000, en 17 ciudades colombianas. Estas dos organizaciones establecieron una alianza a partir del año de 1955, que a la fecha de escribirse este estudio se había prolongado a lo largo de casi cinco décadas, transitando por distintas etapas. En algunos momentos, la alianza se limitó a una transacción, en la que Manuelita aportaba dinero y MD reconocía públicamente ese patrocinio. En otros momentos, Manuelita también aportó su capacidad de mercadeo para asesorar al MD en el rediseño de su imagen corporativa. También existieron períodos en los que se combinaron las capacidades clave de ambos socios para crear cosas nuevas, por ejemplo, cuando con los aportes de las dos organizaciones se construyeron conjuntos habitacionales para los trabajadores del ingenio.

MÉXICO

* *Danone México y la Casa de la Amistad.* En 1997, la filial mexicana del Grupo Danone, un operador global en la industria alimenticia, decidió realizar una campaña de *marketing* de causas en colaboración con una OSC. La institución elegida fue la Casa de la Amistad, organización que atendía en forma gratuita a niños de escasos recursos que padecían cáncer. Durante la campaña, denominada "Construyamos sus Sueños", la compañía donaba a la Casa de la Amistad una fracción del precio de cada producto de yogur que vendía. La campaña volvió a reeditarse en los años subsiguientes.

* *H-E-B Supermarkets y el Banco de Alimentos de Monterrey.* H-E-B Supermarkets (HEB), una cadena minorista originaria de Texas, ocupa el duodécimo lugar entre las cadenas de supermercados norteamericanos. Cuando expandió sus operaciones a México, en 1997, la empresa transfirió no sólo sus productos y servicios, sino también su estrategia social de trabajo con los bancos de alimentos. El Banco de Alimentos de Monterrey, uno de los programas sociales de Cáritas, comenzó a operar en 1989 con el objetivo de ofrecer ayuda nutricional a familias necesitadas, cualquiera fuese su religión. La relación del Banco de Alimentos de Monterrey con HEB, le permitió a aquella organización alcanzar estándares internacionales de calidad en la gestión de sus instalaciones de almacenamiento y distribución, así como en sus sistemas administrativos. Los socios percibieron beneficios significativos, tanto para ellos mismos como para la comunidad. La fortaleza en el liderazgo y en las relaciones interpersonales de esta alianza contribuyeron al desarrollo de una confianza mutua considerable, que ha promovido una robusta y creciente asociación.

* *El Grupo Bimbo y Papalote Museo del Niño.* A principios de la década de 1990, el grupo mexicano Bimbo era uno de los líderes mundiales en la industria alimenticia, con operaciones en 16 países. En noviembre de 1993, se creó el Papalote Museo del Niño en la Ciudad de México. Esta OSC buscaba contribuir al desarrollo intelectual y emocional de los niños, mediante juegos y experimentos

interactivos y educativos. Poco después de su creación, el museo inició un acuerdo de colaboración con Bimbo, por el cual la empresa patrocinaría exhibiciones a cambio de la exposición de la marca en las instalaciones del museo. Con el tiempo, las partes desarrollaron actividades organizadas en conjunto, como el Programa de Patrocinio a Escuelas Públicas, que cubría los gastos de las visitas de niños de escasos recursos al museo. A través de los auspicios, la compañía contribuyó a varios programas del museo, como su versión itinerante, conocida con el nombre de "Papalote Móvil", que recorría otras regiones del país.

- *Tetrapak y la Junior League de la Ciudad de México.* Esta última era la filial local de la Junior League International, una OSC fundada con la misión de promover el voluntariado, el desarrollo del potencial de la mujer y contribuir al mejoramiento de la comunidad. Tetra Pak era el principal productor de envases multicapas en todo el mundo, y también en México. A mediados de los años noventa, parte de los residuos urbanos generados en ese país no eran reciclados. Entre éstos se encontraban los envases multicapas, que tardaban unos 35 años en desintegrarse; sólo en el Distrito Federal se desechaban mensualmente unos 35 millones de esos envases. Ante esta situación, en 1995, ambas organizaciones iniciaron una alianza con el objeto de reciclarlos. El resultado fue el programa "Reciclable por Naturaleza", al que se invitó a participar a todos los actores que se beneficiaban de dichos envases y que, por tanto, compartían la responsabilidad por su destino final. De este modo, se incorporaron al programa productores, comerciantes, consumidores y hasta el gobierno local.

Panorama general del contenido

Si bien los casos de colaboraciones entre OSC y compañías privadas presentan características distintas, existen dimensiones que son comunes a todos. Conceptualmente, consideramos que los procesos de colaboración tienen cuatro componentes: el inicio y el desarrollo de la relación, el alineamiento entre las misiones, las estrategias y los valores de las organizaciones participantes, la generación de valor para los socios y para la sociedad en general, y la gestión de las interacciones entre las partes. Presentamos los elementos y procesos de las colaboraciones de manera separada para facilitar su análisis, pero cabe recordar que existe una estrecha interacción entre ellos.

Los capítulos que siguen explorarán algunas preguntas clave referidas a cada una de estas áreas. Nuestro objetivo, al responder estas preguntas, es descriptivo y analítico a la vez. Existe una marcada escasez de documentación sobre colaboraciones, por lo que la observación de varios ejemplos concretos del trabajo conjunto de empresas y OSC en América Latina será una valiosa hoja de ruta práctica para los lectores. Sin embargo, para evitar que el árbol nos tape el bosque, es importante observar las colaboraciones intersectoriales en forma sistemática y analítica. Por tanto, también ofreceremos los marcos conceptuales necesarios para que el lector tenga una visión más amplia de este fenómeno, lo analice sistemáticamente y extraiga pautas concretas y útiles. La primera parte del libro abarca los capítulos segundo, tercero, cuarto y quinto y se basa en los hallazgos de los 24 estudios de caso, para luego integrarlos y examinar los siguientes elementos y preguntas referidos al proceso de colaboración.

* *Construcción de puentes*
    – ¿Por qué se asocian las empresas y las OSC?
    – ¿Cuáles son las barreras críticas que enfrenta este tipo de colaboraciones?
    – ¿Cómo se pueden superar esas barreras?

* *Cómo lograr el alineamiento*
    – ¿Por qué es relevante *el alineamiento* de las misiones, las estrategias y los valores entre las empresas y las ONG?
    – ¿Cuáles son los obstáculos para lograr este alineamiento?
    – ¿Cómo se puede lograr, mantener y aumentar el alineamiento?

* *Generación de valor*
    – ¿Qué visión tienen las empresas y las ONG de la generación de valor?
    – ¿Qué factores contribuyen a la creación y preservación de valor?
    – ¿Cómo se puede lograr que las alianzas intersectoriales generen valor para las ONG, las empresas y las comunidades?

* *Conducción de la alianza*
    – ¿Cuáles son los factores críticos en el manejo de las relaciones entre los socios?
    – ¿Qué deben hacer los socios para manejar esos factores de manera efectiva?

La segunda parte del libro, que comprende los capítulos sexto al undécimo, se concentra en los distintos países y analiza, detalladamente, algunas de las dimensiones del proceso de asociación que se destacaron en el contexto particular de cada uno de ellos. Estos capítulos permitirán a los lectores comprender, con mayor profundidad, las realidades que determinaron las condiciones específicas de cada uno de los países y cómo afectaron a los protagonistas, procesos, estructuras y dinámicas de las alianzas creadas.

- *Argentina: El papel de los emprendedores sociales en la construcción de alianzas*
  - ¿Cómo contribuyeron los factores coyunturales del país a la aparición de los emprendedores sociales?
  - ¿Cuáles son las características distintivas de los emprendedores sociales que los impulsan a crear alianzas?

- *Brasil: La influencia de la cultura organizacional en las alianzas*
  - ¿Cuál es la influencia de la cultura organizacional en el desarrollo de las estrategias de acción social y en la elección de socios?
  - ¿Cómo determinan los valores y las creencias organizacionales la evolución y la percepción de valor de las alianzas?

- *Centroamérica y Perú: Cómo enfrentar las barreras a las relaciones de colaboración intersectorial*
  - ¿Qué factores impiden la evolución de una asociación hacia una alianza integrada?
  - ¿Qué factores promueven la integración?

- *Chile: Desarrollo de la confianza en las alianzas*
  - ¿Cómo afecta la cultura nacional el proceso de desarrollo de confianza?
  - ¿Qué mecanismos contribuyen al desarrollo de confianza en las distintas etapas de la evolución de la alianza?

- *Colombia: Gestión de alianzas múltiples*
  - ¿Por qué surgen las alianzas múltiples?
  - ¿Qué complicaciones aparecen en el manejo de este tipo de alianzas y cómo se pueden resolver?

- *México: El sentido de negocio de las alianzas intersectoriales*
  - ¿Qué beneficios obtienen las empresas de las alianzas con OSC?
  - ¿Cómo interactúan y cambian las motivaciones sociales y económicas durante la evolución de una relación de colaboración?

Estos capítulos relacionados con los distintos países estudiados, al igual que los anteriores, no sólo describen y analizan las prácticas usuales en las asociaciones, sino que aportan lecciones que les servirán a los ejecutivos de las OSC y de las empresas para alcanzar el desarrollo efectivo de sus alianzas.

Mientras que la primera parte del libro integra los hallazgos de los distintos países y la segunda parte analiza cada uno de los países en particular, el capítulo final retoma la comparación entre Estados Unidos y América Latina y entre diversos países latinoamericanos. Este capítulo también resalta algunos de los avances conceptuales que emanan de la investigación y detalla algunas de las alternativas posibles para investigaciones futuras. El Epílogo ofrece una perspectiva adicional sobre las alianzas surgidas de la propia experiencia de colaboración de SEKN.

Notas

1. Andreasen 1996; Austin 2003b, 2002, 2003a, 2000b, 2000c; Burlingame y Young 1996; Cone Communications y Roper Starch Worldwide 1997; Frumkin y Andre-Clark 2000; Galaskiewicz y Sinclair 2002; Galaskiewicz y Zaheer 1999; Kanter 1999; Pringle y Thompson 1999; Sagawa y Segal 2000; Smith 1994; Spillett 1999; Waddock y Graves 1997.

2. American Association Fundraising Council 2003.

3. Las siguientes publicaciones resultan de gran utilidad para documentar la naturaleza cambiante de la filantropía corporativa y las relaciones de empresas con ONG: Austin 2003a (el cuadernillo de ejercicios se puede descargar en forma gratuita de www.pfdf.org); Burke 1999; Burlingame y Young 1996; Cunningham; Minette, Drumwright y Berger 2000; Porter y Kramer 2002; Sagawa y Segal 2000; Sinclair y Galaskiewicz 1997; Smith 1994.

4. Con referencia a los estudios sobre colaboraciones entre ONG, *ver* Arsenault 1998; Bartling 1998; Ray 2002.

5. Con referencia a colaboraciones entre empresas con fines sociales, *ver* Austin 2000a, 2000b; y con asociaciones entre empresas en general, *ver* Kanter 1995, 1994.

6. Con referencia a colaboraciones entre empresas y gobiernos, *ver* Boris y Steuerle 1999; Brooks 2000; Ferris 1993; Frumkin 2000.

7. Con referencia a colaboraciones entre empresas y gobiernos, *ver* Austin 2000a, 1998, 1996; Keating 1991; Pierre 1999; Stone 1989, 1987; Stone; Orr e Imbroscio 1991.

8. Con referencia a asociaciones entre los tres sectores, *ver* Austin 1998; Austin y McCaffrey 2002; Gray 1996; Independent Sector 2000; Mattessich; Murray-Close y Monsey 2001.

9. Esta definición se ha adaptado de Mattessich; Murray-Close y Monsey 2001: 4. Algunas de las alianzas incluidas en nuestra muestra de casos desafían esta definición, ya que no involucran a dos organizaciones de estructura formal. Se trata de las "alianzas comunitarias", una forma de colaboración en la que las comunidades locales se asocian con empresas privadas representadas por líderes tradicionales o informales. Este punto se analiza en mayor profundidad en el capítulo 2.

10. Austin 2003a: 43-68.

11. Andreasen 1996; Cone Communications y Roper Starch Worldwide 1997; Gray y Hall 1998; Pringle y Thompson 1999; Wymer y Samu 2003.

12. Austin 2003c.

13. Adkins 1999.

14. Por ejemplo, en Japón, el "Centro de apoyo a colaboraciones intersectoriales" entrega un premio anual a los protagonistas de las alianzas entre empresas y OSC más destacadas.

15. Thompson y Landim (s/f).

16. Fischer (s/f).

17. Trujillo Cárdenas 2000.

18. Fiszbein y Lowden 1999. Cincuenta de las alianzas tienen descripciones disponibles en www.alianzas.org.

19. *Ibíd.*, pp. 94-95.

20. Los casos de enseñanza mencionados en este libro pueden ser adquiridos en su versión en inglés a través de la página de internet de Harvard Business School Publishing (www.hbsp.org). Para acceder a los casos SEKN, debe escribirse la palabra clave "SKE" en la casilla de búsqueda. En caso de dificultad, los interesados podrán llamar al (800)545-7685 dentro de los Estados Unidos o al (617)783-7500 en el extranjero. Los casos estarán disponibles en español o portugués, según el origen de los autores, sin cargo, por un tiempo limitado, a través de la página de internet www.sekn.org.

Bibliografía

Adkins, Sue (1999). *Cause related marketing: who cares wins*. Oxford, Boston: Butterworth-Heinemann.
American Association Fundraising Council (2003). *Giving USA 2003*. Bloomington, IN: AAFRC Trust for Philanthropy.

Andreasen, Alan R. (1996). "Profits for Nonprofits: Find a Corporate Partner", en *Harvard Business Review*, vol. 74, N° 6. Boston, Mass.: Harvard Business School Press, noviembre-diciembre, pp. 47-59.

Arsenault, Jane (1998). *Forging Nonprofit Alliances: A Comprehensive Guide to Enhancing Your Mission Through Joint Ventures & Partnerships, Management Service Organizations, Parent Corporations, and Mergers.* San Francisco: Jossey-Bass Publishers.

Austin, James E. (2003a). *El desafío de la colaboración: cómo las organizaciones sin fines de lucro y las empresas comerciales alcanzan el éxito mediante alianzas estratégicas.* Buenos Aires, Argentina: Granica.

_____. (2003b). "Marketing's Role in Cross-Sector Collaboration", en *Journal of Nonprofit and Public Sector Marketing*, vol. 11, N° 1. EE UU – Canadá: The Haworth Press, Inc., primavera, pp. 23-39.

_____. (2003c). "Managing the Collaboration Portfolio", en *Stanford Social Innovation Review*, vol. 1, N° 1. Stanford, CA: Stanford University, Graduate School of Business.

_____. (2002). *Meeting the Collaboration Challenge Workbook: Developing Strategic Alliances Between Nonprofit Organizations and Businesses.* San Francisco: Jossey-Bass Publishers y The Peter F. Drucker Foundation.

_____, y Arthur McCaffrey (2002). "Business Leadership Coalitions and Public-Private Partnerships in American Cities: A Business Perspective on Regime Theory", en *Journal of Urban Affairs*, vol. 24, N° 1. EE.UU. – Reino Unido: Boston, Oxford: Blackwell Publishers, enero, pp. 35-54.

_____. (2000a). "Business Leadership Coalitions", en *Business and Society Review*, vol. 105, N° 3. EE.UU. – Reino Unido: Malden, Oxford: Blackwell Publishers, otoño, pp. 305-22.

_____. (2000b). "Principles for Partnership", en *Leader to Leader*, N° 18. Nueva York: Leader to Leader Institute, invierno, pp. 44-50.

_____. (2000c). "Strategic Collaboration between Nonprofits and Business", en *Nonprofit and Voluntary Sector Quarterly*, vol. 29, Supplemental. Newbury Park, CA: Sage Publications, Inc., pp. 69-97.

_____. (1998). "Business Leadership Lessons from the Cleveland Turnaround", en *California Management Review*, vol. 40, N° 1. Berkeley, CA: Haas School of Business, otoño, pp. 86-106.

_____. (1996). "The Cleveland Turnaround Case Studies (A) 9-796-151, (B) 9-796-152, (C) 9-796-153, (D) 9-796-154". Boston: Harvard Business School Publishing.

Bartling, Charles E. (1998). *Strategic Alliances for Nonprofit Organizations.* Washington, D.C.: American Society of Association Executives.

Boris, Elizabeth T. y C. Eugene Steuerle (editores) (1999). *Nonprofits and Government: Collaboration and Conflict.* Washington, D.C.: Urban Institute Press.

Brooks, Arthur C. (2000). "Is There a Dark Side to Government Support for Nonprofits?", en *Public Administration Review*, vol. 60, N° 3. EE.UU. – Reino Unido: Boston, Oxford: Blackwell Publishers, mayo, pp. 211-218.

Burke, Edmund M. (1999). *Corporate Community Relations: The Principle of the Neighbor of Choice*. Westport, Conn.: Quorum Books.

Burlingame, Dwight y Dennis R. Young (editores) (1996). *Corporate Philanthropy at the Crossroads, Philanthropic Studies*. Bloomington: Indiana University Press.

Cone Communications y Roper Starch Worldwide (1997). *Cause-Related Marketing Trends Report*. Boston: Cone Communications y Roper Starch Worldwide.

Cunningham, Peggy; H. Minette, E. Drumwright e Ida E. Berger (2000). *Social Alliances: Company/Nonprofit Collaboration*. Cambridge, Mass.: Marketing Science Institute.

Ferris, James M. (1993). "The Double-Edged Sword of Social Service Contracting: Public Accountability *Versus* Nonprofit Autonomy", en *Nonprofit Management and Leadership*, vol. 3, N° 4. San Francisco: Jossey-Bass Publishers.

Fischer, Rosa Maria (s/f). "Alianças Estratégicas Intersetoriais Para Atuação Social: Pesquisa Descritiva". São Paulo: Centro de Empreendedorismo Social e Administração em Terceiro Setor, en proceso de edición.

Fiszbein, Ariel y Pamela Lowden (1999). *Working Together for a Change: Government, Business & Civic Partnerships for Poverty Reduction in Latin America & the Caribbean*. Washington, D.C.: Economic Development Institute of the World Bank; EDI Learning Resources Series.

Frumkin, Peter (2000). "After Partnership: Rethinking Public-Nonprofit Relations", en Bane, Mary Jo; Brent Coffin y Ronald F. Thiemann (editores). *Who will provide?: The Changing Role of Religion in American Social Welfare*. Boulder, Colo.: Westview Press, pp. 198-218.

Frumkin, Peter y Alice Andre-Clark (2000). "When Missions, Markets, and Politics Collide: Values and Strategy in the Nonprofit Human Services", en *Nonprofit and Voluntary Sector Quarterly*, vol. 29, Supplemental. Newbury Park, CA: Sage Publications, Inc., pp. 141-63.

Galaskiewicz, Joseph y Michelle Sinclair Coleman (2002). "Corporate-Nonprofit Relations", en Steinberg, Richard y Walter W. Powell (editores). *The Nonprofit Sector: A Research Handbook*. New Haven, CT: Yale University Press.

Galaskiewicz, Joseph y Akbar Zaheer (1999). "Networks of Competitive Advantage", en Andrews, Steven y David Knoke (editores). *Research in the Sociology of Organizations*. Greenwich, Conn. y Londres, Reino Unido: Jai Press, 1999, pp. 237-261.

Gray, Bárbara (1996). "Cross-Sectoral Partners: Collaborative Alliances among Business, Government and Communities", en Huxham, Chris (editor). *Creating Collaborative Advantage*. Thousand Oaks, CA: Sage Publications, Inc., pp. 57-79.

Gray, Susan y Holly Hall (1998). "Cashing in on Charity's Good Name", en *The Chronicle of Philanthropy*, 7/30/98. Marion, OH: Chronicle of Higher Education, pp. 25-29.

Independent Sector (2000). "Crossing the Borders: Collaboration and Competition Among Nonprofits, Business and Government". Working Paper del Spring Research Forum 1999. Alexandria, Virginia, marzo 25-26.

Kanter, Rosabeth Moss (1999). "From Spare Change to Real Change: The Social Sector as Beta Site for Business Innovation", en *Harvard Business Review*, vol. 77, N° 3. Boston, Mass.: Harvard Business School Press, mayo-junio, pp.122-32.

_____ (1995). *World Class: Thriving Locally in the Global Economy*. Nueva York: Simon & Schuster.

_____ (1994). "Collaborative Advantage: The Art of Alliances", en *Harvard Business Review*, vol. 72, N° 4. Boston, Mass.: Harvard Business School Press, julio-agosto, pp. 96-108.

Keating, Michael (1991). *Comparative Urban Politics: Power and the City in the United States, Canada, Britain, and France*. Aldershot, England: E. Elgar.

Mattessich, Paul W.; Marta Murray-Close y Barbara R. Monsey (2001). *Collaboration: What Makes It Work*, 2a. edición. St. Paul, MN: Amherst H. Wilder Foundation.

Pierre, J. (1999). "Models of Urban Governance: The Institutional Dimension of Urban Politics", en *Urban Affairs Review*, vol. 34, N° 3. Newbury Park, CA: Sage Publications Inc., enero, pp. 372-396.

Porter, Michael E. y Mark R. Kramer (2002). "La ventaja competitiva de la filantropía corporativa", en *Harvard Business Review América Latina*, vol. 80, N° 12. Harvard Business School Press, diciembre, pp. 48-62.

Pringle, Hamish y Marjorie Thompson (1999). *Brand Spirit: How Cause Related Marketing Builds Brands*. Chichester, Nueva York: Wiley & Sons.

Ray, Karen (2002). *The Nimble Collaboration: Fine-Tuning Collaboration for Lasting Success*. St. Paul, MN: Amherst Wilder Foundation.

Sagawa, Shirley y Eli Segal (2000). *Common interest, Common good: Creating Value through Business and Social sector Partnerships*. Boston, Mass.: Harvard Business School Press.

Sinclair, Michelle y Joseph Galaskiewicz (1997). "Corporate-Nonprofit Partnerships: Varieties and Covariates", en *New York Law School Review*, vol. 41, N° 3 y 4. Nueva York: New York Law School, pp. 1059-1090.

Smith, Craig (1994). "The New Corporate Philanthropy", en *Harvard Business Review*, vol. 72, N° 3. Boston, Mass.: Harvard Business School Press, mayo-junio, pp. 105-115.

Spillett, Roxanne (1999). "Strategies for Win-Win Alliances", en Hesselbein, Frances; Marshall Goldsmith e Iain Somerville (editores). *Leading beyond the Walls: How High-Performing Organizations Collaborate for Shared Success*. San Francisco: Jossey-Bass Publishers y The Peter F. Drucker Foundation, pp. 261-270.

Stone, Clarence N. (1989). *Regime Politics: Governing Atlanta, 1946-1988*. Lawrence, Kan.: University Press of Kansas.

_____. (1987). "Summing Up: Urban Regimes, Development Policy and Political Arrangements", en Stone, Clarence N. y Heywood T. Sanders (editores). *The*

Politics of Urban Development (Studies in Government and Public Policy). Lawrence, Kan.: University Press of Kansas, pp. 269-290.

Stone, Clarence N.; Marion Orr y David Imbroscio (1991). "The Reshaping or Urban Leadership in US Cities: A Regime Analysis", en Gottdiener, Mark y C. G. Pickvance (editores). *Urban Life in Transition.* Newbury Park, CA: Sage Publications, pp. 222-239.

Thompson, Andrés A. y Leilah Landim (s/f). "Culture and Philanthropy in Latin America: From Religious Charity to the Search of Citizenship". Mimeo. Washington, D.C.: Banco Mundial.

Trujillo Cárdenas, Diana (2000). "Informe de análisis de 142 casos de alianzas en Colombia recopilados durante 1997, 1998 y 1999". Bogotá, Colombia: Banco Mundial – Fundación Corona, DFID, Universidades y Centros Regionales de Investigación.

Waddock, Sandra A. y Samuel B. Graves (1997). "The Corporate Social Performance-Financial Link", en *Strategic Management Journal*, vol. 18, Nº 4. Chichester, Nueva York: Wiley & Sons, abril, pp. 303-319.

Wymer Jr., Walter W. y Sridhar Samu (2003). "Dimensions of Business and Nonprofit Collaborative Relationships", en *Journal of Nonprofit and Public Sector Marketing*, vol. 11, Nº 1. Binghamton, NY: The Haworth Press, Inc., pp. 3-22.

2

La construcción de puentes intersectoriales

J. Austin, E. Reficco y el equipo de investigación SEKN

El resultado de las investigaciones citadas en el capítulo previo, sugiere que en América Latina las alianzas entre empresas privadas y el tercer sector han sido más frecuentes y efectivas de lo que solemos pensar. En la medida que este tipo de colaboración intersectorial representa un corte respecto de la inercia histórica en la región, un punto de partida para nuestro trabajo será la exploración de las motivaciones que están impulsando a compañías y OSC a trabajar en conjunto. Aún más, la decisión de participar en este tipo de relaciones implica la voluntad de superar obstáculos. La primera parte de este capítulo analiza las motivaciones que llevan a la colaboración intersectorial, mientras que la parte final extrae lecciones de la forma en que las organizaciones estudiadas lograron construir los puentes necesarios para atravesar esas barreras.

¿Qué factores impulsan a las organizaciones a colaborar?

Es importante comprender las motivaciones que llevan a empresas y a OSC a participar en relaciones de colaboración, ya que aquéllas constituyen los cimientos de las alianzas. Al hablar de motivaciones, nos referimos a los valores conscientes y a los propósitos explícitos que impulsan a individuos y organizaciones a analizar la posibilidad de trabajar con otros sectores. Resulta esencial que los socios tengan claras sus propias motivaciones, para que puedan moldear las relaciones de manera de obtener los resultados deseados. Es igualmente importante comprender por qué el otro socio desea iniciar la relación, para poder responder a sus objetivos y necesidades.

Al considerar las motivaciones en forma sistemática, resulta útil contar con un marco referencial, que hemos construido a partir del análisis de nuestra muestra de colaboraciones intersectoriales en América. El punto de partida es el reconocimiento de que puede haber una amplia variedad de motivaciones entre los socios y aun en cada uno de ellos. Intentamos capturar esta diversidad en lo que denominamos el *espectro de motiva-*

ciones para la colaboración intersectorial. En uno de sus extremos encontramos las motivaciones *altruistas*, que apuntan a beneficiar a terceros ajenos a la colaboración. En el otro extremo se encuentran las motivaciones *utilitarias*, que buscan beneficiar a los propios socios[1]. En ambos casos es posible que se generen beneficios para los socios o para terceros, pero el *espectro de motivaciones* sólo contempla las motivaciones de los socios y no los resultados finales.

Las *motivaciones altruistas* se manifiestan, por ejemplo, en el impulso de ayudar a personas necesitadas, resolver problemas comunitarios o contribuir, de cualquier manera, al bienestar de la sociedad. Estos impulsos surgen a partir de los valores humanitarios de las organizaciones o de los individuos involucrados. Por otro lado, las *motivaciones utilitarias* se originan en respuesta a las necesidades organizacionales específicas de los socios, en áreas como gestión de riesgo o creación de ventajas competitivas. Como las misiones de las ONG suelen estructurarse a partir de propósitos sociales, sus motivaciones tienden a tener un carácter predominantemente altruista, pero sus alianzas con empresas pueden también satisfacer necesidades institucionales. El principal objetivo de las empresas es generar beneficios económicos, por lo que resulta lógico que algunos de sus motivos sean de naturaleza utilitaria, aunque convivan con las motivaciones altruistas de sus líderes y se manifiesten en emprendimientos de colaboración. En consecuencia, las motivaciones pueden ser idealistas o utilitarias, altruistas o interesadas.

Nuestros casos muestran que, más allá del móvil inicial, las motivaciones de los socios tienden a evolucionar en la medida que las alianzas continúen respondiendo a sus intereses. En la mayoría de los casos analizados, las organizaciones respondieron a una mezcla de motivaciones altruistas y utilitarias, diferente en cada caso. Como muestra el gráfico 2, los distintos tipos de motivaciones o sus posibles combinaciones pueden generar alianzas sostenibles, siempre y cuando sean intensas. Por eso, el vértice inferior izquierdo del cuadrante del gráfico representa el área de menor sustentabilidad de las alianzas. Nuestra investigación sugiere que a medida que avanza la colaboración, las motivaciones **aumentan en intensidad** (dinámica representada por la flecha 1 del gráfico 2) y **se entremezclan** (como muestran las flechas 2a y 2b) en forma progresiva. En principio, los emprendimientos deberían ser más sostenibles cuando las motivaciones se ubican en la parte superior de ambos extremos del *espectro* (impulsos utilitarios o altruistas), para alcanzar el mayor potencial de sustentabilidad cuando se fortalecen y entremezclan haciéndose mixtas –tal como ocurre en el vértice superior derecho del gráfico. Los capítulos tercero y cuarto exploran el siguiente concepto:

las motivaciones fuertes y mixtas tienden a generar relaciones más ricas y satisfactorias, capaces de producir un intenso valor a los participantes en distintas dimensiones. El gráfico 2 puede ayudar a los potenciales protagonistas de una colaboración intersectorial a clarificar sus motivaciones, al ubicarlas en los dos ejes. Más que un cálculo preciso, la ubicación resultante constituye una autoevaluación y un juicio cualitativo sobre la fuerza motivadora que impulsa la colaboración.

Gráfico 2. Espectro motivacional de la colaboración intersectorial

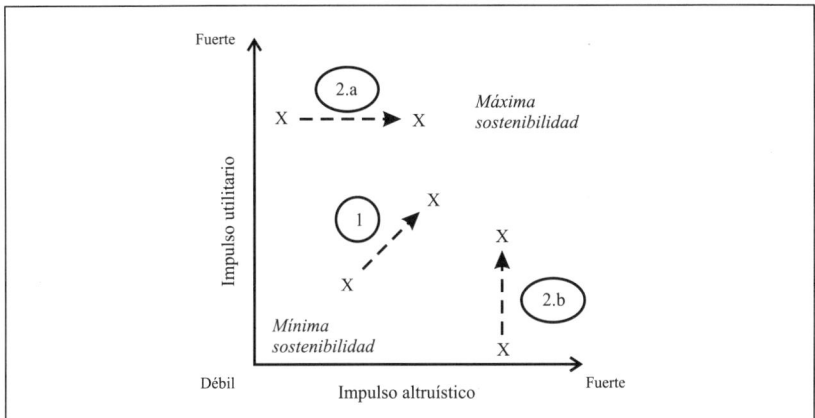

Las alianzas exitosas influyen en las motivaciones:
(1) Aun cuando la combinación de motivaciones original se mantenga constante (50% - 50% en el ejemplo) su intensidad puede incrementarse.
(2) Aun cuando la intensidad de la motivación original se mantenga constante, su composición puede variar:
    2.a. Generando una conexión valorativa y emocional en un actor ultrapragmático.
    2.b. Generando una conexión utilitaria en un actor puramente idealista y altruista.

Antes de emprender un análisis sustancial de las motivaciones, vale la pena concentrarse en dos preguntas que, si bien son distintas, están relacionadas: ¿qué factores impulsan a las organizaciones a participar en relaciones de colaboración intersectorial? y ¿qué esperan obtener de estas relaciones? La primera pregunta apunta a las motivaciones, mientras que la segunda tiene que ver más con los beneficios que se buscan en las interacciones con futuros socios. Este capítulo sólo abarcará la primera pregunta y dejará la segunda para el tercer capítulo, cuando hablemos de la generación de valor en las colaboraciones.

Altruismo

Por regla general, cualquier esfuerzo de colaboración entre una empresa y una OSC tendrá una dimensión social intrínseca. Mientras que el propósito primordial del sector privado radica en la generación de valor económico, la dimensión altruista es la que prevalece en el tercer sector. En los casos estudiados, los líderes sociales se acercaron a las empresas por diferentes razones, que ciertamente incluían el acceder a ventajas organizacionales. Sin embargo, estos líderes sociales consideraron a esas ventajas como vehículos para generar soluciones a determinados problemas sociales. Según Juan Carr, fundador de la Red Solidaria (RS), la misión de la institución –"mejorar las condiciones de vida de personas necesitadas"– sólo se podía lograr si se producía una transformación cultural en la sociedad argentina y la solidaridad se convertía en un valor fundamental y compartido. Su alianza con el prestigioso diario *La Nación* representó una herramienta valiosa para alcanzar este objetivo: un medio utilitario usado para lograr una meta altruista.

El altruismo y la solidaridad también surgieron como motivaciones del sector privado, en gran parte derivados de la arraigada tradición de caridad y compromiso cívico resultante del legado católico en la región[2]. Para algunos empresarios, la participación en la búsqueda de soluciones a problemas sociales es, simplemente, "hacer lo correcto" desde el punto de vista ético. De acuerdo con la opinión de Manuel Ariztía, reconocido empresario chileno y propietario de Empresas Ariztía, la responsabilidad de su empresa en la solución de los problemas comunitarios, más allá de cualquier posible ventaja organizacional, responde a un imperativo ético que recae en los hombros de sus directivos.

En paralelo a esta tradición, en la década de 1990 surgió una nueva visión sobre el papel de las empresas en la sociedad, como resultado del ascenso de una nueva generación de líderes en los principales grupos empresariales de la región. El tradicional diario argentino *La Nación*, ofrece un ejemplo de esta transición. En 1996, un cambio en la titularidad del paquete accionario mayoritario llevó al nombramiento de Julio Saguier como presidente del Directorio. Saguier estaba decidido a reorientar a la compañía en pos del desarrollo de una sociedad diferente, a través de un cambio cultural basado en la solidaridad como valor fundacional.

En las alianzas de la muestra se detectó que esta motivación estaba asociada con un tipo determinado de compañías: las empresas familiares. Se trata de empresas que, a pesar de contar con sofisticadas estructuras de gestión y gobierno, son controladas por un individuo o una familia. En el caso de *La Nación*, el diario pertenece a una sociedad anónima (La Nación S.A.), pero la familia Saguier, descendiente del fundador, controla el Directorio y la alta gerencia.

En general, las empresas familiares reconocieron al altruismo como la motivación principal de sus esfuerzos de colaboración intersectorial[3].

Según Norma Treviño, gerente de Relaciones Públicas de Supermercados H-E-B (HEB) de México, "no hacemos esto para aumentar las ventas... ni las ganancias". Los casos de la muestra dejaron ver una notable correlación entre las motivaciones altruistas y las empresas familiares, lo cual ciertamente tiene sentido: desde un punto de vista ético, es lógico que los individuos que actúan por altruismo lo hagan con sus propios recursos, no con los de terceros. Michael Porter señala que cuando las actividades sociales carecen de dimensión estratégica, la conocida crítica de Milton Friedman –según la cual la filantropía no tiene cabida en los negocios– adquiere mayor credibilidad[4]. Desde una perspectiva organizacional, cuando la gerencia es un simple agente de sus accionistas, tendrá dificultades para justificar la asignación de recursos basada exclusivamente en motivos altruistas, desconectados de las necesidades de la compañía.

Muchas de estas compañías fueron fundadas por individuos con una fuerte inclinación personal hacia la filantropía, que posteriormente se incorporó a la visión y los valores organizacionales de sus empresas. El Grupo Bimbo, de México, constituye un ejemplo claro de este fenómeno. Esta corporación multinacional, líder en la industria alimentaria, con presencia en 16 países, fue fundada hace más de cinco décadas por Lorenzo Servitje, destacado filántropo reconocido por su compromiso social[5]. A pesar de la expansión global y la sofisticación que alcanzó la corporación a través de los años, la visión y los valores de su fundador prevalecen aún hoy en la identidad organizacional del grupo. Como señaló Martha Eugenia Hernández, gerente de Relaciones Institucionales de Bimbo, "con el tiempo, los valores personales de don Lorenzo han impregnado la filosofía de Bimbo".

Utilitarismo

Las colaboraciones intersectoriales pueden cumplir también una función eminentemente práctica: satisfacer las necesidades organizacionales de los socios, tanto del sector privado como del tercer sector. Es importante resaltar que la dicotomía entre los móviles altruistas y utilitarios, no implica un juicio de valor entre impulsos supuestamente "buenos" y otros "malos". Si el compromiso con la comunidad es un valor socialmente deseable, la satisfacción de las necesidades legítimas de una organización es también un objetivo igualmente genuino. La consecución del interés individual (*self-interest*) no debe ser confundida con la explotación o el oportunismo, ya que son conceptos muy diferentes. Uno de los argumentos que plantea este libro –y que desarrollaremos más adelante– es que no existe una tensión inherente entre el altruismo y el interés individual; por el contrario, es posible que ambos se refuercen mutuamente.

En cuanto a los móviles específicos que intervinieron en los casos de nuestra muestra, hemos identificado dos fuertes motivaciones utilitarias: la gestión de riesgo y la creación de ventajas competitivas.

Gestión de riesgo

Una motivación para la participación en colaboraciones intersectoriales ha sido el utilizarlas como herramienta efectiva de gestión de riesgos, ya sea para minimizar las posibilidades de ocurrencia de ciertos hechos riesgosos o para controlar sus consecuencias, si aquéllos tuviesen lugar. En el tercer sector, estas colaboraciones contribuyeron a la diversificación de fuentes de ingresos y a reducir la dependencia de los fondos públicos. En el caso del Banco de Alimentos de Monterrey (BAM), la alianza con Supermercados H-E-B (HEB) sirvió para reducir su vulnerabilidad frente a la inestabilidad política. Para la directora del BAM, Blanca Castillo, cuando una OSC depende demasiado de subsidios estatales está expuesta al riesgo político de que "cuando concluye el mandato de los funcionarios en cuestión, termina también el programa; llega una administración nueva, con sus propios programas".

Esta motivación también estuvo presente en el sector privado. En algunos casos, los emprendimientos intersectoriales les sirvieron a las compañías para alcanzar objetivos explícitamente incluidos en sus estrategias. Se trata de empresas con vulnerabilidades estructurales implícitas en sus modelos de negocios, que obligaron a la gerencia a crear las herramientas necesarias para manejar las dificultades resultantes.

En el caso de Autopistas del Sol (AUSOL), compañía responsable de una de las redes de autopistas de gestión privada del gran Buenos Aires, la operación de su negocio dependía, en gran medida, de una buena relación con las comunidades que rodeaban el trazado de las nuevas rutas. Por tanto, para esta compañía la buena voluntad de estas comunidades constituía una verdadera "licencia para operar". En sociedades pobres y desarticuladas como las de Latinoamérica, no se puede dar por sentada esta licencia, en especial cuando el cobro de peajes resulta un medio de recaudación de fondos impopular, como se pudo deducir de varias de las entrevistas realizadas[6]. Otro ejemplo similar podría ser el de una compañía que comercializa productos con peligros potenciales para la salud o el medio ambiente. En esta situación tendría sentido que dicha empresa interviniera en la búsqueda de una solución a esos riesgos. Tal fue el caso de las compañías de bebidas y envases que formaron parte de alianzas dedicadas al reciclado de residuos.

Otra característica común en este grupo de empresas fue su carácter de *corporaciones multinacionales,* lo cual resulta útil para comprender muchas de sus decisiones. En los casos analizados, los ejecutivos de las subsidiarias se embarcaron en colaboraciones intersectoriales siguiendo instrucciones de sus compañías matrices de trabajar con las comunidades locales. Se trata de una dimensión interesante de la globalización, que requiere mayor estudio: las multinacionales no sólo transfieren su tecnología, sino también sus valores y políticas sociales. María Marta Llosa, gerente de Relaciones Externas de Coca-Cola de Argentina, explicó: "Tenemos una misión mundial: convertirnos en líderes de la ciudadanía corporativa".

En varios casos, este mandato se originó en experiencias traumáticas o escándalos que requirieron esfuerzos enormes de las compañías para reparar el daño causado a su reputación. El derrame de petróleo ocasionado por el buque tanque Exxon Valdez en Alaska, en 1989, se convirtió en un punto de referencia ineludible, no sólo para Exxon Mobil sino para todas las corporaciones globales, las que desde entonces han tomado conciencia de su nivel de exposición frente a este tipo de episodios. En 1995, Shell también pagó un alto precio en su disputa con Greenpeace, tanto por el destino de su plataforma flotante North Sea Brent Spar, como por sus operaciones en Nigeria[7]. Estas experiencias perturbadoras han obligado a las empresas a crear herramientas estratégicas para controlar sus riesgos en el nivel global. Mariale Álvarez, coordinadora Técnica Ambiental de Coca-Cola de Argentina, explicó las medidas adoptadas por su compañía:

> Durante años, la compañía se había dedicado a sus operaciones internas, sin prestarle demasiada atención a la difusión de sus actividades sociales. Sin embargo, todo cambió a fines de la década de 1990, en parte debido a presiones externas. Hubo algunos enfrentamientos con las ONG, aunque no en Argentina. Además, se produjo un cambio de conciencia en los consumidores y en las comunidades donde operamos.

A diferencia de las motivaciones competitivas, que buscan mejorar la participación de mercado de las compañías, el móvil de gestión de riesgo, básicamente, intenta preservar un *statu quo* favorable. Con frecuencia, las compañías motivadas por manejo de riesgos ocupan posiciones de liderazgo en sus industrias, con un alto grado de exposición pública. Por ejemplo, Coca-Cola de Argentina y Tetra Pak México enfrentaron desafíos similares: a raíz del amplio éxito de sus productos, sus envases descartables atraían, inevitablemente, la atención del gobierno y de la opinión pública. La creciente preocupación por el impacto de estos desechos en el medio ambiente estaba generando un flanco débil que no podía ser ignorado. Ambas compañías recurrieron a la formación de alianzas con OSC, con el objetivo de transmitir el mensaje de que la responsabilidad por el destino de los envases descartados recaía en una multiplicidad de grupos de interés, no sólo en los fabricantes.

El caso de Tetra Pak revela, con particular claridad, el perfil de esta motivación, que busca preservar un orden de cosas básicamente favorable para la organización. Cuando la empresa percibió en el horizonte el surgimiento de potenciales amenazas desde el tercer sector y el gobierno, comenzó a cambiar su visión y a reflexionar sobre cómo lidiar con aquéllas. Según explica Lorena Mañón, del comité de Ecología de la Junior League de la Ciudad de México (JLCM), a principios de los años noventa, "grupos radicales verdes llegaron (a Tetra Pak) con un tráiler lleno de envases vacíos y los dejaron en las puertas de la fábrica. Ese tipo de acciones (les) hizo prestar más atención a la sociedad civil". Además, continúa Mañón, "también les hizo abrir los ojos el interés que ya empezaba a surgir en el gobierno" para regular esa industria. Los voceros de la empresa confirman ser muy conscientes de que el riesgo de regulación gubernamental siempre está presente. Para su responsable de Medio Ambiente, Sergio Escalera, "el gobierno califica al sector industrial como irresponsable y señala al fabricante como única causa del problema. En el siguiente período de sesiones legislativas, se abordará la nueva ley de envases y embalajes. Hay varias propuestas, y la última versión que he escuchado me asusta bastante".

A diferencia de lo que ocurrió en la mayoría de los casos, aquí la empresa se esforzó por limitar la notoriedad de sus esfuerzos y por evitar una asociación demasiado cercana de su marca con Reciclable por Naturaleza, el emprendimiento que llevaba a cabo con la JLCM, pese a que era sumamente exitoso y prestigioso. Las características de la industria y de la empresa ayudan a entender esa decisión. Si el mensaje que Tetra Pak intentaba transmitir era que varios actores institucionales compartían responsabilidad en el tratamiento de los residuos, sobreidentificar su marca con el esfuerzo hubiese podido ser contraproducente. Desde luego, un curso de acción alternativo hubiese sido el adoptado por Shell que, a partir de la experiencia obtenida en los eventos negativos ya mencionados, decidió asumir el liderazgo de la causa ambiental en su industria y convirtió este esfuerzo en una ventaja competitiva[8]. No obstante, a diferencia de Shell, Tetra Pak no tenía incentivos competitivos para seguir esa ruta: al momento de iniciar su colaboración con JLCM, tenía una posición de dominio oligopólico sobre su industria en el nivel global, con una participación en el mercado mexicano cercana al 80%. Más aún, si se aumentaba la cuota de mercado en México por encima de ese nivel, se hubiese corrido el riesgo de que las autoridades aplicaran la legislación antimonopólica. Por ello, la colaboración con JLCM perseguía mantener un orden de cosas casi ideal para la empresa, con una cuota de mercado lo suficientemente alta para disuadir la entrada de potenciales competidores, pero lo suficientemente baja para no inquietar al gobierno.

La búsqueda de ventajas competitivas

Una colaboración intersectorial puede ser una poderosa palanca para optimizar la posición competitiva de una organización, tanto del tercer sector como del sector privado, si bien es más generalizada en este último grupo. En las empresas de esta categoría, la gestión de riesgo no estuvo necesariamente ausente. La diferencia es que éstas agregaron a esa dimensión defensiva, la búsqueda de ventajas que mejorasen su posicionamiento. La pregunta que estas empresas se hicieron fue: ¿cuáles son los cuellos de botella que están entorpeciendo mi desempeño empresarial y cómo puede una colaboración intersectorial contribuir a superarlos? La dimensión competitiva de las colaboraciones intersectoriales, en especial en el contexto mexicano, se analiza en mayor profundidad en el undécimo capítulo.

La empresa chilena Farmacias Ahumada S.A. (FASA), la mayor cadena de farmacias de América Latina, enfrentó un desafío importante en 1997. Según Jaime Sinay, gerente general de la compañía en ese momento, "la empresa quería desarrollar una relación más cercana con la comunidad. Nuestro negocio tiene una connotación complicada. Es un hecho que a la gente le disgusta comprar medicamentos. Más aún, en Chile no hay reembolsos por los gastos en farmacia, lo cual aumenta la mala disposición de los clientes". Con el fin de contrarrestar esta situación, FASA recurrió a una asociación con la Fundación Las Rosas (FLR), un hogar de atención integral para ancianos desamparados. De acuerdo con algunos analistas que monitoreaban la evolución de la compañía, la decisión fue acertada porque "promover la buena voluntad de los clientes era importante para fortalecer a FASA".

En Colombia, el llamado "revolcón" –la política de ajuste y modernización económica que el presidente César Gaviria lanzó a partir de 1990– impactó fuertemente su sector salud. Los recortes presupuestarios obligaron a que los hospitales fueran más cautelosos en sus políticas de compra. General Médica, fabricante de equipamiento médico de alta complejidad, sabía que sus productos eran competitivos, pero también reconocía que no podría competir simplemente por precio. Un mercado exigente premiaría a General Médica, pero antes habría que educar al cliente para que conociera mejor la oferta disponible y tomara las decisiones de compra adecuadas. Solamente un comprador sofisticado podría apreciar las ventajas de un producto sofisticado. Por ello, la empresa se comprometió desde un principio con el Centro de Gestión Hospitalaria (CGH), un foro en el que los distintos actores del sector convergían para cooperar en la modernización de la salud en Colombia. Johnson & Johnson, en cambio, se involucró no para que se conociera su oferta, sino para conocer mejor su demanda. Su objetivo fue "conocer a fondo el problema hospitalario para poder servir mejor" en un mercado donde la diferencia la haría el servicio, porque las diferencias en precios se reducirían cada vez más.

La participación abierta y franca de empresas como Johnson & Johnson y General Médica en entidades como CGH, las coloca en la paradójica situación de ser simultáneamente socios y competidores. Una manera de entender esta aparente contradicción es verla como un caso de "coo-petencia", con una dinámica que combina a la vez dimensiones de cooperación y competencia[9]. Los participantes cooperan para *desarrollar,* expandir y fortalecer el mercado, mientras que, simultáneamente, compiten entre sí para *dividirlo*[10]. Es también un ejemplo de lo que Porter y Kramer denominan filantropía estratégica, mediante la cual una empresa realiza una contribución (a veces, en colaboración con sus competidores) a una causa social relacionada con su actividad principal y altera el contexto, de manera tal que produce un impacto positivo en su negocio[11].

Al analizar las estructuras organizacionales de las compañías de este grupo, descubrimos dos patrones. El primer grupo, de mayor tamaño, está formado por corporaciones multinacionales que "exportan" esta práctica a sus subsidiarias. El Grupo Danone es un buen ejemplo en esta categoría, ya que su misión consiste en generar valor económico y social, por lo cual la compañía no percibe incompatibilidad alguna en el uso de una dimensión al servicio de la otra. Aminta Ocampo, gerente de Relaciones Públicas de Danone México, explicó que "la política social de Danone se basa en lo que llamamos el 'doble proyecto': nuestros objetivos sociales y económicos están unidos y no pueden separarse".

Un desafío que estas empresas enfrentan, frecuentemente, es conseguir la "carta de ciudadanía"; es decir, superar la distancia emocional de los consumidores locales con la marca. Para 1997, la filial mexicana de Danone enfrentaba ese tipo de problema; el público percibía a la empresa como valiosa, pero un tanto distante, según había podido constatar en sus investigaciones su personal de *marketing*. Para atacar ese problema, la empresa inició una colaboración con una OSC local, la Casa de la Amistad (CdA). También la corporación televisiva REPRETEL enfrentó un desafío similar. Esta empresa, propiedad de mexicanos, administraba tres de los seis canales existentes en Costa Rica y, para 1996, ocupaba el segundo lugar en la industria televisiva costarricense, detrás de Teletica, un canal con mucha tradición en ese país. René Barboza, uno de sus periodistas, explica:

> Necesitábamos tener posición en el nivel popular porque el nombre de REPRETEL estaba muy satanizado entre la gente, por ser una empresa extranjera, cuyo capital era extranjero. Aparte, la competencia había manejado muy bien el concepto de que *'somos costarricenses, pensamos como usted, Teletica Canal 7 siempre con usted'*. Y la gente tenía mucho temor, porque REPRETEL había adquirido varios canales en Costa Rica y no sabía qué actitudes fomentaría en los jóvenes.

Para conseguir ese reposicionamiento, REPRETEL acudió a una colaboración con FUPROVI, una organización sin fines de lucro dedicada al desarrollo de programas de vivienda de interés social y de fortalecimiento comunal.

Llama la atención la ausencia de empresas familiares en este grupo. Si se tiene en cuenta que el uso de la política social como instrumento competitivo no está completamente legitimada en el empresariado latinoamericano, resulta lógico pensar que esa renuencia se refuerce cuando la propiedad de la empresa está personalizada en individuos concretos. Como se mencionó, la gerencia de las empresas familiares estudiadas descartó enfáticamente cualquier motivación utilitaria detrás de la colaboración. En contraste, las corporaciones multinacionales estudiadas, donde la propiedad está dispersa y despersonalizada, no tuvieron reparos en reconocer la vinculación entre política social y retorno financiero: "La razón por la que buscamos colaborar en emprendimientos con la comunidad es simple: es bueno para nuestro negocio", señaló el responsable de Relaciones Públicas de Esso Chile, Guillermo García. En la visión de esa empresa, las colaboraciones creaban una situación gana-gana, tanto para la empresa como para la sociedad. En este sentido, resulta de interés contrastar dos casos de la muestra que tienen mucho en común. Tanto Danone como HEB son empresas extranjeras, pertenecientes a la industria alimentaria, que al momento de iniciar una colaboración intersectorial carecían de una larga trayectoria en México. La diferencia entre ambas es la estructura de su propiedad: despersonalizada en Danone, familiar en HEB. Por consiguiente, mientras que ésta separó a la colaboración del giro de sus negocios, aquélla eligió mantener ambos bien integrados.

Además de las corporaciones multinacionales, unas pocas sociedades locales grandes iniciaron colaboraciones intersectoriales a partir de motivaciones competitivas. Por constituir historias de éxito económico y social, vale la pena analizarlas con mayor grado de profundidad. Uno de esos casos es el de Indupalma S.A., una empresa colombiana dedicada a la producción y comercialización de aceite de palma africana. Su gerente general, Rubén Darío Lizarralde, afirma categóricamente que sus inversiones sociales no están motivadas por el altruismo, sino por el hecho de que aportan rentabilidad al negocio. "Lo social paga" es el lema de la empresa. Para entender esta visión, no demasiado extendida entre el empresariado latinoamericano, hay que remitirse al particular contexto de esa empresa y de esa nación.

La inestabilidad política y la violencia social que marcaron las últimas décadas de la historia colombiana, afectaron a la compañía y generaron disfunciones importantes en sus operaciones. En 1991, la empresa se encontraba al borde de la quiebra[12]. Pronto la gerencia comprendió que para que la compañía fuera viable, tendría que participar activamente en el proceso de pacificación de su entorno. La profundidad de la crisis obligó a Indupalma a revisar su identidad organizacional por completo. El resultado fue una nueva visión, en la que la empresa se ve en el centro de lo que denomina "comunidad empresarial", que es la base de un modelo de desarrollo económico y social sostenible. Esa estrategia está estructurada en cuatro ejes: a) las alianzas con cooperativas de trabajo, que generan oportunidades de ingreso para los habitantes de la región; b) el desarrollo educativo de las comunidades vecinas, que incluye su crecimiento personal y la formación técnica asociada al cultivo de la palma; c) la construcción de una cultura de paz y convivencia pacífica; y d) el desarrollo de capacidades para la participación ciudadana y la solidaridad. Mientras que el primer eje de acción se instrumenta a través de alianzas con cooperativas, los restantes se trabajan mediante alianzas con OCS locales.

El concepto de que "lo social paga" está instalado en la estrategia competitiva de Indupalma, pero al mismo tiempo le sirve para su gestión de riesgo, ya que uno de los objetivos fundamentales de la compañía consiste en atenuar la amenaza de los grupos armados, que podrían afectar sus operaciones. Este tipo de motivación doble, que deriva de un entorno muy especial, no encaja en el patrón general que se describe en la sección anterior, donde analizamos cómo algunas organizaciones utilizaron sus colaboraciones intersectoriales con propósitos de gestión de riesgo.

El segundo caso en este subgrupo es el de Natura, una empresa de cosméticos líder en Brasil, que ha colocado la responsabilidad social en el seno de su estrategia competitiva. La empresa se define como un "conjunto dinámico de relaciones" con sus grupos de interés, donde cada una de esas relaciones es considerada como un activo. Uno de esos activos es la fuerte conexión con su público consumidor, femenino casi en su totalidad, basada en relaciones personalizadas, con una fuerza de venta directa de 270.000 colaboradoras. El "poder de las relaciones", basado en la conexión emocional con la marca, es la esencia de la cultura organizacional de Natura y de su estrategia competitiva. "Cada línea de productos de Natura *debe tener una causa y una historia para contar*, de modo de fortalecer y consolidar la adhesión de las colaboradoras", afirma Philippe Pomez, vicepresidente de Innovación y Desarrollo de Negocios.

Dentro de esta lógica, Natura lanzó una novedosa y particular línea de productos: Ekos. La "historia" detrás de esa nueva línea fue la conservación de la biodiversidad del patrimonio natural brasileño. "Natura se propone ser uno de los agentes que ayudará al país a aprovechar su biodiversidad, transformándola en una fuente de riqueza social. Necesitamos transformar esa causa en un objeto tangible", dice Pedro Passos, presidente de Operaciones. El "objeto tangible" fue una línea de productos, elaborados sobre la base de plantas y aceites vegetales que habían sido utilizados tradicionalmente por las poblaciones indígenas del vasto interior del país[13]. Las comunidades que poseían los conocimientos clave para la producción, extracción y aplicación de los distintos cultivos tradicionales vivían en condiciones muy precarias. Por tanto, su incorporación a la cadena de valor de la compañía produciría un impacto significativo en su calidad de vida, lo que se logró a través de una asociación intersectorial, que analizaremos en más detalle en las siguientes secciones[14].

En el último caso de este subgrupo, el uso de una alianza intersectorial como apalancamiento competitivo provino de una serie de incentivos planteados por una agencia de desarrollo internacional.

Rainforest Expeditions (RFE) era una pequeña compañía peruana de ecoturismo, que había detectado la oportunidad de abrir un ecoalbergue en la Zona Reservada Tambopata-Candamo, en la Amazonia peruana. Al ver que las fuentes tradicionales de financiamiento le daban la espalda, RFE recurrió al Fondo Perú-Canadá (FPC), una entidad de cooperación técnica que promovía proyectos innovadores de desarrollo sostenible. El FPC aceptó la propuesta, pero puso una condición: en lugar de emplear a los nativos de la zona, RFE tendría que asociarse con la comunidad y capacitar a sus miembros para que se hicieran cargo del emprendimiento en un futuro. Más adelante volveremos a tratar este caso con mayor detalle[15]; por el momento diremos que a raíz de la sugerencia del FPC, la empresa descubrió que podría obtener ventajas competitivas a partir de su asociación con la comunidad.

Esta motivación competitiva también es relevante para el tercer sector. El Forest Stewardship Council (FSC) es una OSC global, cuya sede original estuvo en México, que promueve la certificación de aquellos productores forestales que trabajan en forma sostenible desde una perspectiva medioambiental, social y económica. En esta tarea, el FSC enfrentaba la competencia de otras OSC, que eran financiadas por grandes grupos industriales. Para fortalecer su posición competitiva, el FSC llevó a cabo una alianza con las grandes cadenas minoristas del sector "hágalo usted mismo", las que establecieron entre sus proveedores un derecho de preferencia para quienes cumplieran con los estándares del FSC. Esta alianza generó fuertes incentivos para sumar productores al esquema de certificación de FSC[16].

El Centro de Gestión Hospitalaria (CGH) de Colombia puede ser incluido en este grupo. El centro tiene como misión "promover y liderar la transformación de la gestión en salud para contribuir al desarrollo integral del sector". En el ejercicio de su misión entra en competencia con compañías privadas, que ofrecen servicios de consultoría. En esta competencia, su fortaleza son las múltiples alianzas con empresas, universidades y otras instituciones, de las que obtiene un conocimiento íntimo del sector, difícilmente reproducible por un competidor privado.

La superación de las barreras a la colaboración

Más allá de los diversos móviles que podamos tener para considerar una colaboración, recorrer nuevos caminos a menudo requiere doblegar resistencias y vencer inercias, antes de poder iniciar un nuevo curso de acción. Es muy probable que toda organización que considera una colaboración intersectorial, tarde o temprano, deba hacer frente a alguno de esos obstáculos. En tal sentido, la experiencia acumulada en los casos de nuestra muestra constituye un valioso recurso para los lectores, ya que ofrece enseñanzas e información que les permitirán analizar las fortalezas y debilidades relacionadas con la creación de alianzas intersectoriales. Esta sección analiza la naturaleza de dichos obstáculos y los medios que las organizaciones estudiadas utilizaron para superarlos. Entre las dificultades se encuentran: la búsqueda de interlocutores válidos, la importancia de las vinculaciones preexistentes entre futuros socios, el impacto de las limitaciones en la capacidad institucional de las organizaciones participantes, el efecto de las diferencias culturales entre las distintas instituciones, la importancia de la comunicación efectiva y el valor de ser proactivo y persistente. El octavo capítulo también abordará el tema de las barreras a la colaboración, con especial atención a los casos de Centroamérica y Perú, elaborados por el Instituto Centroamericano de Administración de Empresas (INCAE).

La búsqueda de un interlocutor válido

¿Quién lidera el proceso inicial de colaboración? En ocasiones, elegir un interlocutor es casi tan importante como elegir un mensaje. Por tanto, conviene estudiar nuestros casos en profundidad, para detectar "quién hizo qué" durante las etapas iniciales de la colaboración. Las alianzas bilaterales presentaron dos patrones distintos de acercamiento: cuando las OSC se acercaron a las compañías y cuando las compañías se acercaron a las OSC.

Acercamiento de la OSC a la compañía

En la mayoría de las alianzas bilaterales estudiadas, la iniciativa de "cruzar el puente" para proponer un emprendimiento conjunto partió de los representantes del tercer sector. La dinámica que estos contactos siguieron muestra un patrón uniforme, consistente en comenzar "poniendo el pie en la puerta" de la empresa[17] y, una vez dentro, trabajar por "vender el proyecto" a la cúpula empresarial. El primer paso en nuestros casos consistió en la búsqueda por parte de la OSC del punto de entrada a la empresa de menor resistencia, con el objetivo de contactar a un interlocutor válido y despertar su curiosidad e interés. Por regla general, esta tarea estuvo a cargo de sus máximos responsables[18], con el fin de maximizar la credibilidad y calidad del mensaje. La contraparte en el sector privado tendió a ubicarse en la gerencia intermedia de la empresa, en particular en sus gerentes de *Marketing* y/o de Relaciones Públicas. El cuadro 2 muestra una lista de los protagonistas de las alianzas que siguieron este patrón de contacto.

Sin embargo, ningún esquema puede ir muy lejos si no goza del apoyo de los máximos responsables de las organizaciones participantes. Una vez que los interlocutores de ambas organizaciones delinearon una visión compartida sobre las posibilidades de trabajo conjunto, surgió el imperativo de comprometer en el proyecto a la gerencia general o a la presidencia de la empresa. En general, los líderes sociales debieron enfrentar este desafío sin contar con la ventaja de conocer de antemano a estos individuos. Por tanto, para lograr un impacto fuerte en poco tiempo, recurrieron a la generación de una reacción emocional buscando la adhesión y la lealtad a su causa. En general, el método utilizado consistió en visitas de campo, que les permitían a los gerentes de las empresas establecer contacto directo con los beneficiarios de las OSC.

Por ejemplo, luego de acordar las pautas generales de la alianza, García Moreno, fundadora de la Casa de la Amistad (CdA), y Ocampo, gerente de Relaciones Públicas de Danone, procedieron a involucrar al gerente general de Danone en el proyecto. Ambas organizaron una visita a la

Cuadro 2. La búsqueda de un interlocutor

OSC, responsable superior →		*Empresa privada, gerencia intermedia*
Bimbo-Papalote	Marinela Servitje de Lerdo de Tejada, directora general del Museo del Niño.	Sergio Montalvo, director de *Marketing* del Grupo Bimbo.
Danone-CdA	Amalia García Moreno, fundadora y patrona vitalicia de la Casa de la Amistad.	Aminta Ocampo, gerente de Relaciones Públicas y la directora de Relaciones Públicas y Comunicación, ambas de Danone México.
Esso-COANIQUEM	Jorge Rojas, fundador y máximo responsable de COANIQUEM.	Christian Storaker, responsable de Relaciones Públicas de Esso Chile.
H-E-B – BAM	Blanca Castillo, responsable del Banco de Alimentos de Monterrey.	Eddie García, responsable del programa de Bancos de Alimentos en Texas; Lola Landa, gerente de Relaciones Públicas de H-E-B en Monterrey.
LN-RS	Juan Carr, líder de la Red Solidaria.	Redactores de *La Nación*, pertenecientes a la sección Información General, a la revista dominical y a secciones especiales.
RFE – Comunidad Ese'eja	Líderes de la comunidad nativa Ese'eja de Infierno.	Kurt Holle, director de Mercadotecnia de *Rainforest Expeditions*.
TP – JLCM	Martha Rangel, presidenta de la Junior League de la ciudad de México.	Salvador Alanís, director de *Marketing* de Tetra Pak México.
Techint – Proa	Adriana Rosenberg, emprendedora en arte, y luego presidenta de Fundación Proa.	Director de Comunicaciones Corporativas de Techint.
Texaco – EJN	Maritza Morales, fundadora y directora ejecutiva de EJN.	Coordinador de marca, publicidad y atención al cliente de Texaco.
CCA – JAA	Eduardo Marty, director ejecutivo y fundador de Junior Achievement Argentina.	María Marta Llosa, responsable de Relaciones Externas de Coca-Cola de Argentina.

CdA, donde el gerente general apreció el trabajo realizado por la organización y conoció a los niños con cáncer que se beneficiarían con la campaña. La visita conmovió profundamente al gerente general de Danone y lo impulsó a apoyar decididamente el proyecto. Algo similar ocurrió durante las primeras etapas de la colaboración entre Esso Chile y la Corporación de Ayuda al Niño Quemado (COANIQUEM). Al describir su encuentro inicial con COANIQUEM, los directivos de Esso Chile usan una metáfora difícil de traducir en términos racionales; en sus propias palabras: "se enamoraron".

En ocasiones, los individuos que llevan a cabo el diálogo inicial se convierten en promotores o padrinos internos de la iniciativa –lo que la literatura norteamericana denomina *champions*– y se identifican fuertemente con ella. Esta identificación puede funcionar como una fuerte amalgama, que origine un trabajo conjunto de los promotores en pos de la alianza, *a través* de los límites organizacionales.

Así ocurrió en el caso de Danone México, cuya gerente de Relaciones Públicas trabajó directamente con la fundadora de la CdA para coordinar la visita del gerente general de la compañía a la sede de la organización. La visita despertó el compromiso del gerente general y se convirtió en una práctica usual, que se repetía cada vez que se producían cambios en la dirección de la empresa (tema que trataremos en el quinto capítulo). En el caso del diario *La Nación* y la Red Solidaria (RS), en lugar de construir una alianza con un promotor específico dentro del diario, Juan Carr logró el compromiso emocional generalizado de los redactores con quienes estableció los primeros contactos. Ellos dicen con orgullo que la relación con RS "comenzó con nosotros, los periodistas, y esto hizo que nos comprometiéramos con la causa". Este activo le fue útil en un segundo momento, cuando decidió comprometer a la gerencia del diario, liderada por Julio Saguier.

Acercamiento de la compañía a la OSC

Cuando la empresa tomó la iniciativa de contactar a la OSC, lo hizo siguiendo dos patrones diferentes. En el primero de ellos, un emprendedor dentro de los rangos intermedios de la empresa estableció una conexión emocional con una causa, no con una organización, y a partir de allí emprendió una cruzada personal por obtener el compromiso de la alta dirección. Una vez que lo conseguía, procedía a contactar a una OSC relacionada con la causa. Esta dinámica incluye los mismos elementos del patrón descrito en la sección anterior, aunque, en este caso, se dan en orden inverso. El contacto con el futuro socio tiene lugar *después* de lograr el apoyo de los directivos de la empresa. La parte más difícil del proceso de persuasión se da en la etapa previa, dentro de la compañía. En estos casos, las OSC recibieron la propuesta de colaboración de parte de socios que ya estaban motivados y comprometidos con la causa. A fin de maximizar las posibilidades de éxito del proceso de persuasión interna, los esfuerzos se planearon estratégicamente, como veremos a continuación.

La alianza entre Farmacias Ahumada S.A. (FASA) y la Fundación Las Rosas (FLR), un hogar para ancianos desprotegidos, ofrece un buen ejemplo de este patrón de acercamiento. Álex Fernández, miembro del directorio de FASA, había conocido el trabajo de la fundación cuando era gerente de otra empresa. Impulsado por su profundo compromiso emocional con la causa, Fernández decidió convertirse en el promotor de esta organización dentro de FASA y trabajar para establecer una alianza entre la compañía y la FLR. La cuestión era por dónde empezar. Fernández concentró sus esfuerzos en un actor clave, a partir del cual sería más fácil lograr el apoyo del resto de la gerencia: José Codner, presidente del Directorio de FASA. En opinión de Fernández, "Codner era el hombre a quien había que convencer; el resto del Directorio apoyaría lo que él decidiera". Sus esfuerzos dieron frutos: Codner fue persuadido por los argumentos de Fernández y bajo el liderazgo del tándem Fernández-Codner, el resto del Directorio se plegó a la iniciativa.

Una estrategia similar fue la utilizada por Renato Ferretti, gerente de *Marketing* del Banco de Crédito e Inversiones (BCI) de Chile. A partir de una conexión emocional con la causa de la pobreza infantil, Ferretti decidió buscar apoyo dentro del banco para hacer algo al respecto. Como en el caso anterior, apuntó sus esfuerzos persuasivos a un miembro estratégico de la organización: Héctor Pozo, contralor del banco. Pozo era una figura clave en el BCI: con cuatro décadas de trabajo en la institución, contaba con la más irrestricta confianza del presidente y del Directorio. Ferretti anticipó que si contaba con el apoyo de Pozo, se facilitaría enormemente la tarea de persuadir al resto de gerentes: "Primero fui a hablar con el contralor del banco, Héctor Pozo, quien me apoyó y aceptó abrir una cuenta bipersonal conmigo para la recaudación de fondos. Con su apoyo fui, uno por uno, donde el resto de gerentes y todos aceptaron el proyecto". Sólo después de contar con esa masa crítica de consenso, Ferretti encaró al "hueso más duro de roer": "Con el último con quien hablé fue con Luis Enrique Yarur, en ese entonces gerente general. Porque, claro, si lo escogía primero a él, me iba a costar mucho convencerlo; era distinto presentarle una idea que ya contaba con un amplio apoyo en la gerencia de la empresa. Y también aceptó el proyecto".

Otro caso que pertenece a este grupo es el de la colaboración entre la compañía de televisión REPRETEL y FUPROVI, una OSC dedicada a proyectos de vivienda social. René Barboza, periodista de REPRETEL, sintió la necesidad de ayudar a los costarricenses que habían perdido sus hogares como consecuencia del huracán César, que había azotado una región del país en julio de 1996. Barboza logró convencer a los miembros del Directorio para que aprobaran el lanzamiento de una campaña conjunta con una OSC, con el objetivo de ofrecer ayuda a los damnificados de esta emergencia, y asumió el liderazgo del proyecto.

En cuanto al segundo patrón de acercamiento, las compañías contactaron a las OSC a través de sus máximos responsables. El hecho de que estas colaboraciones se manejaran en esos niveles, se debe a la importancia estratégica que tienen estos emprendimientos para las compañías involucradas. Tal fue el caso de Telemig Celular, una compañía de telefonía celular con operaciones en el estado brasileño de Minas

Gerais. En 2001, Telemig Celular lanzó su Programa Pro-Concejos (Programa Pró-Conselho), un esfuerzo que apuntaba a fortalecer las instituciones municipales (concejos o *conselhos*) que garantizaban los derechos de los niños. Para desarrollar este programa, Francisco Azevedo, presidente del Instituto Telemig Celular, buscó el apoyo de los líderes de diversas OSC locales. De esta manera se formaron los Grupos de Apoyo de Voluntarios, que conformaron una vasta red de asesoramiento que trabajó con las intendencias municipales para lograr los objetivos del programa.

La dimensión estratégica de la colaboración ayuda a entender el nivel de participación de los altos ejecutivos de Telemig Celular. La compañía proveía un servicio que había sido recientemente privatizado. En 2001, Telemig Celular se encontraba en el proceso de consolidar su transición hacia una nueva cultura organizacional, estructurada en torno a los clientes y basada en el concepto de "capilaridad": la capacidad de llegar a los clientes y satisfacer sus necesidades, cualquiera sea su ubicación. La rama social de la compañía, el Instituto Telemig Celular, operaba con el mismo concepto. En consecuencia, el Programa Pro-Concejos le permitía a Telemig Celular manejar una operación eficiente en todo el estado, mediante la articulación de las actividades de los agentes locales.

Las colaboraciones también atrajeron la atención de los líderes empresariales, cuando aquéllas fueron casos testigos que apuntaban a la redefinición de la acción social de esas compañías. Por ejemplo, la relación entre el Banco Itaú de Brasil y el Centro de Estudio e Investigación sobre Educación, Cultura y Acción Comunitaria (Centro de Estudos e Pesquisas em Educação, Cultura e Ação Comunitária, CENPEC), una OSC dedicada a mejorar la educación pública, nació a partir de un profundo replanteo gestado en el Directorio de la compañía. En 1993, la presidencia del banco pasó de Olavo Setúbal a su hijo, Roberto. A partir del cambio, el Directorio comenzó a programar una profunda reforma de la política social del banco, para tornarla más estratégica y sistemática. Roberto Setúbal se acercó al CENPEC para materializar este cambio de paradigma, que marcaría el tono de las actividades sociales del banco en los años subsiguientes.

Algo similar ocurrió en el caso de Natura, la compañía brasileña de cosméticos. Como parte de su "política de buen vecino", Natura realizaba donaciones esporádicas a la escuela pública Matilde Maria Cremm. Según Irineu Cintra, docente de esa escuela, "cada vez que necesitábamos algo, tocábamos la puerta de Natura y siempre nos atendían". Pero el presidente de Natura, Guilherme Leal, no estaba conforme con esa relación, a la que veía como paternalista: "Yo sabía que había que cambiar. La gente veía a la empresa como sinónimo de poder y de recursos;

yo quería construir otro tipo de relación". Lo que Leal tenía en mente era una política social diferente, más estratégica y sostenible, cuyo impacto fuera más duradero, en la cual Natura desempeñaría el papel de agente de cambio, para ayudar a Matilde a descubrirse a sí misma. A partir de dicho impulso, Natura llevó a cabo una colaboración con la escuela y convocó al CENPEC como socio experto en educación. También en este caso, la colaboración con Matilde fue un hito que marcó un cambio en la política social futura de la empresa.

Lo mismo cabe decir de la comentada relación entre la empresa vial AUSOL y el líder comunitario Alberto Croce. Esa relación, manejada en el más alto nivel de la empresa por su importancia estratégica para el negocio, también representó un hito que marcó un giro permanente en su política social[19]. En el caso de Indupalma S.A., la empresa colombiana productora de aceite, la relación también se manejó desde los niveles ejecutivos más altos. Fue su gerente general, Rubén Darío Lizarralde, quien contactó por propia iniciativa a su vieja conocida Clara Teresa Arbeláez, directora de la Fundación Rafael Pombo. Ésta era una reconocida OSC, que hacía tiempo trabajaba por la pacificación social en Colombia. En este caso, la colaboración no inició un cambio cultural en la empresa, sino más bien fue producto de él. Como ya se comentó, Indupalma había atravesado una crisis terminal en 1991, de la que surgió con una nueva cultura corporativa que colocaba la política social en el seno de su estrategia competitiva. Y dentro de este esquema, la pacificación del entorno, que había estado desgarrado por las tensiones entre la guerrilla y los paramilitares, asumía una importancia estratégica para la supervivencia del negocio.

El poder de las relaciones preexistentes

Nuestro estudio convalida la importancia de las redes sociales como recurso crítico para las organizaciones. La existencia de vínculos previos entre las partes tuvo un impacto sustancial en la forma en que se desarrollaron los contactos iniciales. A juzgar por nuestros casos, su importancia parece ser clave: en la gran mayoría hubo una relación preexistente, que proveyó un capital semilla sobre el cual comenzar a construir la alianza. Nuestra muestra abarcó distintos tipos de vinculaciones previas, resumidas en el gráfico 3, que influyeron en el desarrollo del diálogo de diversas maneras. Las relaciones preexistentes pueden ser vínculos afectivos con otras personas, como parientes o amigos, o pueden resultar de interacciones profesionales, directas e indirectas, con empleados o colegas. Ambos tipos de relaciones pueden servir para generar credibilidad en los socios potenciales. De no existir estas relaciones previas, también es posible establecer una conexión con socios potenciales, a través de la afinidad emocional con la causa social de la colaboración. En seguida ilustramos estos distintos tipos de vinculaciones. El impacto de las relaciones preexistentes y sus efectos en la generación de confianza se retoma en el noveno capítulo, con especial atención en los casos del contexto chileno.

Gráfico 3. El poder de las relaciones preexistentes

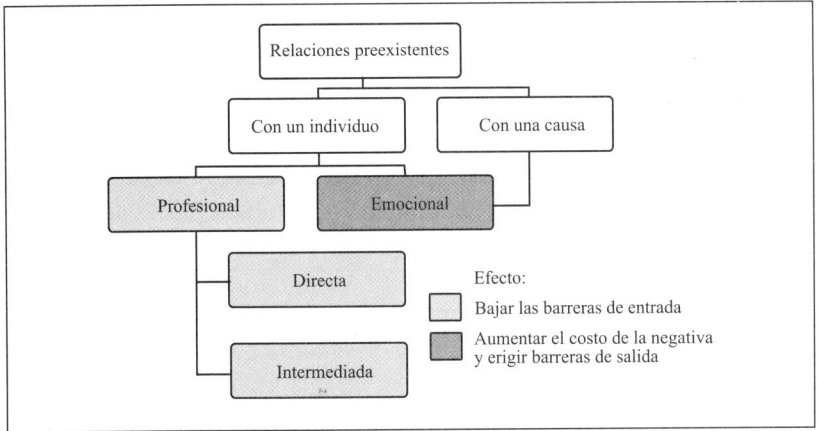

Cómo reducir las barreras de entrada

Embarcarse en un proyecto conjunto con otro sector implica iniciar un camino desconocido. Por tanto, cualquier recurso que sirva para reducir la incertidumbre será clave. En general, las relaciones sociales son útiles para echar luz sobre los antecedentes de una persona, identificar sus valores personales y su confiabilidad profesional. De esta manera, son útiles para reducir la percepción de riesgos potenciales y allanar el camino para la comunicación futura. En los casos de nuestra muestra, las relaciones profesionales cumplieron esta función.

En ese sentido, un conocimiento directo y prolongado en el tiempo del futuro 'socio' constituye la mejor garantía para la persona que realiza los contactos iniciales (en el gráfico 3, relación con un individuo). Las primeras conversaciones entre Danone México y la Casa de la Amistad (CdA), una OSC dedicada a ofrecer asistencia gratuita a niños de escasos recursos que sufren de cáncer, se facilitaron mucho gracias a la existencia de una sólida relación profesional entre las personas que establecieron los contactos iniciales entre ambas organizaciones. Amalia García Moreno, fundadora de CdA y colaboradora vitalicia; Aminta Ocampo, gerente de Relaciones Públicas de Danone, y la directora de

Comunicaciones y Relaciones Públicas de la misma compañía, se habían conocido mucho tiempo antes, cuando ocupaban posiciones ejecutivas en otras empresas privadas. Cada una de ellas confiaba plenamente en el profesionalismo de las otras (en el gráfico 3, relación profesional directa).

Para tener este impacto positivo, la relación preexistente no necesita estar embebida de sentimientos positivos, como fue el caso de Danone y CdA, donde estaba acompañada de admiración mutua. En última instancia, para que una vinculación anterior cumpla su función de gestión de riesgo, sólo tiene que proyectarse en el pasado, iluminarlo y disipar la incertidumbre. La alianza entre la comunidad nativa Ese'eja y la compañía de ecoturismo RFE provee un buen ejemplo en este sentido. En esta relación, la comunidad aportaba un área de extraordinaria riqueza natural, mientras que la compañía se comprometía, entre otras cosas, a contratar a los miembros de la comunidad para trabajar en el albergue y entrenarlos para que estuvieran en condiciones de hacerse cargo de su administración en veinte años.

Desde 1992, RFE había administrado otro albergue, el Centro de Investigación de Tambopata (CIT), al que sólo se podía acceder por bote desde la ciudad de Puerto Maldonado, en una travesía de aproximadamente ocho horas. Para trasladar a los turistas hasta el CIT, la compañía contrataba regularmente a seis miembros de la comunidad Ese'eja. En 1995, cuando los miembros de la comunidad se acercaron a la empresa para explorar la posibilidad de que aquélla empleara a más de sus miembros, ambas partes habían desarrollado una relación de trabajo confiable. Sus gerentes sabían que una asociación con los pobladores locales no estaría exenta de desafíos, pero sabían *exactamente* cuáles eran esos desafíos. A su vez, la comunidad conocía a RFE y estaba familiarizada con su compromiso con el medio ambiente, lo cual ayudó a confiarle la administración de la reserva.

Cuando el conocimiento personal no estuvo disponible, los actores recurrieron a un *second best*: por carácter transitivo, extendieron su confianza a las relaciones que mantenían aquéllos en quienes confiaban: si A confía en B y B confía en C, A puede confiar en C. Las redes que provee la familia extendida, incluyendo a los parientes políticos, cumplieron esta función (en el gráfico 3, vínculo con intermediación)[20]. Después de dos años de buscar infructuosamente financiamiento para poner en funcionamiento su fundación, la oportunidad le llegó al doctor Rojas de la mano de sus parientes políticos. "Todo comenzó por conexiones sociales, como suele ocurrir en Chile. Mi esposa y yo fuimos al cumpleaños de mi suegra y, por casualidad, compartimos la mesa con una de las primas de mi esposa y su marido, Christian Storaker, responsable de Relaciones Públicas de

Esso". Esa conversación, ocurrida en el contexto confiable de la familia extendida, fue la que abrió las puertas para el nacimiento de COANIQUEM, en alianza con Esso Chile. El mismo Rojas no tiene dudas sobre la importancia de esta relación preexistente, ya que cree que de no haber sido por ella, jamás se hubiese animado a tocar las puertas de Esso. "¿Por qué hubiesen confiado en mí, un *perfecto extraño* para ellos?", pregunta retóricamente. El noveno capítulo analiza en mayor detalle cuán importante fue la variable de confianza en el contexto chileno.

Dado que los casos estudiados se desarrollaron en sociedades eminentemente católicas, la Iglesia católica surge como una importante institución de referencia social, que representa valores comunes[21]. En ausencia de una relación directa entre las partes, en algunos casos, la intermediación de la Iglesia proporcionó "garantías" sobre la confiabilidad de los individuos y las organizaciones; de esta manera, despejó incertidumbres y facilitó enormemente los contactos iniciales entre los futuros socios. La empresa AUSOL, administradora de autopistas en el gran Buenos Aires, necesitaba iniciar un diálogo con las comunidades que serían afectadas por el trazado de esas arterias. Sin embargo, inicialmente, estas gestiones no conseguían concretarse por la dificultad de la empresa para encontrar un interlocutor válido. Las relaciones con la comunidad, al tener una dimensión política innegable, constituían un área muy sensible para la compañía. Esa reticencia pudo ser superada cuando los miembros de la Diócesis de San Isidro avalaron, fuertemente, al líder comunitario Alberto Croce. El mismo impacto también se dio en los diálogos iniciales entre el Banco de Alimentos de Monterrey (BAM) y el supermercado norteamericano H-E-B. El hecho de que BAM haya estado afiliado a Cáritas, institución católica con muchos años de trabajo en México y percibida como confiable, allanó el camino para desarrollar una relación de trabajo entre ambas organizaciones. El papel de la Iglesia como facilitadora de diálogo también se destaca en los casos chilenos, que se analizan detalladamente en el noveno capítulo.

El deseo de "ver" dentro del potencial socio, de conocer sus valores y su personalidad, quizá explique la baja predisposición de las organizaciones estudiadas a recurrir a bases de datos u otros mecanismos objetivos de selección. Muy pocas alianzas en la muestra realizaron búsquedas sistemáticas para seleccionar a sus socios. Incluso en esos casos, las vinculaciones previas marcaron la diferencia, como ocurrió en el caso de Danone México. Cuando la compañía decidió realizar una alianza con una OSC, inició una búsqueda sistemática a través de la base de datos de la Junta de Asistencia Privada, entidad pública que supervisa al tercer sector en México. La búsqueda obedeció a dos criterios: los candidatos debían dedicarse a temas relacionados con la infancia y tenían que destacarse por su profesionalismo. Luego de filtrar los datos, la compañía invitó a los candidatos finalistas a presentar proyectos para su evaluación. La propuesta presentada por la CdA resultó seleccionada, porque tanto el proyecto como la organización cumplían con los requisitos establecidos por Danone. Sin embargo, pese a una aparente elección completamente objetiva y racional, y sin desconocer la importancia de la capacidad institucional de la OSC, del material recogido en las entrevistas se deduce que la conexión entre los gerentes de ambas organizaciones fue un factor determinante en el momento de la elección.

La tensión entre los criterios objetivos y subjetivos en la selección del socio, también estuvo presente en el caso de la cadena de farmacias FASA y su colaboración con la Fundación Las Rosas (FLR). En 1988, la empresa comenzó una búsqueda sistemática para identificar una OSC adecuada con la cual asociarse. Varios miembros de su directorio pensaban que la institución elegida tendría que compartir la misma misión de la compañía: resolver problemas relacionados con la salud. Por eso, entre los primeros candidatos evaluados, hubo varias fundaciones dedicadas a la lucha contra males como el SIDA o la ceguera. Sin embargo, llegado el momento de decidir, el Directorio tomó otra ruta: eligió la FLR, un hogar de ancianos. La selección no fue arbitraria: pesaron factores objetivos, como la transparencia en su gestión o el profesionalismo de su administración. Pero no fueron esos factores los que decidieron la cuestión, sino el cabildeo realizado por uno de los directores de la empresa, Álex Fernández, quien había trabajado con la FLR antes de incorporarse a FASA. Quienes participaron en el proceso coincidieron en señalar que la intervención de Fernández fue decisiva. En opinión de Jaime Sinay, gerente general de FASA, "fue el cabildeo de Fernández lo que inclinó la balanza a favor de FLR".

Debido a su estructura, las colaboraciones multilaterales tienen características diferentes, que se analizarán en el octavo capítulo. Por definición, estos esquemas involucran a un gran número de actores que raramente comparten una relación preexistente entre todos ellos. A pesar de eso, también aquí las relaciones preexistentes fueron relevantes, ya que las relaciones de confianza entre unos pocos funcionaron como un capital semilla, a partir del cual, en un segundo momento, se amplió la convocatoria a otros actores. Un ejemplo fue el proyecto Líderes Siglo XXI (Líderes), creado en Colombia en 1994, para aplicar los conceptos de calidad total del sector privado a la educación. El proyecto surgió a partir de una iniciativa del Foro de Presidentes, cuyos integrantes trabajaban, desde 1989, bajo el lema "aprender, diseminar, crecer juntos". En palabras de Hugo Valderrama, presidente de la Junta Directiva de NCR Colombia:

Para progresar, nos contábamos qué hacíamos; nuestros fracasos, nuestros éxitos, nuestros logros. Nos visitábamos unos a otros y, simplemente, nos copiábamos todo lo bueno. Esa copia lícita es la que impulsa un avance de manera increíblemente rápida.

Una apertura tan generosa sólo es posible cuando se ha generado confianza a través del conocimiento mutuo. Cuando esta cultura organizacional se trasladó a un contexto mayor y se amplió para abarcar a otros actores sociales, se convirtió en un activo clave en la construcción de una alianza multilateral. Además, cabe destacar que cuando la comunidad empresarial decidió acercarse al sector educativo, los empresarios contactaron "sólo a las escuelas que conocíamos", según explicó uno de los protagonistas, como, por ejemplo, las escuelas a las que asistían sus hijos o aquéllas cuyas autoridades conocían personalmente.

Cómo aumentar el costo del rechazo y erigir barreras de salida

Cuando la naturaleza de la relación personal va más allá de lo formal y tiene una dimensión afectiva, su impacto es aún mayor (en el gráfico 3, relación emocional). No sólo sirve para superar obstáculos, sino que se convierte en imán para sumar voluntades y hacer más difícil la negativa. No es lo mismo rechazar una propuesta presentada por un desconocido, que cuando se trata de alguien a quien le tenemos afecto. El compromiso emocional con la persona se vuelca hacia la iniciativa en cuestión y se traduce en un entusiasmo que, una vez que se arraiga, tiende a ser duradero. Esta dinámica se puede resumir en las siguientes expresiones de uso coloquial: "No te puedo decir que no" y "No te voy a defraudar".

Cuando en 1982 Manuel Ariztía fue convocado a participar de la recién creada Corporación Municipal de Melipilla, la economía de su compañía Empresas Ariztía atravesaba por un momento particularmente difícil. Claramente, la situación no era la ideal para desviar tiempo y atención a otros proyectos, por más importantes que fuesen. Sin embargo, como el pedido provino de Álvaro Gutiérrez, alcalde de la ciudad, con quien sentía cercanía y afinidad, y siendo éste un tema de profundo interés para él, sintió, como él mismo lo admitió, que "no podía negarse".

Este efecto también surgió en el ya mencionado programa Líderes. Allí, los ejecutivos y los directivos de las escuelas trabajaron en parejas para adaptar el capital intelectual acumulado en el Foro de Presidentes, sobre temas de calidad, a la realidad específica de las instituciones educativas, con el aporte de los grupos de interés relevantes en cada escuela. Estas parejas se organizaron en distintos grupos (avanzados, intermedios y nuevos), que operaban bajo el amplio esquema del programa.

La coexistencia de grupos diferentes permite un análisis comparativo. En los grupos denominados "intermedios" y "nuevos", se plantean las reglas para los nuevos integrantes desde el inicio. Durante el transcurso de las actividades, si las expectativas de los nuevos participantes apuntan en una dirección diferente, el grupo trata de que el nuevo integrante se adapte a las prácticas establecidas. Si esto no ocurre, se le pide a dicho miembro que se marche. En el grupo "avanzado", en cambio, ocurre algo muy diferente: cuando las expectativas de las partes exceden las propuestas del programa, *se convierten en insumos* para nuevos proyectos. Por eso se le considera el grupo innovador, que lidera el camino que recorrerán los otros grupos. El contraste es notable. ¿Cuál es la diferencia entre estos grupos? Mientras que los grupos intermedios se crearon en 1999 y los grupos nuevos comenzaron en 2000, los grupos avanzados se unieron al programa en 1994. Los años de trabajo conjunto les permiten asimilar las expectativas más ambiciosas y generar valor. Además de esta mayor productividad, las parejas de escuelas y compañías han desarrollado relaciones estrechas, que también desempeñan un papel significativo. Este vínculo hace que sea difícil rechazar propuestas, ya que no sólo implicaría negarse a una iniciativa sino a una persona o un grupo de personas, con quienes se ha entablado una relación personal y profesional.

Sin embargo, los vínculos se establecen tanto con la gente como con las causas. Cuando una causa social ha formado parte de la historia de una persona, ocupa un lugar especial en su corazón y no resulta fácil desalojarla (en el gráfico 3, vínculo con una causa). En última instancia, este factor ejerce una marcada influencia en el momento de construir una alianza intersectorial, tal como se observa en la colaboración entre la compañía Azúcar Manuelita y la Corporación El Minuto de Dios (CMD). La CMD era un grupo colombiano formado por ocho organizaciones sin fines de lucro, surgido del trabajo de asistencia social realizado por el sacerdote eudista Rafael García Herreros, durante la década de 1950. El gerente de *Marketing* de Manuelita, Álvaro Galeano, siendo adolescente, había participado en los programas para la juventud del padre García Herreros, conocía bien a la organización y sentía un gran afecto por ella. A partir de esta conexión emocional, buscó activamente oportunidades de trabajo conjunto:

> Desde que entré en Manuelita en 1973, siempre busqué oportunidades para trabajar con la CMD, pero las posibilidades eran limitadas. Alrededor de 1990, alcancé la posición de director de *Marketing* y me convertí en el número dos de la compañía. Fue entonces cuando comencé a jugar con la idea de trabajar con la CMD. En 1990, un amigo que había sido

mi jefe durante mucho tiempo, pasó a ser presidente de la empresa. Le dije: "Mira, yo estoy en *Marketing*. ¿Por qué no mejoramos nuestra alianza con la CMD? Desde el punto de vista comercial, estoy seguro de que beneficiará a la compañía".

Mientras Galeano permaneció en Azúcar Manuelita, la colaboración con la CMD creció con fuerza. Curiosamente, cuando fue promovido a otra organización del mismo grupo empresarial, sus sucesores perdieron interés y la relación se redujo a un nivel mínimo. Este hecho demuestra una debilidad de la alianza, ya que el vínculo no iba más allá de una relación y un compromiso personal, individual.

La alianza entre FASA, la cadena de farmacias de Chile, y la Fundación Las Rosas (FLR) provee otro sólido ejemplo de un vínculo emocional con una causa. Álex Fernández, quien actuaba de intermediario entre ambas organizaciones, al principio se acercó a la fundación con una marcada motivación utilitaria, que adquirió una dimensión emocional cuando conoció personalmente a los líderes de la organización y a sus beneficiarios. Fernández brindó un conmovedor relato de estos hechos:

> La idea original era tomar algunas fotos con fines publicitarios, para obtener algún valor comercial. Sin embargo, me impactaron la pobreza del hogar y ver a esos abuelitos sentados, la mayoría vestidos pulcramente, con chaquetas raídas y corbatas antiguas. Le pregunté al padre: "¿Los vistió así porque veníamos de visita?". Y él me respondió: "No, hijo, están esperando que sus familiares vengan a buscarlos, pero sus parientes nunca llegan; los han abandonado". Con un nudo en la garganta, me despedí y le dije: "Este cheque no es suficiente; hace falta más. Déjeme pensar qué más podemos hacer".

Esa noche, Fernández y su esposa Gloria decidieron que trabajarían para ayudar a ese grupo de ancianos. Años más tarde, ese compromiso lo llevó a emprender una cruzada personal para convencer a los demás miembros del Directorio de FASA de la necesidad de colaborar con la FLR.

La conexión emocional fue particularmente fuerte cuando sus diferentes dimensiones –conexión con la persona y con la causa– se superpusieron. Tal fue el caso de la relación entre el Banco Itaú de Brasil y el Centro de Estudio e Investigación sobre Educación, Cultura y Acción Comunitaria (CENPEC), una OSC cuya misión consistía en mejorar la calidad de la educación pública en Brasil. Ambas organizaciones se aliaron en 1993, para llevar adelante proyectos que contribuyesen a mejorar la capacitación pedagógica de los maestros de enseñanza básica, algo que por ese entonces no era común en Brasil. Además de las impecables credenciales profesionales del personal de CENPEC, existía un profundo vínculo emocional entre los líderes de ambas instituciones que no podía ser ignorado. Roberto Setúbal, presidente del banco, era hermano de Maria Alice Setúbal, presidenta del Directorio de CENPEC. Además, ambos protagonistas compartían un profundo compromiso con la causa de la educación pública. Su difunta madre, Matilde "Tide" Setúbal, había dedicado su vida a esta causa, al punto de ser reconocida por sus esfuerzos en todo el país.

El cuadro 3 ofrece varios casos de nuestra muestra, dentro de las diferentes categorías conceptuales desarrolladas en los párrafos precedentes. Para cerrar esta sección, cabe señalar que en los pocos casos en los que no hubo ningún vínculo previo al inicio de la relación, los líderes sociales establecieron fuertes relaciones personales o emocionales durante las alianzas, lo cual produjo un efecto similar. Este proceso se analizará más adelante, cuando hablemos de la gestión de las alianzas.

Cuadro 3. Vínculos preexistentes, su origen y naturaleza

Origen de la confianza	Naturaleza del vínculo	Caso
Individuo	Pariente directo	Banco Itaú-CENPEC-UNICEF Bimbo-Papalote
	Relación personal previa	FASA-FLR CMM-Agr. Ariztía Indupalma-FRP
	Relación profesional previa	CdA – Danone RFE-Comunidad Ese'eja AMCHAM LSXXI CGH Techint-Proa CCA – JAA Natura – Matilde CCM – BCI Telemig Celular – Grupos de apoyo voluntario
Familia	Pariente político	COANIQUEM-Esso
Iglesia	Aval de la Iglesia católica	AUSOL – Croce H-E-B – BAM Minuto de Dios – Manuelita

Los desequilibrios en las capacidades institucionales de los socios

Entre los factores que condicionaron el diálogo intersectorial, las capacidades institucionales de los socios del tercer sector surgen como uno de los elementos de mayor y más amplio impacto. El resultado de nuestra investigación sugiere que, en igualdad de otras condiciones, las barreras al diálogo intersectorial fueron mayores cuanto menor fue la capacidad institucional de las OSC involucradas. A medida que disminuyó la capacidad institucional del socio de la sociedad civil, el sector privado tendió a necesitar estímulos más fuertes para considerar a su contraparte del tercer sector como socio potencial. Esto no implica que este factor sea determinante: la baja capacidad institucional no fue la única variable en juego; en todo caso, fue compensada con las fortalezas de los otros factores evaluados en esta sección. Además, la muestra también incluye casos que desafiaron este patrón. Sin embargo, dentro de esas limitaciones, el hecho de que esta tendencia haya surgido en la mayoría de los casos analizados resulta sugestivo. Es importante que las empresas indaguen las capacidades institucionales de los posibles socios, con el fin de evaluar si las alianzas resultarán efectivas o anticipar las medidas necesarias para mejorar las capacidades de los socios y lograr una colaboración productiva.

El cuadro 4 muestra esta dinámica con algunos breves ejemplos, que se desarrollan en las páginas subsiguientes. La fila superior del cuadro contiene una sencilla tipología de las OSC incluidas en la muestra. Ésta fue desarrollada con el fin de resaltar la importancia del desarrollo institucional en nuestros casos, y no intenta ser representativa del tercer sector latinoamericano. A la izquierda del cuadro figuran los casos de la muestra en los cuales el socio del tercer sector tuvo menor capacidad institucional. Las categorías 1 y 2 pueden ser consideradas "colaboraciones comunitarias", que no encajan fácilmente dentro de nuestra definición de colaboración, en la medida que no se dan *entre organizaciones* formalmente estructuradas como tales. Este tipo de colaboraciones capturan y fomentan la participación comunitaria a través de la representación informal de individuos o grupos[22]. Por otro lado, el renglón inferior del cuadro representa la magnitud de las barreras que debieron enfrentar los socios potenciales, que aumentan de derecha (barreras bajas) a izquierda (barreras altas). En resumen, a menor capacidad institucional corresponden mayores barreras a la colaboración.

Comunidad carente de una estructura organizacional
En el extremo de nuestro universo de casos, el actor del sector privado no encontró en el tercer sector un interlocutor válido con el cual "nego-

Cuadro 4. Capacidad institucional y barreras al diálogo intersectorial

−	CAPACIDAD INSTITUCIONAL			+
(1) Comunidad sin organización formal	(2) Individuo (líder comunitario)	(3) Individuo, con organización débil que gira a su alrededor	(4) Individuo o grupo, con organización consolidada detrás	(5) Organización madura, con fuerte liderazgo ejecutivo y *staff* altamente especializado
Comunidad Ese'eja	Alberto Croce	Juan Carr y la Red Solidaria	Amalia García Moreno y Casa de la Amistad	CENPEC
Inicialmente la empresa no considera alianza, sino "empleo" de individuos. El entorno impone a la empresa la necesidad de vincularse mediante alianza.	Inicialmente la empresa no considera alianza, sino "negociación". Empresa acaba eligiendo ese camino, movida por poderosos incentivos del entorno para aproximarse a la comunidad.	El líder social busca a la empresa; encuentra una leve resistencia inicial, superada por su profesionalismo y encanto personal. La empresa acepta colaborar filantrópicamente desde que el líder social consigue "poner el pie en la puerta".	La empresa busca a la OSC. Su impulso original fue constituir una fundación empresarial, pero a partir de una visita a la OSC, la empresa queda impresionada por su profesionalismo y propone entablar colaboración.	La empresa busca decididamente a la OSC. La empresa tiene en mente desde el comienzo entablar una relación de colaboración.

←	BARRERAS A LA COLABORACIÓN INTERSECTORIAL	−
+		

ciar", ni siquiera bajo la forma de un líder social con capacidad de articular sus intereses con los de la comunidad, de modo de tejer una alianza. Frente a este vacío, la empresa se vio obligada a "crear" a su socio y educar a la siguiente generación de líderes comunitarios. Por tratarse de un desafío significativo, el sector privado necesitó de estímulos sumamente poderosos para embarcarse en el proyecto.

Tal fue el caso de la ya mencionada alianza entre Rainforest Expeditions (RFE) y la comunidad nativa Ese'eja de Infierno. Esta comunidad ciertamente tenía instituciones sociales funcionales y consolidadas, pero carecía de estructuras organizacionales o de liderazgo para desempeñarse como un par en una vinculación intersectorial. Es recién a partir de la interacción con RFE que comienza a formarse una nueva generación de líderes, capaz de representar los intereses de la comunidad frente a los sectores privado y público.

Como respuesta a la propuesta presentada por los pobladores locales, RFE se planteó la posibilidad de abrir un nuevo ecoalbergue en la zona de Tambopata, pero no pensó en una alianza, sino simplemente en invertir el capital necesario y contratar la mano de obra entre la población local. Sin embargo, plasmar esa idea en la práctica resultó más difícil de lo que en principio había parecido. La comunidad de inversionistas de riesgo y los bancos tradicionales le dieron la espalda al proyecto, al que veían como incierto y demasiado riesgoso. Después de una infructuosa búsqueda, RFE entró en contacto con el Fondo Perú-Canadá (FPC), una cooperación técnica del gobierno canadiense que fomentaba proyectos innovadores de desarrollo sostenible.

El FPC se mostró receptivo al proyecto, pero impuso una condición: en lugar de emplear a los habitantes de la reserva, RFE debería asociarse con la comunidad, educándola para que al cabo de un tiempo estuviese en condiciones de hacerse cargo del proyecto. A partir de esa situación de "tómalo o déjalo" que se le impuso, en la que se jugaba la viabilidad del proyecto, los directivos de RFE reexaminaron la situación y advirtieron que la asociación con la comunidad le reportaría importantes ventajas, que se discuten más adelante[23]. Sin embargo, el nacimiento de la relación requirió el fuerte incentivo de un financiamiento "atado", impuesto a la empresa, sin el cual el proyecto hubiese sido inviable.

Individuos

En una segunda categoría, al considerar una colaboración con el tercer sector, la empresa encontró el liderazgo de un individuo, con legitimidad y acceso capilar a la comunidad, a partir del cual pudo establecer un canal de diálogo y una acción conjunta. El líder comunitario tenía disposición y capacidad para mediar entre el mundo del sector privado y el de la sociedad civil, alineando las necesidades de la empresa con la solución de los problemas sociales. A partir de esa alianza entre un líder comunitario y la empresa, se articularon relaciones con diferentes OSC o se crearon nuevas OSC.

Esta dinámica se presentó en la relación entre el líder comunitario Alberto Croce y la empresa Autopistas del Sol (AUSOL), ganadora de la concesión para construir y administrar autopistas de acceso a la ciudad de Buenos Aires. En 1994, la empresa se encontraba en una situación particularmente vulnerable. El trazado de una de las autopistas que administraría atravesaba zonas conflictivas del gran Buenos Aires, con graves conflictos sociales irresueltos (por ejemplo: la invasión ilegal de vecinos en algunas partes de la futura autopista). La privatización de las vías de comunicación había sido mal recibida por la opinión pública; en particular, por importantes barrios de la clase media que se verían afectados por el trazado. En un principio, la empresa consideró la opción obvia: hacer valer sus derechos legales mediante la fuerza pública, ya que el contrato de la concesión establecía que se le entregaría un trazado libre. Sin embargo, ésa era una opción muy riesgosa: si las protestas sociales de los sectores desposeídos y la clase media convergían en torno de la construcción de la autopista, políticamente la situación corría el riesgo de hacerse explosiva. La construcción de una autopista implica un fuerte desembolso inicial de inversiones que, una vez terminadas las obras, se convierte en un importante flujo de fondos. Un cambio sustantivo en la percepción de riesgo de los inversionistas internacionales que participaban en AUSOL hubiera tenido graves consecuencias para el negocio. Por todo ello, minimizar el tiempo de construcción de las obras se convirtió en un imperativo para la empresa.

A partir de esas consideraciones, AUSOL decidió dejar de lado la confrontación y acercarse a las comunidades afectadas de Malaver y Villafate, buscando un líder barrial con quien "negociar". Esa "negociación" se convirtió en una experiencia de aprendizaje intenso para la compañía que, finalmente, se dio cuenta de que la relación tenía más potencial del que había percibido originalmente. Como se verá más adelante, la relación entre AUSOL y Croce continuó creciendo y, con el tiempo, dio origen a la Fundación SES (Sustentabilidad, Educación y Solidaridad). También aquí hicieron falta fuertes presiones del entorno, para llevar a la empresa al proceso que desembocó en una colaboración intersectorial.

Un individuo en una organización débil

En otros casos, el protagonista de la colaboración fue un individuo con fuerte liderazgo personal, alrededor del cual giró una OSC débil. Aquí, las características personales del líder social tuvieron un peso significativo en la alianza: más allá de la existencia de una relación formal con la OSC, la empresa depositó su confianza *en esa persona,* como un recurso que le generaría valor. En este esquema, tarde o temprano, surge la duda sobre la sustentabilidad de largo plazo, ya que remplazar a un líder social carismático es un desafío importante.

Un ejemplo de esta dinámica es la relación entre el diario argentino *La Nación* y Juan Carr, líder de la Red Solidaria (RS). Como ya se mencionó, Carr advirtió que *La Nación* tenía ciertos activos que potenciarían enormemente el impacto de la RS. Por eso, en 1995, se comunicó con la redacción de *La Nación* para solicitar la publicación de un pedido solidario. Luego de algunos intentos fallidos, los redactores del diario finalmente accedieron a colaborar y cedieron espacio. Con el objetivo de lograr "poner el pie en la puerta", Carr se apoyó en dos activos: su encanto personal y el impacto de su trabajo. La RS no contaba con una marca reconocida por el público en general; era apenas una organización incipiente, sin personería jurídica ni existencia formal. Sin embargo, en su corta existencia (la RS había sido creada hacía un año), Carr y su pequeño equipo de colaboradores ya habían demostrado que podían obtener resultados. Su primer interlocutor en el diario, la periodista Marta García Terans, recuerda que las llamadas iniciales de Carr siempre se centraban en comunicar la labor que venía llevando a cabo la RS.

La resistencia que Carr debió vencer para dar el primer paso en esta colaboración fue leve. No hubo aquí grandes presiones del entorno ni fuertes incentivos; sólo un líder con fuertes dotes de comunicador, apoyado por un equipo de voluntarios. Cuando las organizaciones son débiles o se encuentran aún en sus etapas iniciales, los talentos personales de sus líderes son esenciales para el desarrollo de la alianza. Este concepto se tratará en mayor detalle en una sección posterior.

Un individuo o grupo respaldado por una organización sólida

En otro grupo de casos, la función del líder social se limitó a establecer puentes de diálogo con organizaciones de los sectores público y privado. Al aproximarse a su interlocutor, su tarjeta de presentación fue su visión y su carisma, pero también el nombre de la organización a la que representaba, lo cual facilitó los diálogos iniciales. Una vez que consiguió apoyo para su causa, a diferencia de las otras categorías, contó con un segundo escalón de liderazgo apto, que tomó el relevo en la relación. En este grupo, sin desconocer la importancia de los liderazgos personales, la empresa confió en la capacidad *de la organización* para generarle valor.

La alianza entre la Casa de la Amistad (CdA) y Danone México ofrece un claro ejemplo de esta dinámica de relación. Creada en 1990 por Amalia García Moreno, la CdA es una OSC ubicada en las afueras de la ciudad de México, que provee asistencia a niños con cáncer. En 1997, cuando Danone México decidió lanzar un programa social, su intención inicial era crear una fundación corporativa. La gerente de Comunicaciones y Relaciones Públicas se puso en contacto con García Moreno, a quien conocía y respetaba profesionalmente desde hacía mucho tiempo. La idea era visitar la CdA para familiarizarse con el funcionamiento de una OSC.

La visita produjo un tremendo impacto en la representante de Danone, lo que hizo que su perspectiva cambiara por completo. Comprendió que la implementación de proyectos sociales era más compleja de lo que había imaginado y, al mismo tiempo, quedó muy impresionada con la capacidad institucional de la CdA. Esta OSC poseía una gerencia efectiva, una dotación de voluntarios considerable, personal calificado y un grupo de benefactores muy respetados y comprometidos con el manejo de la organización. Por tanto, la compañía decidió que una alianza con la CdA constituiría un instrumento más efectivo que la intervención unilateral para llevar adelante su iniciativa social. El profesionalismo de García Moreno y la capacidad institucional de la CdA desempeñaron un papel fundamental en la decisión de Danone de modificar el rumbo y establecer una colaboración intersectorial.

Una organización sólida, con liderazgo ejecutivo firme y personal altamente especializado

En el extremo opuesto de nuestra tipología, las compañías encontraron organizaciones bien establecidas en el tercer sector. En estas relaciones, los individuos clave aún hacían la diferencia, pero su liderazgo estuvo al servicio de una lógica organizacional fuerte, que iba más allá de ellos. Las OSC de esta categoría tenían amplia y demostrada capacidad para generar valor a los potenciales socios, independientemente de los individuos específicos involucrados, por poseer conocimiento técnico especializado, altamente valorado y buscado por las empresas y el sector público. Su capacidad institucional fue tal, que frecuentemente cumplieron funciones importantes en la concepción, diseño y posterior implementación de alianzas intersectoriales de alcance nacional.

La alianza entre el Centro de Estudios e Investigación sobre Educación, Cultura y Acción Comunitaria (Centro de Estudos e Pesquisas em Educação, Cultura e Ação Comunitária, CENPEC), dirigido por María Alice Setúbal, y el Banco Itaú constituye un ejemplo de esta clase de dinámica. Cuando Roberto Setúbal se convirtió en presidente del Directorio del banco en 1992, decidió que era hora de sistematizar las actividades sociales de la compañía. A pesar de las numerosas donaciones que hacía el banco, sus directivos sentían cierta inquietud porque consideraban que sus iniciativas sociales tenían un impacto reducido y carecían de rumbo. Para modificar la situación, el Directorio recurrió al CENPEC, el centro de investigación educativa más prestigioso de Brasil. A lo largo de los años, el CENPEC había acumulado un capital intelectual considerable a través de un equipo técnico altamente capacitado. Sus actividades incluían la investigación, asesoría, capacitación y difusión de hallazgos dentro del ámbito de la comunidad académica y el público en general. En respuesta al pedido del banco, el CENPEC ideó un ambicioso plan de acción nacional que incorporaba a UNICEF[24], al que cada integrante contribuiría según sus competencias clave.

Este caso ilustra el extremo opuesto de nuestra tipología. En las colaboraciones en las que las OSC participantes dispusieron de alta capacidad institucional, una marca reconocida y un modelo operativo probado, las barreras *a priori* a la colaboración intersectorial resultaron poco importantes. Sin embargo, incluso en estos casos, las diferencias en las culturas organizacionales son obstáculos potencialmente significativos.

Las diferencias en las culturas organizacionales

Todas las organizaciones operan sobre la base de normas, explícitas o tácitas, y por creencias compartidas por sus integrantes, que definen su perfil y su accionar. Esta cultura organizacional condiciona no sólo sus actividades internas, sino también la interacción con el entorno. Cuando dos socios potenciales operan sobre la base de culturas organizacionales incompatibles, es difícil desarrollar visiones compartidas. Nuestra muestra proporciona una amplia gama de posibilidades para evaluar el impacto de este factor, ya que presenta casos de colaboración con culturas organizacionales compatibles, otros con culturas diferentes e, incluso, casos en los que las culturas organizacionales se modificaron durante el proceso. El séptimo capítulo analiza, en mayor detalle, la importancia de las culturas organizacionales como barreras a la colaboración, con énfasis en el contexto brasileño.

Las conversaciones preliminares entre los representantes de Danone México y la Casa de la Amistad (CdA) ejemplifican el efecto positivo generado por culturas organizacionales compatibles. Las tres protagonistas de los contactos iniciales –la fundadora de la CdA, la gerente y la directora de Relaciones Públicas de Danone– se habían socializado profesionalmente como ejecutivas de empresas del sector privado, antes de trabajar en iniciativas sociales. Por tanto, al analizar las perspectivas de trabajo conjunto, y pese a pertenecer a distintos sectores, las tres se preocupaban por los mismos temas y pensaban soluciones en los mismos términos. Otro ejemplo interesante es el de la colaboración entre Coca-Cola de Argentina y Junior Achievement Argentina, cuyas representantes también convergieron rápidamente al explorar la posibilidad de diseñar un programa de educación ambiental. Sugestivamente, ambas partes compartían culturas organizacionales similares, orientadas al *marketing*, con estrategias basadas en el modelo de franquicias y centradas en posicionar su marca. Ambas organizaciones eran de origen norteamericano y promovían los valores de la libre empresa y la iniciativa individual.

Por el contrario, frente a la disonancia en sus culturas organizacionales, los socios debieron invertir tiempo y energía para construir un puente de comunicación. La relevancia de este abismo surge claramente en la experiencia de la ya comentada iniciativa Líderes Siglo XXI (Líderes), que nació de la colaboración entre el Foro de Presidentes de la Cámara de Comercio de Bogotá y varias escuelas públicas. El primer obstáculo que debió superar la alianza fue la falta de un *idioma común*. Mientras que para un empresario resultaba natural considerar a quien consume sus productos y a sus proveedores como "clientes" en la cadena productiva, para un educador ello resultaba inadmisible. La comunidad educativa, *a priori* crítica del consumismo, veía a sus alumnos como jóvenes ciudadanos y rechazaba visceralmente que se les aplicara aquella terminología. Según relata uno de sus protagonistas: "Tuvimos que hacer una labor de evangelización muy fuerte, porque hablábamos lenguajes diferentes. Nos dimos cuenta de que esta diferencia de lenguajes nos estaba matando".

Desafíos similares enfrentaron los socios de la empresa peruana Rainforest Expeditions en la etapa inicial del diálogo con la comunidad Ese'eja de la Amazonia. Debido a la ausencia de una educación formal o experiencia previa en gestión empresarial por parte de la comunidad, no había siquiera una terminología básica para "nombrar" los problemas antes de empezar a discutir las posibles soluciones. Convertir el esquema en una alianza funcional requeriría un laborioso proceso de educación. Las soluciones a estos desafíos se exploran más adelante, cuando se analiza la construcción de confianza.

La brecha cultural también puede generar *estereotipos* negativos, que distorsionan la percepción de la "otra parte" y de sus motivaciones. En las etapas preliminares de Líderes, a muchos educadores les costaba creer que un ejecutivo empresarial estuviera dispuesto a dedicar su tiempo y esfuerzo a una causa, sin albergar un fin de lucro ulterior. Este prejuicio no pasó inadvertido para los empresarios participantes, y se convirtió en un factor perjudicial durante las conversaciones iniciales. Un ejecutivo comentó al respecto: "Los educadores están convencidos de que están aportando a la sociedad; mientras que, por el contrario, el empresario es visto como el que explota a la gente en su búsqueda de utilidades y beneficios a toda costa. Ciertamente, esta es una visión bastante miope del empresariado colombiano".

Otra dimensión de este problema es el choque entre *la cultura de la austeridad frente a la cultura de la opulencia.* En el proyecto Líderes, muchos maestros de escuela que trabajaban en áreas de extrema pobreza identificaban la excelencia en gestión con el mundo de los negocios, abundante en recursos, y les resultaba difícil comprender que ese enfoque pudiera aplicarse al mundo de la educación, carente de recursos. Según una maestra, "cuando venían y nos decían: 'Vamos a implementar este proceso de calidad', respondíamos: '¿De qué calidad hablan? ¡Estos chicos tienen hambre!' ". Diferencias culturales similares obstaculizaron también el diálogo inicial entre la cadena de supermercados HEB y el Banco de Alimentos de Monterrey (BAM). El primero provenía de la cultura empresarial norteamericana, en la que la excelencia y la eficiencia son fundamentales; mientras que la actitud del BAM, en palabras de su directora, Blanca Castillo, se regía por la "cultura de la austeridad":

> No podemos tener un camión nuevo porque somos una institución de asistencia social; no podemos comprar una computadora porque eso es

sólo para las compañías privadas; no podemos usar montacargas hidráulicos en el depósito... Solamente podíamos usar plataformas manuales; cualquier otro aparato se asociaba a depósitos corporativos.

Estas discrepancias culturales resultaron disfuncionales durante las conversaciones preliminares, aunque la disposición a aprender demostrada por la gerencia del BAM contribuyó enormemente a superar gran parte de las dificultades iniciales. En palabras de Castillo, "lo tomamos como una asesoría, sabíamos que HEB tenía mucha experiencia y nos interesaba capitalizarla". Lo que hace a este caso particularmente interesante es que permite apreciar los efectos de un cambio cultural dentro de la misma institución. Cáritas, la institución supervisora del BAM, había estado, hasta entonces, dirigida por un Consejo en el que prevalecía la visión tradicional de lo que debe ser una organización social. Sin embargo, mientras que el BAM y HEB intentaban construir su alianza, "hubo cambio de presidentes en el Consejo", según cuenta Castillo; ingresó entonces un nuevo líder que procedía del sector privado. "Entró gente nueva, con una visión similar a la de HEB en cuanto a calidad institucional y profesionalismo. Y eso nos permitió hablar el mismo idioma y desarrollar una especie de empatía". A partir de esta nueva visión, resultó más fácil para el BAM adoptar prácticas que hasta entonces había considerado ajenas a su acción social, como involucrar a técnicos especialistas en alimentos o contar con la mejor tecnología posible para optimizar el servicio.

La disonancia cultural también se manifestó en los *diferentes marcos temporales,* entre las expectativas del mundo empresarial y el tercer sector. Los hombres de negocios tienden a exigir resultados mensurables y a corto plazo, algo que, en principio, es ajeno a la cultura que prevalece en el tercer sector. Por ejemplo, en el proyecto Líderes entre las escuelas públicas y el Foro de Presidentes de la Cámara de Comercio de Bogotá, las expectativas de los educadores estaban puestas en el futuro, en las nuevas generaciones de ciudadanos. Como explica un empresario participante, "las escuelas tienen un ritmo diferente. Las compañías operan en lo inmediato. En las escuelas, los resultados se ven a los 15 años; una empresa espera verlos en el plazo de un año".

Problemas similares surgieron cuando la compañía de televisión REPRETEL entabló una alianza con FUPROVI, una OSC costarricense especializada en vivienda social, con el objetivo de ayudar a quienes habían perdido sus hogares en julio de 1996, como consecuencia del paso del huracán César. Los diferentes ritmos de trabajo generaban fricciones constantes, que cada parte interpretaba según su propia cultura organizacional. Una vez más, el sector privado concentraba sus expectativas en resultados visibles a corto plazo. "Había momentos en que me desesperaba porque el progreso era muy lento", admitió René Barboza, representante de REPRETEL en la alianza. Su socio tenía una visión diferente. Tal como manifestó Carmen González, gerente de Desarrollo de FUPROVI y funcionaria a cargo de la colaboración, "nuestros estilos de trabajo eran muy diferentes. Los periodistas (…) son más impulsivos. ¡Quieren las cosas *ya!*". El octavo capítulo analiza con más detalle esta incompatibilidad cultural.

La comunicación efectiva

La efectividad de cualquier mensaje comienza por las dotes del comunicador. Un líder con buenas dotes de comunicación es importante en cualquier momento de la colaboración, pero resulta vital durante los contactos iniciales, para articular la respuesta al interrogante "¿qué puede hacer una colaboración por mi organización?". Como vimos oportunamente, por lo general, esta tarea recayó en los responsables máximos de la OSC en sus gestiones frente a los gerentes medios del sector privado. Nuestra investigación sugiere que el recurso más efectivo para generar entusiasmo y persuadir a un futuro socio es un líder apasionado, capaz de articular un mensaje en función de su audiencia objetivo.

El líder social Juan Carr proporciona un claro ejemplo de este tipo de liderazgo. En las entrevistas realizadas como parte de este estudio, sus interlocutores en *La Nación* destacaron su modestia, su honestidad y la profunda convicción de su mensaje como las características sobresalientes de su estilo comunicativo. La importancia de este rasgo en las etapas tempranas de la relación reside en que puede compensar otras deficiencias. Ya hemos mencionado que en el momento del contacto inicial entre Carr y *La Nación*, éste no contaba con una organización sólida, ya que la Red Solidaria no poseía personalidad jurídica ni una marca reconocida que la respaldara. Por tanto, la habilidad de Carr para comunicar su visión y su entusiasmo general resultó fundamental para "poner un pie adentro" del diario, captar adeptos para su causa a través de éste y eclipsar potenciales deficiencias.

El doctor Jorge Rojas, director de COANIQUEM, constituye otro buen ejemplo. Guillermo García, director de Relaciones Públicas de Esso Chile y uno de sus principales interlocutores, lo define como "un ser humano extraordinario, carismático y un gran comunicador". Como en el caso previo, cuando Rojas estableció el contacto inicial con Esso Chile, carecía del respaldo de una OSC acreditada y no tenía ningún modelo probado para ofrecer. A pesar de sus impecables antecedentes médicos, carecía de credenciales como líder social. Una vez más, su habilidad comunicativa compensó esas deficiencias.

Sin embargo, la habilidad de comunicar no solamente fue vital para los líderes del tercer sector. En secciones anteriores vimos que, en varios casos, la iniciativa partió del sector privado, a menudo de manos de un emprendedor perteneciente a los rangos medios de la empresa, que debió "vender" su idea a los máximos responsables de la organización.

Tal fue el caso de la relación de colaboración entre el Banco de Crédito e Inversiones de Chile (BCI) y la Corporación de Crédito al Menor (CCM), una OSC dedicada a proporcionar asistencia temporal a niñas desamparadas. Esta asociación fue el resultado de la visión de Renato Ferretti, gerente de Marketing de BCI. Al momento de iniciar su cruzada personal, Ferretti no tenía nada que mostrar, sólo su visión, puesto que, por entonces, ni siquiera existía su futuro socio. Nuevamente, su habilidad para comunicarse con efectividad compensó este déficit. Juan Esteban Musalem, gerente general de BCI, lo definió como "un tipo creativo, lleno de ideas locas". Ya hemos mencionado que Héctor Pozo, director financiero del banco, fue el primero en *convertirse* a la causa y desempeñó un papel clave en la campaña para convencer a la gerencia superior. Al describir el estilo comunicativo de Ferretti, Pozo resalta dos rasgos que parecen esenciales para un emprendedor social efectivo: la habilidad para comunicar su visión y transmitir su entusiasmo.

> Al comienzo me hablaba de su proyecto y yo lo escuchaba con cierta incredulidad. Sin embargo, al final uno cede a su entusiasmo. Era una idea loca, pero Ferretti supo manejarla y convencer a otros "locos" en el banco para que lo siguieran…

La importancia de ser proactivo y persistente

Conectarse exitosamente con otra organización implica el alineamiento coincidente de varios factores, una ocurrencia que a veces tiene lugar sólo por unos instantes. Por eso, cuando llega la oportunidad, es mejor estar preparado. Los contactos iniciales se facilitaron en los casos en que los líderes sociales y sus organizaciones ya venían trabajando activamente, para responder, en forma efectiva y convincente, a la pregunta "¿cómo beneficiaría tu organización a la mía?". Por ejemplo, una vez que los ejecutivos de AUSOL decidieron iniciar las conversaciones con las comunidades afectadas por el trazado de la autopista, la tarea se vio muy facilitada por la existencia de organizaciones de base que ya trabajaban bajo el liderazgo de Alberto Croce. Según éste,

> no bien se hizo el anuncio de la construcción de la autopista, inmediatamente decidimos que debíamos presentar una propuesta. Estábamos interesados en encontrar una solución al problema de vivienda en las

comunidades, porque la gente no tenía adónde ir. Realizamos un censo en el vecindario y organizamos hasta el mínimo detalle: desarrollamos un proyecto y propusimos distintas alternativas posibles para encontrar una solución a la situación.

En ocasiones, una actitud proactiva basada en el consenso puede compensar deficiencias en la capacidad institucional de un actor social. En este sentido, el caso de Croce es un buen ejemplo, puesto que logró llevar a cabo una colaboración exitosa desde su actividad individual. Sin embargo, la experiencia de la comunidad Ese'eja en la Amazonia peruana, que incluso carecía de un líder como Croce, es aún más ilustrativa. El exitoso emprendimiento conjunto que posibilitó la creación de la Posada Amazonas, fue el resultado de una iniciativa que surgió de los líderes comunitarios preocupados por la falta de oportunidades de trabajo en la región. Si bien otros factores contribuyeron a la viabilidad del proyecto, nada hubiera sucedido sin el estímulo de la comunidad. El caso resulta particularmente interesante porque, como ya se mencionó, la comunidad carecía de las herramientas organizacionales y de gestión necesarias para formar parte de una sociedad.

Incluso para aquellos que se preparan bien para aprovechar las oportunidades que se presentan, el éxito puede ser escurridizo. Varias de las alianzas estudiadas no habrían existido sin la absoluta determinación de sus líderes sociales. Cabe resaltar que la determinación surge como un factor importante en los pocos casos de la muestra en los que no hubo una relación preexistente a los contactos iniciales. Esto sugiere que la persistencia podría ser una herramienta útil para suplir la falta de vínculos previos, directos, entre las partes: si no se puede abrir la puerta desde adentro, habrá que ser paciente, tocar el timbre y aguardar a que se abra. A pesar de su carisma personal, el líder social Juan Carr sufrió varios fracasos antes de poder convencer a los editores de *La Nación* de que le dieran espacio libre en el diario para sus avisos solidarios. Del mismo modo, Blanca Castillo, directora del BAM, tuvo que realizar esfuerzos pacientes y constantes en su intento por convencer a Eddie García, responsable ejecutivo de HEB para los bancos de alimentos. Aunque el contacto inicial fue favorable, al BAM le llevó meses y numerosas cartas y llamadas telefónicas para conseguir una entrevista con García. Finalmente, García visitó Monterrey, y Castillo aprovechó la oportunidad. Fue recién entonces cuando, por fin, se inició la alianza.

La importancia de la tenacidad está claramente presente en la experiencia de la Junior League de la Ciudad de México (JLCM). A principios de la década de 1990, esa organización comenzó a trabajar en temas medioambientales, en particular en el reciclado de residuos urbanos. Sus dirigentes concluyeron que el único nicho en el cual su organización podría tener impacto, sería en el tratamiento de envases multicapa, un producto altamente contaminante que, a diferencia de varios otros, no estaba recibiendo tratamiento –porque el proceso es técnicamente complejo– y que tarda aproximadamente 35 años para descomponerse y ser reabsorbido por el medio ambiente. Dado que la empresa Tetra Pak producía aproximadamente el 80% de esos envases, su participación constituía una pieza clave para atacar ese problema.

JLCM intentó establecer un diálogo con Tetra Pak en 1993, pero encontró una recepción fría. Pese a sus reiterados intentos, aquella organización no consiguió persuadir a la empresa de los beneficios de asociarse para trabajar conjuntamente en el reciclado de los envases multicapa. Sin desanimarse, JLCM continuó sus esfuerzos y buscó convencer a otras organizaciones para materializar su proyecto. El primer paso fue conseguir el apoyo de una planta en la ciudad mexicana de Celaya, una de las pocas con capacidad técnica para reprocesar envases multicapas. Con este activo en mano, captó a otros grupos ambientales que se unieron a la iniciativa: el Grupo Ambiental Mexicano, el Grupo para la Promoción de la Educación y el Desarrollo Sustentable (GRUPDESAC) y la Fundación para la Educación Ambiental (FUNDEA), entre otros. Sin embargo, cuando los esfuerzos parecían estar a punto de materializarse, la organización recibió una noticia demoledora. En palabras de Martha Rangel, presidenta de la JLCM en ese entonces, "habíamos desarrollado una alianza con varios grupos ambientales bajo el liderazgo de la JLCM y, cuando el proyecto estuvo listo, nos enteramos de que la planta de reciclado de Celaya había quebrado…".

Lejos de descorazonarse, la JLCM intensificó sus esfuerzos para implementar el proyecto. Sus contactos personales permitieron a la organización conectarse con la gerencia de Kimberly-Clark (KC), que aceptó unirse a la iniciativa. Esta incorporación fue paradójica, pues aunque algunos observadores consideraban que las contribuciones monetarias de la compañía eran relativamente insignificantes, la participación de KC demostró ser decisiva para el proyecto. Rangel comentó al respecto:

> Nos pasamos más de un año y medio tratando de convencer a Tetra Pak sin éxito. Pero cuando se enteraron de que Kimberly-Clark se había sumado al proyecto, de pronto se pusieron muy ansiosos por participar. Lo único que hicimos fue mencionar a KC. Con sólo decir el nombre, de pronto todas las piezas del rompecabezas empezaron a encajar. La incorporación de KC fue fundamental para conseguir la colaboración de otras compañías, en especial la de Tetra Pak.

Después de *un año y medio* de esfuerzos tenaces y focalizados, los líderes de la JLCM lograron persuadir a su socio del sector privado de las ventajas de crear una alianza. Las redes sociales de Tetra Pak permitieron a la JLCM incorporar a otra planta con la capacidad técnica para reciclar envases multicapas, lo que aseguró el lanzamiento del proyecto. Además de ilustrar la importancia de perseguir un objetivo específico, este caso también muestra las formas inesperadas en que puede operar el capital social. La ausencia de una relación preexistente obstaculizaba el acceso directo a Tetra Pak, pero, en última instancia, un contacto con KC abrió la puerta de manera indirecta y posibilitó el acceso a la compañía deseada.

Puntos clave

Como nos ha demostrado este capítulo, quienes estén considerando la opción de emprender una colaboración intersectorial no deberían sorprenderse si el camino no está completamente libre de obstáculos. Como también vimos, ello no limita las posibilidades de éxito de la colaboración: sólo es cuestión de estar preparado para superarlos. Las preguntas que se presentan a continuación buscan contribuir a esa preparación, pues ofrecen algunas pautas relacionadas con el proceso de autoevaluación.

Un buen comienzo sería reflexionar sobre las motivaciones que impulsan a una organización a iniciar una colaboración intersectorial. No es necesario ni deseable que todas las respuestas encajen en una única categoría. Por el contrario, será útil recordar, del análisis precedente, que las motivaciones altruistas *no están reñidas necesariamente* con los propósitos utilitarios y que ambos pueden coexistir en diferentes proporciones y con distintas intensidades, incluso reforzándose mutuamente. Un punto clave al considerar las motivaciones altruistas es, probablemente, la intensidad: ¿cuál es mi motivación más profunda, la que más me moviliza como individuo o como organización? En el caso de las motivaciones utilitarias, sería conveniente indagar de qué modo las colaboraciones pueden contribuir al manejo de la gestión de riesgo o a la creación de ventajas competitivas en la organización.

Una vez que una organización ha definido sus motivaciones y necesidades, el paso siguiente será abordar la cuestión de por dónde empezar. Hemos aprendido que durante la etapa de contacto inicial, la cartera de redes sociales de una organización constituye una herramienta muy valiosa. ¿Cómo puedo capitalizar mis relaciones profesionales y personales para conseguir la atención de un potencial socio intersectorial? ¿Hay en la memoria institucional de mi organización elementos para capitalizar relaciones construidas a lo largo de los años, con individuos que puedan haber asumido posiciones de responsabilidad? Si no conozco directamente a la persona adecuada, ¿será posible acceder a esa persona a través de la intermediación de un miembro de mi círculo de relaciones? ¿Es posible pensar en instituciones cuyas membresías establezcan un punto de referencia común con un futuro socio? Por último, si no conozco a la persona, quizá esa persona conozca o tenga alguna afinidad con mi causa.

Mientras se trabaja en la búsqueda de ese contacto, nuestros casos muestran que resulta efectivo prepararse de manera proactiva para capitalizar la oportunidad. ¿Qué podría necesitar de mi organización un eventual interlocutor? ¿Qué está en mis manos hacer para facilitar ese encuentro? Por último, cuando la oportunidad surja, será importante aprovecharla. ¿Cómo puedo maximizar mi efectividad al comunicar las necesidades de mi organización? ¿Cuáles son los activos institucionales que podría llevar a la mesa de negociación? ¿Cuáles son los puntos que me interesa que mi interlocutor tenga en claro al finalizar un encuentro?

La respuesta a estas preguntas resultará decisiva para afrontar el desafío que se analizará en el capítulo siguiente: cómo desarrollar un vínculo profundo y comprometido entre las organizaciones, con el fin de generar valor para ambas partes en diferentes dimensiones.

Notas

1. No utilizamos aquí el término *utilitarismo* como se lo usa en filosofía moral, para referirse a una regla para la toma de decisiones que resuelve dilemas morales mediante una evaluación de los costos y beneficios relativos, desde una perspectiva moral. En cambio, lo utilizamos para destacar los costos y beneficios prácticos para cada uno de los socios, en términos de sus propios intereses.

2. Sanborn 2001: 2. La tradición católica tuvo, además, dos efectos adicionales que se retoman más adelante. En primer lugar, ofrecer un sistema de valores comunes a líderes del tercer sector y del sector privado, a partir del cual se estructuró un diagnóstico común y luego acciones conjuntas. En segundo lugar, funcionar como una referencia de legitimación válida para el "otro" y, así, disminuir la incertidumbre y la desconfianza inicial. Este último aspecto también se analiza en detalle en el capítulo 9.

3. En algunos casos, la dinámica de la alianza llevó a revisar esa postura, como se verá más adelante.

4. "Las áreas donde la compañía no crea valor ni obtiene beneficios deberían ser dejadas –como propone Friedman– a donantes individuales que actúen según sus propios impulsos caritativos" (Porter y Kramer 2002: 68).

5. En 1995, Lorenzo Servitje recibió el premio Eugenio Garza Sada por su compromiso social.

6. En el caso específico de AUSOL, esta vulnerabilidad incorporada se acentuó con la presión de factores coyunturales, que se analizan en otra sección.

7. La transformación de los valores organizacionales de Shell, a partir de la polémica Brent Spar y los eventos de Nigeria, se describe en Sharp Paine 1999a y 1999b.

8. Los desafíos que dicha empresa enfrentó al integrar los principios de responsabilidad social corporativa y desarrollo sostenible a su estrategia corporativa, se analizan en Wei-Skillern 2003a y 2003b.

9. Brandenburger y Nalebuff 1996.

10. El capítulo 10 retoma el análisis de esta dinámica.

11. Porter y Kramer 2002.

12. Estos hechos incluyeron el secuestro de Hugo Ferreira Neira, gerente general, en 1997, y las consiguientes negociaciones colectivas de trabajo llevadas a cabo bajo amenaza de asesinarlo. Los eventos que condujeron a la crisis terminal de Indupalma se describen en Fernández; Trujillo y Gutiérrez 2003a y 2003b. La recuperación de la empresa se analiza en Trujillo y Gutiérrez 2003.

13. En 2002, los insumos para la línea Ekos provenían de los estados de Amazonas, Amapá, Pará, Rondônia, Piauí, Minas Gerais, Bahia, São Paulo, Paraná y Rio Grande do Sul.

14. La alianza desarrollada a partir de la línea Ekos se analiza en profundidad en la página 85 y en la 234 del capítulo 7.

15. Este caso se analiza en las secciones tituladas "Comunidad carente de estructura organizacional" (p. 59 de este capítulo) y "Alineamiento amplio" (p. 84 del capítulo 3). Asimismo, se estudia detalladamente en el capítulo 8.

16. Los desafíos competitivos que enfrentó el FSC se describen en Austin y Reficco 2002.

17. Técnica de conformidad en dos etapas, por la cual un actor influyente logra obtener respuesta a su pedido a través de una disminución inicial del monto (Freedman y Fraser 1966).

18. Con el término "máximos responsables" hacemos referencia a las autoridades a cargo del funcionamiento diario de la organización, como los gerentes generales en las compañías privadas y los directores ejecutivos en el caso de las OSC. Dejamos fuera a los responsables del gobierno de las organizaciones, como los miembros del directorio de una empresa o el patronato de una OSC. La "gerencia media" constituye una categoría residual, que abarca a todas las personas con responsabilidades gerenciales por debajo de la categoría ya mencionada.

19. El capítulo 1 (p. 10) ofreció un breve resumen de esa relación. Para mayor nivel de detalle en la descripción, referirse a las secciones tituladas "Individuos" (p. 61) y "Fertilización cruzada" (p. 97).

20. Hardin 2002.

21. El capítulo 9 retoma el tema de la capacidad de la Iglesia católica para desempeñar la función de referente moral en las sociedades latinoamericanas, con legitimidad frente a sectores sociales con visiones muy dispares.

22. "Barr y Huxham han señalado que las denominadas colaboraciones comunitarias que aparecen en su estudio no constituyen colaboraciones inter-organizacionales. Estos grupos parecen considerar a las colaboraciones como formas de participación comunitaria, ampliamente entendida, en emprendimientos de riesgo compartido. El hecho de que la participación implica el trabajo conjunto de las organizaciones pareciera ser relativamente (o completamente) poco importante" (Huxham 1996: 9).

23. El valor generado en esta alianza se analiza en detalle en el cuarto capítulo, en las secciones tituladas "El valor generado para las compañías" (p. 137) y "El valor generado para las comunidades" (p. 151). Para una descripción detallada de esta alianza, referirse a "Posada Amazonas" (p. 266), en el capítulo 8.

24. UNICEF es un organismo híbrido que, si bien deriva su mandato de la ONU, debe procurarse su propio financiamiento de terceras fuentes, no del presupuesto de la ONU. También tiene comités nacionales, que son OSC independientes (Quelch y Laidler 2003).

Bibliografía

Austin, James E. y Ezequiel A. Reficco (2002). "Forest Stewardship Council", Caso HBS Nº 9-303-047. Boston: Harvard Business School Publishing.

Brandenburger, Adam y Barry Nalebuff (1996). *Co-opetition*, 1a. edición. Nueva York: Currency/Doubleday.

Fernández, Diana V.; Diana M. Trujillo y Roberto Gutiérrez (2003a). "Indupalma: 1961-1991 Chronicle of A Foretold Crisis (B)", Caso SEKN N° SKE025. Boston: Harvard Business School Publishing.

_____ (2003b). "Indupalma: 1961-1991 Chronicle of a Foretold Crisis (A)", Caso SEKN N° SKE006. Boston: Harvard Business School Publishing.

Freedman, Jonathan L. y Scott C. Fraser (1966). "Compliance without pressure: The foot-in-the-door technique", en *Journal of Personality and Social Psychology*, vol. 4. Washington, D.C.: American Psychological Association, pp. 195-202.

Hardin, Russell (2002). *Trust and Trustworthiness*. Nueva York: Russell Sage Foundation, Series on Trust.

Huxham, Chris (1996). "Collaboration and Collaborative Advantage", en Huxham, Chris (editor). *Creating Collaborative Advantage*. Thousand Oaks, CA: Sage Publications.

Porter, Michael E. y Mark R. Kramer (2002). "La ventaja competitiva de la filantropía corporativa", en *Harvard Business Review América Latina*, vol. 80, N° 12. Boston, Mass.: Harvard Business School Press, diciembre, pp. 48-62.

Quelch, John A. y Nathalie Laidler (2003). "UNICEF", HBS Case N° 9-503-032. Boston: Harvard Business School Publishing.

Sanborn, Cynthia (2001). "Philanthropy and Civil Society in Latin America". Mimeo. Boston: John F. Kennedy School of Government, Harvard University.

Sharp Paine, Lynn (1999a). "Royal Dutch/Shell in Transition (B)", Caso HBS N° 9-300-040. Boston: Harvard Business School Publishing.

_____. (1999b). "Royal Dutch/Shell in Transition (A)", Caso HBS N° 9-300-039. Boston: Harvard Business School Publishing.

Trujillo, Diana M. y Roberto Gutiérrez (2003). "Indupalma and the Associated Labor Cooperatives, 1991-2002", Caso SEKN N° SKE026. Boston: Harvard Business School Publishing.

Wei-Skillern, Jane (2003a). "Sustainable Development at Shell (B)", Caso HBS N° 9-303-072. Boston: Harvard Business School Publishing.

_____. (2003b). "Sustainable Development at Shell (A)", Caso HBS N° 9-303-005. Boston: Harvard Business School Publishing.

3

La construcción del alineamiento

J. Austin, E. Reficco y el equipo de investigación SEKN

El concepto de alineamiento

Superadas las barreras que impiden la conexión y que pueden haber dificultado el diálogo, los futuros socios deberán concentrarse en la búsqueda de áreas de confluencia, a partir de las cuales delinear un proyecto común. El primer paso será articular un conjunto de expectativas compartidas que sirvan de base a la relación. En estas discusiones iniciales es importante que los participantes expresen con claridad qué esperan, tanto uno del otro como del esfuerzo colectivo. Al mismo tiempo, es esencial que cada socio examine individualmente de qué modo la relación de colaboración potencial encaja en su realidad organizacional. En este punto, la pregunta clave para cada uno será: *¿cuán bien encaja esta colaboración dentro de la misión, los valores y la estrategia de mi organización?*

Este capítulo examina en detalle al concepto de alineamiento y los factores que lo condicionaron en nuestra muestra de casos. Por regla general, cuanto más central sea una colaboración para la misión, los valores y la estrategia de una organización, mayores tenderán a ser sus probabilidades de éxito[1]. Si bien es imposible prever los problemas que pueden surgir en una colaboración específica, un alto grado de alineamiento de la empresa y la OSC con la causa pueden servir, en principio, para minimizar la aparición de incompatibilidades a lo largo de la relación[2]. Por último, la intensidad del alineamiento influirá en la asignación de recursos y en la generación de valor. El próximo capítulo, que analiza en mayor detalle la generación de valor, retomará este tema.

Desde el punto de vista conceptual, el nivel de alineamiento entre dos organizaciones puede entenderse en términos de dos dimensiones: *amplitud* y *profundidad*. La primera de ellas considera algunas variables clave para cualquier organización –su misión, valores y estrategia– y examina cuántas de ellas están relacionadas con la colaboración, lo cual definirá si el alineamiento es *amplio o estrecho*. La profundidad tiene que ver con la intensidad de la conexión en cualquiera de las tres dimensiones, por lo cual el alineamiento podrá ser *superficial* o *profundo*.

El tener presente los conceptos de profundidad y amplitud, permitirá a los socios potenciales evaluar y manejar mejor los factores vinculantes que contribuyen a un alineamiento sólido. La siguiente sección ilustra estas nociones con ejemplos de casos en la muestra. Además de esclarecer estos conceptos, los ejemplos resultarán útiles para mostrar cómo las organizaciones participantes lograron, en la práctica, desarrollar el alineamiento.

Amplitud del alineamiento

Todas las organizaciones tienen una *misión* que refleja su objetivo central, *valores* que guían su comportamiento y una *estrategia* para implementar ambos. Como muestra el gráfico 4, todos ellos pueden convertirse en vínculos entre las compañías y las OSC. Una conexión intensa en una única categoría puede bastar para desarrollar un vínculo sólido y enriquecedor para ambas. Sin embargo, al igual que en las relaciones interpersonales, los vínculos son más sólidos cuando abarcan varias dimensiones. Si la colaboración se estructura en torno de un único punto de conexión, cualquier cambio en las motivaciones o en el contexto de una de las partes podría desbaratar por completo el alineamiento de la relación, ya que no habría otro punto de contacto al cual recurrir. Este aspecto se analizará en detalle más adelante. En igualdad de otras condiciones, las colaboraciones tenderán a ser más sostenibles cuanto más amplia sea la conexión entre los socios.

La idea de alineamiento no implica que las organizaciones sean idénticas en términos de necesidades u objetivos sino, más bien, que existe cierto grado de comunión entre sus objetivos dispares, pero complementarios. Una relación de colaboración puede tener distintos niveles de importancia para los socios involucrados. Mientras que para una de las partes el proyecto, tal vez, se corresponda con sus valores y estrategia organizacionales, para la otra puede no tener ninguna importancia para su estrategia, pero sí puede poseer un estrecho alineamiento con sus valores. El alineamiento es un atributo de la relación: resulta de lo que los socios tienen en común y está determinado por el mínimo común denominador de ambos.

En los casos en la muestra, los valores emergieron como el punto de contacto más frecuente entre las organizaciones involucradas en una colaboración, ya sea solos o vinculados a la estrategia de los socios. El alineamiento en las tres dimensiones sólo se dio en muy pocas instancias. A continuación, revisamos los datos recopilados.

Alineamiento estrecho

Este grupo incluye colaboraciones desarrolladas por organizaciones que sólo lograron alinear una de las tres variables clave: la misión, los valo-

Gráfico 4. Amplitud del alineamiento

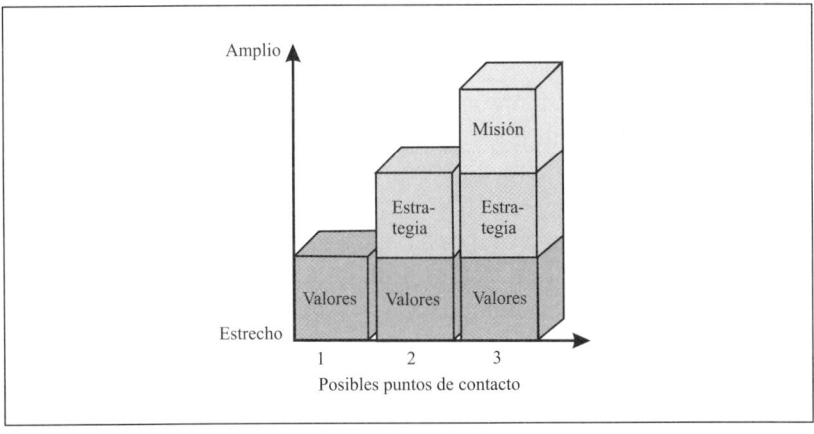

res o la estrategia. De acuerdo con estudios recientes, los empresarios en América Latina y en el resto del mundo están prestando cada vez más atención a los valores organizacionales[3]. Si tenemos en cuenta que el objetivo principal del tercer sector es la promoción de ciertos valores, no resulta sorprendente que algunas de las colaboraciones estudiadas se basaran exclusivamente en una intensa comunión de *valores* entre las organizaciones participantes.

Como ya mencionamos, con frecuencia éstas fueron empresas familiares, en las que sus dueños trabajaban para materializar sus valores personales a través de proyectos que carecían de una dimensión estratégica para sus organizaciones. Un ejemplo fue la colaboración entre la compañía chilena Empresas Ariztía y la Corporación Municipal de Melipilla (CMM), un organismo gubernamental local y descentralizado dedicado a la educación pública. El dueño de la empresa, Manuel Ariztía, un reconocido filántropo con arraigados principios religiosos, tenía un interés especial en la educación. Desde la creación de la CMM en 1982, Ariztía se había comprometido profundamente con su causa y se esforzaba por asegurar su éxito. Lo que llevó a Empresas Ariztía y a la CMM a trabajar juntas fue el interés compartido por la educación. Por las características del negocio de Empresas Ariztía, una colaboración centrada en la educación pública carecía de alineamiento con su estrategia empresarial.

Las profundas raíces de la empresa en la comunidad local (con 5.670 hectáreas de tierra y 24.000 empleados), ofrecían incentivos para ser un buen vecino corporativo y ganarse la buena voluntad de la población de Melipilla. No obstante, la empresa nunca divulgó su compromiso con la

CMM porque, según explicó su presidente a través de un principio bíblico, "tu mano izquierda no debe saber lo que está haciendo tu mano derecha". ¿Y los beneficios futuros? Las actividades de la compañía en la educación local tenían el potencial de generar una fuerza laboral más capacitada o un mejor entorno para sus empleados, a través de una mejora en la educación de sus hijos. Pero el vínculo de la colaboración con su estrategia era débil e indirecto; como admitió el propio Ariztía, el compromiso de la empresa con la CMM carecía de una dimensión estratégica. Por ello, si bien en la visión de Ariztía existe una "misión compartida" entre ambas organizaciones, en los hechos, la participación en la colaboración ha tendido a estar limitada a la persona del presidente de la empresa, mientras que los departamentos involucrados en la operación de su negocio principal tendieron a mantenerse al margen de la alianza.

En otros casos, la conexión entre los socios resultó del alineamiento de la colaboración con sus *estrategias*. Estas fueron colaboraciones en las cuales los valores organizacionales de los socios, si bien no entraron en conflicto, se mantuvieron en un discreto segundo plano y no sirvieron como punto de conexión. Una alianza intersectorial puede alinearse con la estrategia de una organización de tres maneras diferentes: a través de una conexión con los *grupos de interés internos* de la organización (recursos humanos), con sus *grupos de interés externos* (clientes o adherentes a la causa) o al agregar valor o contribuir al reposicionamiento de sus *productos*. Los siguientes ejemplos ilustran estas alternativas.

Cuando los empleados de una compañía establecen una relación emocional con la causa de la colaboración, suelen identificarse más con la empresa y llegan a percibir que están obteniendo una forma de compensación adicional, no monetaria, por su trabajo. Al mismo tiempo, cuando los clientes de una compañía (o los adherentes a una OSC) se identifican con la colaboración, la organización obtiene un punto de diferenciación de la competencia y su nombre gana buena voluntad por parte de la comunidad. La alianza entre Farmacias Ahumada S.A. (FASA) y la Fundación Las Rosas (FLR) demuestra ambos puntos. Para 2001, FASA se había convertido en la cadena de farmacias más grande de América Latina y la sexta más grande del mundo. Se orientaba a un segmento de mercado compuesto, en su mayoría, por miembros de la tercera edad, que nunca habían tenido una conexión emocional con la empresa. Como señalamos en el capítulo previo, "a nadie le gusta comprar medicamentos". Ese mismo año, FASA inició una relación de colaboración con la FLR, una OSC creada en 1967 por la Arquidiócesis de Santiago para administrar hogares para ancianos desvalidos. La alianza estaba claramente alineada con la necesidad de FASA de acercarse a sus clientes, en su mayor parte ancianos. Asimismo, la relación también ayudaba a motivar a su equipo de ventas y a incrementar su lealtad hacia la empresa. Como destacó el gerente de Recursos Humanos de FASA, "cuando los empleados participan en una colaboración de este tipo, sienten que están contribuyendo al bien común. Los colaboradores comparten la misión y la visión de la compañía y, como decimos en Chile, 'se ponen la camiseta' ".

El caso de Autopistas del Sol (AUSOL) ejemplifica un giro diferente: las colaboraciones pueden contribuir a la estrategia de una organización a través de la creación de un vínculo con los grupos de interés externos *del socio*. Si los adherentes de una OSC tienen la capacidad de impactar mi producción de bienes o servicios, establecer una relación emocional con ellos a partir de una colaboración puede tener un impacto decisivo sobre mi estrategia. Como ya mencionamos, en 1994 AUSOL se encontraba frente a una situación potencialmente peligrosa[4]. Una parte de los terrenos por donde cruzaría la nueva autopista había sido ocupada en forma ilegal y los intrusos se resistían a ser desalojados. Dado que las privatizaciones de las autopistas estaban lejos de contar con la aprobación unánime de la sociedad, un incremento de la tensión amenazaba con unir a varios sectores sociales en contra de la compañía. El riesgo externo era demasiado grande para ser ignorado.

Para resolver la situación, la compañía entabló una alianza con Alberto Croce, un líder comunitario que había trabajado con organizaciones de base en esos vecindarios. Croce se desempeñaría como enlace entre la empresa y las familias afectadas. La idea era obtener la aprobación de la comunidad para generar buena voluntad en otros sectores sociales, que podían ejercer un veto implícito a los planes de la compañía. En consecuencia, la colaboración alineó los intereses de varias comunidades con las necesidades estratégicas de la empresa. El caso también muestra cómo una colaboración exitosa puede estructurarse exclusivamente a partir del alineamiento de las estrategias de dos actores, ya que cuando los contactos comenzaron, la conexión valorativa entre ambas partes era sumamente débil[5]. Inicialmente, AUSOL decidió que el diálogo estuviera en manos de su área de seguridad, lo cual nos habla del diagnóstico inicial de la empresa. Más allá de los valores proclamados, la realidad es que la empresa no había desarrollado el concepto de la responsabilidad social en su ADN organizacional[6].

Por último, la colaboración puede contribuir a la estrategia de una organización estableciendo una conexión con las necesidades de su *producto*. Esto sucede cuando una relación intersectorial genera la diferenciación o el enriquecimiento de un producto específico, ya sea de la compañía o de la OSC. A mediados de la década de 1990, Representaciones Televisivas (REPRETEL), una corporación televisiva mexicana con una fuerte posición en el mercado de Costa Rica, enfrentaba un importante desafío que se detalló en el capítulo anterior. En esencia, la empresa debía resolver un grave problema de imagen. Como explicó René Barboza, uno de sus periodistas más populares, "el nombre REPRETEL generaba rechazo por ser extranjero". Los televidentes tenían recelo del contenido de la programación, que en su mayoría era mexicano.

En julio de 1996, el huracán César dejó cientos de familias sin hogares en su devastador paso por Costa Rica. REPRETEL se unió a la Fundación Promotora de Vivienda (FUPROVI), una OSC dedicada a la vivienda social y al fortalecimiento comunitario, para lanzar una campaña con el fin de proporcionar hogares a esas familias. Una vez más, esta colaboración ostentaba un claro alineamiento con las necesidades estratégicas de la empresa. El compromiso de la empresa con el dolor de los ciudadanos costarricenses, demostrado a través del trabajo conjunto con FUPROVI, daría a su programación *carta de ciudadanía* a los ojos de esa comunidad. Gran parte de su audiencia objetivo pertenecía a los sectores de medianos y bajos ingresos; de hecho, los grupos más afectados por el huracán.

Alineamiento medio

Otro grupo de organizaciones consiguió una mayor amplitud en el alineamiento de sus colaboraciones. Estas son empresas que se conectaron fuertemente con la OSC sobre la base de sus valores organizacionales, pero que además consiguieron materializar esos valores sirviendo a sus estrategias. Por ello, en estas colaboraciones, el socio privado tendió a poner en juego, como mínimo, algunas de sus capacidades centrales y a involucrar a los gerentes responsables de algunas de sus áreas funcionales.

Uno de estos casos es la colaboración creada, en 1996, entre la cadena de supermercados H-E-B (HEB) y el Banco de Alimentos de Monterrey (BAM) en México. La participación en emprendimientos sociales había sido una característica corporativa desde que Charles y Florence Butt fundaron la empresa en Texas, a fines de siglo. Para el año 1996, la cadena estaba a cargo de Charles C. Butt, descendiente del fundador y conocido filántropo. Como parte de este compromiso filantrópico, la cadena colaboraba con docenas de bancos de alimentos en las ciudades norteamericanas en las que operaba. Al mismo tiempo, sus actividades sociales poseían una dimensión estratégica, ya que sus relaciones con los bancos de alimentos se alineaban con su necesidad de deshacerse de productos con defectos superficiales y de establecer una relación emocional con sus clientes y empleados.

HEB sirve a un segmento de consumo muy exigente, que sólo compra productos de alta calidad. Por tanto, la empresa ha recurrido a la excelencia como su factor diferenciador. Como parte de su estrategia, la cadena rechaza una importante cantidad de productos que satisfacen las normas sanitarias, pero que considera inapropiados para ser ofrecidos en sus puntos de venta, por no cumplir con sus normas de presentación: por ejemplo, mercadería con defectos de empaque. A diferencia de algunos de sus competidores, la compañía no vende estos productos a precios de oferta en mercados de segunda o tercera clase. A través de su colaboración con los bancos de alimentos, el BAM entre ellos, HEB mantiene su imagen de proveedor de productos de primera calidad y, al mismo tiempo, ayuda a los necesitados. Por último, el hecho de que los beneficiarios de la colaboración pertenecieran a la misma comunidad que los clientes y empleados de HEB, facilitó el surgimiento de afinidad con la marca. Aunque la compañía era conocida en el norte de México antes de establecerse en Monterrey, este vínculo con la comunidad local es, sin duda, muy valioso cuando una empresa extranjera como HEB ingresa en un mercado nuevo.

Indupalma constituye otro ejemplo de una empresa que desarrolla una relación de colaboración como resultado de motivaciones de valor, mientras que, a la vez, mantiene un estrecho alineamiento con su estrategia corporativa. Como ya hemos visto, Indupalma emergió de una crisis terminal con una cultura corporativa nueva, en la que la compañía se ve a sí misma en el centro de una "comunidad de negocios", rodeada de una serie de grupos de interés a quienes debe satisfacer. Cabe recordar que durante esa crisis, la compañía quedó atrapada en las graves contradicciones sociopolíticas de Colombia, incluido el accionar armado de grupos extremistas de izquierda y derecha. La compañía ha escogido las alianzas como un instrumento para relacionarse con esos grupos de interés, y ha creado colaboraciones con cooperativas de trabajo y las OSC. La colaboración entre Indupalma y la Fundación Rafael Pombo (FRP) tuvo como objetivo trabajar por la pacificación de la región colombiana de San Alberto. Ambas organizaciones aunaron esfuerzos para crear talleres de trabajo para niños y adolescentes, con el fin de "crear condiciones de vida pacíficas que aseguren los derechos humanos e infantiles", tal como lo expresó un funcionario de la FRP.

Por un lado, esta alianza se basaba en una profunda convergencia de valores. La creencia de la empresa en cuanto a que "es posible obtener un mayor capital económico cuando aumenta el capital social y cuando se integran los factores económicos y sociales", favoreció esta convergencia. La OSC en cuestión no había trabajado nunca con el sector privado, y se sorprendió ante el compromiso social desplegado por

Indupalma. En palabras del director de Proyectos de la FRP, "habíamos trabajado, básicamente, con organismos internacionales como UNICEF, Save the Children, Christian Children, etc. Con Indupalma tuvimos, por primera vez, una nueva experiencia en el trabajo del tema de la paz con el sector privado". Desde el punto de vista de la FRP, Indupalma es una de las pocas empresas que hace realidad su discurso sobre responsabilidad social.

Al mismo tiempo, esta alianza se alineaba con dos de los objetivos estratégicos de la compañía: su necesidad de crear una "cultura a favor de la paz y de condiciones de vida pacíficas" y su deseo de "desarrollar las habilidades necesarias para fomentar la participación y solidaridad ciudadanas"[7]. A diferencia de los casos expuestos con anterioridad en esta sección, esta alianza no tenía como objetivo principal los clientes o el personal de la compañía. Estaba orientada a la comunidad y aspiraba a facilitar condiciones sin las cuales la compañía no podría operar. En otras palabras, se trató de un esfuerzo corporativo por modificar el contexto a través de la filantropía estratégica[8].

Alineamiento amplio

En unos pocos casos, las organizaciones buscaron socios que, aunque pertenecientes a un sector diferente, compartían la misma *misión*. El concepto de "misión" organizacional admite varias interpretaciones. Hemos adoptado una definición restrictiva: "el objetivo primario hacia el que deberían apuntar los planes y los programas de la organización"[9]; es decir, su razón de ser y actividad principal (*core business*). Esta congruencia de objetivos genera una dinámica poderosa: en el trabajo conjunto, los socios cumplen simultáneamente con sus valores, estrategias y misiones organizacionales. Estas colaboraciones se estructuraron alrededor de aquello que las organizaciones participantes hacen mejor, reforzando los medios a disposición de cada socio para alcanzar su objetivo último. Estas alianzas se sustentan en la lógica de que la combinación de esfuerzos crea sinergias y permite a los involucrados procurar sus objetivos organizacionales con más eficacia que la que tendrían en forma individual. Al mismo tiempo, un alineamiento amplio de misiones, valores y estrategias no implica que las organizaciones se vuelvan idénticas; de hecho, éstas preservan sus identidades separadas, lo que les sirve como fuente de solidez para la alianza. Esto se aplica incluso en la etapa integrativa de las colaboraciones, donde las organizaciones han fusionado sus recursos y estructuras para crear sinergias y eficiencias operativas.

El grado de alineamiento amplio se presentó en dos casos de nuestra muestra común[10], así como en otros dos casos en los cuales los autores trabajaron recientemente en Latinoamérica[11]. Cuando hay una superposición de misiones entre las partes, ambas interactúan íntimamente en la operación de sus actividades principales. Estas relaciones tendieron a operar como una *joint-venture* y a girar en torno de un producto en común, que fue el resultado visible de la alianza. Dado que estas relaciones son menos frecuentes y poseen un mayor potencial de impacto, las examinaremos en profundidad.

El primer caso es la colaboración creada en torno de la línea de productos Ekos de Natura, una compañía de cosméticos brasileña. Desde sus inicios, la empresa había participado en actividades sociales a través de colaboraciones intersectoriales. Sin embargo, con el lanzamiento de esta línea innovadora, Natura decidió llevar su responsabilidad social al núcleo de su negocio. Como ya explicamos[12], a través de la línea Ekos la compañía aspiraba a transformar la causa de la biodiversidad brasileña en un "objeto tangible", que se convertiría en "una fuente de riqueza económica y social", como lo explicó Pedro Passos, gerente de Operaciones de Natura. En otras palabras, la esencia de Ekos residía en alinear una causa social con la estrategia comercial de la empresa. Los nuevos productos se basarían en plantas y aceites vegetales extraídos del vasto territorio de Brasil. El proyecto poseía un potencial enorme porque las comunidades que sabían cómo producir, extraer y aplicar esos ingredientes tenían muchas necesidades básicas insatisfechas. Una alianza intersectorial ofrecía la posibilidad de producir un impacto considerable en las condiciones de vida locales, a la vez que contribuiría a la estrategia de la compañía de diferenciar sus productos y generar riqueza de un modo socialmente responsable.

Para llevar a cabo este proyecto, Natura estableció alianzas con varias comunidades tradicionales pequeñas, como los ribeirinhos, sertanejos, caboclos y algunos grupos indígenas diseminados a lo largo del territorio nacional, que vivían en extremo aislamiento[13]. Para unirse a este emprendimiento, esos grupos adoptaron distintos formatos organizacionales, como cooperativas de trabajo, o simplemente conservaron sus estructuras sociales y escogieron a un líder comunitario para que los representara. La colaboración también incorporó a Cognis, un proveedor de materiales industriales encargado de procesar los ingredientes naturales entregados y de prepararlos para uso industrial. Esta compañía se identificaba con valores que eran altamente consistentes con los de Natura. Los socios se beneficiaron con la participación de Imaflora, una OSC con base en São Paulo, asociada con el Forest Stewardship Council (FSC), una OSC global[14]. Su función era certificar que los recursos naturales se extrajeran de un modo sostenible desde el punto de vista económico, social y ambiental, conforme a los criterios fijados por el FSC. A pesar de que la participación de Imaflora en la colaboración se restringió a actividades de certificación, su intervención fue importante para Natura y para Cognis, dado que aseguró que los nombres de las compañías no se asociarían con prácticas inconsistentes con sus valores y perjudiciales para sus marcas.

El grado de alineamiento de los valores, las estrategias y las misiones en esta colaboración es alto. Todas las organizaciones participantes compartían la necesidad de preservar estilos de vida tradicionales y de extraer recursos de una manera sostenible, si bien la importancia de estos valores puede haber sido dispar entre los integrantes de las numerosas comunidades indígenas involucradas. El alineamiento de la colaboración con la estrategia de Natura es directo e inmediato: proporciona un posicionamiento único para los productos de la compañía difícil de imitar por la competencia. En el caso de Cognis y de Imaflora, el alineamiento estratégico es por igual claro, puesto que sus contribuciones a la colaboración intersectorial son parte intrínseca de sus negocios principales, y no parte de un prograna *ad hoc* de responsabilidad social o de relaciones públicas. En cuanto a las comunidades participantes, si bien carecían de una estrategia formal, la colaboración era un medio para alcanzar objetivos compartidos: crear oportunidades de empleo y luchar contra la exclusión social.

El segundo caso de la muestra que exhibe un alineamiento amplio fue la colaboración creada en torno a Posada Amazonas, la posada de ecoturismo en la Amazonia peruana, desarrollada en forma conjunta por la empresa Rainforest Expeditions (RFE) y la comunidad nativa Ese'eja. Como mencionamos en el capítulo anterior, el gobierno peruano había otorgado unas 10.000 hectáreas a la comunidad nativa, que las convirtió en una reserva natural de extraordinaria riqueza ambiental: la reserva Tambopata-Candamo. RFE era una empresa peruana que se dedicaba al ecoturismo sustentable y promovía la preservación natural de todas las regiones en las que operaba. Las operaciones de la compañía combinaban el turismo, la investigación y las actividades educativas. La alianza resultó en la Posada Amazonas, inaugurada en 1997, un emprendimiento conjunto a 20 años, al que la comunidad contribuyó con la tierra de la reserva y la mano de obra, mientras que RFE aportó los fondos necesarios y su experiencia en gestión. Al cabo del cumplimiento del período de 20 años establecido en el contrato, la posada quedaría en manos de la comunidad.

Esta colaboración intersectorial estaba claramente alineada con la estrategia de RFE. Para una posada de ecoturismo, los activos esenciales son, por un lado, el acceso a un ecosistema de gran riqueza –como ventaja competitiva sobre otros destinos alternativos– y, por el otro, guías capacitados –como un punto de diferenciación de otros prestadores locales de servicios similares–. La alianza de RFE con la comunidad nativa proporcionaba ambos. Es más, el hecho de que la posada obtuviera esos recursos de la comunidad en forma exclusiva, creaba una barrera de entrada a nuevos competidores potenciales y aseguraba altos márgenes de ganancia. Al mismo tiempo, la alianza constituía un mecanismo adecuado para alcanzar el objetivo comunitario de impedir la desintegración de la población Ese'eja. Al igual que en el caso anterior, este emprendimiento conjunto se basaba en el alineamiento de tres dimensiones: la *misión* o propósito de los socios, que se centraba en la generación de valor económico y la protección del entorno local; su *estrategia,* en que ambos aunaban sus recursos para obtener beneficios de la posada ubicada en la reserva Tambopata-Candamo; y sus *valores*, que convergían en la necesidad de asegurar un uso sostenible de los recursos ambientales locales.

Por último, la colaboración creada en torno al Proyecto Chiapas por Starbucks, Conservation International (CI) y una serie de pequeñas cooperativas productoras de café, también evidenciaba un alto grado de alineamiento. Al igual que en los casos examinados con anterioridad, Starbuck había trasladado el concepto de responsabilidad social al corazón de su negocio principal y lo había convertido en un punto estratégico de diferenciación. CI era una OSC global consagrada a la protección del medio ambiente, que operaba a través de asociaciones con organizaciones de los sectores privado, público y del tercer sector. A mediados de la década de 1990, CI y otras OSC ecológicas tomaron conciencia de que la producción de café tenía un fuerte impacto sobre la biodiversidad global. Tradicionalmente, el café se había cultivado a la sombra, protegiendo a las plantas de la luz solar directa. No obstante, en la década de 1980 se desarrollaron variedades nuevas de alto rendimiento, resistentes al sol y de buena respuesta a los fertilizantes, que permitían una producción masiva a bajo costo. En los años siguientes se talaron extensos bosques, que eran esenciales para la biodiversidad global. Para mediados de la década de 1990, según Glenn Prickett, vicepresidente de CI, "casi 10 millones de hectáreas de selva virgen en el mundo habían sido remplazadas por plantaciones de café"[15].

En 1996, CI lanzó el Proyecto Chiapas en el sur de México y, al año siguiente, Starbucks se sumó a la iniciativa. El programa aspiraba a crear incentivos para que los productores locales retomaran el método tradicional del cultivo de café a la sombra, de modo de generar una zona de transición y protección alrededor de la Reserva de la Biosfera El Triunfo, un área de riqueza ecológica extraordinaria. CI ofreció asistencia técnica a las cooperativas locales para producir café orgánico de primera calidad, que se valorizaba muy por encima del café regular, y facilitó el acceso a canales de distribución internacionales. Starbucks compraría el café producido, aunque la compañía nunca precisó cantidades fijas ni mínimas, y aportaría los fondos y la asistencia técnica para que los productores pudieran satisfacer sus normas de alta calidad.

Al describir las inversiones sociales de Starbucks, Orin Smith, presidente de la compañía, explicó que "intentamos tener un impacto importante en la vida de todos nuestros grupos de interés, no sólo de nuestros accionistas". Esta colaboración intersectorial es buen ejemplo de ello, por cuanto se alineaba claramente con la estrategia comercial de Starbucks, tanto en relación con sus grupos de interés internos como externos. Uno de esos grupos es el personal de la empresa –54.000 empleados–, con quienes trabaja activamente para generar afinidad emocional. Starbucks intenta ser una empresa de la cual sus empleados "se sientan orgullosos al decirles a sus padres, o a quien sea, que trabajan aquí", según Smith. "Este es un factor muy poderoso para generar lealtad... Por eso, es una parte integral de nuestra estrategia de negocios".

Al mismo tiempo, su participación en el proyecto Chiapas le permite generar afinidad con su público consumidor. La fuerte asociación de su marca con proyectos sociales es parte importante de la "experiencia Starbucks" que la empresa busca crear. Esos valores son un fuerte factor de diferenciación respecto de otras cadenas que "simplemente venden café", mediante el cual Starbucks consigue importantes márgenes de beneficio[16]. Por último, la colaboración también está alineada con las necesidades de su producto, desarrollando relaciones a largo plazo con productores y asegurando así una provisión estable del producto clave de la compañía: el café de alta calidad. Además, la venta de un producto diferenciado, en este caso café mexicano orgánico cultivado a la sombra, agrega valor a la oferta de venta.

Una vez más, esta colaboración evolucionó sobre la base de la convergencia alrededor de valores de desarrollo sostenible e incluyó las misiones y estrategias principales de ambos socios, que se alinearon en un proyecto de generación de valor económico y social.

Profundidad del alineamiento

El análisis de las colaboraciones puede inducirnos a seguir una sencilla lógica matemática y a creer que tres vínculos son más valiosos que uno solo. Esta lógica sería engañosa, pues las dimensiones no son unidades de valor constantes, que admiten sencillas comparaciones aritméticas. Una única pero intensa conexión en cualquiera de las tres dimensiones puede estructurar una relación sólida y estable. De ahí la importancia de la *profundidad* del alineamiento.

Las características organizacionales de los socios pueden tener distintos grados de alineamiento. La conexión puede ser tal que las misiones, las estrategias o los valores de ambos coexistan con comodidad; en otras palabras, podrían ser simplemente *compatibles*. O también pueden reforzarse mutuamente, lo que las convertiría en *convergentes*. Por último, si la consistencia entre ambas es prácticamente completa, serían *congruentes*. En estos casos de máxima consistencia, un único punto de contacto podría constituir una fuente de generación de valor intensa. Esto es así ya que, al menos en teoría, en un caso de congruencia total, una organización estaría cumpliendo todos los objetivos de su socio, en términos de misión, valores o estrategia, a través de otros medios.

La profundidad del alineamiento es un atributo de la relación: si los valores promovidos en una colaboración son fundamentales para una de las partes pero periféricos para la otra, la conexión será sólo superficial. En este punto, al igual que en la amplitud del alineamiento, es necesario concentrarse en el mínimo común denominador.

La comparación entre las colaboraciones desarrolladas por la empresa Danone México y el diario argentino *La Nación*, muestra el impacto generado por la profundidad del alineamiento. A mediados de la década de 1990, ambas organizaciones forjaron alianzas intersectoriales que estaban alineadas con sus valores organizacionales y que, en última instancia, terminaron por vincularse de forma directa a sus estrategias de negocios. Después de una breve descripción de estos dos casos, analizaremos el papel desempeñado por la profundidad del alineamiento en estas relaciones de colaboración.

Un valor central para Danone es su denominado *proyecto doble*: la compañía procura inversiones que no sólo refuercen su estrategia corporativa y generen valor económico para sus accionistas, sino que, al mismo tiempo, generen valor social[17]. En 1997, su filial en México enfrentaba un problema de imagen, que examinaremos en profundidad más adelante[18], como resultado de una falta de conexión emocional entre el público y las marcas de la compañía. La calidad había dejado de ser un factor diferenciador en la industria láctea mexicana: los productos de las principales marcas ofrecían características comparables en términos de sabor, valor nutritivo y otros atributos apreciados por los consumidores. En consecuencia, tendían a convertirse en *commodities*. Por este motivo, Danone necesitaba depender de los atributos de marca, como la proximidad y la calidez, para diferenciar sus productos. La respuesta de la empresa fue asociarse con la Casa de la Amistad (CdA), una OSC local cuya misión era "brindar apoyo integral a niños mexicanos de 0 a 18 años de escasos recursos, enfermos de cáncer". Ambas lanzaron una campaña de *marketing* de causa que, si bien debió vencer algunas dificultades iniciales, resultó un éxito rotundo. Los buenos resultados llevaron a la empresa a renovar su campaña anual por seis años (1997-2002).

Desde su llegada a la conducción del diario *La Nación* en 1996, Julio Saguier trabajó en modernizar la actuación social del diario, sistematizando sus donaciones para maximizar su impacto. Ese mismo año, el periódico estableció una alianza con la Red Solidaria (RS), una organización dedicada a establecer vínculos entre individuos con necesidades sociales insatisfechas y personas deseosas de ayudar. Su fundador, Juan Carr, describe el propósito primario de la RS en los siguientes términos:

> Los marginados y los chicos desnutridos, antes que un problema de comida, tienen un problema cultural. Están tan lejos de nuestra vista cotidiana que no los vemos. Como no los vemos, no los hemos incorporado culturalmente. Por esta razón, *lo primero que se debe hacer es volverlos visibles* y, después, el compromiso de la gente surgirá automáticamente.

La RS contaba con una estructura muy pequeña y basaba sus actividades en una extensa red de voluntarios. En 1998, el periódico creó la Fundación La Nación. El presidente de su junta directiva, Julio Saguier, resumió la misión de la fundación: "Su principal objetivo será promover el trabajo voluntario como un fenómeno cultural en nuestra sociedad, donde sentimos que aún está en vías de desarrollo. Nuestro lema será 'ayudar a ayudar'. Pondremos nuestra habilidad para comunicar, informar y enseñar al servicio de este objetivo".

Un rápido repaso de ambas descripciones descubre varias similitudes entre la RS y *La Nación*. Ambas organizaciones dependían de la comunicación social como un vehículo para producir un cambio cultural en Argentina, que se alejara del paternalismo y se enfocara en la solidaridad. El modelo de la RS, basado en el trabajo voluntario, era exactamente lo que la gerencia del periódico aspiraba a promover y respaldar. No parece exagerado afirmar que, de algún modo, la RS encarnaba los valores de la empresa. Para *La Nación*, la relación con la RS no era sólo una alternativa entre varias, sino un socio que materializaba sus propios valores a través de una estrategia convergente con la suya.

Resulta interesante comparar la profundidad de este alineamiento con la conexión existente entre Danone y la CdA. Para llevar a cabo su *proyecto doble*, la empresa estaba firmemente comprometida con la generación de valor social, en parte a través de colaboraciones intersectoriales. Sus valores se alineaban con los de su socio, pero no con la misma profundidad que en el caso previo: aunque eran compatibles, no había congruencia entre ellos. El tratamiento de niños con cáncer era sólo uno de los modos posibles mediante el cual Danone podía articular sus valores en pos de su estrategia. Por ello, antes de formalizar su relación, llevó a cabo una búsqueda sistemática en la que examinó un amplio abanico de organizaciones alternativas, algo que *La Nación* nunca hizo.

La colaboración entre Danone y la CdA incluyó una serie de campañas de promoción, que se revisaban en forma anual. Para 2002, la relación había demostrado tener cierta permanencia en el tiempo, pero sobre la base de incentivos de mercado: en la medida que las campañas fueron muy efectivas en generar el entusiasmo de los grupos de interés –internos y externos– de Danone, la empresa no dudó en renovarlas, año tras año. Sin embargo, si el impacto decayera y el público se "cansara", algo ciertamente posible en cualquier campaña de *marketing* de causa, es muy razonable pensar que Danone podría interrumpir la relación y buscar un modo más efectivo de perseguir su doble propósito. Para *La Nación*, en cambio, la relación era una alianza de carácter estable. Como en toda relación, siempre existe la posibilidad de cambios, pero la congruencia de valores y el compromiso afectivo con la causa fue tan profundo que cimentó la relación, *pese* a que pudieran surgir señales desfavorables del mercado. Cada organización apreciará la relevancia de un valor dado en una manera particular, que se deriva de su identidad organizacional. Cuando una alianza pone en juego un valor absolutamente central para la organización, ese alineamiento en sí será la base para una larga y fructífera colaboración.

Si bien resulta útil como instrumento de diagnóstico y análisis, la profundidad del alineamiento no puede ser medida con precisión por un observador externo. Descansa en un juicio de valor introspectivo, que debe ser realizado por el propio protagonista. En este sentido, un buen comienzo sería considerar qué elementos de una colaboración potencial inminente son *incompatibles* con la misión, los valores o la estrategia de la organización. La dimensión de esa lista será inversamente indicativa de la profundidad de nuestra conexión. Cuando esta relación sea muy pequeña, probablemente haya congruencia en cualquiera de esas dimensiones; cuando sea extensa, habrá contacto tangencial –o inclusive conflicto frontal–.

Una mirada holística: amplitud más profundidad

En un mundo ideal, una organización podría aspirar a que la correspondencia con un socio potencial fuera completa y absoluta, con niveles de alineamiento tanto amplios como profundos. No obstante, en la realidad es poco probable que se tenga la suficiente fortuna de alcanzar ese nirvana de "alineamiento total". El gráfico 5 ilustra esa comunión perfecta y completa.

Gráfico 5. Alineamiento total

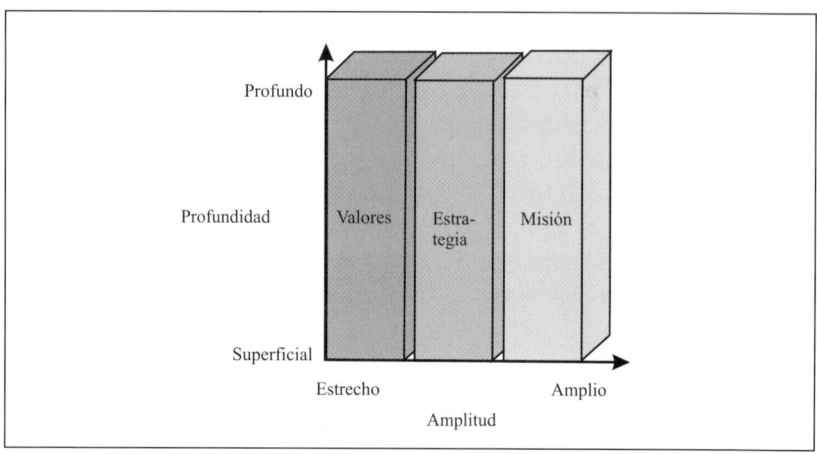

Como se explicó previamente, en principio es aconsejable aspirar a una conexión en las tres dimensiones, dado que, en igualdad de condiciones, cuanto más amplio sea el alineamiento, más rico será el valor generado por la relación. Asimismo, es importante recordar que la profundidad del alineamiento es esencial, puesto que puede compensar la falta de amplitud. Un alineamiento profundo en una de las tres dimensiones organizacionales clave puede constituir la piedra angular de una relación sólida y fructífera, tal como lo ejemplifica el gráfico 6(a). Por otra parte, una colaboración creada en torno a una conexión débil en las tres dimensiones, como la que muestra el gráfico 6(b), será probablemente inestable. Las alianzas estructuradas a partir de alineamientos estrechos o superficiales son frágiles, por cuanto hasta una pequeña alteración en las circunstancias de un socio podría desbaratarlas. Para construir colaboraciones más sustentables, es deseable buscar la mayor amplitud y profundidad en su alineamiento.

Si bien no existe una tensión intrínseca entre amplitud y profundidad, al momento de seleccionar un socio futuro la mayoría de las organizaciones probablemente enfrenten el dilema de tener que escoger entre varios candidatos, con el fin de maximizar una u otra. En esto no hay reglas preestablecidas: la clave residirá en considerar ambas dimensiones a la vez, para intentar determinar qué combinación generará mayor valor neto para la propia organización.

La dimensión personal del alineamiento

Hasta aquí hemos visto cómo las colaboraciones se estructuran a partir de la conexión en el nivel de los valores, las estrategias o las misiones de

Gráfico 6. Profundidad *vs.* amplitud

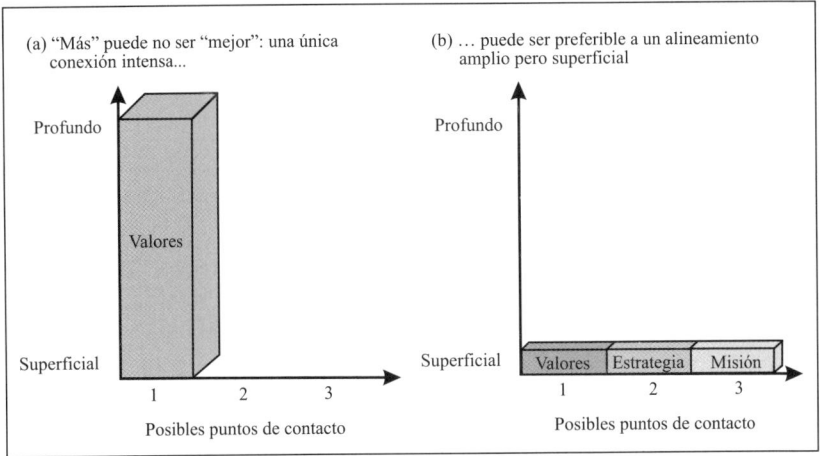

dos organizaciones. Difícilmente una persona pueda gestionar una colaboración intersectorial basada en sus valores individuales, si éstos no
son compartidos por su organización o si están en conflicto con ella. Sin
embargo, el alineamiento entre los valores o las estrategias de las organizaciones involucradas es necesario, pero no suficiente. Con frecuencia, los valores y las estrategias organizacionales realmente *son* lo que
los individuos clave *dicen que son*. Los casos en la muestra prueban que
también es necesario prestar atención a lo que piensan esos individuos,
puesto que este último vínculo puede facilitar u obstaculizar las conexiones entre aquellas dimensiones[19].

El alineamiento de valores organizacionales que, *a posteriori*, puede
parecer obvio al analista, muy a menudo no lo es para los protagonistas
que buscan encontrar puntos de convergencia. Las colaboraciones suelen iniciarse cuando los individuos sienten que sus propios valores coinciden con los de los socios potenciales. Luego, para promover la idea
ante sus superiores, intentan articular su mensaje de acuerdo con los
valores e intereses de sus organizaciones, con el objetivo de captar su
respaldo. Esta separación entre el alineamiento personal y organizacional
a menudo no emerge a la superficie, pero algunos casos nos permiten
apreciarla.

La colaboración entre REPRETEL y FUPROVI es uno de ellos. Al
comienzo del capítulo examinamos el desafío que enfrentaba la compañía televisiva mexicana en sus operaciones en Costa Rica. En esencia,
"REPRETEL necesitaba ganar popularidad, porque nuestra marca generaba desaprobación por ser extranjera", tal como lo manifestó René
Barboza, promotor de la colaboración. El huracán César de 1996 pro-

porcionaba una buena oportunidad para afrontar ese desafío. ¿Por qué no desarrollar una alianza con FUPROVI, una OSC que se especializaba en proyectos de vivienda social, para remediar la escasez de vivienda ocasionada por el huracán? El mensaje que Barboza comunicó a los miembros del Directorio de la empresa era que, a su entender, el lanzamiento de una campaña de alto perfil contribuiría al reposicionamiento de la marca.

En términos objetivos, la colaboración estaba claramente alineada con la estrategia corporativa. La audiencia objetivo de REPRETEL y las víctimas del huracán compartían varias características socioeconómicas. Por tanto, era muy probable que la alianza incrementara la buena voluntad asociada a la empresa en el mercado. Pero esa no fue la agenda que llevó a Barboza a movilizar apoyo en pos de la colaboración; por detrás de ese discurso organizacional había otro nivel de alineamiento, con su propia visión personal:

> Yo tenía un interés, un objetivo, personal en el proyecto. Es cierto que beneficiaría la imagen de REPRETEL y todo eso, pero algo en lo más profundo de mi interior me impulsaba a concretar el programa, para poder beneficiar a todas esas personas necesitadas.

La colaboración entre la compañía Manuelita y la Corporación El Minuto de Dios (MD) también muestra una situación similar. Como ya mencionamos, esta relación data de la década de 1950, cuando se materializó en torno a una campaña de *marketing* de causa. Ambas organizaciones compartían una intensa conexión en términos de valores y estrategia organizacionales. El MD era un grupo de empresas sin fines de lucro, fundado por el sacerdote García Herreros para "estructurar una comunidad cristiana, con el fin de tratar de dar solución integral a los problemas sociales de sus afiliados". Manuelita era un grupo empresarial que había sido fundado por un conocido filántropo colombiano, Harold Eder, y que se mantuvo bajo el control de sus descendientes. Los valores centrales de la compañía incluían la integridad, el respeto por otros, la responsabilidad social y la austeridad, y la gerencia se empeñaba en mantenerse fiel a ellos.

El alineamiento de la colaboración con la estrategia corporativa era notoria. Desde 1955, Manuelita había auspiciado un microprograma del MD en la televisión, que gozaba de una enorme popularidad en Colombia. Cuando Álvaro Galeano llegó al cargo de director corporativo de *Marketing* a principios de los años 1990, llevó adelante investigaciones de mercado para medir el lugar que ocupaba Manuelita en la recordación de marca de los colombianos. Manuelita se ubicó en el primer lugar, debido a la mención de Azúcar Manuelita en el programa del MD. Como evocaba Galeano, "la mayoría de la gente recordaba el azúcar por el Minuto de Dios. Todas las investigaciones nos mostraban que 'Manuelita es azúcar', aunque los entrevistados no consumiesen azúcar. ¡Es increíble cómo funciona el *top of mind*!".

Los resultados de la encuesta no sorprendieron a Galeano, porque los intuía. Lo que él estaba buscando era poder demostrar que la relación con MD le estaba reportando a la empresa un retorno económico. En otras palabras, movido por sus valores personales, Galeano buscaba demostrar que la colaboración también estaba en línea con los intereses de la empresa. En sus propias palabras, "a la gente de *marketing* no le podemos decir: 'mire, ponga un dinerito allí para que ayudemos a los pobres', porque desde un inicio te van a decir: 'Yo no soy la madre Teresa de Calcuta'. Pero sí les puedo decir: 'Hagamos esta obra, hagamos *marketing* social, porque a la vez que ayudamos a la gente, ¡ganamos más!' ".

Para el propósito de nuestro análisis, es interesante repasar qué sucedió después de que Galeano abandonó la compañía a fines de la década de 1990. A pesar de que el alineamiento entre los valores y las estrategias de las organizaciones no se alteró y aunque la alianza había demostrado, una y otra vez, que podía generar valor para los grupos de interés de la empresa, la colaboración se debilitó. Galeano señala:

> Dejé Manuelita hace dos años. Ahora, la relación con MD está en manos de un ejecutivo de *Marketing* que no parece interesado en ella. Tal vez regrese a Manuelita este año o el próximo y si vuelvo a hacerme cargo, reflotaré todo de nuevo; conseguiré que Manuelita haga inversiones más importantes, en mejores programas, con MD, que beneficien a la compañía.

A pesar de que exista un intenso alineamiento entre los valores y las estrategias organizacionales de los socios, la falta de alineamiento en los valores personales de los individuos clave puede dificultar la conexión. En las colaboraciones intersectoriales, las señales del mercado suelen ser más débiles que en las alianzas de un mismo sector. En ocasiones, un alineamiento personal sólido es necesario para exponer los beneficios que una relación intersectorial puede generar para las organizaciones. Retomaremos este punto en el capítulo 5, en el que analizaremos la función de los *promotores* dentro de las organizaciones para activar la relación.

La creación dinámica del alineamiento

Aunque los socios inviertan inicialmente tiempo y energías en encontrar áreas en común, a menudo el alineamiento de las colaboraciones intersectoriales cambia a lo largo de su desarrollo. Varios factores pueden hacer que se genere una conexión entre los valores, las estrategias o las misiones de los socios donde no la había, o que se incremente su profundidad. Esos factores son: el aprendizaje unilateral de uno de los socios, la fertilización cruzada entre ambos, cambios de estrategia y presiones competitivas del entorno. A continuación, examinaremos estas dinámicas.

Aprendizaje unilateral

El capítulo previo mostró cómo el aprendizaje recíproco ocurre desde los contactos iniciales entre las organizaciones. Por ejemplo, cuando los socios futuros carecen de un idioma en común, tienen que recurrir a herramientas conceptuales *ad hoc* diseñadas para facilitar el trabajo conjunto. A medida que las colaboraciones crecen y se expanden, el proceso de aprendizaje continúa y alcanza dimensiones nuevas, que pueden impactar el nivel de alineamiento de la relación. Muy a menudo, una de las organizaciones "descubre" que hay más puntos de conexión con la colaboración de lo que había pensado en un principio. Un esquema muy frecuente es el de una empresa que decide colaborar con una OSC movida exclusivamente por sus valores, pero que luego toma conciencia de que la colaboración puede tener un impacto benéfico sobre su estrategia. El entender mejor al socio, lleva a ver otras dimensiones de alineamiento posibles para enriquecer la relación. Cuando esto sucede, el alineamiento gana en *amplitud*.

La participación de Meals de Colombia S.A. (Meals) en el programa Líderes Siglo XXI (Líderes) ilustra este concepto. Esta compañía de venta de alimentos congelados era una participante entusiasta de este programa para mejorar la gestión educativa en las escuelas de Bogotá y otras ciudades. La intensa conexión de los valores organizacionales de la empresa con la iniciativa había constituido el principal motivador de su compromiso. Alberto Espinosa, presidente de Meals, explicó:

> Nuestra filosofía corporativa está muy relacionada con nuestro trabajo en la educación. Creemos que las personas son el factor más importante en la organización, nuestros empleados son la compañía y nuestro éxito depende del éxito de nuestra gente. Consideramos que las personas exitosas son aquellas que logran cumplir sus objetivos de progreso y logran alcanzar la plenitud como seres humanos[20].

Sin embargo, a través del trabajo conjunto con los colegios, Meals encontró que la colaboración impactaba en su estrategia de negocios de una manera inesperada. Adriana Hoyos, responsable del área de Recursos Humanos y Calidad en Meals de Colombia, comenta que la empresa "encontró un beneficio para su imagen que no había sido buscado. La gente conoce a Meals gracias al proyecto". Además, Meals identificó ventajas en el manejo de sus recursos humanos, que le dio a la colaboración una nueva dimensión. En palabras de Espinosa,

> nuestro perfil de recursos humanos surgió, en gran medida, de la definición de individuos de calidad desarrollada con las escuelas (…) Básicamente, lo que sucede es que los procesos empleados para motivar a los estudiantes son similares a los utilizados para motivar a los trabajadores. Es decir, todo se reduce a comprender qué es lo que en realidad motiva a las personas.

Como resultado de este mayor alineamiento, el compromiso de Meals con la iniciativa se intensificó. Por supuesto, esta dinámica está muy relacionada con la generación de valor en la relación, dado que estos "descubrimientos" derivan esencialmente del valor que la compañía obtiene de la alianza. El próximo capítulo analiza en detalle este punto.

Fertilización cruzada

A través de la interacción y el descubrimiento mutuo, el aprendizaje puede alcanzar niveles aún más profundos, al punto de impactar hasta la misma identidad organizacional de los socios. Si el diálogo se intensifica y se profundiza, puede llegar a alterar el modo en el cual cada socio se percibe a sí mismo y define sus intereses. El mayor grado de congruencia entre los valores, estrategias o misiones de los socios hace que el alineamiento de la alianza gane en *profundidad*.

La experiencia de AUSOL, la constructora vial argentina, proporciona un buen ejemplo de este proceso. Cuando AUSOL inició su alianza con Alberto Croce en 1994, el servicio a la comunidad formaba parte de su misión formal, pero la responsabilidad social ocupaba un lugar periférico entre sus valores organizacionales reales. El capítulo anterior describió el desafío que esta compañía enfrentó en 1994[21]. En esencia, la empresa debía elegir cómo manejarse frente a un conflicto de intereses con algunos de sus grupos de interés externos. Algunos de los terrenos del trazado de la autopista que se iba a construir habían sido ocupados, en violación de los derechos legales asignados a la empresa en el contrato de concesión. La reacción inicial de la empresa –enviar a la zona a los responsables del área de seguridad– sugiere una baja sensibilidad a las necesidades de esos grupos de interés. Más allá de sus valores organizacionales formales, la realidad es que la empresa no había internalizado el concepto de la responsabilidad social.

Sin embargo, a medida que la relación con Croce evolucionó, también lo hicieron los valores reales de la organización y su relación con sus grupos de interés. Esquemáticamente, la relación entre ambos pasó por tres etapas. En la primera de ellas (1994), Alberto Croce se vinculó con la empresa como líder de la cooperativa Malaver, con la que había venido trabajando. Como vimos al tratar las barreras a la comunicación, en esos contactos, la empresa concedió a Croce el papel de interlocutor válido y advirtió que tenía más que ganar a través de la concertación y el alineamiento de intereses que de la confrontación. Luego de que la relación demostró ser enriquecedora para ambas partes[22], avanzó a un nivel superior. A partir de 1996, Croce se convirtió en asesor externo de la empresa en asuntos sociales y se desempeñó como enlace entre AUSOL y otras comunidades afectadas por el trazado de la nueva autopista. Desde esta posición, Croce continuó alineando los intereses de la compañía con los de los grupos de interés. Finalmente, en 1999, la empresa incrementó su compromiso con Croce y su trabajo, a través del aporte de fondos considerables para la creación de la Fundación SES (Sustentabilidad, Educación y Solidaridad).

El paso de una etapa a otra marcó un cambio en la dinámica de la relación. En la primera de ellas, las partes pasaron de una "negociación" a una "colaboración", dejando atrás el paradigma del *one-time deal* para avanzar en la construcción de una "relación". En sus interacciones dejaron de ser "contraparte" para pasar a ser "socios". En su transición de la segunda a la tercera etapa, la empresa pasó del *manejo de crisis* (reactivo) a considerar una *inversión social* (proactiva), con una actuación social que ganó en profundidad y cobertura. Al mismo tiempo, se comprobó que, en cada transición, las fronteras organizacionales se hicieron más flexibles y que la fertilización cruzada se intensificó. Al final del proceso, la responsabilidad social estaba profundamente arraigada en el ADN organizacional de AUSOL. A través de esta colaboración intersectorial, la compañía desarrolló una nueva manera de relacionarse con sus grupos de interés, internos y externos. Según Federico Giambastiani, gerente de Relaciones Institucionales, "internamente (la relación con SES) le ha permitido a AUSOL ir desarrollando en sus entrañas el concepto de solidaridad social".

El caso de *La Nación* constituye otro ejemplo de cómo las colaboraciones pueden resultar útiles para redefinir las identidades de los socios. A partir de su relación con la Red Solidaria (RS), la empresa colocó a la responsabilidad social en el centro de su identidad organizacional, llevándola a otro plano. En 1996, cuando se inició la colaboración entre ambas organizaciones, la gerencia del periódico había sufrido cambios recientes. El nuevo presidente de su Directorio, Julio Saguier, había llegado con la determinación de sistematizar la política social del diario y elevar su perfil. Sin embargo, la forma concreta que esa política adoptó y los valores que la animaron tuvieron mucho que ver con la relación con la RS. En 1998, la compañía decidió crear la Fundación La Nación y determinó como prioridad de la nueva organización "la promoción del voluntariado y su instalación como fenómeno cultural" en la sociedad argentina, una misión que prácticamente describía el modelo de la RS. Como reconocen los protagonistas de la colaboración, la interacción que existía desde 1996 entre *La Nación* y la RS no fue ajena a esa definición. En la opinión de Javier Comesaña, director de Desarrollo Organizacional de *La Nación*, la colaboración con la RS le permitió al diario tomar conciencia del poder de un medio periodístico para generar un cambio cultural en la sociedad y, en particular, promover los valores que estructuraban la política social de la empresa. A partir de la fertilización cruzada, la empresa y su fundación articularon claramente en su accionar los valores de la solidaridad y la superación del paternalismo, que son la esencia de la RS. Esta coincidencia de valores llevó a un alto grado de coherencia estratégica entre los socios, que no estaba presente al principio de la relación. El proceso que llevó a la creación de la Fundación fue, en parte, interno a la empresa y, en parte, fruto de la relación con la RS.

La colaboración entre el Banco Itaú y el Centro de Estudios e Investigación en Educación, Cultura y Acción Comunitaria (Centro de Estudos e Pesquisas em Educação, Cultura e Ação Comunitária-CENPEC) también ilustra cómo las compañías pueden cambiar su imagen de sí y su estrategia a partir de la interacción con socios del tercer sector. El CENPEC fue fundado en 1988 por María Alice Setúbal, quien era reconocida en el ámbito nacional por su capacidad de liderazgo y sus contribuciones intelectuales al campo de la educación pública. María Alice era hija del presidente del Directorio del Banco Itaú y uno de sus principales accionistas. Hasta ese momento, el banco había carecido de una política social definida; se había limitado a realizar donaciones esporádicas y poco sistemáticas. Entre la cartera de relaciones que el banco mantenía en su área social estaba CENPEC, que recibía algunas de esas donaciones, pero que no tenía una alianza estratégica con la empresa. En la superficie, la relación entre Itaú y CENPEC, entre 1988 y 1992, fue de perfil bajo y de poca intensidad. Sin embargo, durante esos años se produjo un proceso de transformación que emergería más adelante. La colaboración promovió un diálogo fluido entre María Alice y su hermano Roberto, que era miembro de la gerencia superior del banco y se había interesado en sus actividades sociales. En estas intensas interacciones, Roberto desarrolló una nueva visión sobre el papel que el banco debía desempeñar como agente de cambio.

Cuando Roberto asumió la dirección del banco (1993), el debate y el proceso de redefinición se aceleraron. Se lanzó en el seno del Consejo de Administración del banco un proceso profundo de *soul-searching*, con intensas y frecuentes discusiones en torno a la necesidad de darle una mayor sistematización a la vocación social del banco. Los tres miembros del directorio, Olavo y Roberto Setúbal y Carlos da Câmara Pestana, estaban convencidos de que debían contribuir a solucionar los problemas sociales básicos de Brasil. María Alice Setúbal solía asistir a estas sesiones de intercambio de ideas para aportar sugerencias y alternativas, con el fin de materializar las intenciones allí expuestas. Este proceso culminó en la decisión de consolidar las políticas sociales del banco en un plan estratégico bien definido, denominado Programa de Apoyo Comunitario (Programa de Apoio Comunitário-PROAC). Creado en 1993, el PROAC fue el canal institucional elegido para lanzar la alianza estratégica del banco con el CENPEC, una colaboración que convirtió al banco en un protagonista de primera línea en el ámbito de la responsabilidad social brasileña. En los años siguientes, el banco intensificó su compromiso institucional con los problemas sociales. En 1998, como parte de este proceso, el PROAC se convirtió en el Programa Social Itaú y, dos años después, se creó la Fundación Social Itaú para proporcionar continuidad a los programas sociales del banco.

Entre 1988 y 1993, hasta la creación del PROAC, el banco "redescubrió" su vocación social y la reposicionó en su estructura organizacional. En este proceso, el papel del CENPEC y de su directora, María Alice, resultaron fundamentales. Sobre la base de la profunda confianza generada por los lazos familiares y su reputación profesional, María Alice contribuyó "desde adentro" al desarrollo de la nueva visión del banco y a su redefinición de intereses y responsabilidades corporativos. El gráfico 7 intenta conceptualizar esa dinámica.

Cambios en la estrategia

En algunos casos, el alineamiento se incrementó como consecuencia de ajustes en la estrategia de uno de los socios. Tal fue el caso de Tenaris, una compañía perteneciente al Grupo Techint. A principios de la década de 1990, este grupo empresarial era un conglomerado diversificado que incluía cinco áreas de negocios, dedicadas al acero, la infraestructura, plantas y procesos industriales, energía y servicios, y operaba en varios países, entre ellos Argentina, México, Italia, Brasil, Venezuela, Perú, Ecuador y Japón. A pesar de su tamaño y diversificación, el grupo seguía en manos de la familia Rocca. El ingeniero Agostino Rocca (1895-1978) había fundado Techint. En 1995, cuando el grupo celebraba sus

Gráfico 7. Cambios en alineamiento estratégico a partir de fertilización cruzada

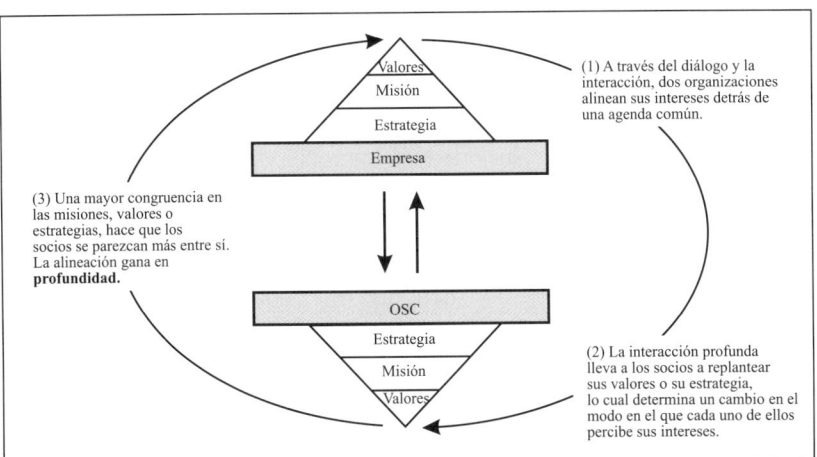

cincuenta años, los dueños de la compañía sintieron la necesidad de "retribuir a la sociedad", a través de un proyecto que reflejara sus valores familiares y que tuviera un impacto en algún área necesitada de la ciudad de Buenos Aires. Además, se pensó que un museo podría tener un efecto económico multiplicador y estimularía a otros agentes institucionales a realizar nuevas inversiones en esa zona geográfica.

Adriana Rosenberg, quien más tarde se convertiría en la presidenta de la Fundación Proa (Proa), tenía la firme convicción de que existía una demanda insatisfecha de arte vanguardista en Buenos Aires. No obstante, materializar esta vision requería del fuerte respaldo de un mecenas. El Grupo Techint respondió a la propuesta de Rosenberg y ayudó a crear Proa, mediante un sólido respaldo financiero y una gama de servicios profesionales. Aunque el centro mantuvo siempre su autonomía para implementar su misión, Techint descubrió que el proyecto de patrocinio original tenía un enorme potencial en términos de relaciones públicas. En 1996, Proa organizó su primera exhibición internacional, que incluyó las obras del artista mexicano Rufino Tamayo. El evento resultó de gran importancia para el grupo, puesto que México era una de sus principales áreas de operaciones. Sin embargo, el cambio cualitativo en la colaboración ocurrió unos años más tarde. En 2002, como resultado de la expansion internacional del grupo en el área de tubos de acero, se fundó una nueva compañía global llamada Tenaris. La nueva organización remplazó a la alianza DST, cuyo nombre estaba formado por las iniciales de sus miembros originales: Dalmine, Siderca y Tamsa. Tenaris representaba a un grupo de fabricantes de siete países y tenía una red de *marketing* que abarcaba más de veinte naciones.

Los ejecutivos de la empresa decidieron que necesitaban desarrollar una nueva identidad organizacional para la compañía emergente. Como expresó un alto directivo: "Esta reasignación del nombre de una marca era necesaria porque el grupo había dejado de ser local; ahora era global e incluía a compañías nuevas, que sentían que las iniciales DST ya no las representaban y que estaban buscando una nueva posición en el mercado". Pese a la diversidad cultural de sus grupos de interés internos, la nueva organización debía adquirir una identidad corporativa fuerte. En respuesta a este desafío, el Departamento de Comunicaciones recurrió a la estrategia de desarrollar una identidad que convirtiera la diversidad en una ventaja competitiva. En lugar de la tradicional "cultura vertical" de las corporaciones norteamericanas, en que la sede central definía una identidad uniforme y común, Tenaris quería ser considerada "como verdaderos locales y no como extranjeros" en cada uno de los países en los que operaba. A esto se lo denominó "enfoque multilocal". En el desarrollo de una identidad común, a partir de atributos multiculturales y multilocales, la relación con Proa se convirtió en un respaldo para el grupo porque, como explicó un alto directivo, "la alianza constituía un vehículo para comunicar el compromiso de Tenaris con las culturas locales, a través del arte. La apreciación de los lazos entre países, la valoración y divulgación del arte nacional, todo eso forma parte de la identidad corporativa de Tenaris y de Techint".

A través de la colaboración con Proa, Tenaris transmitía un mensaje doble: la compañía puede dirigir la clase de negocio que sólo una compañía grande puede manejar, y lo hace mediante la valoración de las culturas locales en todos los países en los que opera. Esta identidad se convirtió en una ventaja competitiva. Como consecuencia de un cambio en la estrategia general que demandó la creación de una identidad organizacional nueva, la empresa intensificó su alineamiento con la colaboración y lo vinculó con sus necesidades emergentes. Esta conexión afectó las tres dimensiones antes mencionadas: los grupos de interés internos (recursos humanos), los grupos de interés externos (clientes) y el posicionamiento de marca o de productos/servicios de la compañía. Con respecto a la primera dimensión, el arte resultó ser una herramienta útil para relacionar culturas diferentes y demostrar a los empleados, sin importar la ubicación del país, que la empresa estaba interesada en las expresiones culturales locales. En opinión de un alto directivo, "en esencia, Proa nos ayuda a reforzar nuestra identidad y nuestros valores centrales". El papel desempeñado por la colaboración con Proa en proporcionar coherencia interna a Tenaris, demuestra que estos programas pueden convertirse en excelentes herramientas de "*marketing* interno"[23].

La colaboración también estaba alineada con la necesidad de Tenaris de lograr afinidad con sus diversos grupos de interés externos: la valoración que sus muestras hacen de las culturas locales le permite relacionarse con los sentimientos de identidad nacional de sus mercados. En una tercera dimensión, la colaboración se alineaba con las necesidades del producto y de la imagen corporativa de Tenaris, cumpliendo una función vital en su proceso de *re-branding* y reposicionamiento. La empresa aspiraba a cumplir una función significativa en los mercados en los que competían las corporaciones más grandes del mundo. Aunque Tenaris era relativamente pequeña en comparación con esos grupos, necesitaba contar con los atributos intangibles necesarios para transmitir una noción de liderazgo. El arte se convirtió en una herramienta extraordinaria para comunicar prestigio y consolidar la imagen de la compañía.

El realineamiento dinámico que resulta de cambios en la estrategia de una de las partes, también está presente en la colaboración entre Coca-Cola de Argentina (CCA) y Junior Achievement Argentina (JAA). A diferencia del caso anterior, el cambio en la estrategia se produjo en el socio del tercer sector. La Fundación JAA fue creada en 1990, cuando su fundador y director ejecutivo, Eduardo Marty, decidió reproducir el programa de Junior Achievement en Argentina. Su misión, adoptada de su organización central, Junior Achievement Inc. (JAI), se definió inicialmente como "educar e inspirar a los jóvenes a valorar y defender el sistema de la libre empresa". La fundación se enfocaría en el espíritu emprendedor y la responsabilidad individual, valores necesarios para la economía de libre mercado que el país intentaba implementar. Sus fundadores decidieron que no aceptarían fondos públicos, por cuanto la filosofía de la organización era que el sector empresarial debía invertir en aquéllos que el día de mañana se incorporarían al mercado laboral. Los fondos se recaudarían estrictamente del sector privado, ya fuera de compañías o de individuos. JAA empezó a operar mayormente en escuelas privadas, pero sólo porque carecía de los fondos suficientes para traducir el material "importado" de JAI. Por tanto, se vio forzada a concentrarse en las escuelas privadas bilingües.

Entre la cartera de empresas que rápidamente accedió a colaborar con la nueva OSC, se encontraba Coca-Cola de Argentina (CCA). El carácter de la relación era de filantropía tradicional y consistía en una donación anual, de baja cuantía, para cubrir el costo de algunos cursos. La colaboración sólo alineaba los valores organizacionales de los socios y carecía de importancia estratégica para ambos: para CCA era una donación más, y para JAA apenas un donante más. Esto comenzó a cambiar en 1999, cuando JAA lanzó "Aprender a emprender". Este programa difería de lo que la organización había realizado hasta entonces, se dictaba en escuelas públicas y estaba financiado por el Banco Interamericano de Desarrollo (BID). Dicho programa representó una ruptura con varios de los valores sobre los que se había construido JAA y marcó el inicio de un giro en su estrategia. A raíz de esa experiencia, los líderes de dicha OSC se propusieron llegar a todo tipo de escuelas, no sólo a las privadas, y aumentar la escala de su trabajo. Por otro lado, decidieron ampliar su definición de emprendimiento para ir más allá de la dimensión empresarial e incluir, en el concepto, las dimensiones cívica y medioambiental. Una sociedad sana requerirá individuos emprendedores y responsables, no sólo en el aspecto económico sino también en el social. En suma, los líderes de JAA advirtieron que para que su trabajo continuase siendo relevante, tendrían que adaptar su visión a las nuevas necesidades de la sociedad argentina. A su vez, esa visión requirió ajustes en la definición de su misión y en la estrategia para alcanzarla.

Este cambio en la organización generó un impacto directo en la colaboración con CCA, ya que, como vimos en el capítulo anterior, la responsabilidad social en problemas ambientales era un valor esencial para la compañía. La alianza incrementó la relevancia estratégica para ambas partes y se volvió más intensa. En 1998, JAA y CCA lanzaron un programa diseñado en forma conjunta, "Aprender a Emprender en el Medio Ambiente", en estrecho alineamiento con los valores y estrategias de ambas organizaciones. La directora de Relaciones Externas de CCA, María Marta Llosa, puntualizó: "AEMA, a diferencia del programa que implementamos con la Fundación Compromiso (dedicada al fortalecimiento de la gestión de las OSC), *tiene mucho que ver con los valores*, políticas e intereses de la compañía en el tema ambiental, relacionados con los materiales y desechos, entre otros, y por estas razones *está más cerca de nuestro negocio*".

Presiones competitivas

En otros casos, el alineamiento se intensificó no como resultado de la dinámica interna de la compañía, sino de cambios en el contexto. Cuando el entorno de la empresa se hace más competitivo, ésta tenderá a estar más orientada a los requerimientos del mercado. En el contexto de nuestro estudio, ese cambio generará incentivos para que las empresas alineen sus colaboraciones intersectoriales con su estrategia competitiva.

Tal fue el caso del Grupo Bimbo, de la industria alimentaria mexicana y el Banco Itaú brasileño. Ambas son empresas de primer nivel que, pese a sus tamaños y sofisticación, continúan siendo controladas por las familias descendientes de sus fundadores. Las dos tenían políticas sociales activas, que reflejaban los valores personales de sus propietarios. Al revisar las motivaciones de las organizaciones vimos que, en los casos estudiados, las empresas familiares tendieron a rechazar el alineamiento de sus colaboraciones intersectoriales con su estrategia comercial; Bimbo e Itaú no fueron la excepción a esta regla. Sin embargo, como veremos a continuación, el aumento de la presión competitiva en mercados con fuerte presencia de empresas multinacionales, llevó a las empresas estudiadas a revisar algunos de sus supuestos.

En 1993, Bimbo estableció una colaboración con el recién creado Papalote Museo del Niño (Papalote), ubicado en la ciudad de México. En ese entonces, la empresa todavía estaba al mando de su fundador, don Lorenzo Servitje, un filántropo que, como mencionamos en el capítulo previo, era reconocido por su compromiso social. Don Lorenzo poseía una clara visión del papel que su compañía debía desempeñar en la sociedad, y había inculcado esa visión en los valores organizacionales de Bimbo. Como él mismo señaló, "desde que se inició esta compañía... tuvimos esa visión. Nosotros sabíamos hacia dónde queríamos ir y que queríamos ser miembros de la sociedad, desarrollando a nuestra gente primero y a nuestro entorno después".

La empresa tenía un interés especial en apoyar la educación inicial infantil. Por ende, en la colaboración desarrollada con Papalote, la dimensión de valor era fundamental porque ambas organizaciones compartían los mismos valores centrales. Sin embargo, la relación no carecía de una dimensión utilitaria. El director de *Marketing* del grupo, José Manuel González Guzmán, admitió que el 60% del interés de Bimbo residía en el aspecto filantrópico de la iniciativa, mientras que el 40% restante tenía que ver con el posicionamiento de la marca. "Don Lorenzo siempre nos ha dicho que debemos buscar que la marca impacte, sin perder de vista la responsabilidad social y ética que tenemos" –comenta–. "Sin embargo, por entonces nuestro enfoque principal era brindar ayuda a los niños; no buscábamos un valor económico directo para la empresa". Para describir los valores que fundamentaban las inversiones sociales de la empresa, Martha Eugenia Hernández, directora de Relaciones Institucionales, recurrió a una metáfora bíblica: "Que tu mano izquierda no sepa lo que hace tu mano derecha".

Hasta 2001, Bimbo consideró la colaboración con Papalote como una relación de baja prioridad, que se reducía a una asignación poco significativa de recursos. Sin embargo, ese año ocurrieron varios cambios. Su responsable de *Marketing,* González Guzmán, tenía la misión de lanzar la línea "Bimbo Kids", una línea que apuntaba exclusivamente a los niños, con productos de alta calidad, alto valor nutritivo y buenos márgenes de retorno para la empresa. "¿Por qué no utilizar la alianza con el Papalote? –pensó González Guzmán–. Si tengo un producto para niños y lo posiciono en un lugar donde los niños asisten frecuentemente, creo que puede tener muchísimo éxito. Ahora que vamos a segmentar el mercado y lanzar esta nueva línea de productos para niños, podríamos obtener más beneficio de la alianza".

El cambio de perspectiva en el alineamiento de su colaboración intersectorial coincidió con un manejo más agresivo del *marketing* institucional de Bimbo, que incluyó el patrocinio del equipo de primera división del fútbol mexicano de Monterrey, así como de equipos de fútbol americano. ¿Qué llevó a este giro? Sin duda fue una combinación de varios factores, tanto internos como externos a la empresa. Entre ellos, ya mencionamos el cambio generacional en la dirección del grupo, de don Lorenzo a su hijo Daniel, que tuvo lugar ese mismo año. Asimismo, explica González Guzmán, el lanzamiento de esa línea se había postergado porque la empresa percibía que no estaban dadas las condiciones necesarias para realizarlo. Fue recién en ese año cuando, según el AC Nielsen, el concepto de "productos dirigidos a niños" fue lo suficientemente fuerte como para merecer su propio mercado segmentado.

Sin embargo, el grupo también experimentó un cambio sustancial en su entorno competitivo. Ya a principios de la década de 1990, Bimbo había enfrentado algunos retos competitivos, aunque no lo suficientemente serios como para poner en riesgo su posición de liderazgo[24]. Cuando se inició la colaboración, Bimbo disfrutaba de una posición dominante en la mayoría de los mercados en los que operaba. Pero en 1997, Gruma S.A. entró en una alianza estratégica con un grupo alimentario estadounidense, Archer Daniels Midland Co. (ADM), y desde esa plataforma, a fines del año siguiente, se lanzó a competir en el mercado de pan envasado, la industria que había dado origen al grupo Bimbo y una de sus áreas más fuertes. Bimbo controlaba el 95% de ese mercado[25] y no había enfrentado ninguna competencia sustancial desde 1986, cuando adquirió a su competidor, Wonder Mexico[26]. En forma coincidente con este nuevo desafío competitivo, Bimbo decidió sumarle a su colaboración una dimensión fuertemente estratégica. El Papalote, por sus características, era un entorno privilegiado para acceder a su población objetivo y hacer muestreo de sus nuevos productos. Además, asociar su nueva marca con la del museo, que gozaba de enorme popularidad en todo México, sin duda ayudaría a posicionarla positivamente. Con la nueva dimensión adquirida, la colaboración aumentó en importancia para Bimbo y, como consecuencia, también se incrementaron los recursos aportados por la empresa.

El banco brasileño Itaú también afrontó presiones similares. En una sección anterior[27] analizamos cómo, entre 1988 y 1993, el banco había racionalizado y sistematizado sus políticas sociales a través de su colaboración con el Centro de Estudios e Investigación en Educación, Cultura y Acción Comunitaria (Centro de Estudos e Pesquisas em Educação, Cultura e Ação Comunitária-CENPEC). El banco era también una empresa familiar y su política social estaba profundamente vinculada a los valores sustentados por sus dueños, la familia Setúbal, quienes consideraban que la asistencia social del banco no debía estar alineada con su estrategia comercial. Ése era el dominio de su política de *marketing*, regida por la lógica de generación de beneficios para la empresa, a diferencia de sus inversiones sociales, que apuntaban exclusivamente a generar beneficios sociales, no privados. Esta clara división, en la cual la generación de valor social no era compatible con la generación de valor económico, se reflejaba en el diseño organizacional del banco. Por un lado, el banco manejaba sus inversiones sociales a través del Programa de Apoyo Comunitario (Programa de Apoio Comunitário-PROAC), que más adelante se convertiría en el Programa Social Itaú (en 1998), y, finalmente en 2000, a través de la Fundación Social Itaú. Por otro lado, su política de *marketing* institucional se canalizaba a través del Instituto Cultural Itaú. Este instituto había realizado importantes inversiones en el desarrollo de la cultura nacional, mediante el patrocinio de las obras de artistas brasileños.

En 1995, la alianza entre Itaú y el CENPEC lanzó su primer producto: el Premio a la Educación y la Participación, en el que también intervenía UNICEF. Esta distinción aspiraba a alentar el trabajo de las organizaciones comunitarias que tenían a su cargo programas educativos para complementar la enseñanza básica en las escuelas públicas. En este concurso, de alcance nacional y celebrado cada dos años, las OSC presentaban proyectos; y el mejor obtenía financiamiento y apoyo técnico para su implementación y seguimiento. El éxito del proyecto llevó a su reedición en 1997, 1999 y 2001; así como a su expansión, mediante una serie de actividades complementarias.

En forma paralela a la evolución exitosa de la colaboración, el contexto en el cual operaba la empresa cambió sustancialmente. Al igual que en el caso de Bimbo, la década de 1990 vino acompañada de un aumento de la intensidad competitiva. En 1992-1993, el sector financiero brasileño sufrió un severo proceso de ajuste que alcanzó su punto máximo en 1994, con la implementación del Plan Real de estabilización. Este proceso incluyó la consolidación del sector a través de una serie de fusiones y adquisiciones, que redujo de manera drástica la cantidad de actores de peso en esa industria, así como la privatización de bancos públicos y el ingreso de bancos extranjeros en el mercado financiero local. Estos cambios produjeron un entorno de alta competitividad, donde la calidad del servicio dejó de ser un factor de diferenciación.

Para enfrentar la nueva competencia, los protagonistas principales intentaron desarrollar aspectos simbólicos, relacionados con su imagen de marca, como ventajas competitivas.

En agosto de 2002, Antonio Jacinto Matias, vicepresidente de Itaú a cargo del Programa Social Itaú y del área de *Marketing* del banco, leyó con estupor un informe sobre las actividades sociales de la competencia. El artículo se titulaba "Con un ojo en la competencia" ("De Olho na Concorrência") y describía los programas sociales desarrollados, entre 1999 y 2002, por bancos importantes que operaban en Brasil; entre ellos, Bradesco, Unibanco, Amro Bank, Banco do Brasil, Santander/Banespa y BankBoston. Matias se quedó impresionado con la intensidad de estos programas sociales y también con el hecho de que todas esas instituciones no hubieran vacilado en utilizar sus inversiones sociales como instrumentos competitivos, dándoles un alto perfil en sus comunicaciones externas. Desde ese momento, comenzó a evaluar si no habría llegado el momento de que Itaú capitalizara el éxito del premio en apoyo de la estrategia del banco. El éxito del premio y la evolución del contexto competitivo pusieron en el centro del debate el principio establecido por la dirección del banco, según el cual las inversiones sociales no debían mezclarse con el *marketing* institucional. "Me pregunté: ¿y si acaso la responsabilidad social del banco pasase por hacer públicas sus iniciativas, de modo de estimular una mayor movilización por parte de otros actores sociales?", comenta Matias.

El año anterior, la firma consultora británica Interbrand había realizado una encuesta para evaluar la marca del banco, y había concluido que era una de las más valiosas en la economía brasileña. La encuesta reveló que la marca del banco constituía uno de sus principales activos, por lo que la alta gerencia había comenzado a manejarla, conscientemente, como un intangible de alto valor. Motivados por estos datos, algunos gerentes llevaron a cabo una encuesta informal entre los empleados del banco, para recoger sus opiniones con respecto a las actividades sociales de la institución. Los resultados sorprendieron a varios altos ejecutivos, puesto que la información recolectada se contradecía con algunas de las premisas básicas establecidas por el banco para sus inversiones sociales.

La encuesta demostró que: 1) los funcionarios sólo tenían un conocimiento básico de los programas educativos y culturales del banco, que habían representado inversiones considerables en años recientes; 2) la divulgación de las iniciativas sociales del banco era casi nula; 3) las actividades sociales del banco se comunicaban de manera ineficaz y deficiente, al margen de las relaciones interpersonales y, más importante; 4) los empleados no se oponían a que estas acciones se divulgaran a los grupos de interés externos. Por el contrario, *deseaban* que estas acciones se hicieran públicas porque, de hecho, se sentían orgullosos del banco por su participación en estas iniciativas.

El área de *Marketing* del banco llegó a la conclusión de que elevar el perfil de la alianza con el CENPEC fortalecería la marca del banco y se convertiría en una ventaja competitiva para enfrentar a sus difíciles competidores. De hecho, incluso con la política de perfil bajo existente, casi el 15% del valor de la marca era consecuencia de los exitosos proyectos de asistencia social del banco, entre los cuales se destacaba la alianza con el CENPEC. Como señaló el superintendente de *Marketing* de la alianza, Oriovaldo Tumoli, "un requisito para triunfar en esta área es que, en cualquier punto de contacto con el consumidor, el banco debe mostrar la misma cara, transmitir el mismo mensaje, el mismo ADN, independientemente del segmento del negocio y de la localidad. Un mensaje sólido y consistente debe ser percibido de la misma forma por todos los clientes, actuales y potenciales".

A la fecha de publicación de este libro, el banco no había hecho ningún cambio radical. Cabe preguntarse: si la competencia lo hace, si el mercado lo aprueba, si los grupos de interés internos lo desean... *¿por qué no hacerlo?* La respuesta es que, además de ir en contra de los valores de los Setúbal, parte de su gerencia teme que dicho giro pueda afectar la credibilidad que el banco construyó con tanto esfuerzo y perjudicar su marca. Asimismo, la decisión podría disgustar a su socio, el CENPEC, que se opone a que el banco utilice la colaboración como un instrumento competitivo. Itaú ha adoptado la política de alinear en forma gradual sus inversiones sociales con sus esfuerzos de *marketing* institucional, desdibujando progresivamente la línea divisoria entre ambas áreas.

Puntos clave

Por las razones expuestas en este capítulo, es claro que resulta importante, para quien considere establecer una colaboración intersectorial, dedicar algún tiempo a pensar en el alineamiento de la colaboración, antes y durante la vigencia de la relación. Las preguntas que siguen buscan contribuir a ese análisis, orientando la reflexión.

Idealmente, en el momento de iniciar el diálogo, cada uno de los potenciales socios debería haber realizado un análisis introspectivo, ya que el autoconocimiento facilitará mucho la construcción del alineamiento. Sin embargo, como indicamos en el capítulo, esta reflexión es un proceso continuo e iterativo, que debe seguir mientras dure la colaboración. Será útil regresar periódicamente a estas preguntas, tanto individual como colectivamente, para explorar las posibilidades de incrementar la amplitud o la profundidad del alineamiento.

Como la mayoría de las colaboraciones en nuestra muestra se desarrollaron inicialmente en torno a los valores de las partes, éstos podrían constituir un buen punto de partida. ¿Qué valores son fundamentales para la propia organización? Como mecanismo de prevención, siempre resultará beneficioso sondear las posibles inconsistencias entre los valores declarados y los valores reales. ¿Son ésos los valores que guían los procesos de las decisiones diarias? ¿Son compartidos por los recursos humanos de la organización?

Una vez que se han identificado los valores organizacionales, el próximo paso consiste en detectar los vínculos entre el entorno social y esos valores. Para la empresa privada, las preguntas serán: ¿Cuál es la dimensión que esos valores tienen fuera del ámbito de mi organización? ¿Qué problemáticas sociales los involucran directamente? ¿Qué organizaciones del tercer sector trabajan con esas problemáticas? Para la OSC, será interesante explorar qué empresas están comprometidas con ese conjunto de valores. ¿Qué empresas se han comprometido públicamente con los valores convergentes, con los que dan vida a la propia OSC? ¿Cuáles de ellas han venido trabajando por esa causa en el pasado reciente? ¿Quiénes son los individuos que están profundamente comprometidos con esos valores y pueden ocupar posiciones clave en empresas con valores compatibles?

La estrategia fue la segunda dimensión que la mayoría de las organizaciones en la muestra logró alinear en sus colaboraciones. Aquí, las preguntas clave son: ¿qué cuellos de botella frenan el desempeño de mi organización? ¿Cómo puede una colaboración intersectorial contribuir para superarlos? En particular, resulta útil considerar las tres dimensiones en las cuales la colaboración puede contactar con una estrategia: a través de una conexión más estrecha con los recursos humanos, con los clientes o seguidores, o sirviendo a las necesidades de posicionamiento de la marca o de un producto. También resultará importante analizar la conexión entre las dimensiones valorativa y estratégica. Si efectivamente la colaboración soluciona un problema de estrategia, ¿cuán bien encajaría dicha solución con los valores de la organización?

Por último, será necesario explorar el alineamiento entre las misiones de los socios. ¿Qué organizaciones del "otro" sector tienen una misión convergente con la propia? Si no es convergente, deberá explorarse la complementariedad: ¿pueden nuestras misiones reforzarse mutuamente?

Además de explorar la potencial extensión del alineamiento, también será útil preguntarse sobre su profundidad. Como explicamos anteriormente, no existen parámetros objetivos para medir el abanico de intensidades posibles. Una herramienta sustituta y útil será confeccionar listas de incompatibilidades en cada una de las dimensiones clave.

La extensión de esa lista nos hablará, en sentido inverso, de la profundidad del alineamiento. Mientras que una lista corta nos hablará de una conexión profunda y congruente, una larga nos indicará una conexión tangencial o inexistente.

Notas

1. Austin 2003a: 95.

2. Cunningham; Minette, Drumwright y Berger 2000: 15.

3. Sharp Paine 2003.

4. *Ver* el subtítulo "Individuos" (p. 61) del capítulo 2.

5. Como veremos más adelante, finalmente, la colaboración también desarrolló una intensa conexión con los valores de ambos socios, como resultado de una revisión, por parte de AUSOL, de sus valores organizacionales.

6. Honold y Silverman acuñaron la expresión *ADN organizacional* para referirse a la identidad básica de las organizaciones, que debe ser consistente con las prácticas diarias con el fin de alcanzar su potencial de eficacia. En nuestro trabajo, hemos utilizado la expresión en su dimensión conceptual: "sistemas de creencias... y marcos de referencia que a menudo proporcionan justificación y orientación a nuestra vida y nuestro trabajo" (Honold y Silverman 2002: xii).

7. "Lo social paga", presentación de Rubén Darío Lizarralde, presidente de Indupalma. Bogotá, 11 de marzo, 2003.

8. Porter y Kramer 2002.

9. Abrahams 1995: 40.

10. Las colaboraciones entre HEB y el BAM, y entre *La Nación* y la Red Solidaria, a pesar de su alineamiento medio, comparten algunas de las características de este grupo. Analizaremos estos casos específicos cuando exploremos la relación entre el alineamiento y la generación de valor, en el próximo capítulo.

11. Austin y Reficco 2002; Austin y Reavis 2002.

12. *Ver* p. 13.

13. En 2002, las materias primas para la línea de productos Ekos provenían de los estados brasileños de Amazonas, Amapá, Pará, Rondônia, Piauí, Minas Gerais, Bahia, São Paulo, Paraná y Rio Grande do Sul. Para ilustrar el nivel de aislamiento de estos grupos, cabe mencionar que en 2002 se descubrió un nuevo grupo indígena. Éste no había tenido ningún contacto con el mundo exterior y nadie nunca lo había oído mencionar (Nossa 2002).

14. Austin y Reficco 2002.

15. Esta alianza se analiza en Austin y Reavis 2002.

16. "Las compañías con marcas fuertes (lo que a veces se denomina 'capital de marca') pueden vender los mismos productos que la competencia por más dinero. Starbucks es uno de esos casos: puede vender una taza de café de US$5 porque sus clientes están comprando también la experiencia Starbucks, la marca Starbucks" (Saffer 2003).

17. Grupo Danone 2003.

18. *Ver* el subtítulo "Las organizaciones de la sociedad civil que apoyan a las marcas y a la estrategia social de Danone" (p. 331), en el capítulo 11.

19. La conexión entre individuos también es importante en otro aspecto: si no hay una "química personal", las comunicaciones son más difíciles y las colaboraciones reciben muy poca información. Analizaremos este punto cuando abordemos la gestión de las alianzas.

20. Espinosa 2002.

21. *Ver* el subtítulo "Individuos" (p. 61) del capítulo 2 del estudio.

22. Una descripción detallada de esta alianza, su evolución e impacto, figura en Roitter 2003.

23. "La colaboración intersectorial también puede apuntar a fortalecer la organización interna de la empresa" (Austin 2003b: 35; nuestra traducción).

24. A comienzos de la década, Unilever adquirió Gamesa, una empresa líder en el mercado de las galletas saladas que, combinada con su subsidiaria Sabritas, se convirtió en una importante participante en la industria. Sin embargo, la competencia no era directa, ya que ambas compañías lideraban distintos sectores del mercado. El liderazgo de Bimbo se concentraba en el mercado de las galletitas dulces, con un 90% de participación. En cambio, Sabritas era líder de mercado en galletas saladas, con un 80% de participación. Bimbo no tenía una presencia significativa en la industria de las galletas saladas (apenas un 15% de participación de mercado) (Bouleau 1990: 26).

25. S/A 1997: 14.

26. S/A 1999: 28.

27. *Ver* p. 99.

Bibliografía

Abrahams, James (1995). *The Mission Statement Book: 301 Corporate Mission Statements from America's top Companies*. Berkeley, California: Ten Speed Press.

Austin, James E. (2003a). *El desafío de la colaboración: cómo las organizaciones sin fines de lucro y las empresas comerciales alcanzan el éxito mediante alianzas estratégicas*. Buenos Aires, Argentina: Granica.

_____. (2003b). "Marketing's Role in Cross-Sector Collaboration", en *Journal of Nonprofit and Public Sector Marketing*, vol. 11, N° 1. EE.UU. – Canadá: The Haworth Press, Inc., primavera, pp. 23-39.

_____, y Cate Reavis (2002). "Starbucks and Conservation International", Caso HBS N° 9-303-055. Boston: Harvard Business School Publishing.

_____, y Ezequiel A. Reficco (2002). "Forest Stewardship Council", Caso HBS N° 9-303-047. Boston: Harvard Business School Publishing.

Bouleau, Cecilia (1990). "Unilever, Pepsi invest in Mexico", en *Advertising Age*. Nueva York, NY: 19 de noviembre, p. 26.

Cunningham, Peggy; H. Minette, E. Drumwright e Ida E. Berger (2000). *Social Alliances: Company/Nonprofit Collaboration*. Cambridge, Mass.: Marketing Science Institute.

Espinosa, Alberto (2002). Informe presentado en el "Primer Encuentro Universidad-Colegios: un espacio de reflexión sobre la educación", Universidad de Rosario. Disponible en www.urosario.edu.co/lau/planeacion/encuentro01.htm (cita del 1 de noviembre).

Grupo Danone (2003). *Social Responsibility and Environment*. Disponible en http://www.danonegroup.com/Social_Responsibility/ (cita del 23 de junio).

Honold, Linda y Robert J. Silverman (2002). *Organizational DNA: Diagnosing your Organization for Increased Effectiveness*. Palo Alto, CA: Davies-Black Pub.

Nossa, Leonêncio (2002). "Os últimos povos desconhecidos da Amazônia brasileira", en *O Estado de São Paulo*. São Paulo: 24 de noviembre.

Porter, Michael E. y Mark R. Kramer (2002). "La ventaja competitiva de la filantropía corporativa", en Harvard Business Review América Latina, vol. 80, N° 12. Harvard Business School Press, diciembre, pp. 48-62.

Roitter, Mario (2003). "Developing Allies and Alliances: Autopistas del Sol and SES Foundation", Caso SEKN N° SKE001. Boston: Harvard Business School Publishing.

Saffer, Dan (2003). *Building Brand into Structure*. Disponible en http://www.boxesandarrows.com/archives/building_brand_into_structure.php (cita del 23 de marzo).

Sharp Paine, Lynn (2003). *Value shift: why companies must merge social and financial imperatives to achieve superior performance*. Nueva York: McGraw-Hill.

Sin autor-S/A (1999). "Magic Pan", en *Snack Food & Wholesale Bakery*, vol. 88, N° 5. Deerfield, IL: mayo, p. 28.

Sin autor-S/A (1997). "Gruma to Compete with Bimbo in Mexico's Bread Market", en *Milling & Baking News*, vol. 76, N° 31. Kansas: Sosland Publishing Co., 30 de septiembre, p. 14.

4

La generación de valor

J. Austin, E. Reficco y el equipo de investigación SEKN

Como ocurre en las relaciones humanas, mantenemos y profundizamos una relación cuando nos gratifica, en distintas dimensiones y de diferentes maneras. La generación de valor es el estímulo que mantiene a las organizaciones activas y comprometidas en una colaboración. Si un esquema intersectorial deja de enriquecer a un socio, pronto caerá en un olvido benévolo, prólogo de su fin. Dado que el sentido último de toda colaboración es generar valor para las partes, nuestro análisis debe comenzar por revisar los factores que condicionan su creación. ¿Qué colaboraciones son aquéllas que consiguen generar mayor valor a sus integrantes?

Como mencionamos en el capítulo inicial, investigaciones previas revelaron que las colaboraciones entre empresas y OSC pueden ser ubicadas conceptualmente a lo largo del *continuo de colaboración* que se presentó en el primer capítulo, en cualquiera de sus tres etapas: filantrópica, transaccional e integrativa[1]. Estas etapas se caracterizan por el hecho de que cada una posee una mayor capacidad de generación de valor que la precedente; las organizaciones sólo recorren este camino a medida que descubren que el hacerlo les genera mayores beneficios.

Las etapas en el *continuo de colaboración* pueden resultar útiles para estructurar el análisis de este capítulo. En vista de la naturaleza subjetiva del valor, es imposible que los observadores externos midan su magnitud, ya que ésta se determina exclusivamente por las preferencias, las expectativas y el contexto de los socios. Como no se puede medir el valor en sí, podemos recurrir a la etapa de desarrollo en el *continuo* alcanzado por las colaboraciones, como una variable sustituta para estimarlo. Se puede asumir que las colaboraciones tendrán un mayor potencial de generación de valor cuanto más hayan avanzado en el *continuo*.

En este punto es importante recordar que las etapas en el *continuo de colaboración* no son categorías autónomas o herméticas, ni representan modelos de relación incompatibles o autoexcluyentes. De hecho, estas categorías describen etapas a lo largo de un espectro fluido y dinámico, que pretenden proporcionar claridad conceptual a estudiosos y profesionales. Si bien las tres fases del *continuo* constituyen un elemento válido para reflexionar sobre los diferentes requerimientos y las cualidades distintivas de colaboraciones particulares, es importante tener en cuenta que, en el mundo real, las colaboraciones se clasificarán con frecuencia como híbridos, que no encajarán con exactitud en una única categoría.

El resto de esta sección explora los dos factores que condicionan el proceso de generación de valor: el nivel de alineamiento y las fuentes de generación de valor.

El alineamiento como generador de valor

En este análisis sugerimos una relación positiva entre el nivel de alineamiento y el potencial de generación de valor de las colaboraciones: a mayor alineamiento entre las misiones, los valores y las estrategias de las partes, mayor valor generará la colaboración. Como explicaremos más adelante, las colaboraciones con un alto nivel de alineamiento son capaces de generar un valor "a la medida" de las necesidades de los socios. Asimismo, el valor generado por estas colaboraciones será más difícil de imitar, puesto que resultará de las características únicas y distintivas de las organizaciones involucradas.

Colaboraciones filantrópicas

La filantropía, motivada principalmente por el altruismo, históricamente ha sido la norma predominante en las colaboraciones entre empresas y OSC. Incluso en este tipo de colaboración, que se caracteriza por generar básicamente valor social, los beneficios obtenidos por los socios estarán en estrecha relación con su nivel de alineamiento. Como Michael Porter y Mark Kramer señalan en un artículo reciente, "mientras más estrechamente esté enlazada la filantropía corporativa con la estrategia exclusiva de una compañía –aumentar habilidades, tecnología o infraestructura de especial interés para la empresa, o expandir la demanda en un segmento en que la compañía es más fuerte–, más altos serán los beneficios que obtenga la empresa de la mejoría del contexto"[2].

Como veremos más adelante en el cuadro 5, en los casos de la muestra, las colaboraciones filantrópicas tendieron a caracterizarse por un alineamiento estrecho, con una conexión en una sola dimensión. Por tanto, el potencial de generación de valor de esas relaciones se limitó, en principio, a esa única dimensión. En el capítulo previo explicamos cómo esta situación es susceptible de ser modificada, en la medida en que las partes profundizan su conocimiento mutuo y toman conciencia de que pueden alinear más dimensiones organizacionales con la colaboración.

Cuando el alineamiento se incrementa, crece el potencial de generación de valor. Un ejemplo de una colaboración filantrópica tradicional fue el Programa de Apadrinamiento de Escuelas lanzado en Nicaragua en 1999, como resultado de un acuerdo entre el Comité de Educación de la Cámara de Comercio Americana de Nicaragua (AMCHAM, por sus iniciales en inglés) y el Ministerio de Educación, Cultura y Deportes (MECD). Los miembros de AMCHAM convinieron en trabajar con los directores de escuelas primarias, bajo la supervisión del MECD, para identificar las necesidades más urgentes de éstas y procurarles donaciones en efectivo o en especie.

La muestra también incluyó algunos casos de filantropía de alto impacto o filantropía estratégica, la cual tiende a desarrollarse en torno a una conexión más profunda que la filantropía tradicional. Un ejemplo de este tipo de colaboración es el Programa Pro-Concejos (Pró-Conselho) emprendido, en 2001, en forma conjunta, por el Instituto Celular Telemig y los llamados Grupos de Apoyo Voluntario, compuestos por varias OSC del estado de Minas Gerais, en el sureste de Brasil. El propósito de esta alianza era crear y fortalecer dos instituciones municipales: los Concejos Tutelares y los Concejos Municipales de los Derechos de los Niños y los Adolescentes, cuyas respectivas funciones eran garantizar la aplicación de las leyes de derechos infantiles y diseñar políticas públicas con ese fin. El Instituto Celular Telemig era la división social de Telemig Celular, una compañía de teléfonos celulares que operaba en Minas Gerais. Esta empresa había adoptado el concepto de "capilaridad" como su principio rector, que se basaba en desarrollar un vínculo sólido y duradero con sus clientes en cualquier punto del estado en que se encontraran. Su política social reforzaba su estrategia, al contribuir con ese objetivo.

En el capítulo previo observamos que una conexión estrecha entre dos organizaciones puede ser compensada con su profundidad; tal es el caso de la colaboración entre Empresas Ariztía (EA) de Chile y la Corporación Municipal de Melipilla (CMM). El filántropo Manuel Ariztía, presidente y propietario de su empresa, se comprometió activamente con la CMM desde su creación en 1981; su liderazgo y habilidades administrativas contribuyeron decisivamente en el proceso que llevó a que la gestión administrativa de la educación de Melipilla se ubicara entre las mejores del país. A la fecha de concluirse este estudio, la colaboración llevaba más de 20 años y seguía siendo vigorosa y dinámica. Lo que mantuvo a ambos socios estrechamente unidos fue el fuerte compromiso de Ariztía con la educación pública en Melipilla.

Sin embargo, aun cuando exista un compromiso profundo, un alineamiento estrecho condiciona la capacidad de una colaboración de generar valor para las organizaciones. A lo largo de dos décadas, Ariztía se esforzó por ampliar la relación con la CMM tratando de integrar en ella a sus gerentes, al comunicar en forma clara y precisa que existía una misión compartida entre EA y la CMM para mejorar la educación de Melipilla. Sin embargo, sus esfuerzos parecen haber tenido resultados poco alentadores. La gerencia de la empresa pareciera ser relativamente escéptica con respecto a la colaboración con la CMM, a la que ven como una iniciativa personal del propietario de la empresa. A pesar de que la misión de la empresa sea definida de modo que incluya la promoción de la educación, la falta de convergencia objetiva entre esa actividad y la producción industrial de alimentos condiciona el desarrollo de la colaboración y limita el alineamiento estratégico.

Colaboraciones transaccionales

Las colaboraciones en esta etapa se caracterizan por su enfoque en actividades específicas, en las que cada socio genera valor para el otro. Como lo muestra el cuadro 5, el alineamiento en este grupo suele ser medio[3]; es decir, una conexión de dos dimensiones organizacionales, por lo general, los valores y las estrategias de los socios. Cuando una colaboración adquiere importancia estratégica, los socios tienen fuertes incentivos para profundizar su compromiso y asignar mayores recursos.

Este fenómeno se vio con claridad en los casos estudiados, cuando analizamos el alineamiento dinámico[4]; por ejemplo, la colaboración entre el Grupo Bimbo –una empresa alimentaria mexicana– y el Papalote Museo del Niño. Este esquema se inició como un esfuerzo filantrópico, del que la empresa obtenía retribución emocional (el llamado efecto *feelgood*), buena voluntad y presencia de marca, sin ninguna dimensión estratégica. Sin embargo, durante la evolución de la colaboración, presiones competitivas llevaron a la empresa a descubrir nuevas dimensiones para ella, alineándola con su estrategia competitiva. Desde entonces, el valor que la empresa obtuvo de su interacción aumentó considerablemente, así como su nivel de compromiso en la relación y los recursos invertidos en ella[5].

Colaboraciones integrativas

Sólo llegaron a esta etapa aquellas colaboraciones estructuradas a partir de un alto nivel de alineamiento (alineamiento medio-profundo y alineamiento amplio-profundo). En ellas, los incentivos para generar más valor para las empresas fueron lo suficientemente fuertes como para desdibujar las fronteras organizacionales en las actividades conjuntas de los socios. Si bien cada socio mantuvo una identidad diferenciada, el compromiso y la intimidad alcanzados en estas relaciones fueron tan fuertes que usualmente dejaron marcas indelebles en sus participantes. Las empresas que participaron en ellas son organizaciones *con alma*, que generan pasión y motivan a sus integrantes. Lejos de ser una carga en su presupuesto, la actuación social reforzó su actividad principal (*core business*), al tiempo que generó valor para su socio y para la comunidad. A la vez, las OSC que consiguieron integrarse en estas colaboraciones ganaron solidez y sostenibilidad.

También aquí, el nivel del alineamiento impactó en la capacidad que tiene una colaboración para generar valor. Ello puede advertirse, con claridad, al contrastar las experiencias de Meals de Colombia (Meals), con las de *La Nación* y HEB. En 1994, el Foro de Presidentes de la Cámara de Comercio de Colombia lanzó su iniciativa Líderes Siglo XXI (Líderes), en la que las empresas trabajarían junto con las escuelas para adaptar las técnicas de calidad total a los desafíos de la gestión de las instituciones educativas. Desde el principio, Meals, una empresa comercializadora de alimentos congelados, se convirtió en uno de los promotores más entusiastas del proyecto. Como vimos en el capítulo previo, aquella empresa ingresó en esta iniciativa únicamente con ánimo filantrópico, dejando de lado las implicaciones utilitarias para su estrategia. Sin embargo, al poco tiempo, Meals empezó a percibir beneficios inesperados en términos de notoriedad, prestigio y gestión de recursos humanos[6]. Este flujo de valor indujo a la compañía a intensificar sustancialmente su compromiso con la iniciativa; por ejemplo, contrató a un especialista en temas educativos y de calidad total para que trabajara para Líderes[7]. El descubrimiento de esta dimensión estratégica pronto se reflejó en cambios en el organigrama corporativo, en el que se incorporó a Líderes como una área del departamento de Recursos Humanos, con su propio presupuesto.

Si bien los protagonistas no vacilan en describir la experiencia como exitosa, en el momento de la finalización de nuestro estudio, el valor que la compañía había obtenido de su participación en Líderes parecía haber alcanzado su nivel máximo. ¿Por qué no intensificar el compromiso y alinear la colaboración con su estrategia comercial, a fin de avanzar más a lo largo del *continuo de colaboración* y generar más valor? La respuesta está relacionada con la concordancia de las misiones de los socios: son compatibles pero no convergentes; es decir, ambas misiones pueden coexistir con comodidad en una colaboración, siempre y cuando permanezcan a una cierta distancia prudencial. Como los niños están incluidos en la población objetivo de Meals, podría pensarse que una colaboración con las escuelas podría facilitarle la conexión con su mercado. Sin embargo, el acceso a las escuelas es una área delicada que requiere un manejo cuidadoso. No es difícil imaginar que si Meals intentase alinear la colaboración directamente con su estrategia comercial y su actividad principal (*core business*) (algo que nunca se planteó), ello podría ser cuestionado éticamente por algunos accionistas, generar reacciones negativas y dañar los intereses de la empresa.

A diferencia del caso Ariztía, Meals consiguió darle una dimensión estratégica a una colaboración que había nacido como una iniciativa filantrópica, basada en una intensa conexión de valores. Sin embargo, aquí también las características objetivas de las misiones de los socios condicionaron el nivel de alineamiento de la relación y, por ende, su capacidad para generar valor. Las colaboraciones desarrolladas por *La Nación* y Supermercados H-E-B (HEB) con sus respectivas OSC muestran un panorama opuesto: ambas empresas *escogieron* evitar un alineamiento total, pese a que la convergencia objetiva en sus misiones lo facilitaba.

Como ya mencionamos, el periódico argentino *La Nación* entabló una alianza con la Red Solidaria (RS) para conectar a individuos o grupos con necesidades específicas con aquellos capaces de proveer la ayuda necesaria. Uno de los productos resultantes de la colaboración fueron los "Clasificados solidarios", una sección regular en el periódico que publicaba necesidades sociales insatisfechas. Aunque la compañía intentó mantener la colaboración separada de su actividad comercial, la comunión objetiva entre las misiones de ambas organizaciones impulsó la colaboración hacia la integración. Como explicó un periodista del periódico, "la RS es el mejor socio que podemos tener porque nuestras misiones son similares". La colaboración involucró directamente al personal responsable de la actividad principal de ambas organizaciones: el personal de la RS y los redactores de varias secciones (información general, clasificados, revista dominical) de *La Nación*. A cualquier observador casual le habría resultado difícil diferenciar entre el manejo de las noticias relacionadas con la actividad principal de *La Nación* y aquéllas asociadas con la sección de solidaridad. Los editores del periódico admitían que la dinámica de trabajo de los avisos "Clasificados solidarios" convertía la colaboración en algo bastante especial: "Nuestra relación con la RS es más intensa porque es un compromiso cotidiano".

De modo similar, la colaboración entre HEB y el Banco de Alimentos de Monterrey (BAM) implicaba una fuerte dimensión estratégica para ambos y sus misiones eran convergentes. El personal de las dos organizaciones interactuaba a diario en actividades de la colaboración. Por ejemplo, los empleados del BAM supervisaban y daban parte, regularmente, de las operaciones en las tiendas HEB y, de este modo, desempeñaban tareas que pertenecían a las funciones internas de la compañía.

Al igual que en el caso anterior, cualquier observador externo habría tenido dificultades para distinguir entre las operaciones relacionadas con los productos utilizados para el negocio principal de HEB y aquellos destinados a los bancos de alimentos. Cada uno de los socios es parte integral de la cadena de operaciones del otro.

Ambas compañías decidieron separar las colaboraciones del área de su actividad principal (*core business*) a causa de un juicio de valor, pero no existía una frontera objetiva que demandara dicha separación. Si lo decidiera, *La Nación* podría considerar a los "Clasificados solidarios" como un producto más, en la línea de su actividad principal; es decir, podría verlos como una fuente de generación de valor económico y social. Tampoco cuesta trabajo imaginar que los alimentos dañados o los excedentes se destinen a los bancos de alimentos como parte del negocio de HEB, como hacen sus competidores. En ambas instancias, sin embargo, las motivaciones altruistas de los dueños de las empresas los indujeron a no buscar una integración total con sus estrategias comerciales.

La movilización de recursos para la generación de valor

El segundo factor que determina la magnitud de valor que una colaboración puede generar es su fuente. El valor generado en las colaboraciones puede provenir de la transferencia de *recursos genéricos* o de *recursos clave,* o de la generación conjunta de valor a través del *uso combinado de recursos clave.* En un nivel dado de alineamiento, el uso de una u otra clase de recursos ejercerá un impacto significativo en la capacidad de la colaboración para generar valor.

Los recursos genéricos son bienes fungibles y, por lo general, consisten en bienes o servicios no diferenciados, *commodities.* Toda empresa u OSC posee estos activos. En las alianzas intersectoriales, estos recursos suelen movilizarse a través de donaciones, ya sea de efectivo, en especie o de servicios profesionales que no tienen relación directa con la actividad principal de la empresa, tales como contadores o abogados de compañías industriales. Los recursos clave son competencias centrales, habilidades o activos organizacionales específicos, vinculados al ramo principal del negocio de la institución. Pueden ser tangibles, como el equipamiento de alta tecnología, o intangibles, tales como servicios y habilidades altamente especializados, conocimiento, acceso a redes formales e informales, contactos con los gobiernos, contactos con los medios de comunicación, credibilidad en un campo determinado y otros.

En términos generales, los recursos genéricos actúan como facilitadores: remueven los obstáculos y despejan el camino. En cambio, los recursos clave son palancas con potencial para generar un crecimiento exponencial o impactar en el socio de un modo indeleble. Por ello, en igualdad de condiciones, las colaboraciones en las que se utilicen recursos clave generarán más valor, tanto para las partes como para la comunidad. En cuanto a los recursos genéricos, su importancia es incuestionable. Las escuelas necesitan borradores y carpetas; los barrios de bajos ingresos necesitan redes de agua y desagüe. Y todas las organizaciones, ya sean sociales o privadas, necesitan recursos financieros para funcionar. Sin embargo, la generación de valor a partir de los recursos genéricos tiene dos limitaciones. En primer lugar, estos bienes son más vulnerables a cambios en el entorno: las donaciones suelen ser lo primero que se recorta en épocas difíciles (este punto se analizará en profundidad cuando abordemos la renovación de valor). En segundo lugar, las donaciones tienen un tope: están limitadas a los presupuestos de los donantes. Cuando se acaba el último centavo, no hay más posibilidades de colaborar.

Cuando las colaboraciones intersectoriales generan valor a partir de recursos clave, más allá del dinero, los límites son más flexibles: se toleran mejor los malos tiempos económicos y el valor generado es fácilmente reproducible. Aunque escasee el dinero, las competencias clave de la compañía aún estarán allí. Manuel Ariztía lideró la transformación de Melipilla, tanto en tiempos de bonanza como en tiempos de escasez. Cuando se lo invitó a participar en la Corporación Municipal de Melipilla (CMM), su compañía atravesaba grandes dificultades financieras; él recuerda: "No tenía ni un centavo en mi bolsillo". Sabía que no podía donar dinero, pero también tenía claro que su experiencia administrativa podría generar un alto impacto en la educación pública local. En el programa Líderes Siglo XXI (Líderes), Meals de Colombia documentó las experiencias y el aprendizaje generado por los participantes, en sus esfuerzos por adaptar los modelos de calidad total a la gestión educativa. Ese capital intelectual fue depurado y luego publicado en una serie de folletos que se entregan a los nuevos participantes del programa, lo que acelera su curva de aprendizaje. La principal contribución de las compañías en Líderes no fue dinero, sino el tiempo y los conocimientos de sus recursos humanos.

Un lector escéptico podría pensar que el dinero es un recurso genérico, y que con la cantidad suficiente se podría generar todo el impacto que se desee. En cierta forma, ello es verdad, pues la división entre ambas categorías no es absoluta[8]. No obstante, prestar atención a la fuente de generación de valor es útil, porque ayuda a comprender un hecho importante: no todo puede comprarse con dinero. En general, las competencias organizacionales centrales no están en venta. Además, es poco probable que los donantes estén dispuestos a proporcionar el dinero suficiente, durante el tiempo necesario, para generar un impacto estratégico. En la práctica, las donaciones de recursos genéricos tienden a ser estrictamente tácticas y solamente apuntan a llenar las brechas organizacionales. Los recursos clave, en cambio, suelen tener un impacto estratégico y transformador, por lo que su uso resulta más atractivo en términos de costo/beneficio para la organización que los posee. Por último, en la medida que los recursos clave son instrumentos de diferenciación, cuando una organización los involucra en una colaboración, generan un valor difícil de imitar.

Una rápida revisión de un ejemplo recién citado demuestra estos puntos. En su alianza con *La Nación*, la Red Solidaria (RS) se aseguró un espacio publicitario para publicar regularmente sus avisos solidarios en el nivel nacional, a cambio de proveer a *La Nación* un flujo estable de experiencias de vida, interesantes desde el punto de vista periodístico y valiosas desde la perspectiva social. ¿Cuánto dinero debería haber donado *La Nación* a la RS para generar el mismo valor en términos de notoriedad pública? ¿Cuánto dinero habría necesitado la RS para suscitar un cambio cultural similar en la sociedad argentina, de no haberse asociado con *La Nación*? Es muy probable que la cifra sea muy superior a lo que cualquier presupuesto de filantropía hubiese podido financiar. Cualquiera puede extender un cheque, pero sólo una organización con el prestigio, credibilidad y canales de distribución de *La Nación* puede contribuir a un cambio cultural en favor de la solidaridad.

Asimismo, el impacto de los recursos clave tiende a ser más duradero y sostenible. Las ventanas se pueden volver a romper y los bancos escolares pueden necesitar otra mano de pintura, pero la notoriedad pública alcanzada por la RS y el cambio cultural que ambos socios activaron, sin duda, perdurará por más tiempo. Consideremos ahora la Posada Amazonas, el resultado de la ya mencionada alianza entre la comunidad nativa peruana Ese'eja y la empresa de ecoturismo Rainforest Expeditions. Cuando finalice la colaboración en el año 2015, los miembros de la comunidad estarán provistos del conocimiento y de la experiencia necesarios para afrontar la gestión de un modelo de negocio probado, con buenos márgenes de rentabilidad e importantes beneficios sociales y medioambientales. En ese momento, ellos serán capaces de *elegir* si buscan otro socio privado o no, y no dependerán de la presencia de otra organización para proveer empleo a la comunidad.

La colaboración entre la compañía brasileña Natura y la escuela pública Matilde Maria Cremm (Matilde), revela la diferencia en el grado de sustentabilidad e impacto derivado de los recursos genéricos y de los recursos clave. En 1992, Natura tenía una típica colaboración filantrópica con la escuela próxima a su planta de Itapecerica da Serra. Sin embargo, como comentamos en el segundo capítulo[9], la gerencia de Natura no estaba satisfecha con esa situación y buscaba "establecer otra forma de relación", recuerda su presidente, Guilherme Leal. A través del diálogo, las partes cristalizaron una visión compartida, en la que Matilde buscaría transformarse en un agente de cambio en la comunidad que la rodeaba. Para enfrentar ese desafío convocaron al CENPEC, una OSC dedicada al fortalecimiento de la educación pública. La escuela estaba habituada a reproducir modelos, rígidos y burocráticos, que privilegiaban forma sobre contenido. Los otros socios ayudaron a Matilde en un proceso interno de búsqueda y reflexión, en el que involucraron a todos sus grupos de interés. Después de un arduo trabajo, los resultados se hicieron visibles. Matilde, una escuela localizada en las afueras de la capital estatal, se ubicó entre las cinco mejores del estado de São Paulo. Más interesante aún, el cambio generado por la colaboración fue permanente y sostenible. Las habilidades de gestión y las técnicas de autoevaluación adquiridas por Matilde quedaron impresas en su memoria institucional y serán reproducidas. En palabras de Leal, "abrimos un espacio para que las personas le diesen a la escuela una identidad propia, hicimos viable un movimiento que contribuyó a su autonomía". Para Irineu de Oliveira Cintra, coordinador Pedagógico de Matilde y responsable de la colaboración entre 1992 y 2001, "la colaboración con Natura nos enseñó, en muchos aspectos, a caminar con nuestros propios pies".

Por último, la tercera fuente de generación de valor involucra el uso combinado de cada uno de los recursos clave de las organizaciones. Cuando esto sucede, ambas partes crean un activo nuevo, que no existiría sin la presencia de la colaboración. En 1982, Esso Chile estableció una alianza con la Corporación de Ayuda al Niño Quemado (COANIQUEM), una OSC que proveía tratamiento médico gratuito a niños quemados. En 2001, ambas organizaciones lanzaron la campaña "Ayudar a Ayudar", para que Esso donara aproximadamente US$0,001 (cerca de un décimo de centavo) por cada dólar vendido en combustible en Chile. El prestigio asociado con la OSC contribuyó a alcanzar su objetivo: recaudar fondos, a la vez que se incrementaban las ventas de la empresa. Esso cubrió los gastos de promoción de la campaña pero, al mismo tiempo, COANIQUEM negoció tarifas de publicidad preferenciales para ambas organizaciones con los medios de comunicación. El mismo año, COANIQUEM comenzó a ofrecer la venta del seguro obligatorio para automóviles en la red de estaciones de servicio de Esso. Varias empresas proveían la cobertura del seguro, COANIQUEM cobraba una comisión y Esso se beneficiaba con un servicio adicional al cliente, una mayor notoriedad y un alto perfil, resultantes de su asociación con COANIQUEM. Cabe señalar que los fondos para estas actividades no provenían del presupuesto de Esso, sino del uso conjunto de los recursos clave de los socios.

La experiencia de Farmacias Ahumada S.A. (FASA) con la Fundación Las Rosas (FLR) es particularmente interesante, porque nunca atravesó una etapa filantrópica: los recursos que la OSC recibió provinieron exclusivamente de la generación conjunta de valor. El primer producto de la colaboración fue la campaña "su vuelto es remedio", de 1999, por la cual todos los cajeros de todas las farmacias de FASA, a lo largo de todo el territorio de Chile, preguntarían a sus clientes si estaban dispuestos a donar el vuelto a la FLR. Los socios acordaron que el 10% de lo que se recaudara se destinaría al *marketing* de la iniciativa y a su publicidad, con el propósito de aumentar la presencia de marca de la FLR y fortalecer la asociación entre ambas marcas en el público.

Al año siguiente, FASA instauró la política de dar premios monetarios a sus vendedores que lograran las más altas recaudaciones para la FLR, con el objetivo de estimular la generación de valor. Los premios de estímulo consistían en bonos de US$40, que serían entregados a los vendedores que recaudaran más fondos para la FLR. Para financiar esos premios, FASA deduciría US$2.000 de la donación mensual que recibía de los clientes. En la medida que los estímulos incrementaron la cifra absoluta que recibía la FLR, la iniciativa resultó en una situación gana-gana.

En 2001, el nuevo gerente de Recursos Humanos de FASA, Enrique Mendoza, descubrió que los mejores recaudadores de fondos para la FLR eran los empleados que más vendían en las farmacias. Al ver una oportunidad de potenciar la ayuda a la fundación, a la vez que estimulaba la productividad de sus empleados, decidió incorporar la recaudación en los criterios de evaluación de los supervisores. "Se sorprendieron mucho –recuerda Mendoza– porque estaban acostumbrados a que las evaluaciones midieran la cantidad de clientes atendidos, los comprobantes de venta promedio, la reducción de costos y la calidad del servicio, pero no su participación en las actividades sociales de la compañía".

Los incentivos a los empleados de FASA para que se esforzaran en trabajar más y mejor por la colaboración, no sólo los hizo mejores recaudadores, sino *también mejores vendedores*. La generación de valor a partir de recursos clave conjuntos hacía que, a medida que se profundizaba la cooperación, aumentara simultáneamente la recaudación de recursos para la OSC y las ventas para la empresa. El propio Mendoza no deja dudas al respecto. En una oportunidad, unos supervisores le comentaron que entre sus vendedores había quien no se sentía cómodo pidiendo una donación para la FLR. La respuesta de Mendoza fue firme: "Se pide contribución para la FLR no porque el empleado necesariamente se 'sienta bien' haciéndolo, sino *porque es importante para la compañía*".

Si bien el uso combinado de recursos clave resultó habitual en nuestra muestra de casos, lo que hace a esta experiencia tan particular es que, como comentamos anteriormente, la misma resultó su única fuente de valor. Desde un inicio quedó claro que FASA no donaría fondos; por ello, la FLR nunca esperó de su socio campañas del tipo "uno por uno", en las que la compañía iguala el valor donado por el público con fondos propios. Esta ausencia de espíritu filantrópico llevó a algunos observadores de la relación a afirmar que "no es FASA quien ayuda a la fundación, sino sus clientes". Sin embargo, esa visión no considera la dinámica de la generación de valor en este caso, en la cual ninguna parte "ayuda" a la otra sino que ambas combinan sus activos principales para generar nuevos recursos, los que beneficiarán a ambas. Como señala Felipe Morán, quien ha estado a cargo del manejo de la alianza por parte de la FLR desde sus inicios: "FASA es el canal; sin el canal no hay nada".

Esta sección concluye con el cuadro 5, que resume los resultados de nuestra muestra, según los conceptos desarrollados en las páginas anteriores. Los casos se clasificaron de acuerdo con su capacidad para generar valor, conforme a las etapas en el continuo de colaboración: filantrópica, transaccional e integrativa. La siguiente columna indica el nivel de alineamiento y la fuente de valor de cada colaboración. Como analizamos en el tercer capítulo, el alineamiento en las colaboraciones suele modificarse con el transcurso del tiempo. Este cuadro deja de lado esta dimensión dinámica y muestra el desarrollo máximo alcanzado por cada alianza. Sólo se incluyen referencias a la profundidad del alineamiento cuando el análisis cualitativo de los materiales recopilados reveló una conexión particularmente intensa. La fuente de valor que aparece en cada caso no es excluyente de ninguna de las otras. Cuando se especifica la transferencia de recursos clave en un caso dado, ello no implica que no hubo un uso esporádico de recursos genéricos. Por el contrario, el uso de recursos de categorías superiores (recursos clave), con frecuencia, implica el uso simultáneo de recursos de categorías inferiores (recursos genéricos).

El círculo virtuoso de la generación de valor

Varias de las colaboraciones de nuestra muestra tuvieron su origen en una relación filantrópica, consistente en donaciones desinteresadas y esporádicas por parte de una empresa, en la que el valor tendía a fluir en una sola dirección, con la OSC como receptor final de la relación. Sin embargo, en algunos casos, las OSC descubrieron que la clave para recibir más residía en equilibrar esos flujos y generar valor para las compañías. Al inicio del capítulo se mencionó que cuando Danone se contactó

Cuadro 5. Determinantes de valor en la muestra de casos

Magnitud de valor	Alineamiento	Recursos	Casos
Filantrópica Prevaleció el alineamiento estrecho. Los casos de filantropía tradicional involucraron sólo recursos genéricos. El resto fueron casos de filantropía de alto impacto, que involucraron una mayor profundidad de conexión y recursos clave.	Estrecho	Genéricos	AMCHAM
	Estrecho	Genéricos	Texaco – EJN
	Estrecho	Clave propios	LSXXI – Multidinamics
	Estrecho	Clave propios	LSXXI – Manrique
	Estrecho – profundo	Clave propios	CMM – PA
	Estrecho – profundo	Clave propios	Banco Itaú – CENPEC
	Medio	Clave propios	Telemig Celular – Grupos de apoyo
	Medio - profundo	Clave propios	BCI – CCM
	Medio - profundo	Clave propios	Natura – Matilde
Transaccional Prevaleció el alineamiento medio, aunque también hubo casos de alineamiento estrecho, pero profundo, y otros de alineamiento amplio, aunque no particularmente profundo. En esta categoría prevaleció la utilización de bienes propios, aunque en algunos casos las partes utilizaron recursos clave en forma combinada.	Estrecho - profundo	Clave propios	Tetra Pak – JLCM
	Estrecho - profundo	Clave propios	Fuprovi – Repretel
	Medio	Clave propios	Bimbo – Papalote
	Medio	Clave combinados	DANONE – CDA
	Medio	Clave combinados	JAA – CCA
	Medio	Clave combinados	FASA – FLR
	Medio - profundo	Clave propios	Manuelita – El Minuto de Dios
	Medio - profundo	Clave propios	Indupalma – FRP
	Medio - profundo	Clave combinados	AUSOL – SES
	Amplio	Clave propios	CGH – Gen Méd
	Amplio	Clave propios	CGH – J&J
Integrativa Sólo llegaron a esta etapa aquellas colaboraciones estructuradas a partir de un alto nivel de alineamiento (alineamiento medio, profundo y amplio - profundo). La fuente de valor más generalizada fue la utilización de recursos clave combinados, aunque también se utilizaron recursos clave propios.	Medio - profundo	Clave propios	LSXXI – Meals
	Medio - profundo	Clave propios	Techint – Proa
	Medio - profundo	Clave combinados	Esso – COANIQUEM
	Medio - profundo	Clave combinados	HEB – BAM
	Medio - profundo	Clave combinados	LN – RS
	Amplio - profundo	Clave combinados	Ese'eja – RFE
	Amplio - profundo	Clave combinados	CGH – FC
	Amplio - profundo	Clave combinados	Natura – Cognis – comunidades
	Amplio - profundo	Clave combinados	Starbucks – CI

con la Casa de la Amistad (CdA), la compañía tenía en mente sólo una campaña de promoción de ventas, mas no una alianza. "Al comienzo ellos daban y nosotros tomábamos", recuerda la fundadora de la CdA, Amalia García Moreno. Sin embargo, esta OSC advirtió que tal esquema no sería sostenible y trabajaron arduamente por equilibrar la relación. "Posteriormente, cuando ya conocimos a Danone, empezamos a tomar parte más activa", agrega García Moreno. Como veremos más adelante, los esfuerzos de esta OSC en generarle valor a su socio fueron particularmente efectivos.

Desde un comienzo, la Fundación Proa buscó activamente generar valor para su socio, el grupo argentino Techint. Como parte de esos esfuerzos creó una área de diseño, destinada a venderle servicios a su socio. Esa actividad, que comenzó como una dimensión secundaria de la relación, adquirió mayor importancia a medida que la empresa fue alineando la colaboración con su estrategia, utilizándola como instrumento para reposicionarse y diferenciarse de la competencia. Con el tiempo, Proa también agregó a su portafolio de servicios la consultoría en temas de imagen institucional e incluso, eventualmente, comenzó a ofrecer dichos servicios a terceros. En la vecina Chile, Felipe Morán, responsable de la alianza con la cadena de farmacias FASA por parte de la Fundación Las Rosas, reconoce que la generación de valor para su socio es precisamente el desafío que su organización enfrenta para promover un compromiso más fuerte y obtener mayores recursos de la empresa: "Si le demostramos a FASA que a través de la colaboración con nosotros se puede diferenciar de la competencia, es posible abrir nuevos canales de colaboración, estrechar vínculos y quizá, incluso, llegar a comprometer a la empresa como socio, más allá de lo que hoy tenemos".

Invariablemente, esa toma de conciencia sobre la necesidad de generarle valor al socio fue el prólogo de una nueva etapa en la relación, en la que el flujo de valor se hizo más bilateral e intenso; en otras palabras, fue el comienzo de lo que denominamos el círculo virtuoso del intercambio de valor. Consideremos ahora la colaboración entre Esso Chile y la Corporación de Ayuda al Niño Quemado (COANIQUEM), una OSC chilena que provee tratamiento médico gratuito a niños quemados. También aquí, cuando nació la colaboración entre ambas, en 1982, Esso no era socia de COANIQUEM, sino *donante*. Sin embargo, su director ejecutivo, Jorge Rojas, tomó conciencia de que eso podría cambiar, en la medida en que su organización le generase valor a la empresa. "Muy pronto, en nuestra relación, me di cuenta de que Esso también podía beneficiarse al vincularse con nosotros: la buena voluntad de la prensa y un nivel creciente de reconocimiento público por su generoso apoyo", explicó Rojas.

El éxito de COANIQUEM en generar valor para la compañía promovió una nueva dinámica en la colaboración que, en última instancia, se tradujo en un cambio de paradigma: Esso dejó de contribuir con *proyectos* específicos y se convirtió en un socio más estable de una *organización*. El siguiente paso ocurre cuando, a partir de ese impulso inicial, el socio responde de igual manera, completando un círculo virtuoso. El gráfico 8 exhibe esta dinámica.

La colaboración entre Supermercados H-E-B (HEB) y el Banco de Alimentos de Monterrey (BAM) ilustra este proceso, en el cual:

• *Ambos socios se preocupan por buscar nuevas oportunidades para generar valor.* Norma Treviño, gerente de Relaciones Públicas de HEB

Gráfico 8. El círculo virtuoso de renovación de valor

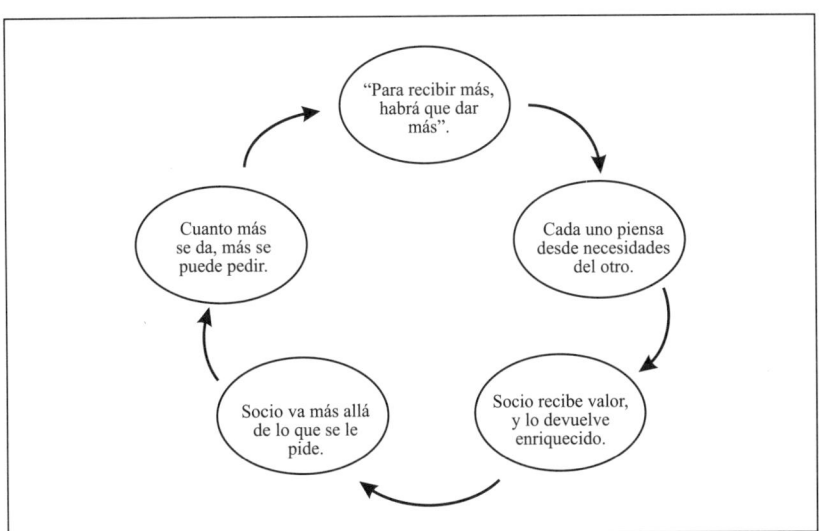

México, nos dice al respecto que "la relación no va sólo de aquí para allá (de HEB al BAM), sino que Blanca (Castillo, responsable del BAM) y su gente también nos hacen saber cuándo están detectando estas áreas de oportunidad para implementarlas en nuestras operaciones".

- *Cada socio piensa en términos de las necesidades del otro.* Treviño agrega: "La gente de BAM *conoce nuestros depósitos mejor que muchos de nuestros empleados...* Siempre proponen sugerencias muy positivas para HEB".

- *Cuando los socios reciben valor, lo devuelven enriquecido, en un círculo autopropulsado de retroalimentación recíproca constante.* En un principio, HEB capacitó a su socio en la creación de bancos de alimentos. Sin embargo, cuando HEB se expandió en el nivel regional y necesitó desarrollar nuevos bancos de alimentos, recurrió a su socio para que difundiera este conocimiento. Treviño recuerda que "cuando tuvimos que abrir tres bancos de alimentos en tres meses... ¡una locura!... Blanca trajo su manual de cómo abrir un banco de alimentos, paso a paso. Esta actitud agiliza los procesos".

- *Los socios superan las expectativas y se esfuerzan, de modo proactivo, por generar valor para la otra parte.* Treviño admite que "a veces el banco nos abruma con ideas y propuestas, lo cual es muy importante, muy positivo para nosotros".

- *Cuanto más se da, más se puede pedir.* Castillo, directora del BAM, comparte su experiencia: "Aprendí que es un proceso: si obtienes resultados para tu donante, puedes pedir más".

Una vez que se consolida un flujo de valor bilateral entre las partes, el siguiente desafío es trabajar por su equilibrio. A pesar de que ambas partes se esfuercen por evitar la depreciación de la alianza, la relación puede deteriorarse si funciona "demasiado" bien para una de ellas, generándole más valor que a su socio. Hemos mencionado al programa Líderes Siglo XXI (Líderes), que reunía a varias compañías que trabajaban con las escuelas colombianas para adaptar las técnicas de calidad de gestión a la educación. El valor específico obtenido por cada participante, individualmente, era diferente y dependía de su grado de alineamiento con la colaboración. Sin embargo, en el nivel agregado, no hay duda de que la iniciativa ha sido exitosa en la transformación de las instituciones educativas participantes. Al inicio, los colegios fueron renuentes a incorporarse, pero una vez que el programa demostró que podía generar valor para el sector, surgió una oleada de interés, con más y más colegios interesados en integrarse. En la medida que el interés en el sector privado no creció al mismo ritmo, ello generó un desequilibrio. La coordinadora del programa, Sandra Velasco, explica:

> Nuestro mayor problema es captar empresas. En este momento tenemos 189 instituciones educativas y sólo 109 empresas. Lo ideal sería tener el mismo número de empresas, pero no ha sido posible. Venderle el programa a un colegio es más fácil; de hecho, tengo casi 50 colegios interesados en incorporarse. El nivel de deserción también es más alto en las empresas que en los colegios, quienes desde un inicio ven el beneficio. Las empresas saben que también obtendrán un beneficio, pero es pequeño y les implica contribuir con algo.

Frente a este desequilibrio, la empresa que lidera la iniciativa, Meals de Colombia, llenó el vacío incrementando su compromiso y sus aportes. Como discutimos al principio del capítulo, en ese proceso la empresa obtuvo una serie de beneficios no esperados inicialmente. Sin embargo, el valor que la empresa obtiene de la colaboración parecería haber encontrado un límite, mientras que sus costos siguen en aumento a medida que el programa crece. Para hacer frente a la demanda creciente, Meals estableció una nueva modalidad de trabajo: en lugar de trabajar uno a uno con un líder del sector privado, el colegio ingresa en un grupo en el que aquella empresa trabaja con varios colegios simultáneamente. No obstante, pese a los esfuerzos de Meals, el desequilibrio creciente entre el número de colegios y empresas ya se reflejaba en los indicadores de gestión del proyecto, con una disminución en los niveles de satisfacción de los participantes.

El verdadero problema aquí es un desequilibrio en el flujo de valor. Las empresas tienen más dificultades que las escuelas para identificar las ventajas de esta colaboración. Según Velasco, "las empresas saben que también obtendrán un beneficio, *pero pequeño*". El valor de la asociación con un colegio variará en función de los valores, la estrategia y la misión de cada empresa, pero los hechos parecen sugerir que, en el nivel agregado, los colegios están encontrando más valor en la iniciativa que el sector privado. Mientras que los colegios tienen un conocimiento que en apariencia no es decisivo para la mayoría de las empresas, el conocimiento que poseen las empresas parece necesario para todos los colegios. Al momento de preparar este estudio, las partes seguían analizando cómo equilibrar el flujo de valor en la iniciativa.

Un desafío similar surgió en la ya mencionada colaboración entre AUSOL y el líder social Alberto Croce. Al cabo de cinco años de trabajo conjunto, la compañía decidió contribuir a la creación de la Fundación SES (Sustentabilidad-Educación-Solidaridad), bajo la dirección de Croce y su equipo de profesionales. La nueva organización definió su misión en términos de "promover estrategias educativas sostenibles, tendientes a posibilitar una verdadera inclusión de estos jóvenes en la sociedad". El primer producto conjunto fueron los Grupos de Estudio Comunitario (GEC), que más tarde dieron origen a otros programas y actividades complementarios. Los GEC aspiraban a resolver el problema de la deserción escolar, a través del apoyo de tutores y de incentivos financieros para el desempeño de los estudiantes necesitados.

Como veremos más adelante[10], el programa generó beneficios significativos para la compañía en varias dimensiones. Sin embargo, a fines de 2001, la alianza parecía haberse estancado. Desde un principio, AUSOL alentó a la Fundación SES a buscar otras fuentes de financiamiento, pero convino en proveer los fondos necesarios en el caso de que ésta no encontrara otros socios. Sin duda, era una apuesta arriesgada. En palabras de Luis Freixas, gerente general de AUSOL, "el principal riesgo planteado desde el inicio fue que el plan nos desbordara: si todos los chicos que están en condiciones de estudiar se inscriben, la cifra se triplicaría. Existe el riesgo de no conseguir auspiciantes y tener que afrontar algo más del doble del presupuesto". Al momento de completarse este estudio, este escenario temido parecía estar haciéndose realidad. Los GEC se iniciaron en 1998, con 88 participantes y un presupuesto de US$61.000. En 2001, el presupuesto estimado para el programa social de AUSOL había ascendido a más de US$130.000 y había más de 180 adolescentes en los GEC. Los directores del programa estimaban que habría más de 200 nuevos inscritos en 2002 y 220, en 2003. En la medida que SES había crecido vertiginosamente, comenzaba a obtener más valor del que podía ofrecer a AUSOL. Si el proceso continúa, es probable que sobrepase las posibilidades de la compañía. Desde luego, una solución a este dilema sería equilibrar los costos y los beneficios a través de la incorporación de socios nuevos, a fin de distribuir la carga financiera entre más empresas. Desde un principio, AUSOL estuvo dispuesta a incorporar otras compañías, como fue el caso de Meals de Colombia. Sin embargo, en ambas instancias, la invitación no ha encontrado eco. Freixas señala: "Nos está costando trabajo conseguir otros socios. Y los necesitamos porque una de las premisas de nuestro programa es que todos los jóvenes que viven en los barrios vecinos a la autopista en el ramal Tigre, que quieran estudiar o que estén estudiando en una escuela de enseñanza pública, tienen derecho a participar en él. No hay ninguna lista de privilegiados".

Los socios están descubriendo que no es fácil convertir una colaboración bilateral, que con el transcurso del tiempo se integró cada vez más, en una colaboración multilateral, en la que diversas empresas asumen diferentes grados de responsabilidad. El alto perfil de la asociación, la estrecha asociación de ambas marcas en la percepción del público, el trabajo cotidiano entre los cuadros de ambas organizaciones –todo lo cual constituye fuentes de valor en un esquema bilateral– parecen convertirse en barreras de entrada para los nuevos socios. En la percepción de los protagonistas, las empresas son renuentes a participar en el esquema porque ven *las huellas digitales* de AUSOL por todas partes, aunque la empresa no tenga una actitud excluyente. Alejandra Barczuk, jefa de Comunicación y Atención al cliente de AUSOL, al respecto afirma: "Cuando tratamos de conseguir aportes voluntarios para que otras empresas cooperen, nos enfrentamos a una de las características del programa: tiene nombre y apellido: 'Autopistas del Sol' ".

Los nuevos participantes potenciales no son los únicos en percibir las tensiones entre los requerimientos de las colaboraciones bilaterales y de las multilaterales. Algunos de los protagonistas de estas colaboraciones se preguntan si la incorporación de nuevas organizaciones no podría socavar algunos de los principios básicos en los que se ha fundamentado su éxito, en particular: el entusiasmo y el compromiso de los socios, producto de creencias compartidas y de un objetivo común. Algunos señalan que este compromiso suele estar muy relacionado con la *paternidad* del programa y dudan de que lo primero pueda existir sin lo segundo. Como advierte Croce, "si AUSOL tuviera que ceder su protagonismo con el objetivo de conseguir otros socios, tal vez se debilite su entusiasmo y disminuya su compromiso… *Habría que pensarlo*".

La renovación del valor

Hasta aquí, hemos analizado el modo en que las organizaciones en la muestra generaron valor para sí mismas y para sus socios. Sin embargo, del análisis se deduce que para asegurar la vitalidad de la colaboración, los socios no sólo tendrán que preocuparse por generar valor, sino por *renovarlo*. El valor de una colaboración es un activo altamente depreciable; si no se renueva, se deteriora y se extingue. Entre las causas que pueden hacer mermar el valor de una colaboración, están los cambios en el entorno. Lo que hoy es importante mañana puede no serlo, especialmente si la organización debe hacer frente a una inesperada depresión en el ciclo económico.

Al inicio del capítulo mencionamos el Programa de Apadrinamiento de Escuelas en Nicaragua, lanzado por la Cámara de Comercio Americana de Nicaragua y el Ministerio de Educación, Cultura y Deportes local. Entre los participantes en esta iniciativa estaba Euronica, una sociedad local dedicada a la comercialización y al servicio posventa de vehículos Daimler-Chrysler en ese país. Su gerente general, Werner Ahlers, fue el principal promotor del programa dentro de la empresa, y durante 1999 invirtió mucho tiempo y energía en él. Sin embargo, el compromiso de Euronica se redujo sustancialmente al año siguiente, a la par de los momentos difíciles de 2001: el gerente general concentró su atención en los problemas de la empresa y la colaboración dejó de operar en forma efectiva.

El valor también puede deteriorarse por la aparición de alternativas más atractivas. Por lo general, los líderes no carecen de propuestas que compiten entre sí por ganar su atención y sus recursos. A menos que la conexión con la colaboración sea profunda, siempre habrá otros proyectos para explorar. Ya hemos comentado la colaboración entre la cadena televisiva REPRETEL y la OSC Fundación para la Promoción de la Vivienda (FUPROVI), que emprendieron en forma conjunta el proyecto "Techos para el Sur" con el fin de solucionar la escasez de viviendas causada por el huracán César, en Costa Rica. Luego de que la colaboración alcanzó sus objetivos satisfactoriamente, representantes de FUPROVI propusieron a su socio seguir trabajando juntos, en un proyecto similar que beneficiaría a los ciudadanos de la tercera edad. Sin embargo, esas gestiones no tuvieron eco en los directivos de FUPROVI, quienes parecieron haber perdido interés en seguir trabajando en la colaboración. ¿Cómo explicarlo? El interlocutor de FUPROVI en la colaboración, el periodista René Barboza, explicó que "en la empresa comenzaron a pensar en proyectos más viables y hubo nuevas metas". Y sobre el mismo punto, el responsable de Ventas Corporativas de REPRETEL, licenciado Federico Zamora, añade: "El problema es que el ritmo de trabajo en la cadena es *muy vertiginoso*... Estoy de acuerdo con que debemos emprender tareas sociales, pero se hace difícil, porque, obviamente, el negocio de la televisión apunta a obtener beneficios y *las iniciativas sociales a veces dejan de ser una prioridad"*.

Como ocurre en las relaciones humanas, ambas organizaciones deben trabajar día a día para que su propuesta siga siendo relevante frente a las necesidades de su socio, pese a las cambiantes circunstancias. El director de COANIQUEM, al comentar sobre su colaboración con Esso Chile, que lleva más de dos décadas de vida, no duda en utilizar la metáfora del matrimonio:

> Nuestro éxito es el resultado de un compromiso profundo, similar al de un matrimonio. Esso conoció a COANIQUEM y se enamoró locamente. Sin duda fue un buen comienzo, *pero no era suficiente*. Luego pasamos a la siguiente etapa: alimentar la relación para *crecer juntos,* como una pareja. Nos fortificamos mutuamente y buscamos oportunidades para compartir nuestros sueños. *Constantemente estamos buscando nuevas maneras de vincular y sincronizar nuestras vidas*, como debería hacer cualquier matrimonio.

No hay organización que sea inmune a una recesión económica; sin embargo, es interesante dar una mirada a su impacto, cuando el valor que una organización obtiene de una colaboración se renueva en forma dinámica y evoluciona conforme a las necesidades del socio. Vimos que la relación entre la empresa vial argentina AUSOL y el líder social Alberto Croce atravesó diferentes etapas, y que la propuesta de valor que cada uno llevó a su socio cambió en cada una de ellas[11]. Pese a estos cambios, los socios continuaron generando valor el uno para el otro y desarrollando un flujo de valor bilateral e intenso. En el año 2001, cuando la empresa atravesó momentos económicos difíciles, surgió la necesidad de reducir costos. Según su gerente general, Luis Freixas,

> ante la necesidad de recorte, estamos tratando de disminuir gastos que no tengan un impacto significativo en los cuatro ejes de la misión. En principio, podría plantearse recortar salarios, el programa social, el pago de dividendos o el servicio de atención a los clientes. *Pero nuestro programa social es uno de los puntos clave que no se puede recortar. Éste proporciona beneficios superiores al costo del programa.*

Lo que Freixas nos indica es que un flujo de valor dinámico le da a la relación un nivel de solidez que no tendría de otro modo. Al mismo tiempo, como explicamos al comienzo del capítulo, la generación de valor depende del nivel de alineamiento en la colaboración. Por un lado, los casos de FUPROVI y de Euronica mostraban niveles de alineamientos estrechos: en el primero, la conexión era solamente en el nivel de la estrategia; en el segundo, el alineamiento sólo se daba en el nivel de los valores y con poca profundidad. AUSOL, en cambio, desarrolló un alineamiento ancho y profundo que abarcaba los valores y las estrategias de sus protagonistas.

Este proceso de crecimiento compartido y renovación periódica es también una característica distintiva en la evolución del Centro de Gestión Hospitalaria (CGH). En un principio, las compañías se comprometieron con el CGH en respuesta a una propuesta del Departamento Nacional de Planeación, que aspiraba a transformar el sector de la salud en Colombia. Si bien la participación en una causa nacional es, por cierto, una propuesta de valor movilizadora y estimulante, también es muy efímera: se agota una vez que los grupos de interés responden a la convocatoria. Sin embargo, poco después de que el CGH inició sus operaciones, comenzó a generar valor para sus integrantes en otra dimensión. Según manifestó Patricia Gómez, directora ejecutiva del CGH, al unirse al centro,

> las compañías han tomado conciencia de los problemas del sector, que se discuten en las reuniones de Directorio, y han conocido a sus pares en otras organizaciones del sector. Los hombres de negocios tienen sus sindicatos, los hospitales tienen la Asociación de Hospitales, pero el CGH ha proporcionado un nuevo punto de encuentro para proveedores, aseguradores, clientes y universidades. El CGH promovió la interacción entre los participantes del sector que hasta entonces no estaban relacionados.

El acceso a otros integrantes del sector se convirtió en un nuevo incentivo para alentar la participación. Pero también aquí, el "conocer" a los demás es un activo sujeto a depreciación: una vez que los conozco, su utilidad comienza a decrecer. Afortunadamente, cuando el CGH se consolidó, empezó a generar valor en una tercera dimensión: como un generador de ideas y de capital intelectual, atendiendo las necesidades de las empresas participantes, e incluso preparándose de manera proactiva para responder a su demanda futura, moldeada por las nuevas regulaciones que el gobierno les impondría a las instituciones del sector salud. Gómez explica: "Hemos allanado el camino para una transformación que las organizaciones del sector ni siquiera reclamaban. Estamos preparados para responder a una demanda que todavía no existe".

Por último, el valor puede desgastarse cuando uno de los socios internaliza el valor que hasta entonces obtenía de la colaboración. Cuando a través de la transferencia de recursos entre los socios, las organizaciones desarrollan su propia habilidad para producir esos recursos, el valor de la alianza tenderá a decrecer abruptamente. Nuestra muestra de casos no incluyó ninguna instancia en que se diera esta dinámica. En varios casos, los socios internalizaron habilidades que aprendieron de su contraparte, pero rápidamente esos activos fueron recreados, siguiendo la dinámica del "círculo virtuoso" descrita en el punto anterior. Además, nuestra muestra indica que la continua renovación de valor puede llegar a convertirse en una virtual *barrera de salida* de la relación.

Consideremos, una vez más, la colaboración entre la subsidiaria mexicana de Danone y la Casa de la Amistad (CdA), una OSC que provee asistencia médica a niños con cáncer. Inicialmente, Danone se contactó con la CdA con el propósito exclusivo de lanzar una campaña de promoción de ventas. Danone tuvo cuidado en no crearse barreras de salida, reservándose el derecho de abandonar la relación en cualquier momento. Pero el éxito de la campaña "Construyamos sus Sueños" (que al momento de la elaboración de este libro iba por su séptima edición), se convirtió en una barrera importante. Aminta Ocampo, gerente de Relaciones Públicas de Danone, confiesa que "si no hacemos 'Construyamos sus Sueños' este año, *tendríamos mucho que explicar*". Una situación similar se suscitó en la colaboración entre el Banco de Crédito e Inversiones (BCI) de Chile y la Corporación de Crédito al Menor (CCM), una OSC creada por uno de los ejecutivos del banco para proporcionar protección a las niñas abandonadas. El gerente general del banco, Juan Esteban Musalem, comentó sobre la posibilidad de que un nuevo presidente suspendiera la iniciativa:

> Si el día de mañana no está a la cabeza Luis Enrique Yarur, será muy difícil que el nuevo presidente decida ir a entregar el hogar al padre Poblete. *Tendrá que seguir, porque esa decisión podría deteriorar seriamente la imagen del banco, tanto interna como externamente.* A estas alturas del partido, sería muy sorprendente que uno de los jugadores abandonara el juego.

A medida que las colaboraciones se amplían e incluyen nuevos grupos de interés y generan en ellos entusiasmo y compromiso, se torna cada vez más difícil deshacer lo ya hecho. En opinión de Patricia Martínez, gerente de Relaciones Públicas y Comunicaciones Corporativas de Danone, "al principio era algo totalmente nuevo; nadie había hecho nada parecido en México. Las empresas donaban dinero o cosas, y eso era todo. Ahora la gente está muy motivada para ayudar, está prácticamente involucrada en el proyecto. Con cada campaña que lanzamos, *crece el compromiso de la compañía*".

El valor generado para las compañías

Todas las empresas en la muestra afirman que se han beneficiado con su participación en colaboraciones intersectoriales, aunque la magnitud y la clase de valor generado, en cada caso, dependió de los factores analizados al inicio de este capítulo; a saber, el nivel de alineamiento y el tipo de recursos comprometidos con las colaboraciones. El gráfico 9 resume los conceptos desarrollados en las páginas siguientes. Casi todas las colaboraciones en la muestra generaron las formas de valor que se ubican en la base de la pirámide. Las empresas involucradas que exhibieron un mayor grado de alineamiento e incluyeron recursos clave alcanzaron otras formas de valor, ubicadas en los niveles más estrechos de la pirámide.

Gráfico 9. Valor creado para las empresas

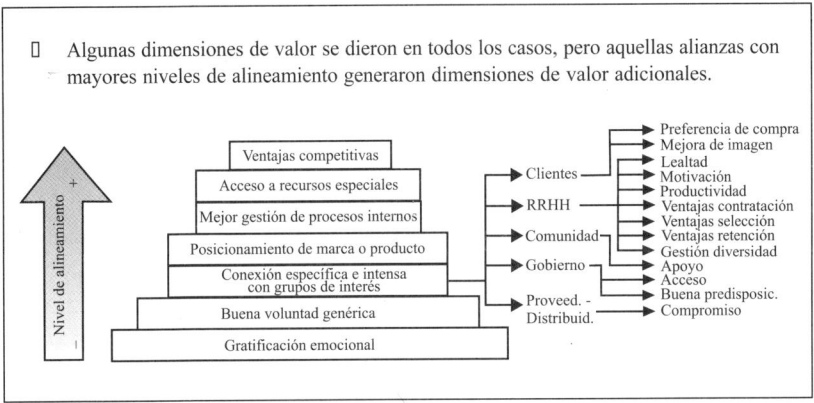

La forma de valor más común que obtuvieron las compañías participantes fue la *gratificación emocional* y el crecimiento personal de aquellos involucrados directamente en el manejo de la colaboración. Multidinamics era una de las empresas comprometidas con el programa Líderes Siglo XXI (Líderes) para las escuelas colombianas. Su gerente general, Jorge González, comenta:

> En lo personal, formar parte de Líderes ha sido muy gratificante. Me agradó participar y ayudar en el campo educativo. Nos ayudó a comprender a otros sectores, que son muy diferentes de aquellos en donde habíamos trabajado, y confirmó que otras instituciones nacionales pequeñas también pueden ser exitosas. En principio, ahora entendemos la visión del mundo que tienen los docentes, que es muy diferente de la de los empresarios.

Una segunda dimensión de valor generada, en la mayoría de los casos, fue *la buena voluntad* de la comunidad, como resultado de la participación de las compañías en causas sociales. En 1997, la subsidiaria de Texaco en Nicaragua estableció una colaboración con The Resource Foundation, a través del programa "Adopte una escuela". Como parte de su intervención en el programa, Texaco construyó una escuela técnica primaria y secundaria cerca de una de sus fábricas para proporcionar educación a los sectores de bajos ingresos, quienes, de otro modo, no habrían tenido acceso a la capacitación técnica. La escuela en sí constituía un recordatorio constante del compromiso social de Texaco y, por tanto, acrecentaba la buena voluntad de la comunidad hacia su marca. De acuerdo con el coordinador de Marca, Publicidad y Servicios al cliente de la compañía, "Texaco se ha beneficiado con la cobertura positiva en los medios de comunicación y de las relaciones públicas derivadas de la asociación entre la empresa y el proyecto, ambos muy respetados en el nivel local".

En las colaboraciones que mostraban un nivel de alineamiento medio, la conexión emocional que mencionamos al inicio no sólo incluyó a los participantes directos, sino que abarcó también a otros *grupos de interés* de las organizaciones participantes, con consecuencias significativas. Retomemos el caso del Banco de Crédito e Inversiones (BCI) de Chile que, en 1990, estableció una colaboración con la Corporación de Crédito al Menor (CCM). Gracias a esta alianza, la empresa desarrolló una conexión emocional más intensa con sus *clientes*. A su vez, esto generó dos beneficios diferentes. Por un lado, el *fortalecimiento de la imagen*. Como Pedro Balla, contralor del banco, señala: "A la gente le gusta pensar que guarda su dinero en un banco que no sólo se preocupa por ganar dinero, sino también por contribuir con el bien común. Eso ayuda a desterrar la imagen del 'frío e insensible mundo del dinero' y también se ajusta a nuestro lema: 'el banco de la gente' ". Por otro lado, la conexión emocional más intensa con los clientes promovió su lealtad y su *preferencia de compra*. Rafael Pamias, director de *Marketing* de Danone México, comentó sobre la campaña lanzada en forma conjunta con la Casa de la Amistad: "Durante las campañas, nuestros precios no varían. No los aumentamos, pero tampoco los bajamos; los mantenemos iguales. Nuestros competidores bajaban sus precios como respuesta y, a pesar de que nosotros no lo hacíamos, seguíamos manteniendo la misma cuota de mercado".

Las conexiones emocionales también impactaron la *gestión de recursos humanos* de las compañías, generándoles valor en varias dimensiones. Al ser un motivo de orgullo, la actuación social aumentó la lealtad, la *identificación* de los empleados con la organización; "se ponen la camiseta", según Enrique Mendoza, gerente corporativo de Recursos Humanos de FASA. Como consecuencia de esa identificación, aumentó la *motivación* de los empleados. Al respecto, dice el gerente general de la empresa vial argentina AUSOL, Luis Freixas:

> La motivación de los empleados constituye un elemento clave para el éxito de una compañía; estimula a la gente. Los 600 empleados de AUSOL conocen el programa y se sienten muy orgullosos. Hay muchachos del vecindario que están trabajando en la empresa. Creo que nuestra calidad de servicio es el resultado de la increíble motivación de nuestro personal. Y están motivados por todo lo que se hace. Este programa es parte de eso.

Debido a las características específicas de esa industria, cuando se trata de motivar a su fuerza de trabajo, AUSOL se enfrenta a restricciones significativas: no existe la posibilidad de crear nuevos productos, de abrir nuevas sucursales; no hay una fuerza de ventas que dinamice y tense el espíritu emprendedor, como sucede en otras actividades. Por ello, la motivación que la colaboración proporciona a su fuerza de trabajo es particularmente valiosa, dado que difícilmente podría encontrarla por otras vías. Como sugiere Freixas, la motivación de los empleados se traduce en mayor *productividad.* En este sentido, al comienzo del capítulo mencionamos la experiencia transmitida por Enrique Mendoza, gerente de Recursos Humanos de FASA, quien descubrió que los empleados que recaudaban más dinero para su socio, la FLR, eran aquellos vendedores con mejor desempeño en las farmacias de la empresa.

Al mismo tiempo, la conexión emocional también generó ventajas de *contratación* para las compañías. De acuerdo con el recién citado Rafael Pamias, "mucha gente responde al llamado de Danone cuando estamos contratando personal. Dicen que quieren trabajar para Danone porque les gusta lo que hacemos. Son muy específicos al respecto, pues mencionan la campaña 'Construyamos sus Sueños' (implementada en colaboración con la Casa de la Amistad)".

A través de las alianzas intersectoriales, algunas compañías mejoraron su proceso de *selección* de personal. Ya hemos mencionado a Meals de Colombia, la empresa que encabezó la iniciativa Líderes Siglo XXI para las escuelas colombianas. El presidente de la compañía, Alberto Espinosa, explica:

> El "Perfil Meals" era, en gran parte, producto de la definición de un perfil de personal de calidad elaborado con las escuelas. Muchos de los procesos de crecimiento personal y desarrollo holístico se basan en el concepto de lo que constituye un verdadero individuo de calidad. De

hecho, lo que en realidad sucede es que los mecanismos de motivación para los estudiantes y los trabajadores son muy similares. Entonces, todo se reduce a descubrir qué es lo que en verdad motiva a las personas.

Además, la conexión emocional de los empleados también genera ventajas de *retención* para la empresa. Ya mencionamos la colaboración de Starbucks con Conservation Internacional y las cooperativas de pequeños caficultores de Chiapas, México. Esa empresa ha llevado el concepto de responsabilidad social al seno de su identidad organizacional y estrategia competitiva, y las colaboraciones intersectoriales son parte esencial de su actuación social. Ello es un importante motivo de orgullo, identificación y lealtad entre sus empleados, lo que resulta en mayores índices de retención: mientras que la tasa de rotación promedio de la fuerza de trabajo en esa industria es del 200%, en Starbucks es sólo del 54%[12]. Dado que a la compañía le cuesta unos US$500 la capacitación de cada empleado nuevo, su mayor tasa de retención le genera a Starbucks un ahorro de aproximadamente 35 millones de dólares por año.

Las colaboraciones intersectoriales también funcionaron como herramientas de *gestión de diversidad* para las compañías que incluían grupos de interés internos heterogéneos. En el tercer capítulo estudiamos en detalle el caso de Tenaris, una empresa perteneciente al Grupo Techint, que surgió como resultado de una fusión entre varias compañías en siete países que, hasta entonces, habían conformado una alianza. La colaboración con la Fundación Proa, a través de sus iniciativas culturales, se convirtió en una herramienta para desarrollar vínculos con sus diversos grupos de interés, que se caracterizaban por una diversidad de perspectivas y nacionalidades.

El caso de la empresa colombiana Indupalma revela cómo las colaboraciones intersectoriales pueden generar valor, al contribuir a establecer una conexión con las *comunidades* y los *gobiernos*. En el primer caso, la conexión intensa se convirtió en *apoyo* para la compañía; en el segundo, las empresas obtuvieron un mayor *acceso* y una *mejor predisposición* por parte de las autoridades. Cabe destacar que la importancia de esa conexión para Indupalma va más allá de la habitual buena voluntad genérica que necesitan todas las compañías. Como hemos visto, la polarización y radicalización de la política colombiana pusieron en peligro de muerte a su dirigencia, y a la empresa al borde de la quiebra. Por tanto, el apoyo de los grupos de interés externos se constituyó en una dimensión vital para esa empresa. Indupalma lleva adelante una estrategia de vinculación con la comunidad que denomina "construcción de convivencia pacífica", implementada básicamente a través de las colaboraciones intersectoriales. Claudia Calero, asesora de Indupalma, se refiere a la colaboración de la compañía con la Fundación Rafael Pombo (FRP), que se articula en torno a los programas denominados "Código de Convivencia" y "Manos para la Paz":

> En un principio, obviamente, nosotros teníamos que concentrarnos en el fortalecimiento interno, pero siempre hemos sido conscientes de que hay que proyectarse hacia el resto de la comunidad. El "Código de Convivencia" y "Manos para la Paz" no son programas orientados sólo hacia la comunidad de Indupalma, son abiertos totalmente. Esa ha sido la forma como nos hemos relacionado con la comunidad local.

Al mismo tiempo, a partir de esa conexión con la comunidad, Indupalma consiguió mayor acceso al gobierno local, con el que no siempre había tenido la mejor de las relaciones. Según Calero, la colaboración generó "otra forma de llegar (a las autoridades municipales), no directa sino a través de la comunidad empoderada para eso". Al respecto, un representante de la FRP explicó:

> Hasta ese momento, las relaciones de Indupalma con el alcalde en ejercicio, Javier Zárate, no eran muy buenas. Sin embargo, (a partir de la colaboración) el Alcalde comenzó a valorar inmensamente lo que significa una empresa como Indupalma en su municipio y reconoció sus méritos. Nosotros se lo hicimos saber a Indupalma en un informe.

Las OSC demostraron ser un canal efectivo para acceder a otros grupos de interés. En esa tarea, ellos pusieron en juego una fuerte ventaja comparativa: su credibilidad. Ya mencionamos[13] el caso de Tetra Pak, que necesitaba convencer tanto al público general como al gobierno de que el reciclado de desechos no era responsabilidad exclusiva de los fabricantes, sino de un grupo más amplio de agentes institucionales. Según Sergio Escalera, gerente de Medio Ambiente de la compañía, el objetivo del programa era "que los actores de la cadena de valor (…) se alinearan gradualmente con nuestro mensaje". La alianza con la Junior League de la ciudad de México resultó una herramienta muy eficaz para alcanzar este propósito. En palabras de Escalera,

> creemos que la Junior League es el interlocutor ideal para esto, porque tiene una imagen que le permite comunicar adecuadamente los mensajes. El público percibe en ella a una agrupación comprometida, totalmente altruista, desprovista de toda ideología partidaria; no tiene problemas de comunicación y, por lo tanto, no hay 'ruido' en los mensajes que emite.

Las colaboraciones también generaron una nueva conexión con otros grupos de interés de las compañías, tales como *los proveedores o los distribuidores*. El presidente de Esso Chile, Alejandro Sanín, explica que el vínculo emocional con su socio COANIQUEM y su trabajo se inició "en el nivel más alto de las dos organizaciones. Sin embargo, finalmente creció y abarcó a los empleados de Esso, a los dueños de las estaciones de servicio en todo el país e incluso ¡a los empleados de las estaciones!".

La conexión emocional y la buena voluntad desarrolladas resultaron muy útiles para la empresa en los momentos difíciles. En 1999, una serie de temblores en la zona norte causaron daños en los depósitos de diesel en la ciudad de Antofagasta. Hubo un derrame del combustible que se filtró por el sistema de alcantarillado de la ciudad. Coincidente con este evento, fuertes olores afectaron una sección del pueblo, aunque su causa nunca se estableció con exactitud. Inmediatamente, los dirigentes de la comunidad inculparon públicamente a la compañía por este hecho. La controversia que se generó tuvo una repercusión negativa para la empresa, pero el daño pudo ser controlado y moderado gracias a la buena voluntad que se había desarrollado en la colaboración con COANIQUEM. Guillermo García, responsable de Relaciones Públicas de la compañía, no deja dudas al respecto: "Le debemos mucho a COANIQUEM por su leal apoyo durante los sucesos de Antofagasta. (Su director, doctor Jorge) Rojas nos ayudó a recuperar la buena voluntad de la comunidad".

Las colaboraciones también desempeñaron un papel clave en el *reposicionamiento* de las marcas o los productos. Ya hemos analizado el caso de Danone México, cuya marca era percibida como fría y distante por los consumidores. Según Rafael Pamias, gerente de *Marketing*, "vemos claramente una evolución de la imagen de la marca en algunos atributos clave, relacionados con la proximidad de una empresa que se preocupa por los niños. Estamos convirtiendo una marca fría con calidad, en una marca 'socio' y 'ciudadana' de la sociedad". Esos nuevos atributos se convirtieron en un fuerte punto de diferenciación.

En las colaboraciones que involucraron la transferencia de capital intelectual, ese conocimiento tendió a regresar enriquecido a su propietario original. Con frecuencia, el impacto de esta dinámica fue una *mejora en la gestión de los procesos internos* de las empresas. La cadena de supermercados HEB inicialmente capacitó al Banco de Alimentos de Monterrey en el establecimiento y funcionamiento de sus bancos de alimentos, a la altura de los mejores del mundo. Sin embargo, a raíz de la colaboración, también la empresa mejoró sus procesos internos. Periódicamente, el BAM entregaba a su socio reportes con información detallada sobre la mercadería que le llegaba desde HEB. El supermercado usaba esa información para mejorar sus operaciones internas, con el fin de reducir el volumen de productos defectuosos. Cuando analizamos el círculo de la renovación de valor, destacamos cómo la compañía utilizaba, en forma sistemática, las inteligentes observaciones del BAM sobre los procesos internos de almacenamiento para aprovechar las oportunidades de incrementar su eficiencia.

Las empresas colombianas que participaron en la iniciativa Líderes Siglo XXI transmitieron conocimientos de gestión a los colegios asociados, pero en ese proceso también aprendieron a ser mejores administradores. "Multidinamics y el Colegio Santa María, en forma conjunta, desarrollaron una metodología de planeamiento estratégico que hemos utilizado en la empresa", admitió el gerente general de la compañía, Jorge González. Sandra Velasco, de Meals, agrega:

> Se aprende mucho. Uno cree que sabe sobre calidad y procesos, pero sólo se conoce la teoría porque la estudiaste en la universidad o aquí. Sin embargo, la verdadera prueba es aplicarla a una organización. Este ha sido uno de los mayores beneficios para los empresarios: poder aplicar algo que ellos sabían en teoría, verificar si funciona y encontrar maneras de adaptarlo a las necesidades de cada organización...

En unas pocas colaboraciones, con niveles significativos de alineamiento, las empresas accedieron a los *recursos especiales* de sus socios y los insertaron exitosamente en su cadena de valor. Estos recursos surgen de la naturaleza distintiva de las OSC, por lo que son difíciles de imitar o reproducir por una empresa privada en forma unilateral. Ya hemos analizado, en varias ocasiones, la alianza entre el periódico argentino *La Nación* y la Red Solidaria (RS). La misión de la OSC era mejorar la calidad de vida de los necesitados, a través de la conexión con aquéllos que podían ayudarlos. Una vez que esta organización se contactó con *La Nación*, rápidamente se convirtió en una fuente confiable de historias interesantes y genuinas que alimentaban varios productos: las "noticias solidarias", la "sección solidaria", la columna "dar una mano", los "clasificados solidarios" y una sección específica de la revista de los domingos. Este activo habría sido muy difícil de reproducir por otra organización que careciera de la enorme legitimidad y capilaridad que caracterizaba a la RS.

En casos de alineamiento amplio y profundo, estos recursos especiales se utilizaron para generar *ventajas competitivas* únicas. El capítulo 8 examina cómo la colaboración intersectorial entre Rainforest Expeditions y la comunidad nativa Ese'eja, se transformó en una fuente de importantes ventajas para la compañía. Por el momento, sólo mencionaremos que esas ventajas se tradujeron en márgenes de ganancia sólidos. En el nivel local, la Posada Amazonas competía con seis albergues similares y, en el internacional, con varias posadas ecológicas en Ecuador y Bolivia. Todos ellos ofrecían, en líneas generales, el mismo producto. Pese a la fuerte competencia de esos destinos alternativos, las ventajas competitivas de la Posada Amazonas le permitieron mantener sus precios entre un 5% y un 40% por encima de sus rivales.

La dimensión exacta del valor generado por la colaboración fue más clara para aquellas empresas que hicieron una medición sistemática de sus costos y beneficios. Sin embargo, esas empresas tendieron a ser la excepción en nuestra muestra. La renuencia a medir costos y beneficios se evidenció, con claridad, en el caso del periódico argentino *La Nación* y su alianza con la Red Solidaria (RS). Desde un principio, el diario renunció tanto a cuantificar el valor de sus aportes en especie como a medir el impacto económico de su trabajo social. La percepción interna era que darle un valor económico al proyecto *desnaturalizaría su naturaleza solidaria*, así como las motivaciones que habían llevado a la empresa a poner en marcha la iniciativa. Para los directivos de la empresa, de haberse tomado ese camino la colaboración con la RS hubiese podido ser vista como un instrumento de *marketing* institucional, algo que la empresa se esforzó por evitar. Y este no fue un caso aislado. En el capítulo anterior describimos en detalle el caso del Banco Itaú, que también se esforzó decididamente por mantener separada su actuación social de su *marketing* institucional, a pesar de las fuertes presiones competitivas en sentido contrario.

Las empresas que hicieron una medición cuidadosa de los costos y beneficios tendieron a ser aquéllas que no tuvieron inconvenientes en alinear su estrategia social con su estrategia comercial; en su mayoría, empresas multinacionales: Danone, Coca-Cola, Esso, Starbucks. Por ejemplo, Coca-Cola de Argentina 'tercerizó' la supervisión y las operaciones de su colaboración con Junior Achievement Argentina a través de una firma consultora privada que, entre otras cosas, era responsable de controlar los resultados del programa. Lo que hay detrás de esta disparidad, por supuesto, son criterios diferentes en cuanto a la relación que deben mantener el lucro individual y el beneficio social. Vale la pena comparar la visión citada en el párrafo previo con la del presidente de Starbucks, Orin Smith, para quien "alinear el interés personal con la responsabilidad social es la manera más poderosa de preservar el éxito de una compañía".

En el segundo capítulo mencionamos que la búsqueda de lucro no está totalmente legitimada en la sociedad latinoamericana, percepción que de algún modo parece poner en tela de juicio el papel del empresario en la sociedad y su legitimidad. De acuerdo con Jorge González, gerente general de la compañía colombiana Multidinamics, "los hombres de negocios son vistos como explotadores, que persiguen ganancias y beneficios a cualquier costo". Para el empresario chileno Manuel Ariztía, la mayoría de los chilenos "tiene la impresión de que los hombres de negocios no tienen alma". Si tenemos en cuenta esta presunción negativa, resulta comprensible que los empresarios regionales sean renuentes a dar la impresión de que obtienen ganancias de sus iniciativas sociales, lo cual podría reforzar las sospechas iniciales.

En consecuencia, lo que al parecer motiva los esfuerzos de las compañías por separar las actividades sociales de sus actividades principales, es la intención de mostrar la naturaleza desinteresada de sus emprendimientos. Sin embargo, las probabilidades de ganar esta batalla son pequeñas, si no nulas. Hemos visto que aun los esfuerzos más altruistas acaban generando innegables beneficios para la organización que los lleva a cabo, incluso cuando no son buscados. Esta es una realidad que no escapa a nadie, y menos aún a aquellos predispuestos a dudar de las intenciones altruistas del sector privado. Proclamar, una y otra vez, la ausencia de ventajas para la organización no parece ser un camino fructífero: es neutro para los conversos y contraproducente para los escépticos, que siempre encontrarán la "prueba" de una supuesta agenda paralela no declarada.

Asimismo, ganar aquella batalla no sólo es improbable; también puede ser contraproducente. Una actuación social es desinteresada cuando no se conecta con ningún objetivo de la empresa; es decir, cuando *no está alineada* con sus necesidades organizacionales utilitarias. Esta lógica va en contra de las dinámicas descritas al analizar la generación de valor, según las cuales el potencial de una colaboración intersectorial *aumenta* cuanto mayor es el nivel de alineamiento. Llevada a su extremo, la triste conclusión de aquella lógica sería que *sólo es genuina aquella actuación social que tiene menor potencial de beneficiar a la sociedad*. El altruismo desempeña un papel clave en las iniciativas sociales, pero tal vez haya llegado el momento de expandir nuestra visión y considerar nuevos senderos para llegar al mismo destino. Es dable preguntarse por qué las soluciones sociales que no generan valor privado son mejores que aquéllas que lo hacen. Es más, el resultado en ambos casos no es idéntico: vale la pena recordar que, tal como nuestro análisis ha demostrado, las soluciones derivadas de colaboraciones con altos niveles de integración tienden a ser más profundas y más duraderas.

La deslegitimación de la búsqueda de lucro ante los ojos de las sociedades de la región, por un lado, sumado a la "vergüenza" y la batalla por la credibilidad en el sector empresarial, por el otro, podrían tener el efecto paradójico y no deseado de limitar la cantidad y la calidad de recursos que potencialmente podrían volcarse a la solución de problemas sociales. La consolidación de la nueva visión que está emergiendo en el sector empresarial y la sociedad civil de América Latina, contribuirá a revertir este dilema. En esta nueva visión, las motivaciones utilitarias pueden coexistir con y *reforzar* las motivaciones altruistas en la búsqueda de la generación de valor económico y social.

El valor generado para las OSC

En general, las OSC que participaron en las colaboraciones intersectoriales se beneficiaron con la experiencia, aunque, aquí también, el alineamiento y el tipo de recursos utilizados para la generación de valor condicionaron la magnitud del valor obtenido. El gráfico 10 resume los conceptos analizados en esta sección de un modo similar al gráfico 9, presentado al inicio de la sección anterior. Una vez más, la base de la pirámide incluye las formas de valor generadas en todas las colaboraciones intersectoriales, mientras que la parte superior muestra los beneficios de aquellas colaboraciones con altos niveles de alineamiento.

Gráfico 10. Valor creado para las OSC

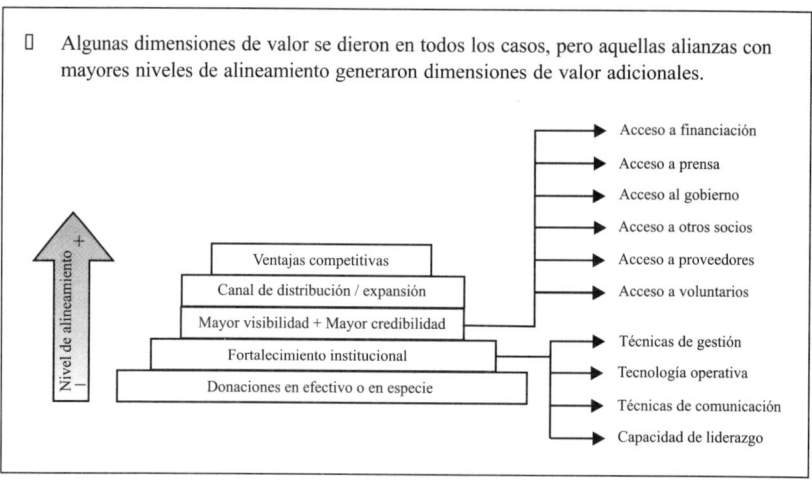

La forma de beneficio más general obtenida por las OSC en la muestra fue la recepción de *donaciones* –en efectivo o en especie– realizadas por las empresas involucradas en las colaboraciones. Por ejemplo, a través de su participación en el programa de apadrinamiento de escuelas organizado por la Cámara de Comercio Americana de Nicaragua (AMCHAM, por sus iniciales en inglés), el Centro de Formación Profesional Nicaragüense Simón Bolívar consiguió que la compañía Shell donara US$7.500, que la escuela destinó a la refacción, más que necesaria, de su infraestructura. Las donaciones financieras efectuadas en el contexto de colaboraciones con alineamientos más amplios o más profundos, ejercieron un impacto mayor y más duradero. Por ejemplo, en la colaboración entre Natura y la escuela Matilde, las donaciones de efectivo constituyeron un componente importante. Sin embargo, fueron parte de una relación amplia, la cual fue complementada con el acompañamiento y el apoyo al proceso de transformación interna de la escuela. En gran medida, esos recursos fueron destinados a financiar ese proceso de autodescubrimiento, con la asistencia del CENPEC, una OSC especializada en educación pública. Por tanto, como vimos al inicio del capítulo, esas donaciones tuvieron un impacto profundo y sostenible en la escuela.

Aquellas OSC que lograron vincularse como socios con sus contrapartes privados acrecentaron su *capacidad institucional.* En el programa Líderes Siglo XXI (Líderes), que reunió a escuelas y empresas colombianas, las compañías no transfirieron dinero[14], sólo su conocimiento y experiencia en gestión, lo que generó una serie de beneficios específicos a las escuelas participantes. Cuando Sofía Ramírez, directora de la escuela pública Rafael Uribe Uribe, describe los resultados de su participación en el programa, afirma: "Uno de los primeros resultados fue el *planeamiento estratégico.* Los docentes comprendimos que no podíamos trabajar aislados; debíamos fijar objetivos institucionales y diseñar un plan a cuatro años y otro más corto, a un año. Teníamos algunos objetivos académicos y administrativos, y comenzamos a trabajar sobre nuestra misión, nuestra visión, valores y principios".

Un segundo beneficio relacionado fue el desarrollo de un hábito para definir *indicadores de medición,* con el fin de evaluar la calidad de gestión, una noción básica en el sector privado ("lo que mides es lo que consigues"), pero casi inexistente en el tercer sector y en el gobierno. Ana María de Samper, directora del Colegio Santa María y participante en el programa Líderes, admite que "las escuelas hemos tenido y aún tenemos dificultades para evaluarnos a nosotras mismas. Somos entusiastas de la evaluación académica, pero nos cuesta mucho utilizar indicadores de gestión". El sector privado contribuyó con una perspectiva nueva. Al recordar sus interacciones con la Secretaría de Educación de Bogotá, Francisco Manrique, gerente general y dueño de la compañía constructora Manrique Santamaría, señala: "Insistíamos una y otra vez con la medición. Teníamos que medir las cosas y, entonces, preguntábamos: '¿Cuáles son sus indicadores de gestión?' Y todos empezaban a reunir la información. Al principio era un lío, y se sentían incómodos cada vez que sacábamos el tema".

A través del trabajo conjunto con las empresas, las escuelas participantes adaptaron las técnicas de calidad total a la educación y diseñaron
procesos nuevos. Sofía Ramírez, directora de la escuela Rafael Uribe
Uribe, recuerda que "solíamos trabajar mucho, pero nunca nos sentába-
mos a evaluar la labor hecha. Ahora evaluamos cada actividad, por más
pequeña que sea. *Participar en Líderes significa planear, hacer, verificar y rehacer cosas*".

La relación de las escuelas con las compañías también posibilitó la
transferencia de *tecnología operativa* de avanzada a las OSC. A través
de su colaboración con la cadena de supermercados HEB, el Banco de
Alimentos de Monterrey (BAM) logró acceder a las más sofisticadas
tecnologías y prácticas de gestión y control de calidad de los bancos de
alimentos. Se podría afirmar que la colaboración transformó, por completo, la forma en que el BAM llevaba a cabo su misión y la reforzó
institucionalmente. Blanca Castillo, directora operativa, no vacila en
aseverar que "la historia de nuestro Banco de Alimentos se divide en dos
etapas: antes y después de HEB".

Las OSC involucradas en colaboraciones con niveles de alineamiento altos o medios, también aprendieron a diseñar e implementar una *estrategia de comunicación* efectiva. Al analizar los beneficios obtenidos
de la colaboración con el periódico *La Nación,* Juan Carr, líder de la Red
Solidaria (RS), comenta: "Aprendí la lógica de las comunicaciones y
todo lo que implica. Nuestro manual práctico sobre la solidaridad ahora
incluye un último capítulo sobre las comunicaciones". El doctor Jorge
Rojas, director de la OSC chilena Corporación de Asistencia al Niño
Quemado (COANIQUEM), manifiesta que "Guillermo García –gerente
de relaciones públicas de Esso Chile– ha desempeñado un papel fundamental en nuestra alianza. He aprendido mucho de él sobre estrategia de
comunicación".

En algunas colaboraciones, las OSC pudieron apoyarse en la capacidad de liderazgo de su socio empresarial, para potenciar así su propia
capacidad de articulación con otros actores sociales. A partir del fortalecimiento institucional derivado del apoyo sostenido de sus socios del
sector privado, organizaciones como la Fundación SES o COANIQUEM
se convirtieron en líderes nacionales indiscutibles en su área de acción,
capaces de dialogar en condiciones de igualdad con instituciones públicas y privadas.

Las alianzas con una alta exposición a lo largo del tiempo también
proporcionaron a las OSC dos beneficios adicionales: *mayor notoriedad
y credibilidad pública.* La colaboración entre Esso Chile y COANIQUEM
constituye un ejemplo, en particular valioso, de estos efectos positivos.
Como resultado de un respaldo intenso y sostenido durante un período

de dos décadas, para el año 2002 COANIQUEM había incrementado su notoriedad pública al punto de ocupar el tercer lugar como la OSC más reconocida del país. El doctor Jorge Rojas, director de COANIQUEM, explica: "Después de que recibimos la primera donación de Esso, la gente dejó de considerarnos un puñado de soñadores y empezó a vernos como un grupo de profesionales patrocinados por una corporación que compartía y respaldaba nuestro sueño".

A su vez, esa credibilidad abrió la puerta a toda otra serie de beneficios adicionales. El primero fue el acceso a otras *fuentes de financiamiento*. "Después de la primera donación de Esso, estábamos en mejores condiciones de solicitar la donación de un terreno a la municipalidad –continuó Rojas–. Cuando un intendente ve que una corporación como Esso está dispuesta a respaldar una iniciativa audaz, se atreve a sumarse al desafío". La alianza con Esso también facilitó a COANIQUEM el acceso a los medios de comunicación. Como relata Rojas, "Esso nos ayudó a desarrollar nuestra imagen pública, en un momento en que éramos unos perfectos desconocidos para la mayoría de la sociedad chilena". Con esta nueva credibilidad y la influencia derivada del respaldo de Esso, COANIQUEM se volvió más influyente ante los *funcionarios gubernamentales*. En 1988, luego de una intensa campaña de negociación en el Congreso Nacional y gracias al apoyo de los medios de comunicación, COANIQUEM logró que se prohibiera el uso público de fuegos artificiales, la primera causa de quemaduras en los niños. Esta nueva notoriedad pública también le permitió a COANIQUEM buscar *socios nuevos*. Por ejemplo, entabló una colaboración con Cristalerías Chile, una empresa líder en la industria del vidrio, para reciclar envases de vidrio. Con los recursos generados por esta colaboración, COANIQUEM creó y puso en funcionamiento Casa Abierta, un sitio que ofrecía alojamiento gratuito a los niños quemados y a sus familiares durante el período de tratamiento.

Finalmente, como resultado de la notoriedad ganada a partir de la sociedad con una empresa, las OSC pudieron apoyarse en las redes de contactos de su socio y establecer con ellos relaciones como *proveedores* o *voluntarios* de la organización. Por ejemplo, la Fundación Proa, un centro de arte contemporáneo en Buenos Aires que desarrolló una alianza con el Grupo Techint, tiene en cuenta los contactos y las redes sociales de su socio al momento de planificar y organizar sus eventos. También la Fundación SES, liderada por Alberto Croce, tuvo acceso a la red de proveedores de su socio AUSOL, así como a su nómina de empleados y gerentes, para que participasen en sus programas como voluntarios.

Con frecuencia, cuando las colaboraciones tuvieron un perfil alto y sostenido en el tiempo, las OSC pudieron capitalizar la infraestructura de su socio empresarial para utilizarla como un *canal de distribución o expansión* de su cobertura geográfica. Ya mencionamos que COANI-QUEM vendió seguros para automóviles en toda la red de estaciones de servicio de Esso Chile. En su colaboración con Coca-Cola de Argentina (CCA), Junior Achievement Argentina (JAA) también capitalizó la infraestructura de su socio para expandir su presencia en el vasto territorio de ese país. "Aprender a emprender en el medio ambiente" se lanzó en 1999, en cuatro escuelas de Buenos Aires. Luego de algunos ajustes, en un año el programa se extendió por todo el país, a todas las localidades donde Coca-Cola tenía plantas embotelladoras. El programa abarcó 15 escuelas y 900 alumnos en el año 2000, y 30 escuelas y 2.520 alumnos al año siguiente.

En muy pocos casos de colaboraciones con un alineamiento profundo, las OSC lograron obtener *ventajas competitivas*. En Colombia, la Ley 100 de 1993 transformó todo el sistema nacional de seguridad social de salud, al sustituir un subsidio público a la oferta, pagado a los hospitales, por un subsidio a la demanda, pagado a las entidades prestadoras del servicio (EPS). Como la nueva ley otorgaba a las EPS la libertad de determinar dónde enviar a sus pacientes, los hospitales se vieron obligados a competir y a mejorar sus sistemas de contabilidad, facturación y almacenamiento de existencias, así como sus normas de calidad de servicio. En un breve lapso, organizaciones integradas verticalmente en un sistema burocrático se vieron obligadas a funcionar como emprendimientos sociales. Al no estar preparadas para enfrentar esta transformación por sí solas, generaron una gran demanda de servicios de asesoramiento en la transformación de la gestión hospitalaria.

El Centro de Gestión Hospitalaria (CGH), que había sido creado en 1991, detectó en este desarrollo una oportunidad de llevar a cabo su misión, a saber: "Promover y liderar la transformación de la gestión de salud para contribuir al desarrollo integral de la industria". Sin embargo, el CGH no fue la única organización ansiosa por responder a esa demanda. Por el contrario, al hacerlo debió competir con una serie de organizaciones públicas, semipúblicas y privadas, como: a) la Corporación de la Calidad, otra corporación mixta similar al CGH; b) el Hospital San Vicente de Paúl, un hospital en Medellín que vendía servicios de asesoramiento y que también organizó un congreso en la ciudad de Cartagena; y c) una variedad de empresas de consultoría privadas, tanto locales como multinacionales. En esta competencia, un activo clave para el CGH fue la participación de todos los integrantes de la industria, entre ellos las empresas privadas, que le proporcionaron un volumen de conocimiento y experiencia casi imposible de imitar por sus competidores.

El valor generado para las comunidades

En cierta forma, las colaboraciones estudiadas habrían fracasado si hubiesen impactado solamente en sus protagonistas. A fin de cuentas, todos estos emprendimientos tienen un componente social que por definición desborda a sus miembros e impacta en la comunidad. Un breve vistazo a nuestros datos revela que las colaboraciones intersectoriales produjeron un impacto positivo en sus respectivas comunidades. En 2001, COANIQUEM había provisto tratamiento médico gratuito a más de 50.000 niños quemados en Chile. Entre los años 2000 y 2001, el Banco de Alimentos de Monterrey (BAM) distribuyó un total de 6.120 toneladas de alimentos, que beneficiaron a 493.241 personas. Entre 1997 y 2001, la Casa de la Amistad había proporcionado tratamiento médico gratuito a 419 niños con cáncer en México. En todas las instancias, las colaboraciones contribuyeron a incrementar en forma significativa la magnitud de estos impactos.

Algunas de estas colaboraciones consiguieron alterar los términos del debate público en sus sociedades. Por ejemplo, el Programa Pro-Consejos (*Pró-Conselho)* resultó en extremo efectivo para incrementar el respeto a los derechos infantiles en el estado brasileño de Minas Gerais. Como ya se mencionó, este programa surgió de una iniciativa desarrollada por el Instituto Telemig Celular y varias OSC que integraban los Grupos de Apoyo Voluntario, con el respaldo de UNICEF. El número de Concejos Municipales de los Derechos de los Niños y los Adolescentes (CMDCA), una de las instituciones promovidas por el programa, se incrementó en un 50%. En apenas 18 meses de programa, se logró crear la mitad del número total de Concejos que habían sido creados en los once años previos.

También en Brasil, el premio Itaú-UNICEF incorporó el tema de la calidad educativa a la agenda social del país de manera definitiva. En Chile, como ya se vio, el trabajo de COANIQUEM despertó la conciencia pública sobre los peligros asociados con el uso privado de los fuegos artificiales. Sus esfuerzos se vieron recompensados en 1998, cuando el Congreso aprobó una ley que prohibía su uso privado, sobre la base de que constituía la primera causa de quemaduras en los niños. En Colombia, el programa Líderes Siglo XXI mejoró el clima de las relaciones de trabajo entre empleadores y empleados en el sector educativo. A pesar de pertenecer a uno de los sindicatos más luchadores del país, los docentes de las escuelas participantes decidieron no unirse a las huelgas que consideraban perjudiciales para los intereses de los estudiantes. Según Sofía Ramírez, directora de la escuela Rafael Uribe Uribe,

> han pasado tres o cuatro años desde la última vez que hicimos una huelga. Es difícil perder clases y asegurar la calidad de la enseñanza para los estudiantes. En ese sentido, somos completamente autónomos; si un docente de esta escuela desea unirse a una huelga, lo puede hacer, está bien. Sin embargo, aquí respetamos los derechos de los niños. Ellos son los más perjudicados por las huelgas.

Otras colaboraciones proporcionaron estabilidad a comunidades necesitadas y excluidas. A través de su alianza con Rainforest Expeditions, la comunidad nativa Ese'eja logró cambiar en forma sustancial sus condiciones de vida. Juan Pesha, un nativo de la comunidad, afirma que "*Nos han abierto un camino, una puerta*, nos han mostrado un nuevo sistema de trabajo (el turismo), porque esas actividades son mayormente nuevas; nunca nosotros hemos visto esta forma de trabajo". La incorporación de la comunidad a los circuitos internacionales del turismo le permitió estar menos expuesta a las constantes fluctuaciones de los precios de los productos agrícolas. Según cuenta Hernán Arrospides, otro miembro de la comunidad, "acá uno más o menos tiene trabajo seguro; si trabajo tantos días, tengo tanto dinero. En cambio, en la agricultura uno no tiene seguridad; a veces uno lleva el producto y el precio está muy bajo. Entonces, eso significa que uno trabaja duro por casi nada". Los ingresos se han estabilizado y se han incrementado; los salarios en la posada son un 38% más altos que los ingresos de una familia tipo, generados por la caza y la agricultura. Con ingresos más elevados y más estables, una comunidad que se encontraba camino a la desintegración ha comenzado a percibir un nuevo horizonte. Arrospides agrega: "Con Posada Amazonas, toda la comunidad está bien. Ahora, los chicos que han terminado su secundaria ya no se van, los hijos no emigran a otros sitios. Antes se iban a Puerto Maldonado, ahora ya no lo harán más porque el convenio estipula que la empresa tiene que proporcionar trabajo a todos".

La colaboración entre RFE y la comunidad nativa Ese'eja también generó beneficios ambientales para la reserva Tambopata-Candamo en la Amazonia peruana. El medio ambiente es el clásico ejemplo de un bien público donde la ausencia de propiedad privada genera una fricción entre el interés particular, que busca maximizar ganancias a corto plazo, y el interés social, que busca la preservación de los recursos a largo plazo. La colaboración eliminó el problema de los beneficiarios gratuitos (*free-rider*), a través de la generación de incentivos de merca-

do para que la comunidad preservara el medio ambiente, pues constituye la fuente de los ingresos proporcionados por los turistas. Al mismo
tiempo, el turismo y la conservación están relacionados de manera directa. En la medida en que más personas trabajan en turismo, menos se
dedican a actividades que pueden ser nocivas para el medio ambiente,
como la caza o la pesca no reguladas. La comunidad ha tomado conciencia de que el éxito de la posada depende de la biodiversidad de la reserva
y, en ese sentido, ha creado mecanismos de conservación ecológica.

La ya mencionada colaboración creada en torno a la línea de productos Ekos, en Brasil[15], también generó importante valor social y medioambiental en áreas hasta entonces marginadas. Las comunidades indígenas
que participaron en la alianza con Natura mejoraron su vivienda, salud y
educación. Además, según los principales protagonistas, los miembros
de las comunidades han desarrollado nuevos hábitos para proteger las
especies locales en peligro de extinción; mientras que su experiencia ha
servido de ejemplo para otras colaboraciones similares en comunidades
que no participaron en el proyecto ideado por Natura.

Otras colaboraciones hicieron posible que los gobiernos sean más
receptivos de las necesidades y opiniones de los ciudadanos. La asociación entre Indupalma y la Fundación Rafael Pombo (FRP) tuvo un fuerte impacto en el municipio de San Alberto. Los socios organizaron una
audiencia pública y las autoridades municipales escucharon las peticiones de los niños de la zona. Luego de la audiencia, el gobierno municipal
reconoció la necesidad de incorporar al plan de desarrollo local los temas relacionados con la infancia y la adolescencia. Así, se creó el Comité de Jóvenes del Concejo Municipal y se invitó a los jóvenes de San
Alberto a participar. Según un funcionario de la FRP,

> cuando llamamos a las autoridades municipales para decirles que
> 'Indupalma nos había dado su apoyo y que queríamos realizar una au-
> diencia pública en San Alberto', se asustaron y pensaron: '¿Qué irán a
> hacer ahora?'. Ellos se dieron cuenta de que el plan de desarrollo muni-
> cipal no hacía referencia alguna a los temas relacionados con los niños y
> los adolescentes. Luego, nos confesaron: 'Nos aterra la idea de una au-
> diencia pública, donde vayan los chicos y los jóvenes con sus recla-
> mos'. Les dijimos: 'No se trata de eso. *Es sólo que en algún momento
> tenemos que empezar...*'

Otro de los efectos de estas experiencias exitosas fue mostrar un
modelo probado de generación de valor económico y social, que facilite
el surgimiento de nuevas relaciones entre las organizaciones estudiadas
y terceros. Muchas de las compañías que participaron en el Centro de

Gestión Hospitalaria (CGH) crearon otras alianzas intersectoriales. Por ejemplo, General Médica decidió integrarse en dos colaboraciones nuevas: la "Asociación de Hospitales y Clínicas" y la "Cámara de Salud" de la Asociación Nacional Industrial. Su presidente, Orlando Sánchez, explica:

> La idea (de pertenecer al CGH) nos gustó tanto que, luego, cuando se creó la Asociación de Hospitales y Clínicas, decidimos participar como auspiciantes. Queremos conocer a todos y que todos nos conozcan.

Sin embargo, el efecto demostración de estas experiencias exitosas no sólo se limitó a sus protagonistas directos. Por el contrario, estas experiencias mostraron un modelo probado de trabajo solidario que fue reproducido por terceros. En sí mismo, este hecho sugiere el fortalecimiento de la solidaridad como valor en esas sociedades. En Argentina, a raíz del alto perfil que obtuvo la Red Solidaria (RS) mediante su colaboración con el diario *La Nación*, catorce redes de solidaridad copiaron el modelo de la RS en el interior del país: en Pilar, Azul, Rauch, Bariloche, Jujuy, Salta, Rosario, Córdoba, Alto Valle, Mar del Plata, Junín, González Chávez, Pergamino y Chascomús. Sobre la base del ejemplo de la colaboración entre la cadena de supermercados HEB y el Banco de Alimentos de Monterrey, se crearon nuevos bancos de alimentos en las ciudades mexicanas de Saltillo, Matamoros, Reynosa y Nuevo Laredo. En ambos casos, las organizaciones que surgieron contaron con el apoyo de sus alma máter, aunque fueron completamente independientes. Estos ejemplos señalan una exterioridad positiva de las alianzas intersectoriales: el efecto multiplicador en la acumulación de generación de valor social parece reducir el costo de reproducir estos emprendimientos.

Puntos clave

Este capítulo exploró, en detalle, las dinámicas que se ponen en juego cuando una alianza genera valor y los factores que las condicionan. La centralidad de la generación de valor en cualquier colaboración intersectorial, torna imprescindible que todo socio dedique tiempo a reflexionar sobre ella. En esta sección, una vez más, intentamos hacer un aporte a esa reflexión.

Comenzamos con el punto final del capítulo, en el que analizamos las distintas maneras en las que las colaboraciones generaron valor para las organizaciones estudiadas. Esa sección podría servir al lector de mapa conceptual y guía de control. Una organización, empresa u OSC podría comenzar por preguntarse cuáles son las dimensiones de valor, descritas en la última sección del capítulo (gráficos 9 y 10), que su colaboración *sí* está generando. La pregunta clave será: ¿qué *cantidad* de valor está generando la colaboración? ¿Es esa cantidad suficiente, adecuada a mis necesidades y proporcional a los costos de la iniciativa? De no ser así, ¿es posible identificar los *cuellos de botella* que obstaculizan la generación de valor? A menudo, como vimos en los casos analizados, pequeños reajustes pueden tener un impacto significativo en el potencial de una relación para enriquecer a sus protagonistas.

Una forma de aumentar la productividad de la colaboración consiste en analizar los recursos que se asignan al emprendimiento. Hemos visto que existen diferencias notables en los niveles de productividad de las alianzas que utilizan recursos genéricos y aquéllas que contribuyen con sus propios recursos clave o que generan valor a través de la combinación de sus recursos principales. El objetivo aquí es identificar la categoría de recursos que se transfieren, en el esquema vigente, a mi colaboración y explorar la posibilidad de migrar a la categoría superior. ¿Tiene mi organización recursos clave que puedan influir para generar mayor valor a la alianza? ¿Tiene mi socio recursos clave que podrían ser combinados con los míos de un modo original, de tal forma que generen una fuente de recursos hasta el momento inexistente?

La segunda pregunta que es posible realizar será: ¿cuáles de esas dimensiones de valor *no están presentes* en mi colaboración? Ello nos llevará a reflexionar sobre la posibilidad de *ensanchar* la relación. ¿Hay quizá alguna dimensión que no haya sido evidente al inicio de la relación, que permita generar una nueva dimensión de valor y así enriquecer nuestro vínculo?

Los socios también deberán prestar atención al flujo de valor y, en particular, al concepto del *círculo virtuoso* en su generación. ¿Reconozco esa dinámica en el funcionamiento de mi relación? De no ser así, la pregunta de rigor será: ¿cómo puedo generarle más valor a mi socio, con el fin de poner en marcha ese proceso? Si la respuesta es positiva, la siguiente pregunta será: ¿sigue siendo mi propuesta de valor actual, pertinente y relevante? Si una organización descubre que hay un desajuste entre lo que produce para el socio y lo que aquél necesita, deberá trabajar por renovar su propuesta de valor, dando una nueva mirada a las necesidades del socio. ¿Cuáles son sus necesidades y cómo podría mi organización servirlas? Por último, la renovación de valor requerirá que los socios proyecten su pensamiento en forma estratégica hacia el futuro, a fin de prepararse en forma proactiva para lo que vendrá. ¿Cuáles pueden ser las necesidades *futuras* de mi socio?, y ¿cómo puedo prepararme para atenderlas?

Notas

1. Austin 2003.
2. Porter y Kramer 2002: 56.
3. Este grupo también incluyó casos con alineamiento estrecho y muy profundo; y otros, con una conexión amplia pero no muy profunda en las tres dimensiones.
4. *Véase* en el capítulo 3, el subtítulo "La creación dinámica del alineamiento" (p. 95).
5. Este caso se analiza en la sección titulada "Presiones competitivas" (p. 104) y luego se estudia en profundidad en el capítulo 11: "El sentido de los negocios en las alianzas intersectoriales" (p. 321).
6. Remitirse a la p. 96, donde se analizan en detalle.
7. La experta era Sandra Velasco, quien había trabajado en Corporación Calidad como auditora interna de la ISO. Al mismo tiempo, también había sido jurado y evaluadora del Premio Nacional de Calidad y el Galardón a la Excelencia Educativa, auspiciado por la Secretaría de Educación de Colombia.
8. Por ejemplo, los servicios prestados por un profesional pueden pertenecer a esta categoría, según las circunstancias.
9. *Véase* la pág. 42.
10. *Véase* "El valor generado para las compañías" (p. 137).
11. Una breve descripción de esta relación se incluyó en el primer capítulo (p. 10). Para una descripción más detallada, consultar las secciones tituladas "Individuos" (p. 61) y "Fertilización cruzada" (p. 97).
12. Austin y Reavis 2002.
13. *Ver* p. 38.
14. La excepción fue Meals de Colombia, que al liderar la iniciativa se hizo cargo de los costos de coordinación y de gestión. Sin embargo, tampoco aquí esos fondos fueron transferidos a los colegios, sino que fueron costos de transacción y de administración del esquema.
15. La alianza establecida alrededor de la línea Ekos se estudió en las páginas 85 y 86. Esta alianza también se analizará en detalle en el capítulo 7.

Bibliografía

Austin, James E. (2003). *El desafío de la colaboración: cómo las organizaciones sin fines de lucro y las empresas comerciales alcanzan el éxito mediante alianzas estratégicas*. Buenos Aires, Argentina: Granica.

_____, y Cate Reavis (2002). "Starbucks and Conservation International", Caso HBS N° 9-303-055. Boston: Harvard Business School Publishing.

Porter, Michael E. y Mark R. Kramer (2002). "La ventaja competitiva de la filantropía corporativa", en *Harvard Business Review América Latina*, vol. 80, N° 12. Boston, Mass.: Harvard Business School Press, diciembre, pp. 48-62.

5

La gestión de la alianza

J. Austin, E. Reficco y el equipo de investigación SEKN

Las colaboraciones se forjan día a día, a través del trabajo conjunto. La forma en que los socios organizan sus actividades conjuntas tiene un impacto directo sobre la capacidad de las alianzas para generar resultados. Los capítulos anteriores han demostrado que las colaboraciones intersectoriales poseen la capacidad de generar beneficios para las organizaciones participantes y para la sociedad. Sin embargo, a mayor capacidad de generación de valor, más compleja será la gestión de la alianza. Por tanto, los desafíos que implica la gestión exitosa de una relación intersectorial requieren un análisis exhaustivo. Este capítulo extrae lecciones de las experiencias analizadas en nuestra muestra de alianzas en América Latina. Comenzaremos con una evaluación de la importancia de la atención focalizada en las colaboraciones, y luego pasaremos a las ventajas de institucionalizarlas. A continuación, consideraremos el papel de las comunicaciones y los diferentes recursos para desarrollar confianza entre las partes. El análisis concluirá con una disertación sobre el papel de las colaboraciones como herramientas de aprendizaje.

La atención focalizada

Difícilmente una colaboración puede funcionar como un motor de crecimiento para las organizaciones participantes, si los socios asumen que puede operar en *piloto automático*. La atención focalizada por parte de los líderes capaces de tomar decisiones, asignar recursos y comprometer a sus organizaciones con la relación constituye un elemento vital de una gestión exitosa. En el Centro de Gestión Hospitalaria (CGH), según explica su directora ejecutiva, Patricia Gómez, "quien participa en el Consejo Directivo siempre es el presidente de la empresa. Nadie envía aquí a un ejecutivo que se ubique en el segundo o tercer nivel en la cadena de mando, para que le ponga atención al Centro de Gestión. Los empresarios vienen aquí como si éste fuera su proyecto más importante y dedican todo el tiempo necesario a discutir cómo ayudar a enfrentar los desafíos futuros". Esta inversión de tiempo y energía garantiza que la

relación continúe siendo estratégicamente relevante para sus participantes.

La gestión de una colaboración también se facilita cuando la responsabilidad primaria por su gerenciamiento cotidiano está claramente definida y asignada a interlocutores específicos en cada organización. En la
medida que las colaboraciones intersectoriales se profundizan y se tornan más complejas, puede resultar necesario convertir la gestión de la
alianza en una responsabilidad central para algunos individuos y, en algunos casos, incluso en una responsabilidad de tiempo completo. Un
factor de éxito clave en la gestión de la colaboración entre Farmacias
Ahumada S.A. (FASA), una cadena de farmacias chilena, y la Fundación Las Rosas fue el hecho de que la OSC tenía un ejecutivo especialmente asignado a la tarea: Felipe Morán. Delegar la gestión de la
colaboración a individuos específicos proporciona continuidad y fluidez
a las comunicaciones, y promueve una búsqueda constante de oportunidades de perfeccionamiento. "Tenemos que dedicar cierto tiempo a reflexionar y analizar cómo mejorar la colaboración para ambas partes",
explicó Morán.

Hasta 1995, la gestión de la alianza entre la compañía Natura y la
escuela pública Matilde Maria Cremm estuvo en manos del Directorio
de la compañía, que incluía a Luiz Seabra, presidente fundador, Guilherme
Leal, presidente ejecutivo, y Pedro Passos, presidente operativo. A pesar de que el respaldo del Directorio a la colaboración empezaba a rendir
frutos, Leal tomó conciencia de que la intensidad de la alianza exigía un
compromiso en términos de dedicación, que el Directorio no estaría en
condiciones de sostener por mucho tiempo. "¿Quién asegurará la continuidad de las mejoras de calidad que nuestro socio ha comenzado a experimentar?", se preguntaba. La respuesta se cristalizó con la creación
del área de Responsabilidad Social dentro de la compañía, dirigida por
Ángela Serino, quien tendría a su cargo exclusivo las actividades sociales de la empresa. La designación de Serino y la excelente relación laboral que estableció de inmediato con Maria da Graça Fernandes Branco,
directora de la escuela, fortaleció la colaboración.

A medida que las colaboraciones progresan a lo largo de las etapas
del *continuo de colaboración*, la gestión de la alianza se vuelve más
compleja. En última instancia, los socios pueden considerar el establecimiento de estructuras de gestión conjunta. Por ejemplo, la relación entre
el periódico *La Nación* y la Red Solidaria (RS) se originó en una etapa
filantrópica en la que el periódico donaba espacio publicitario, esporádi-
camente, a la organización civil. Más adelante, la colaboración progresó
a la fase transaccional, en la que la RS se convirtió en una fuente fluida
de material para distintas secciones del periódico. Sin embargo, con el

lanzamiento de los avisos *"Clasificados solidarios"*, un producto conjunto, la alianza ingresó en una etapa integrativa que demandó la creación de una estructura de gestión común.

El caso de Posada Amazonas constituye, tal vez, el mejor ejemplo de una estructura de gestión integrativa sofisticada, resultado de la colaboración entre la comunidad nativa Ese'eja y la empresa de ecoturismo Rainforest Expeditions. En esta instancia, el Comité de Administración, compuesto de cinco representantes de cada una de las partes, actuó como un canal eficiente de representación de la comunidad ante la compañía, que estaba a cargo de la administración diaria de la posada. En el Comité de Administración, los socios definían en forma conjunta la estrategia para la Posada Amazonas y tomaban decisiones clave, tales como inversiones de capital, pago de préstamos o gestión del personal.

En principio, existen motivos sólidos para asignar la gestión diaria de la alianza a los recursos humanos de cada organización. En el capítulo previo vimos que las partes pueden obtener beneficios sustanciales cuando sus grupos de interés internos se conectan personalmente con la colaboración. No obstante, algunas compañías en la muestra optaron por tercerizar esta tarea. Ya hemos mencionado el caso de Coca-Cola de Argentina (CCA) en su alianza con Junior Achievement Argentina (JAA), en donde la empresa cedió la gestión de la colaboración a una firma de asesoramiento privada con experiencia en relaciones públicas.

Esta opción puede explicarse, en gran medida, en términos de economías de escala y especialización. Cuando la escala de la cartera social de una organización no justifica la disposición de recursos humanos internos especializados, algunas compañías ceden la gestión diaria de sus iniciativas sociales, pero retienen el control sobre su estrategia general y las decisiones importantes. A la vez, la tercerización podría ser más atractiva para aquellas compañías en las que, debido a la peculiar estructura del negocio, los grupos de interés internos no tienen un peso significativo. El negocio de Coca-Cola de Argentina es la franquicia: sólo administra una marca y su imagen, ya que el producto real está en manos de sus embotelladoras y distribuidoras. Ello explica que su principal interés sea relacionarse fuertemente con sus grupos de interés externos. Por el contrario, las empresas prestadoras de servicios tendrán poderosos incentivos para acrecentar las motivaciones y la identificación de los grupos de interés internos, puesto que una buena parte de su productividad deriva de esos factores. Esta dinámica surgió en casos tales como el de FASA, la cadena de farmacias chilena, o de la empresa constructora vial argentina AUSOL.

Dado que el manejo de una colaboración efectiva requiere una inversión importante de tiempo y la atención de los líderes de las organizaciones participantes, y considerando que éstos son un recurso escaso, existen buenas razones para limitar el número de colaboraciones en las que una organización se involucra. Varias de las colaboraciones analizadas en nuestra muestra recibieron una cantidad desproporcionada de recursos y atención de sus participantes. Por ejemplo, el diario *La Nación* desarrolló varias colaboraciones con otras OSC, pero ninguna de ellas se acercó a los niveles de compromiso, continuidad e intensidad alcanzados con su alianza con la RS. Internamente, se generan economías de escala al gestionar una sola alianza que maneja diez proyectos, en lugar de gestionar diez proyectos a través de diez alianzas. Externamente, concentrar los recursos en una sola área, en la que la organización tiene recursos clave que pueden marcar la diferencia, también tenderá a maximizar el impacto.

Al mismo tiempo, concentrar la actuación social en un solo socio no está libre de riesgos. Por ejemplo, los Supermercados H-E-B Internacional (HEB) sólo canalizan sus productos defectuosos, en forma sistemática, a través del Banco de Alimentos de Monterrey (BAM). Si a esa dependencia le agregamos el hecho de que la empresa ha realizado importantes inversiones en capacitación y equipo en su socio, podríamos concluir que la relación genera un flanco vulnerable para la empresa. Sin embargo, el BAM también está expuesto ante HEB, hecho que no preocupa a su responsable Blanca Castillo: "Lo que tenemos en mente es que HEB siga siendo nuestro principal donante para el banco de alimentos, no solamente en efectivo sino también en especie". En la medida que la dependencia es compartida, se transforma en interdependencia y se neutraliza. Por otra parte, como comentamos en el cuarto capítulo, mientras una relación genere valor para sus socios, habrá pocos incentivos para dejarla.

La institucionalización

Las colaboraciones nacen de los líderes, pero crecen y se consolidan en instituciones. Una colaboración es sólida cuando está arraigada profundamente en socios institucionalmente fuertes y estables. Llegar a ese estado ideal puede exigir esfuerzos para trabajar por institucionalizar la colaboración dentro de la propia organización y sus grupos de interés, colaborar en la institucionalización del socio, o por reproducir la colaboración en sí.

La institucionalización dentro de las mismas organizaciones y sus grupos de interés

Si bien el apadrinamiento personal por parte de algunos individuos suele ser benéfico para la alianza, también resulta deseable que, en algún momento, la colaboración los transcienda. Cuando las alianzas están demasiado asociadas con individuos específicos, el riesgo de discontinuidad se incrementa. El capítulo previo analizó la colaboración entre la compañía chilena Empresas Ariztía y la Corporación Municipal de Melipilla (CMM), una organización autónoma. Como resultado de un compromiso profundo de su presidente, Manuel Ariztía, la relación entre la empresa y la CMM se ha extendido por más de dos décadas. Sin embargo, la pregunta que circula entre la gerencia es qué ocurrirá con aquella colaboración cuando don Manuel se retire, ya que la pasión y el entusiasmo del líder no parece haberse extendido al resto de los ejecutivos de la empresa. Don Manuel parece estar consciente de ello y ha pedido, expresamente, a uno de sus hijos que siga sus pasos cuando él no esté en condiciones de cumplir sus funciones en la CMM.

Por más que los líderes de una organización estén comprometidos con una colaboración, ésta difícilmente podrá realizar todo su potencial si el compromiso no desciende a lo largo de toda la pirámide organizacional. En consecuencia, el reto consistirá en conseguir que la colaboración se vuelva parte de la cultura real de la propia organización y que sus miembros no la vean como algo temporal, que llegó por casualidad al escritorio de sus líderes. Sin embargo, ello no siempre resultará fácil: seguidamente mostraremos qué recursos utilizaron las organizaciones estudiadas para conseguir su propósito. Por ejemplo, para el director de Operaciones de FASA, Enrique Mendoza, resulta fundamental que la gerencia emita *señales claras* a su personal sobre la importancia que ellos asignan a la colaboración:

> Si la gerencia demuestra un hondo compromiso con la alianza, los empleados en las farmacias recibirán las señales y la convertirán en una prioridad. Esto sucede en todos los niveles. Cuando el gerente auxiliar de *Marketing* ve que el gerente general le pregunta por qué no se mencionó la alianza con la FLR en el catálogo de ofertas, el primero comprenderá que el tema es importante para su jefe y lo tendrá en cuenta para el siguiente catálogo. Para que una alianza tenga éxito, la gerencia superior debe transmitir mensajes claros.

Así, en sus visitas a los locales con el gerente general, Mendoza no sólo preguntaba "¿cómo va el margen?", o "¿qué productos necesitas?", sino también *"¿cómo va la FLR?"*.

> Al principio, los administradores de los locales me contestaban "no sé", pero pronto se corrió la voz y, de repente, todos ellos comenzaron a estar muy al tanto de la recaudación mensual, de la donación, de la recaudación del día anterior, del vendedor que más recaudaba...

En este sentido, la señal más clara y poderosa que quizá una compañía puede enviar a su personal es *integrar en su estructura de incentivos* el desempeño y compromiso de los individuos con respecto a la colaboración. En el capítulo anterior señalamos que Mendoza había decidido incorporar la recaudación de fondos a los criterios de evaluación de desempeño de los supervisores, y que esta medida había incrementado los resultados y reforzado la importancia de la alianza entre los empleados. Otro ejemplo pertinente es el caso de Meals de Colombia, que incorporó la gestión del proyecto Líderes Siglo XXI (Líderes) a su organigrama, como una área del departamento de Recursos Humanos y Calidad. Su gerente, Adriana Hoyos, explicaba:

> Cuando ingresamos en el proyecto Líderes, se revisó el manual de funciones de mi Departamento. Ahora tengo una área clave de resultado que se denomina "aporte a la comunidad", que tiene una participación dentro de mi plan de trabajo y es evaluada trimestralmente. Mis indicadores de desempeño son: selección, desarrollo del personal, algo que llamamos "proceso vivencial", satisfacción de los empleados, calidad total, aportes a la comunidad y producción de personal.

Los esfuerzos por institucionalizar las colaboraciones a través de incentivos también pueden abarcar a los grupos de interés externos. Cuando Manuel Ariztía se unió a la ya mencionada CMM, comprendió que los esfuerzos de la alianza por mejorar la educación no prosperarían sin un compromiso activo por parte de los docentes. En consecuencia, insistió en crear un conjunto de incentivos, tales como bonificaciones anuales relacionadas con mejoras en indicadores clave, primas para docentes que enviaran a sus hijos a escuelas manejadas por la CMM, para aquellos docentes cuyos hijos se graduaran en escuelas de Melipilla y fuesen aceptados en instituciones universitarias, y para quienes tenían asistencia perfecta, entre otros. Con el tiempo, los incentivos generaron resultados. Según explica Ariztía, "los maestros *aprendieron a confiar* en la CMM. Ellos también desarrollaron un sentimiento de pertenencia y propiedad del sistema, y tomaron conciencia de que su esfuerzo puede tener impacto". Ariztía también trabajó fuertemente por incorporar a los padres a la nueva cultura operacional del sistema educativo de Melipilla; en su opinión, "las escuelas no pueden generar resultados sin la participación activa de los padres". Para desincentivar la deserción escolar, convenció a la CMM para que se recompensara a los padres de aquellos niños con asistencia perfecta y a los de los mejores alumnos, entre otros incentivos.

Otra medida efectiva fue *predicar con el ejemplo* (*walk your talk*). Los primeros esfuerzos de la gerencia de la empresa vial argentina

AUSOL en institucionalizar su relación con la Fundación SES, no tuvieron el resultado esperado. Las labores de difusión interna no fueron capaces de propagar la cultura de la empresa o revertir la inercia de una organización que no necesariamente estaba familiarizada con el trabajo social. "Nos dimos cuenta de que no bastaban las reuniones de comunicación, ni las invitaciones a participar, ni que les contáramos cómo avanzábamos", recuerda su jefa de Comunicación y Atención al Cliente, Alejandra Barczuk. Y agrega:

> En ese momento (el gerente general de la empresa, Luis) Freixas recurrió a 'sugerir' –por no decir obligar– a la línea de jefes, que son 14 personas que tienen a su cargo diferentes áreas operativas dentro de la empresa, que se involucraran. Así, implementamos la idea de los pares de padrinos. Freixas consideró que sería un buen punto de partida. En un momento dado, empezó a dar resultado el hecho de que los jefes que lideraron estos grupos se involucraran de manera personal. Mantuvimos los mismos canales de información que históricamente habíamos usado. *La diferencia es que, en estas reuniones, en lugar de leer un formulario, ahora ellos narraban su propia experiencia.*

Un primer resultado de este tipo de esfuerzos consistirá en que la colaboración supere lo que un ejecutivo de Bayer denominó la "categoría del *ah, sí... oí algo de eso*"[1]. Sin embargo, en una segunda etapa, la institucionalización de la colaboración debería apuntar a que *cada departamento de la empresa piense cómo la alianza puede contribuir con su trabajo* y viceversa, qué le puede aportar a la colaboración. En el caso de Techint, varias áreas del Grupo se involucraron con la Fundación Proa. Por ejemplo, el área de Recursos Humanos participa, con frecuencia, en actividades relacionadas con la cultura y suele recurrir a Proa en busca de asesoramiento.

El desarrollo institucional de los socios

Trabajar para institucionalizar la colaboración en el contexto de las propias organizaciones y sus grupos de interés, puede no ser suficiente. En algunas alianzas en la muestra, uno de los participantes concluyó que debía invertir recursos en el desarrollo institucional de su socio. Cuando una alianza intersectorial se arraiga en el ADN de una empresa y todos los departamentos establecen una conexión con ella, la colaboración generará demandas que el socio puede no estar preparado para satisfacer. Por ejemplo, una empresa estimulada por el éxito de una colaboración podría buscar ampliar su escala para acceder a nuevos grupos de interés, sólo para descubrir que su socio no tiene la capacidad institucional para ello.

Ése fue el caso de la empresa constructora AUSOL, que, como ya se vio, estableció un contacto inicial con el líder comunitario Alberto Croce para desactivar una situación social potencialmente explosiva[2]. Sin embargo, una vez logrado ese objetivo, el compromiso de la empresa, lejos de debilitarse, se incrementó. Al cabo de cinco años de trabajo conjunto, AUSOL se comprometió a ayudar a Croce a crear la Fundación SES (Sustentabilidad-Educación-Solidaridad), dedicada a trabajar por la inclusión social, a partir de la educación no formal.

La intensa y dinámica evolución de la relación entre AUSOL y Croce puede ser vista como un proceso en el cual AUSOL expandió el dominio de la colaboración, con el fin de incluir nuevos grupos de interés como beneficiarios del valor generado. A partir de un enfoque legal (1994), que atendía sólo el interés de sus *accionistas*, en 1996 AUSOL pasó a otro de negociación, que incluía los intereses de la *comunidad vecina* en su trazado. Por último, con la institucionalización de su actuación social en SES, en 1999 incluyó a sus *empleados*, en forma indirecta a sus *clientes*, que se beneficiaron con un mejor servicio, y a otros sectores de la *comunidad en general*, ya que su actuación social se amplió en contenido y cobertura geográfica. Desde esa perspectiva, la inversión realizada por AUSOL para institucionalizar a su socio destrabó un cuello de botella, determinado por las limitaciones implícitas en el proceso de generación de valor, que en gran medida depende de un solo individuo.

Ya se mencionó que, durante casi dos décadas, la cadena de supermercados HEB había desarrollado alianzas con bancos de alimentos en Estados Unidos, sobre la base de las profundas convicciones de sus dueños y de los vínculos con su estrategia central. A mediados de la década de 1990, cuando la empresa decidió aventurarse fuera de Estados Unidos e incursionar en el norte de México, llevó consigo su cultura de alianzas estratégicas con bancos de alimentos. Al llegar a Monterrey, se topó con una organización entusiasta y profesional, cuyos estándares técnicos y capacidad institucional, a la vez, no estaban del todo a la altura de sus expectativas. En vez de desalentarse, la compañía se comprometió a ayudar a su socio a superar esa brecha en su capacidad. Eddie García, el ejecutivo a cargo de las colaboraciones con los bancos de alimentos en la sede de Texas, informó a sus futuros socios que la empresa no limitaría su ayuda a brindar soluciones rápidas o fáciles. Por el contrario, HEB tenía intenciones de colaborar en la creación de un banco de alimentos con capacidad para asistir a toda la región norte de México, en un lapso de 15 a 20 años. Lograr ese ambicioso objetivo implicó transferencias sustanciales de tecnología, equipamiento y técnicas de gestión, que se abordaron en capítulos previos.

¿Expandir la colaboración?

En ocasiones, el desarrollo institucional de los socios y/o el fortalecimiento de las colaboraciones, tal vez implique incorporar a terceras partes o reproducir relaciones similares entre los socios y otras empresas. Ambas alternativas pueden contribuir a incrementar la escala, reducir costos o intensificar el impacto del programa. Javier Comesaña, director de Desarrollo Organizacional de *La Nación*, explica que "hemos tratado de conectar a la Red Solidaria (RS) con nuestros competidores para que, de esa manera, tenga más oportunidades de difundir sus actividades". En consecuencia, en 2001 la RS lanzó una campaña nacional de perfil alto con el periódico *Clarín*, un competidor directo de *La Nación*.

Varias de las organizaciones en la muestra adoptaron este curso de acción. Los capítulos previos mencionaron los casos de Meals de Colombia y Autopistas del Sol, y sus esfuerzos por incluir otras empresas en sus alianzas para fortalecer e institucionalizar sus colaboraciones. Sin embargo, en ambos casos, los intentos no fueron del todo exitosos, debido a que ante el público existía una estrecha asociación entre las marcas de las compañías y la colaboración. Algo similar sucedió en el caso de Bimbo México. Al referirse a su colaboración con el Papalote Museo del Niño, Martha Eugenia Hernández, directora de Relaciones Institucionales de Bimbo, señaló: "Cuantas más empresas se asocien con el museo y contribuyan, mejor para ellos. A Bimbo no le afecta".

No obstante, esa actitud abierta y generosa tenía sus límites: cuando entabló la alianza con Papalote, Bimbo dejó asentado con claridad que el Museo no debía desarrollar alianzas con un competidor directo de Bimbo. Lo mismo ocurrió en la colaboración entre Coca-Cola de Argentina y Junior Achievement Argentina, desarrollada a través del programa Aprender a Emprender en el Medio Ambiente (AEMA). María Marta Llosa, directora de Relaciones Públicas, afirmó: "Me gustaría mucho que Coca-Cola implementara AEMA en el mundo, *pero no me gustaría que lo hiciera un competidor*". Para comprender la diferencia de actitud entre estos dos casos y el de *La Nación,* basta recordar las distintas motivaciones que impulsaron a las empresas a las colaboraciones. Mientras que en los casos de Bimbo y Coca-Cola las relaciones intersectoriales poseían una poderosa dimensión competitiva, la motivación del periódico era más filantrópica que utilitaria.

Las alianzas pueden ampliarse mediante la incorporación, por un período limitado o en un papel subsidiario, de un socio que posea una capacidad valiosa para lograr el objetivo de la colaboración. Por ejemplo, en la alianza entre Natura, la compañía de cosméticos brasileña, y la escuela pública Matilde, los socios recurrieron al CENPEC, un especialista en educación, para que se sumara, durante un par de meses, a sus esfuerzos por cambiar la cultura escolar y alinearla con los objetivos de la colaboración. En la alianza entre la compañía televisiva Representaciones Televisivas (REPRETEL) y la Fundación Promotora de Vivienda (FUPROVI), una OSC de Costa Rica, ambas partes invitaron a Mutual Heredia a incorporarse al proyecto. Como se mencionó en el tercer capítulo, el propósito de esta colaboración era proporcionar viviendas a las víctimas del huracán César, que había devastado Costa Rica en julio de 1996. Mientras que REPRETEL y FUPROVI eran los socios más visibles de la alianza, Mutual Heredia desempeñó un papel más limitado, pero no menos importante, que fue la recaudación de las donaciones en efectivo.

A pesar de las potenciales ventajas, expandir la alianza no está libre de riesgos. Consideremos la colaboración entre el Instituto Telemig Celular, la división social de la compañía de telefonía móvil brasileña Telemig Celular, y los Grupos de Apoyo Voluntario. Como ya se explicó, la alianza apuntaba a la creación y el fortalecimiento de Concejos, instituciones municipales que garantizaban la aplicación de las leyes de los derechos infantiles y diseñaban las políticas públicas para proteger a la niñez. Con el propósito de lograr ese objetivo, en 2001 la compañía invirtió recursos para reforzar la capacidad institucional de sus socios a través de programas de capacitación. Aunque la colaboración alcanzó sus objetivos, a finales de ese mismo año los socios estaban contemplando la posibilidad de consolidarla aún más, mediante la incorporación de la Procuraduría General del Estado.

Los argumentos a favor de esta incorporación eran poderosos, puesto que la Procuraduría General del Estado era el organismo estatal de Minas Gerais a cargo de la creación y el desarrollo de los Concejos, el mismo objetivo que perseguía la alianza. Sin embargo, la decisión entrañaba riesgos considerables. La gerencia superior de Telemig Celular, representada en el directorio del Instituto Telemig Celular, estaba muy preocupada por las posibles consecuencias que podía acarrear a su imagen corporativa una asociación con un organismo del sector público. En su opinión, las alianzas con el sector público tendían a ser más complejas y a tener menos posibilidades de éxito. En particular, la empresa temía que la nueva incorporación se convirtiera en un *caballo de Troya*, que introdujese una dinámica partidaria o ideológica en la colaboración y desacelerara el proceso de toma de decisiones. Al momento de completarse el presente estudio, el consenso era que para que la idea prosperara, debía implementarse junto con mecanismos destinados a neutralizar esos riesgos. Es importante asegurar que una ampliación que en su origen apuntó a fortalecer una relación, no acabe ejerciendo el paradójico efecto de debilitarla.

Otro riesgo posible surge de la comparación entre la iniciativa Líderes Siglo XXI (Líderes) y el Programa de Apadrinamiento de Escuelas emprendido por la Cámara de Comercio Americana de Nicaragua (AMCHAM, por sus iniciales en inglés), con el respaldo del Ministerio de Educación, Cultura y Deportes de Nicaragua (MECD). Ambos proyectos fueron lanzados por cámaras de comercio; a saber, el Foro de Presidentes de la Cámara de Comercio de Bogotá y AMCHAM, para contribuir a mejorar la educación en sus respectivas comunidades. El Foro de Presidentes había trabajado en la creación de capital intelectual en torno a las fortalezas del enfoque de gestión de calidad total, y aspiraba a adaptar esas técnicas a la educación. Con ese fin, se asoció a OSC que habían trabajado en el mismo ámbito, tales como la norteamericana Koalaty Kid o las organizaciones brasileñas Pitágoras y Christiano Ottoni. Las actividades conjuntas realizadas con estas OSC ampliaron la visión de los líderes e influyeron en su posterior trabajo con las escuelas.

La iniciativa liderada por AMCHAM, en cambio, no incluyó al tercer sector. En un principio, el Comité de Educación de AMCHAM había explorado la posibilidad de trabajar con una OSC local, denominada el Foro Educativo Nicaragüense "Eduquemos" (Eduquemos), cuya misión era precisamente "facilitar la participación de la comunidad empresarial y la sociedad civil en mejorar la calidad, equidad, eficiencia e importancia de la educación en Nicaragua...". Sin embargo, cuando llegó el momento de lanzar la iniciativa, "Eduquemos" fue dejado de lado. Los empresarios insistieron en "ponerse a trabajar" de inmediato, con un mínimo de trámites administrativos para reducir los procedimientos burocráticos, ya que "los niños y la educación no pueden esperar". Fue así como se decidió trabajar en forma directa con el Ministerio, sin la participación de "Eduquemos". Esta exclusión generó un diagnóstico implícito, que nunca fue sometido a discusión pública: "El principal problema de las escuelas es financiero". Sin desatender la obvia importancia de los recursos financieros, la ausencia del conocimiento especializado del tercer sector colocó al dinero, por defecto, en el centro de la colaboración entre las escuelas y las empresas. Como consecuencia, en forma inadvertida, en la mayoría de los apadrinamientos quedaron a un lado otras dimensiones de la problemática de las escuelas, que las empresas podrían haber contribuido a aliviar, quizá incluso con un menor costo para sus presupuestos. Nos referimos, por ejemplo, a la provisión de asesoramiento en la gestión, tal como se hizo en la iniciativa Líderes en Colombia.

La comunicación

En una dimensión básica, la noción de colaboración presupone la de comunicación, ya que es obvio que una no puede existir sin la otra. Sin embargo, lo que nos interesa examinar aquí es cómo la comunicación funciona como un medio por el cual se generan y se capturan varias de las diferentes dimensiones de valor en una colaboración. Una colaboración exitosa requiere de una comunicación efectiva en cada segmento de su cadena de valor, a lo largo de todo su ciclo de vida, y es esencial para el proceso de institucionalización recién discutido. Por último, también es fundamental en el proceso de construcción de confianza que, como se analizó anteriormente, debe darse en toda colaboración.

Las organizaciones que contemplan la posibilidad de establecer una colaboración intersectorial, deben esforzarse por establecer una comunicación efectiva con sus socios, dentro de sus organizaciones y con el entorno. A continuación, analizaremos cada una de esas dimensiones.

La comunicación entre los socios

Un flujo estable y fluido de comunicaciones entre las organizaciones es fundamental para cualquier colaboración exitosa, y su importancia aumenta en la medida que las organizaciones avanzan a lo largo del *continuo de colaboración* y sus relaciones se tornan más complejas. Las necesidades de comunicación son relativamente bajas en los casos de filantropía tradicional: por ejemplo, en el esquema de apadrinamiento de AMCHAM recién mencionado, las escuelas eran las últimas en enterarse de su participación en el programa. Cada empresa, junto con el MECD nicaragüense, escogía unilateralmente la institución a la que respaldaría. Los centros educativos no tenían ni voz ni voto en la elección de sus padrinos y, en líneas generales, se sorprendían cuando se enteraban de que una empresa los había seleccionado. Una vez que se establecía el contacto inicial, el papel de la escuela se limitaba a "informar a la compañía de sus necesidades", de manera que el padrino pudiera evaluar cómo contribuir dentro de sus posibilidades.

La filantropía de alto impacto, que implica un nivel más alto de compromiso, exige mayores demandas de comunicación a sus socios. En el programa Líderes, por ejemplo, los empresarios lanzaron una campaña inicial, meticulosa y sistemática, para captar el apoyo de los directores de las escuelas. Uno de sus protagonistas principales la describió como una verdadera "evangelización". Una vez superados los obstáculos iniciales para la comunicación, analizados en el capítulo segundo, cada grupo de trabajo determinó una rutina de reuniones frecuentes.

Cuando las colaboraciones avanzan a la etapa transaccional, la comunicación se torna crucial. Las colaboraciones se fortalecen cuando las partes comunican con claridad qué esperan recibir y qué están en posición de ofrecer. En la alianza entre Esso Chile y la Corporación de

Ayuda al Niño Quemado (COANIQUEM), por ejemplo, sus protagonistas consideran que uno de los factores de éxito clave fue la enunciación clara de las expectativas mutuas, la definición precisa de los productos que generaría la alianza y los beneficios que produciría y distribuiría. Una comunicación fluida permite corregir las interpretaciones divergentes que pueden surgir, sobre todo cuando la relación crece en forma vertiginosa y fuerza a las partes a un reajuste permanente.

La alianza entre Coca-Cola de Argentina (CCA) y Junior Achievement Argentina (JAA) constituye un buen ejemplo. A principios de la década de 1990, ambas organizaciones habían establecido una colaboración filantrópica tradicional. Todo parecía indicar que CCA estaba satisfecha con la relación, hasta que un día su socio, repentinamente, se enteró de lo contrario. La directora de programas de nivel primario de JAA, Paula Bullrich, dice al respecto:

> Es necesario escuchar con atención al patrocinador para aprender que, a pesar de lo que uno pensaba, puede ser que no se sienta satisfecho en la medida de lo esperado. En la primera reunión en la que descubrimos que JAA no estaba a la altura de las expectativas e intereses de Coca-Cola, nos sorprendimos mucho. Por esta razón, en la segunda reunión nos centramos en conocer cómo podríamos avanzar juntos.

Como resultado de esta toma de conciencia, la colaboración alcanzó nuevas alturas y produjo el programa ya mencionado: "Aprender a Emprender en el Medio Ambiente" (AEMA). Para llevarlo a cabo, las partes establecieron mecanismos de comunicación formales que incluían informes de evaluación periódicos y reuniones de supervisión regulares para analizar esos informes. En la medida que el programa expandió su cobertura geográfica, el manejo diario se volvió más complejo e incorporó nuevos estratos de interacción, como a los responsables de las relaciones públicas y comunicaciones en ambas organizaciones. Pero a pesar de esas precauciones, el rápido crecimiento del programa continuó imponiendo nuevos desafíos al diálogo, con interpretaciones divergentes sobre temas que no estaban en la agenda inicial y que requerían una constante comunicación para integrar criterios. Solange Coquet, coordinadora de AEMA por parte de JAA, explica:

> Con la expansión a las provincias, la alianza creció en todas sus dimensiones: cubría más cursos y áreas geográficas más extensas, y profundizó la ya estrecha relación laboral entre JAA y CAA. El programa estaba desarrollado, pero *nunca nadie mencionó cómo debía ser comunicado* ni qué papel debía desempeñar cada organización en ese proceso de comunicación.

Más adelante, cuando analicemos la necesidad de una comunicación efectiva con el público que se encuentra fuera de la alianza, se retomará el tratamiento de este desafío en particular.

La comunicación interna

La comunicación efectiva de la colaboración dentro de la propia organización ayuda a su difusión y consolidación, al contribuir a que permee la cultura organizacional de la empresa y se institucionalice. Al mismo tiempo, una política de comunicación interna sostenida en el tiempo se convierte en un medio para captar varias de las dimensiones de valor analizadas en la última parte del capítulo anterior. Por ejemplo, el Grupo Techint ha utilizado su Intranet para divulgar, al interior de su grupo, su colaboración con la Fundación Proa (Proa). Los gerentes de la compañía refieren que "Techint Hoy", un portal de comunicación e información distribuido a través de su Intranet, da a conocer a la totalidad del grupo las actividades realizadas por Proa. Si los diferentes departamentos de una compañía no reciben información regularmente sobre el desarrollo de la colaboración, les costará mucho entender la relación con su área específica y cómo pueden aportar a la alianza y beneficiarse de ella.

La comunicación ineficaz puede obstruir la generación de valor. El dilema que enfrentaba el banco brasileño Itaú en 2002[3] proporciona un claro ejemplo de esta instancia. Las encuestas de opinión habían revelado que las iniciativas sociales del banco no se habían difundido y que los funcionarios del banco sólo tenían un conocimiento básico de ellas, a pesar de las considerables inversiones que había realizado Itaú en los años previos. Estaba claro que la difusión de estas acciones, más allá de la que existía a través de la relación interpersonal, era muy pobre y poco efectiva. Para evitar arriesgar la credibilidad de su marca, que la organización se había esforzado tanto en alcanzar, y no alienar a su socio, el CENPEC, el banco era renuente a otorgar una mayor notoriedad a sus iniciativas sociales. Sin embargo, al mismo tiempo, su gerencia era consciente de que *carecer de una política de comunicación enérgica implicaba renunciar a una poderosa fuente de motivación para sus recursos humanos*: los sondeos también habían revelado que los pocos empleados que estaban al tanto de la política social estaban orgullosos de ella y deseosos de que se hiciera pública.

La comunicación externa

La comunicación externa eficaz constituye un medio para capitalizar las diversas dimensiones de valor mencionadas en el capítulo previo. Tanto las empresas como las OSC requieren notoriedad, reputación y reconocimiento de marca. Sin embargo, la comunicación es todavía más importante para las OSC, ya que por lo general su financiamiento no suele provenir de los receptores directos de sus servicios, una comunicación efectiva de sus actividades a los donantes –actuales y potenciales– resulta de vital importancia para su supervivencia[4].

Al mismo tiempo, el reconocimiento público constituye una valiosa herramienta para las OSC. Las compañías asignan un gran valor a la notoriedad pública positiva y las OSC pueden proporcionarles una cobertura de *calidad* que ningún dinero puede comprar: aquella respaldada por la credibilidad de la sociedad civil. Si se utiliza adecuadamente, la comunicación externa puede convertirse en un instrumento clave en la gestión de la colaboración, al mantenerla activa y crear incentivos para su renovación. La experiencia de la Casa de la Amistad (CdA) ilustra este punto.

En 1997, la CdA entabló una colaboración con Danone México, que se implementó a través de campañas de *marketing* de causa anuales. Al final de la edición 2001, la OSC consiguió, sin que la compañía lo supiera, una donación de espacio publicitario en una de las avenidas más importantes de la ciudad de México (el "Periférico"), por donde transitaban millones de personas diariamente. En ese espacio, la CdA colocó un inmenso aviso, en el que agradecía públicamente a Danone por haber colaborado con su causa. El gesto produjo un fuerte impacto en su socio. Aminta Ocampo, gerente de Relaciones Públicas de Danone, expresó al respecto: "Yo creo que nunca habíamos tenido algo así en el 'Periférico'… Cada vez que lo ve, la gente se acuerda muy bien de la campaña. *¿Qué otra institución hace publicidad de esa manera?*".

La experiencia de COANIQUEM constituye otro ejemplo de cómo el reconocimiento público puede generar un profundo impacto en el socio. La colaboración entre COANIQUEM y Esso Chile se originó en una donación específica para la construcción de una unidad de tratamiento para quemados en el Hospital Roberto del Río. Sin embargo, el director de COANIQUEM, el doctor Jorge Rojas, abrigaba planes más ambiciosos. "Cuando se completó la refacción del hospital, invitamos a Ralph Gassman, presidente de Esso, a la inauguración", recordaba Rojas.

> Queríamos impresionarlo, porque necesitábamos el apoyo de Esso a nuestra causa. ¡Después de todo, era el único donante a la vista! Organizamos una fiesta e invitamos a funcionarios de la salud pública y a los medios de comunicación. Y entonces aprovechamos la oportunidad para presentar el proyecto de nuestros sueños: los planos para la construcción de un nuevo centro de asistencia para niños quemados. Ralph Gassman acogió la idea con agrado y dijo que Esso mantendría su apoyo. Y así lo hizo, con mucha lealtad, durante los siguientes veinte años…

¿Comunicar o no comunicar?

Entre las empresas cubiertas en nuestra muestra, la comunicación externa fue vista a partir de dos prismas diferentes. Por un lado, algunas empresas dieron gran importancia a comunicar externamente los resultados de la colaboración; por lo general, fueron corporaciones multinacionales y/o empresas que alinearon la colaboración con sus necesidades de *marketing*, como el citado caso de Coca-Cola de Argentina (CCA). De hecho, el tema de las comunicaciones externas fue tan importante en aquellas alianzas que se convirtió en una fuente de tensión entre los socios. Por ejemplo, el primer folleto de AEMA, impreso por Junior Achievement Argentina (JAA), nunca se utilizó. Su texto lo definía como "un programa *respaldado* por CCA y *desarrollado* por JAA". "Al cabo de un prolongado debate –recordaba Solange Coquet, coordinadora de AEMA para JAA–, nos pusimos de acuerdo en 'un programa *desarrollado en forma conjunta* por CCA y JAA' ".

Curiosamente, tampoco pudo ser usado el primer anuncio radial preparado por CCA, cuyo texto[5] no mencionaba a JAA. Las quejas de este último obligaron a CCA a reformular el anuncio e incluir a su socio. Recuerda Geraldine Campbell, gerente de Asuntos Públicos de la empresa:

> Hubo mucho debate interno en CCA. El tema generaba posiciones encontradas. Algunos decían que la publicidad era nuestra, que nosotros la pagábamos. Fue una larga discusión. Otros pensaban que JAA no solía mencionar a CCA. En realidad, nos mencionaba como *auspiciantes* y nosotros no nos sentíamos en ese rol. No es que les hayamos donado dinero para luego desentendernos del tema. Eso habría sido un *auspicio*. AEMA había sido un trabajo conjunto, donde había una preocupación compartida.

Por otro lado, un segundo grupo de empresas en nuestra muestra, constituido principalmente por empresas familiares, fue renuente a hacer pública la colaboración. Por lo general, ese criterio apuntaba a dejar en claro que la actuación social de la empresa estaba desvinculada de su política de *marketing*. Al explicar su posición sobre este punto, Manuel Ariztía, propietario y gerente general de Empresas Ariztía, recurrió al pasaje bíblico según el cual las obras de caridad no deben hacerse públicas: "Cuidaos de no hacer vuestras obras de caridad delante de los hombres; no se entere tu mano izquierda de lo que hace la derecha" (Mateo 6:1-4). Los gerentes de otras importantes empresas familiares, como Bimbo y el Banco de Crédito e Inversiones (BCI), utilizaron el mismo versículo como metáfora para ilustrar la renuencia de sus dueños a hacer públicas sus actividades sociales. Sin embargo, en estos últimos dos casos, esa política fue revisada; la directora de la Corporación de Crédito al Menor (CCM), socia del BCI, dice al respecto:

> Fue una ardua tarea convencer a Luis Enrique (Yarur, dueño del BCI) de la importancia de dar a conocer la colaboración, porque si la escondemos, ¿cómo vamos a motivar a otros para que imiten la experiencia? Él está convencido de que la mano derecha no debe saber qué hace la izquierda, pero estamos logrando que cambie de parecer... Este puede ser el primer paso para la realización de otros eventos destinados a recaudar fondos y crear conciencia en el público, y en otras empresas, de la posibilidad de que el sector empresarial asuma con responsabilidad el desafío de superar los problemas sociales.

El capítulo tercero mencionó los casos de Bimbo e Itaú[6], ambas empresas familiares, que se vieron forzadas a revisar esta posición como resultado de presiones competitivas ejercidas por corporaciones multinacionales. En el primer caso, un cambio significativo en la política de comunicación le confirió un perfil más alto a la colaboración; en el segundo, el banco optó por un cambio gradual y cauteloso en su política de comunicación externa.

Los riesgos de la comunicación externa

Uno de los motivos por los que las relaciones filantrópicas tienen bajas necesidades de comunicación, es que la asociación entre ambas marcas es superficial y breve ante el público. Por tanto, no sorprende que los empresarios protagonistas de la iniciativa de apadrinamiento de escuelas de la AMCHAM en Nicaragua, sistemáticamente hayan señalado no percibir riesgo alguno en la iniciativa para la imagen de sus compañías. No obstante, a medida que la colaboración se intensifica y se estrecha la asociación de ambas marcas ante el público, los riesgos consiguientes serán mayores. Un reciente estudio de caso demuestra cómo la falta de transparencia en la comunicación externa en una colaboración intersectorial, produjo un efecto negativo que perjudicó la imagen de marca de la empresa participante[7].

Nuestra muestra de casos no reveló un caso tan extremo, si bien la alianza entre Representaciones Televisivas (REPRETEL) y la Fundación Promotora de Vivienda (FUPROVI) proporciona un claro ejemplo de las dificultades que pueden derivarse del manejo de la comunicación externa en una colaboración. Como ya se mencionó, en 1996 la compañía televisiva REPRETEL estableció una alianza con FUPROVI para proveer viviendas a las víctimas del huracán César en Costa Rica. Al cabo de semanas de intenso trabajo, la campaña concluyó con éxito y logró sus objetivos. "En mi opinión y en la del Directorio, fue una campaña exitosa", afirmó Federico Zamora, representante de Ventas Corporativas de REPRETEL.

Una vez finalizada la campaña, sólo restaba organizar una espléndida ceremonia de clausura para celebrar y generar el efecto imagen que ambos socios habían aspirado. ¿Qué mejor para lograr ese objetivo que invitar al presidente de la nación, José María Figueres Olsen? Sin duda, su presencia acrecentaría la notoriedad y el impacto del evento. A primera vista, parecía no haber riesgos; lo que quedaba por hacer era cosechar los beneficios. Sin embargo, las cosas no resultaron de esa manera. La presencia del presidente eclipsó el trabajo de la OSC y de las empresas privadas, y "las familias terminaron agradeciendo al gobierno, en lugar de a los promotores de la campaña", relató Carmen González, gerente de Desarrollo y directora de proyecto de FUPROVI. A pesar del éxito *en sí* de la campaña, una dificultad en la comunicación externa despojó a un participante de los beneficios esperados y la campaña no se repitió. Al parecer, otros factores también intervinieron en esta decisión. No obstante, según González, el fracaso del impacto de la ceremonia de clausura no fue insignificante. "Creo que REPRETEL lo advirtió y no le gustó nada", especuló en retrospectiva.

En consecuencia, no sorprende que, como regla general, las empresas que conforman la muestra hayan tomado medidas para controlar las comunicaciones externas de las colaboraciones y, en particular, el uso de su marca. "Para proteger y aumentar el valor de la marca –dice Jaime Augusto Chaves, gerente estratégico del Banco brasileno Itaù– debemos tener siempre un fuerte y permanente control sobre nuestros socios y los proyectos de actuación social del banco. Sólo así tendremos una garantía de entregar a nuestros clientes y al mercado todo lo que nuestra marca promete".

La alianza entre el Grupo Bimbo y el Papalote Museo del Niño en la ciudad de México constituye un ejemplo interesante de cómo las organizaciones estudiadas intentaron mantener el control de las comunicaciones externas. La empresa autorizaba al museo a utilizar su marca en las relaciones públicas de Papalote, pero su personal de *marketing* supervisaba de cerca ese uso, a través de un centro informativo interno que les permitía verificar cómo se presentaba la marca en la televisión, la radio o los medios impresos. Asimismo, los gerentes de marca se mantenían en estrecho contacto con el museo durante todas las exposiciones o eventos que exhibían las marcas del grupo al público.

Por último, tanto los beneficios como los riesgos potenciales para las marcas participantes se incrementan aún más en la etapa integrativa, en que las organizaciones desarrollan una relación casi simbiótica, con segmentos enteros de la cadena de valor controlados por los socios. Por ejemplo, la empresa de ecoturismo Rainforest Expeditions, asociada con la comunidad Ese'eja de la Amazonia peruana y responsable del manejo de la Posada Amazonas, ha tenido que enfrentar problemas de su socio que podrían haber socavado la reputación del emprendimiento conjunto, como el ausentismo o el alcoholismo de los empleados de la comunidad.

La colaboración entre la compañía brasileña Natura y las comunidades tradicionales destinada a fabricar la línea de productos Ekos[8], constituye otro excelente ejemplo. La considerable inversión que Natura ha realizado en la capacitación educativa y técnica de las comunidades asociadas, coloca el compromiso de la empresa con la alianza prácticamente en un punto sin retorno. Pese a lo mucho que está en juego para la compañía, partes vitales de la cadena de producción de la línea Ekos están en manos de grupos de interés externos, a los cuales la empresa no controla directamente. Si una de las comunidades involucradas, que produce un ingrediente clave y casi imposible de obtener en forma independiente, decidiera retirarse de la colaboración y vender el producto a un competidor, la marca Ekos perdería una importante parte de su valor. Incluso el trabajo de la OSC Imaflora, cuya participación en el proyecto se limitaba a actividades de certificación, es importante para resguardar la imagen de la compañía. Si la ONG no cumpliera con sus responsabilidades de supervisión, la marca Ekos y, por extensión, la marca Natura, podrían resultar muy perjudicadas.

El desarrollo de la confianza

La confianza es un activo intangible imprescindible en las colaboraciones intersectoriales. Sin confianza, las partes no serán capaces de explorar, descubrir y aprovechar con eficacia las oportunidades de generación de valor, y la relación se estancará. Como hemos visto, una comunicación efectiva ayuda al desarrollo de la confianza, pero hay también factores adicionales que pueden contribuir en ese proceso. Seguidamente, extraemos algunas lecciones de la experiencia concentrada en nuestra muestra de casos, que brindan algunas pistas sobre cómo desarrollar y multiplicar este insumo tan vital en la vida de la colaboración.

Prometer sólo lo que se puede cumplir

"Los tratos deben honrarse", reza un aforismo romano clásico[9]. La importancia de desarrollar la credibilidad sobre la base del cumplimiento estricto de la palabra dada, emerge como un elemento común en todos los casos en la muestra. El capital semilla que, bajo la forma de confianza, cada socio invierte en el otro, sólo logrará reproducirse si el accionar de ambos está a la altura de las expectativas que generan. En palabras de Luis Freixas, gerente general de AUSOL, "cuando se descubre que las dos partes están cumpliendo con lo prometido, nace la confianza, y la alianza, a lo largo de los años, se va solidificando".

El cumplimiento inicial genera, en la otra parte, un compromiso moral por corresponder de la misma manera y desplegar una actitud similar. Cuando Norma Treviño, gerente de Relaciones Públicas de Supermercados HEB, analizó la consolidación de la confianza con su socio, comentó: "Eddie (García, ejecutivo a cargo del programa de bancos de alimentos en la sede de Texas) impuso condiciones y en la medida que el Banco de Alimentos (de Monterrey) las acató, HEB mantuvo su promesa y cumplió".

Demostración de resultados

En ocasiones, mantener las promesas no es suficiente, si los esfuerzos se limitan sólo a buenas pero vanas intenciones que no dan fruto. En cambio, verificar *resultados tangibles* de la colaboración es una herramienta casi infalible para el desarrollo de la confianza. El caso del Centro de Gestión Hospitalaria (CGH) ilustra este punto. En mayo de 1992, durante la primera reunión de planeamiento estratégico del Directorio, los miembros fijaron seis áreas de trabajo que se debían abordar en los siguientes meses[10] y definieron proyectos específicos para el primer año operativo de la organización. En la segunda reunión de planeamiento estratégico llevada a cabo 16 meses después, Patricia Gómez, directora ejecutiva del CGH, revisó las pautas establecidas en la primera reunión, una por una. Finalizada su presentación, los socios anunciaron "un progreso muy positivo en casi todas las áreas"[11]. El profesionalismo de Gómez y su habilidad para mostrar resultados facilitaron el surgimiento y la consolidación de una relación laboral basada en la confianza y el compromiso de las compañías patrocinadoras.

Una dinámica similar se desarrolló entre Bimbo México y el Papalote Museo del Niño. Según José Manuel González Guzmán, director de *Marketing* de la compañía, "en Bimbo estamos muy satisfechos con este tipo de programas. *Cuando uno ve que los programas cumplen sus objetivos, la confianza surge como algo natural*".

"Cuentas claras conservan la amistad"

Otro elemento presente en todos los casos en la muestra fue la importancia de la transparencia en la gestión de los fondos. Las colaboraciones intersectoriales con un alto nivel de transparencia sirven a los intereses de ambas partes: las simples sospechas en sentido contrario sobre aquellos programas que apuntan al bien común, podrían producir un efecto devastador en la reputación de las organizaciones participantes. Esto explica por qué la mayoría de las organizaciones en la muestra no escatimó esfuerzos por establecer procedimientos que no dejaran duda alguna en ese sentido.

Un buen ejemplo es la estructura de rendición de cuentas establecida en la colaboración entre el Banco de Crédito e Inversiones (BCI) chileno y la Corporación de Crédito al Menor (CCM), una OSC dedicada a proveer asistencia a niñas abandonadas. Como ya se mencionó, la CMM era el resultado de una iniciativa lanzada por un grupo de ejecutivos del BCI y recibía contribuciones mensuales considerables del banco. Como contrapartida, Carmen Achondo, directora de la CCM, presentaba informes mensuales de la asignación de fondos ante el Directorio de la OSC, compuesto por varios ejecutivos del BCI. Achondo realizaba además dos presentaciones anuales ante el Directorio del BCI, en donde rendía cuentas de la gestión de la OSC y recibía recomendaciones de parte de los directores. Otro ejemplo útil es el de la Fundación Las Rosas, también de Chile, que desde hace tiempo ha adoptado en forma unilateral, como una práctica habitual, someterse a auditorías de contabilidad financieras externas regulares, para garantizar la transparencia a sus socios y a otros donantes potenciales.

Ante la duda, es mejor pecar de ser *demasiado transparente* que de lo opuesto, tal como lo demuestra la alianza entre Danone México y la Casa de la Amistad (CdA). Desde un principio, la CdA superó de manera sistemática las expectativas de su socio en relación con sus procedimientos de rendición de cuentas, tanto fue así que Danone terminó solicitándole informes *menos detallados y menos frecuentes*. A pedido de la empresa, los informes semanales de la CdA se volvieron primero quincenales y luego mensuales, con información más amplia y menos detallada. Aminta Ocampo, gerente de Relaciones Públicas de Danone, comentó sobre el tema: "Cuando leo uno de los informes de la CdA, me dan ganas de gritar '¡ya basta!'. Incluyen cada estornudo de los niños, cómo evoluciona el tratamiento de cada uno de ellos... es increíble". Lo que esta actitud genera en la otra parte, por obvias razones, es una gran confianza y poca necesidad de información detallada.

La alianza entre la empresa Rainforest Expeditions y la comunidad Ese'eja nos muestra algo interesante: con el tiempo, la transparencia en la toma de decisiones y el manejo de recursos sirvió para generar confianza entre ambas partes, aunque al principio la comunidad *no estaba preparada* para hacer uso del papel de socio que se le había asignado, a causa de la falta de líderes capacitados para comprender cabalmente los desafíos de la gestión de la iniciativa. Pese a ello, la participación de ambas partes en el Consejo de Administración generó una confianza recíproca. Con el tiempo surgió en la comunidad una nueva generación de líderes, altamente comprometidos con el éxito del proyecto.

Una rutina de trabajo conjunto

No se puede construir confianza en abstracto, sin generar una relación de trabajo que la contenga. El programa Pro-Concejo, desarrollado por el Instituto Telemig Celular con varias OSC que participaban en los Grupos de Apoyo Voluntario, constituye un ejemplo ilustrativo de este punto. El programa enfrentó el desafío inicial de desarrollar confianza y de convertir un numeroso y variado grupo de representantes de la sociedad civil, provenientes de doce regiones del estado de Minas Gerais, en un equipo cohesivo. Para hacer frente al desafío, el Instituto diseñó e implementó una serie de reuniones regulares, en las que los gerentes de proyectos sociales se reunían en forma sistemática con los líderes sociales de cada uno de los doce Grupos de Apoyo, con el fin de escuchar sus perspectivas y promover su interacción.

Estas reuniones perseguían dos objetivos: por un lado, apuntaban a capacitar a los participantes a través de la transferencia de técnicas de gestión de proyectos. Al mismo tiempo, las reuniones aspiraban a fortalecer una identidad organizacional común entre los grupos de apoyo y a desarrollar la confianza, tanto entre sus miembros como entre los grupos y el Instituto. Sin esa confianza, el Programa no hubiese podido alcanzar sus objetivos. Fernando Silveira Elias, gerente de proyectos del Instituto Telemig Celular, comentó al respecto: "Necesitábamos asegurar un mayor compromiso de la comunidad en la creación de los Concejos. Y eso no podía suceder de la noche a la mañana, *había que construirlo*". Las reuniones regulares entre los gerentes del Instituto y los Grupos de Apoyo determinaron una rutina de trabajo conjunto que contribuyó, de modo sustancial, al desarrollo de la confianza en la colaboración.

Ponerse en el lugar del otro

Ganarse la confianza de los socios requiere familiarizarse con su forma de pensar y comprender sus necesidades. Consideremos cómo las compañías participantes en el programa colombiano Líderes Siglo XXI (Líderes) lograron ganar la confianza de sus socios. Jorge González, CEO de Multidinamics, enfrentó una severa resistencia inicial por parte del sacerdote que encabezaba una de las instituciones educativas que participaban en el programa. El clérigo no estaba interesado en incorporar sistemas de calidad porque, a su entender, "eran un cuento chino", como recordaba González. Para superar esta oposición, González se esforzó, pacientemente, por desarrollar la empatía.

Para entenderlo mejor, empezamos estudiando la doctrina social de la Iglesia. Al hacerlo, encontramos que no había mayores diferencias entre lo que pregonaba la calidad y lo que había predicado Jesucristo. *A partir de allí, el padre se abrió muchísimo con nosotros* y, si bien no ha llegado a ser nuestro "gran amigo", por lo menos dejó de oponerse a la cuestión.

Respetar los conocimientos del otro

Al igual que en las relaciones humanas, las colaboraciones institucionales se basan en el respeto, y eso incluye valorar y respetar el conocimiento especializado del socio. En la iniciativa Líderes, la desconfianza inicial se superó cuando ambas partes reconocieron la complejidad y legitimidad del saber del otro: los empresarios admitieron que no sabían sobre educación y los educadores reconocieron que no sabían nada sobre gestión. Como resultado de esta actitud, cada miembro se concentró en aprender del otro y en verificar si las técnicas de *calidad total* podían contribuir a solucionar los desafíos únicos planteados por la gestión educativa. Igualmente importante, los empresarios aceptaron de buen grado las limitaciones de dichas técnicas, un conocimiento que más tarde aplicaron a sus propias organizaciones.

Respetar la autonomía

Otra dimensión importante del respeto mutuo es el reconocimiento de las áreas que están *fuera* de los límites de la colaboración, y que pertenecen a los ámbitos exclusivos de la otra organización asociada. Javier Comesaña, gerente de Desarrollo Organizacional de *La Nación*, comentó sobre la alianza con la Red Solidaria (RS): "El hecho de que no haya simbiosis contribuye a que no haya conflictos. Cada socio tiene sus propias actividades, independientes de las que realiza en la colaboración". Alberto Croce, líder social y director de la Fundación SES, confirma esta idea: "Algo que aprendí trabajando con las empresas y que fortalecí con AUSOL, es a mantenerme fuera de su negocio. Aprendí que ellos sólo quieren que les diga qué quiero hacer y que los deje a ellos hacer los números".

Los desafíos conjuntos

En ocasiones, las relaciones interpersonales se consolidan cuando sus protagonistas atraviesan juntos situaciones de riesgo. Nuestros casos muestran un efecto similar en las colaboraciones intersectoriales. Así se inició la alianza entre los supermercados HEB y el Banco de Alimentos de Monterrey (BAM): ambas organizaciones se unieron para enfrentar un desafío. En octubre de 1996, HEB formuló una propuesta para organizar en forma conjunta con el BAM la primera "Fiesta de Compartir" en Monterrey, a fines de ese año. A través de esta iniciativa, la empresa estaba exportando una tradición de larga data de su sede central en Texas, en donde organizaba un evento similar el Día de Acción de Gracias. Las perspectivas no eran las mejores, porque los socios contaban con sólo tres meses para organizar el evento, en lo que constituía la primera presentación pública de HEB como un "jugador" local: un fracaso seguramente hubiese perjudicado a la marca. HEB contribuyó con los supervisores, el conocimiento técnico y la capacitación, mientras que Cáritas proporcionó los voluntarios y la mayor parte del trabajo organizativo. La fiesta fue un éxito y cimentó la incipiente relación.

Algo similar sucedió en las etapas iniciales de la colaboración entre Danone México y la Casa de la Amistad (CdA). Usualmente, construir a partir del éxito siempre es fácil, pero es una historia totalmente diferente empezar nuevamente partiendo de un revés. En 1997, ambas organizaciones lanzaron una campaña de *marketing* de causa denominada "Construyamos sus Sueños". Sin embargo, la campaña no alcanzó los objetivos de recaudación que las partes habían anunciado públicamente. Había dos opciones: retirarse o redoblar la apuesta, reconociendo la brecha e incrementando el compromiso y la notoriedad pública de la alianza. Danone optó por lo segundo: aportó los recursos para cubrir la brecha en los fondos recaudados para la CdA y decidió trabajar en educar a la gente sobre la iniciativa y aumentar su sensibilidad por la causa. Esta actitud reforzó la confianza de la CdA en la seriedad del compromiso de Danone.

Dar antes de pedir y respaldar las palabras con hechos

La mejor garantía para una organización que establece una colaboración es ver que la otra parte toma la iniciativa de ofrecer sus recursos a la alianza, con el propósito de alcanzar los objetivos prometidos. Ya hemos señalado que el Centro de Gestión Hospitalaria (CGH) colombiano se creó para reunir instituciones que, hasta entonces, habían sido extrañas unas para otras o incluso rivales. Cuando una de ellas, General Médica, ofreció sus instalaciones para albergar al Centro, envió una señal fuerte, que reflejaba su profundo compromiso.

Algo similar surgió en la dinámica de la Corporación Municipal de Melipilla (CMM), un organismo descentralizado a cargo de la gestión de la salud pública y la educación en ese distrito chileno. Hemos hecho varias referencias al compromiso de Empresas Ariztía y de su dueño, Manuel Ariztía, con esta entidad. Según relatos de los participantes, Ariztía era una fuente de ideas y propuestas laborales durante las reuniones y solía mostrarse dispuesto a financiarlas con sus propios recursos, ante la ausencia de fuentes alternativas. La disposición de Ariztía a respaldar sus ideas con sus propios recursos, revelaba a los demás participantes su compromiso profundo con la causa social que apoyaba.

Compromiso a largo plazo

Una organización que articula expectativas a largo plazo, está transmitiendo también una poderosa señal acerca de la magnitud de su compromiso. Al inicio del capítulo se mencionó que los supermercados HEB informaron a su socio, desde un principio de la colaboración, que aspiraban a crear un banco de alimentos que fuera capaz de abastecer a toda la región del norte de México, en un lapso de 15 a 20 años. La alianza entre Rainforest Expeditions y la comunidad nativa Ese'eja apuntaba a una colaboración de 20 años, al final de los cuales las partes decidirían si continuaban o terminaban la relación. Semejante horizonte temporal señala, claramente, que el socio está aquí para quedarse y que su compromiso es lo suficientemente fuerte como para superar contratiempos temporales en el cumplimiento de los objetivos comunes.

La confianza también se fortalece cuando el compromiso a largo plazo no se queda en las palabras y se traduce en hechos. El capítulo previo abordó la colaboración entre Esso Chile y la Corporación de Ayuda al Niño Quemado (COANIQUEM), que incluyó una descripción detallada de la crisis de Antofagasta de 1999. En ese incidente, varios sectores culparon a la compañía de un olor penetrante que afectaba a varias áreas de la ciudad. La *profunda confianza desarrollada en 17 años de trabajo conjunto y productivo* entre ambas organizaciones, las ayudó a superar este difícil trance y prevaleció. Asimismo, como ya se señaló, la relación con COANIQUEM ayudó a la compañía en sus esfuerzos por controlar los daños y restaurar su imagen pública.

Participación cruzada en órganos de gobierno

Otra manera de demostrar el compromiso a los socios y de desarrollar la confianza es la participación cruzada en los órganos de gobierno de las organizaciones. Por ejemplo, el Banco de Alimentos de Monterrey (BAM) tiene como práctica habitual invitar a sus principales donantes a formar parte de su Directorio. Cuando el BAM tomó conciencia del intenso compromiso de HEB, invitó a su gerente del Programa de Bancos de

Alimentos de la sede de Texas, Eddie García, a sumarse al directorio del BAM. García, que vivía en Estados Unidos, declinó la oferta, pero en su lugar, el gerente de Relaciones Públicas de HEB México asumió el cargo.

Quizá un ejemplo extremo de este punto, se presenta en aquellos casos en los cuales las empresas contribuyeron a la creación de sus socios del tercer sector. Por ejemplo, la Fundación Proa (Proa) se fundó con el respaldo sustancial del Grupo Techint, que además le proporciona un patrocinio constante. Por consiguiente, cuatro de los cinco miembros del directorio de Proa son ejecutivos de la empresa. Otro ejemplo ilustrativo es la recién mencionada colaboración entre el BCI y la CCM. Esta OSC se había creado a raíz de la iniciativa de un grupo de ejecutivos del banco y sus fondos provenían básicamente de donaciones de los empleados y clientes. Eso hace que la relación entre ambas organizaciones sea muy peculiar: "Con el tiempo se ha logrado una *simbiosis* entre la CCM y el banco –dice su presidente y propietario, Luis Enrique Yarur–. La CCM ya es parte de la vida del banco. El número de personas que contribuye asciende a dos mil". A partir de 2001, los estatutos internos de la CCM establecieron que el Directorio de nueve miembros debe incluir, por lo menos, a seis funcionarios del BCI, con un mínimo de cinco años de antigüedad; los tres restantes pueden ser ex funcionarios. Según Juan Esteban Musalem, gerente general del banco, "para los socios *es una garantía de confianza* saber quiénes forman parte del Directorio. Los ex ejecutivos no son útiles para nuestros objetivos, porque la gente nueva que se integre no los conocerá".

Pequeños comienzos llevan a grandes proyectos

Comenzar por un proyecto piloto de bajo riesgo y bajo costo puede facilitar el desarrollo de la confianza. En 1995, cuando el periódico *La Nación* y la Red Solidaria (RS) establecieron los primeros contactos, estaban lejos de imaginar la magnitud que alcanzarían sus emprendimientos conjuntos y el profundo vínculo que desarrollarían con el tiempo. Plantear proyectos de este tipo desde un comienzo hubiese sido estéril; en cambio, todo comenzó con una llamada y con una pequeña donación de espacio en el diario. "La primera vez que llamó, lo atendí yo", recuerda Marta García Terans, periodista de información general en el diario. Después de varios intentos infructuosos, el líder de la RS, Juan Carr, logró hacer publicar un artículo acerca de una familia sorda que vivía en una carpa y necesitaba ayuda para conseguir una vivienda digna. Este primer artículo produjo un impacto notable, que se reflejó en las numerosas ofertas de ayuda que recibió el periódico, y generó una solución inmediata al problema de la familia necesitada. "Dos días más tarde, me informaron que la familia sorda ya tenía un lugar donde vivir –continúa García Terans–. Este artículo nos abrió los ojos a todos en el periódico, nos mostró lo que se podía hacer. Nos dimos cuenta de que la gente lee estas noticias". El descubrimiento alentó al periódico a explorar la posibilidad de una asociación con la RS.

La construcción de vínculos interpersonales en las colaboraciones

Las colaboraciones se construyen sobre la base de las relaciones humanas. Si bien a veces esas relaciones se construyen en forma espontánea, algunas experiencias intensas pueden servir para facilitar y/o acelerar el proceso. En 1998, Starbucks se asoció con la OSC Conservation International (CI) para trabajar por el desarrollo sustentable en Chiapas, México. El objetivo era alentar a los caficultores locales para que regresaran al cultivo tradicional de café: bajo sombra[12]. Poco después de haber firmado el memorando de entendimiento, los miembros de ambas organizaciones viajaron juntos a Chiapas. A lo largo de cuatro días de intensa actividad, el grupo se reunió con agricultores y recorrió los 20 escabrosos kilómetros hasta la cima de la Reserva Biósfera El Triunfo. Según el responsable de Medio Ambiente de Starbucks, Ben Packard, "el viaje nos permitió conocer el lado oculto de la otra organización. Compartir esa experiencia profunda hizo posible tener confianza en la relación". El equipo de CI descubrió que la gente de Starbucks tenía, además de un interés comercial en asegurar el abastecimiento de un producto de alta calidad, un interés real en la conservación del medio ambiente. "En el tiempo que pasamos juntos, nos dimos cuenta de que no éramos tan diferentes el uno del otro", comentó Amy Skoczlas, uno de los representantes de CI.

Esta experiencia de construcción de confianza no fue planeada como tal. Sin embargo, este caso sugiere que puede ser beneficioso buscar activamente oportunidades para el establecimiento de vínculos interpersonales entre los recursos humanos de ambas organizaciones. Esto puede conseguirse a través de la implementación de programas intensivos de socialización, cuyo objetivo sea obtener resultados similares.

Las grandes marcas

La presencia de grandes marcas también puede constituir un generador de confianza importante para los socios, tanto actuales como potenciales. El segundo capítulo analiza en detalle el caso de la Junior League de la Ciudad de México (JLCM) y su colaboración con Tetra Pak (TP), un fabricante de envases[13]. En 1993, cuando la JLCM formuló una propuesta de asociación a TP, se encontró con una recepción fría. Al cabo de un año y medio de esfuerzos pacientes, la JLCM logró persuadir a Kimberly-Clark (KC) de que se sumara a la iniciativa. La contribución directa de la empresa al proyecto no produjo un impacto significativo, pero el hecho de que su nombre se asociara a la iniciativa lo convirtió en un activo poderoso. Martha Rangel, presidenta de la JLCM, manifestó: "Cuando (TP) se enteró de que Kimberly se había incorporado al proyecto, de repente empezó a mostrarse impaciente por participar". La intervención de KC en el proyecto proporcionó a TP las garantías que necesitaba para arriesgar su marca.

Algo similar sucedió en la ya mencionada colaboración entre Bimbo y el Papalote Museo del Niño. José Manuel González Guzmán, director de *Marketing* de Bimbo, declaró: "Somos confiables, tradicionales y muy mexicanos". Por tanto, continuó González Guzmán, la presencia de Bimbo impulsó a otras compañías como Nestlé, Telmex y Bancomer a asociarse con el museo. En resumen, "estimuló la confianza" en el proyecto.

Las colaboraciones como herramientas de aprendizaje

Las colaboraciones más sólidas son aquéllas que los participantes consideran como oportunidades de aprendizaje. Una parte de ese aprendizaje gira en torno del proceso mismo de la colaboración, que algunas compañías han aprovechado como parte de su propio crecimiento organizacional. La experiencia de Natura, la empresa de cosméticos brasileña, proporciona un buen ejemplo. Como vimos en el segundo capítulo[14], la compañía ha insertado su actuación social en el seno de su identidad organizacional y su estrategia competitiva. Sin embargo, esto no ocurrió de la noche a la mañana, sino que, por el contrario, fue el resultado de un proceso iniciado en 1992, durante su primera colaboración intersectorial con la escuela pública Matilde[15]. Esta relación filantrópica de alto impacto permitió a Natura explorar su propio potencial en el ámbito social, así como desarrollar la habilidad de establecer y profundizar sus relaciones con otros grupos de interés. Los líderes de la empresa creen que este proceso de aprendizaje permitió a Natura, casi diez años más tarde, comprometerse en otra alianza más ambiciosa y más arriesgada, en la que reforzaría su ventaja competitiva y consolidaría su papel como un catalizador de cambio social. Esta colaboración se desarrolló en torno a la línea Ekos e incluyó a Natura, Cognis y varias comunidades tradicionales.

Asimismo, las colaboraciones también ofrecieron a sus participantes oportunidades de adquirir capacidades nuevas, que excedieron el terreno de la colaboración en sí y enriquecieron otras áreas operativas de la organización[16]. En líneas generales, este fortalecimiento organizacional fue el resultado de colaboraciones con un intenso flujo de valor bilateral, que se reproducía a sí mismo en un círculo virtuoso de innovación y generación de valor. Una de esas colaboraciones fue la alianza entre los Supermercados H-E-B (HEB) y el Banco de Alimentos de Monterrey (BAM). La empresa, que tenía una amplia experiencia en cuanto a trabajar con los bancos de alimentos, realizó una inversión considerable en tecnología y transferencia de técnicas de gestión para su socio del tercer sector. Sin embargo, al mismo tiempo, a través de la alianza, HEB acrecentó su conocimiento en la gestión de bancos de alimentos, con lo que agregó valor a sus servicios. Por ejemplo, como resultado de la colaboración con el BAM, HEB comenzó a empaquetar los alimentos según los requerimientos nutricionales específicos de las regiones objetivo.

Cuando el socio no disponía del conocimiento necesario para fortalecer la colaboración, éste debió buscarse en otros lugares. Por ejemplo, hemos visto que la cadena de farmacias chilena Farmacias Ahumada S.A. (FASA) descubrió que los empleados más motivados por la colaboración con la Fundación Las Rosas (FLR), eran también los más productivos. La experiencia de la alianza con la FLR impulsó a la empresa a poner más atención a la comunicación entre su fuerza de venta y los clientes. Para incrementar estas habilidades, las partes recurrieron a los servicios de un psicólogo laboral, pagado por FASA, que ayudó a desarrollar las aptitudes comunicativas de los empleados, con el fin de convertirlos en mejores *vendedores-recaudadores*. Asimismo, junto con una agencia de publicidad que solía colaborar con la FLR, los socios diseñaron vídeos de capacitación, instrucción y motivación para el personal de las farmacias. De esta manera, las farmacias dejaron de ser simples puntos de venta y se convirtieron en verdaderos *canales de comunicación* con la sociedad.

Puntos clave

Este capítulo ha examinado las formas en que la gestión de la alianza determina la efectividad de la colaboración para generar valor para los socios y ha contemplado el uso de diferentes recursos para optimizarla. Los párrafos siguientes recapitulan los puntos clave que una organización debe tener en cuenta, al momento de analizar su desempeño en una colaboración intersectorial.

El primer punto que se debe considerar es si la colaboración recibe suficiente atención. Es importante que toda la pirámide organizacional tenga claro la intensidad del compromiso de la alta dirección con la colaboración. Una de las maneras en que ese compromiso se hace evidente es a través del proceso y la estructura con la cual se gestiona la colaboración. ¿Existen canales definidos claramente para sostener un diálogo continuo y fluido con el socio para explorar, en forma sistemática, nuevas oportunidades? ¿Cuenta mi organización con individuos que formalmente tienen a su cargo la colaboración? ¿Cuántos son y qué posición ocupan dentro de mi organización? Vale la pena recordar que será importante que quienes tengan a cargo la colaboración estén en condiciones de tomar decisiones, asignar recursos y comprometer a su organización. Igualmente, también es importante que el compromiso de los líderes con la colaboración esté claro para el socio. ¿Tienen mis interlocutores la puerta abierta para recurrir a los líderes de mi organización, cuando la situación así lo requiera?

Un modo de asegurar que una alianza intersectorial reciba la atención adecuada, es revisar la cantidad de colaboraciones en las que participa una organización. ¿Sería sensato consolidar la cartera de alianzas intersectoriales de mi organización en una más pequeña y más manejable? En ese caso, ¿qué alianza o alianzas deberían reforzarse? La respuesta a esta pregunta debería incluir la determinación de las áreas en las cuales las competencias clave de mi organización marquen la diferencia, y aquellas en las que una alianza estratégica puede generar un impacto mayor. Al mismo tiempo, es aconsejable tener en cuenta los riesgos potenciales que podrían, eventualmente, derivarse de concentrar las actividades sociales en un número reducido de relaciones.

Para que una colaboración alcance su máximo potencial, es esencial que se incorpore a la cultura organizacional de sus miembros. ¿Están todos los departamentos y áreas funcionales *compenetrados* con ella? ¿Envía la gerencia superior señales claras al resto de la organización? Si una de estas respuestas fuera negativa, es recomendable revisar los recursos sugeridos en este capítulo. Éstos incluyen la participación de los gerentes en las reuniones de seguimiento, su intervención directa en las actividades de la colaboración o la integración de los indicadores de la colaboración en el sistema de compensación de la compañía, entre otros. ¿Perciben los grupos de interés estas señales claramente? En caso contrario, ¿qué incentivos podría ofrecerles la organización para consolidar su compromiso y ganar su confianza?

Se ha mencionado que la productividad de la colaboración puede incrementarse cuando las organizaciones contribuyen con recursos al desarrollo de las capacidades organizacionales de los socios. ¿Generaría mi socio más valor para mí si mi organización contribuyera a su consolidación institucional? Por otra parte, las colaboraciones pueden fortalecerse a través de la expansión. Si un nuevo socio se incorporara a la alianza, ya fuera en forma temporal o permanente, ¿generaría una reducción de costos, un incremento de escala o un mayor impacto? Otra manera de fortalecer a un socio sería alentar la reproducción del modelo de la colaboración con otras compañías. ¿Es eso compatible con el valor que mi organización obtiene de la colaboración? Por último, también es necesario considerar los riesgos potenciales que implica la expansión de las colaboraciones y las diferentes maneras de neutralizarlos.

Hemos analizado, también, cómo la calidad de las comunicaciones en una colaboración determina su productividad. ¿Aprovecha adecuadamente la colaboración su potencial para generar valor a través de comunicaciones externas apropiadas? Por supuesto, todos los esfuerzos de comunicación deberían incluir un análisis profundo de los beneficios y los riesgos que el uso conjunto de las marcas podría acarrear. ¿Extrae la organización el valor máximo de la colaboración, en términos de recursos humanos, a través de una política de comunicación interna adecuada? En caso contrario, ¿cómo se lo puede reforzar?

Como hemos visto, ninguna colaboración estará en condiciones de avanzar si los socios no logran generar y reproducir confianza. Un análisis final detallado de los recursos analizados en el capítulo puede revelar varias líneas de trabajo. ¿Qué puedo hacer para comprender mejor a mi socio y sus necesidades? ¿De qué manera puedo transmitir con claridad a mi socio la magnitud de mi compromiso con la colaboración? Siempre será útil planificar actividades conjuntas, focalizadas e intensas, para facilitar el surgimiento y la consolidación de relaciones interpersonales entre los empleados de ambas organizaciones. ¿Podría ser una alternativa viable considerar la participación cruzada de sus miembros en los órganos de gobierno?

Por último, las organizaciones participantes obtendrán mayor valor de las colaboraciones si las consideran un campo de experimentación y aprendizaje. ¿Capitaliza la organización la experiencia del trabajo conjunto como un aprendizaje que le permita colaborar mejor? Asimismo, el impacto de las lecciones extraídas no debería restringirse al dominio específico de la colaboración. ¿De qué modo puede este aprendizaje reforzar otras áreas funcionales de la organización? ¿Posee el socio alguna otra habilidad importante para mejorar la organización, que aún no haya sido aprovechada? Si no es así, ¿puede la colaboración convertirse en una oportunidad para adquirir aptitudes nuevas de terceras fuentes?

Notas

1. Austin 2003a: 174.
2. El capítulo 1 ofrece un breve resumen de esa colaboración. Para una descripción más detallada, los lectores deberán consultar el es-

tudio bajo el título "Individuos" (p. 61) y "Fertilización cruzada" (p. 97).

3. Para una descripción más detallada, *véase* el capítulo 3, "Presiones competitivas" (p. 104).

4. Austin 2003b: 28.

5. "No importa qué te guste, qué pienses, qué sientas, cómo seas, todos tenemos un preocupación compartida: el medio ambiente. Por eso hicimos Aprender a Emprender en el Medio Ambiente, un programa para escuelas primarias que empieza por el principio: la educación de los chicos. Estimulando su creatividad natural para encontrar pequeñas soluciones que mejoren el entorno en el que vivimos. Para que el medio que todos compartimos no tenga final" (*Fuente:* documentos de la compañía).

6. *Véase* el capítulo 3, "Presiones competitivas" (p. 104).

7. "Otro factor a tener en cuenta en el análisis de estas actitudes decisivas es la falta de transparencia informativa desplegada por Pepsi al momento de explicar la cantidad y el destino de los fondos obtenidos en sus campañas de *marketing* de causa (...) En vista de esto, las compañías que implementen estos programas deberían considerar la conveniencia de idear campañas de comunicación paralelas para proporcionar a sus grupos de interés información, precisa y detallada, de los objetivos, procedimientos y resultados, con el fin de evitar sospechas y el consecuente efecto negativo sobre la marca" (García; Gibaja y Mujika 2003: 135).

8. Para información sobre las características básicas de esta colaboración, consultar p. 85.

9. *Pacta sunt servanda.*

10. Estas áreas incluían: 1) definir el rango operativo del CGH, 2) definir a sus clientes, 3) esbozar cómo satisfacer las necesidades de los consumidores, 4) analizar cómo retener el compromiso de los socios del CGH, 5) definir cómo lograr que los sectores públicos y privados perciban al CGH como una organización estable y un agente de transformación, y 6) proporcionar un modelo de gestión y alcanzar solidez financiera.

11. Directorio del Centro de Gestión Hospitalaria 1993: 3.

12. Austin y Reavis 2002.

13. Consultar p. 70.

14. *Véase* p. 42.

15. Para información sobre las características básicas de esta colaboración, *véase* el capítulo 4, p. 147.

16. "Hoy día, varias compañías líderes (...) han tomado conciencia de que aplicar sus energías a solucionar los problemas crónicos del sector social, estimula de manera poderosa el desarrollo de sus negocios" (Kanter 1999: 124).

Bibliografía

Austin, James E. (2003a). *El desafío de la colaboración: cómo las organizaciones sin fines de lucro y las empresas comerciales alcanzan el éxito mediante alianzas estratégicas.* Buenos Aires, Argentina: Granica.

_____. (2003b). "Marketing's Role in Cross-Sector Collaboration", en *Journal of Nonprofit and Public Sector Marketing*, vol. 11, N° 1. EE.UU. – Canadá: The Haworth Press, Inc., primavera, pp. 23-39.

_____, y Cate Reavis (2002). "Starbucks and Conservation International", Caso HBS N° 9-303-055. Boston: Harvard Business School Publishing.

Directorio del Centro de Gestión Hospitalaria (1993). *Actas*, N° 20. Colombia: 15 de septiembre.

García, Iñaki; Juan J. Gibaja y Alazne Mujika (2003). "A Study of the Effect of Cause-Related Marketing on the Attitude Towards the Brand: The Case of Pepsi in Spain", en *Journal of Nonprofit and Public Sector Marketing*, vol. 11, N° 1. EE.UU. – Canadá: The Haworth Press, Inc, primavera, pp. 111-136.

Kanter, Rosabeth Moss (1999). "From Spare Change to Real Change: The Social Sector as Beta Site for Business Innovation", en *Harvard Business Review*, vol. 77, N° 3. Boston, Mass.: Harvard Business School Press, mayo-junio, pp. 122-132.

PARTE II

Temática por país

6

Argentina: el papel de los emprendedores sociales en la construcción de alianzas

Gabriel Berger y Mario Roitter

Introducción

El papel de los emprendedores sociales en la formación y mantenimiento de los procesos de colaboración intersectorial requiere una atención particular. Explorar su función resulta importante, para comprender algunos de los factores que contribuyen al desarrollo exitoso del trabajo conjunto entre las organizaciones sin fines de lucro y las empresas. En este sentido, los casos de colaboración entre empresas y ONG estudiados en Argentina permiten ilustrar, con singular claridad, de qué manera los emprendedores sociales ponen en juego atributos valiosos para la construcción de este tipo de iniciativas, en las que participan actores con objetivos, normas, culturas y estilos de trabajo significativamente diferentes; pero que, sin embargo, generan valor social, aportan soluciones o mejoras a las condiciones de vida de la comunidad y contribuyen de alguna forma a construir una sociedad más justa y sostenible.

El capítulo se inicia con una aproximación al contexto vigente en Argentina durante la segunda parte de la década de 1990, que sirvió de escenario para el surgimiento de un nuevo perfil de emprendedor social. Luego continúa con una breve caracterización del denominado tercer sector en Argentina y los procesos de desarrollo de las organizaciones no lucrativas en las últimas décadas, que permiten comprender a los nuevos emprendedores sociales. Los casos de alianzas entre empresas y entidades sin fines de lucro estudiados por el equipo SEKN en este país, ilustran el perfil de una nueva forma de emprendedor social y sirven para identificar atributos y características comunes, que operan como facilitadores en el proceso de construcción de alianzas. Finalmente, el capítulo concluye con algunas lecciones que se desprenden de este análisis, tanto para los emprendedores sociales como para las empresas.

El clima emprendedor en Argentina de los años noventa

En los últimos años, se asiste a un renovado interés por el fenómeno del emprendimiento o, lo que es lo mismo, por la función que tienen ciertos individuos como factores de rejuvenecimiento del tejido productivo de bienes y servicios[1], de dinamización de procesos de innovación y de creación de nuevas oportunidades de empleo, tanto en el sector comercial como en el sector sin fines de lucro. Este nuevo enfoque pone el acento en el denominado *entrepreneurship* y también en la "demografía empresaria"[2], llamando la atención sobre el papel que desempeñan los emprendedores como catalizadores y promotores del desarrollo económico y social. El desarrollo del *entrepreneurship* debe ser considerado como un fenómeno sistémico que es causa y consecuencia de profundos procesos de construcción social, en el cual están presentes elementos macroeconómicos, microeconómicos, así como idiosincráticos, tanto en el plano cultural como en el institucional.

El contexto social donde emerge este fenómeno constituye un factor fundamental. Si bien hubo inicialmente una notable expansión del PIB en Argentina –en la primera mitad de la década de 1990– y una transitoria mejoría en los indicadores sociales, el modelo de crecimiento adoptado por el Gobierno fue generando niveles crecientes de fragmentación, iniquidad y exclusión social. Hacia mediados de los años 1980, en el área del gran Buenos Aires, el porcentaje de hogares con ingresos inferiores a la línea de pobreza era cercano al 9%. A fines de la década de 1990, dicho valor se aproximaba al 20%. El desempleo y el subempleo tendieron a crecer con oscilaciones, a partir de mediados de esa década, y, en el año 2001, se situaron en valores cercanos al 18%. La aguda recesión económica que se inició en el año 1998 agravó el panorama social, lo que afectó inclusive a un importante número de hogares que, no hacía mucho tiempo, conformaban parte de la extendida clase media. Hacia fines del año 2002, los índices de desempleo llegaron a valores cercanos al 25%.

En este contexto contradictorio, pero de gran fertilidad, se verificó, durante los primeros años de la década de 1990, el nacimiento de numerosas iniciativas en el mundo empresarial, particularmente en el sector servicios. En términos comparativos, en el nivel regional, Argentina mostró una actividad emprendedora destacable. Según la medición de *Global Entrepreneurship Monitor (GEM) 2002*[3], Argentina, con una tasa de actividad emprendedora del 14,2%, se ubica quinto entre los países más emprendedores del mundo y segundo entre los de América Latina. En la última medición, Tailandia encabeza el *ranking*, seguido por India, Chile, Corea del Sur y Argentina.

La dotación de recursos con que cuenta el emprendedor permite establecer una diferencia hacia el interior de este universo. Tal como lo señala Silvia Carbonell[4], la actividad emprendedora es un fenómeno multifacético, razón por la cual debe distinguirse al *emprendedor por necesidad* del *emprendedor de oportunidad*. El primer grupo incluye a quienes no tienen otra alternativa frente a las condiciones de pobreza, bajos salarios y, lo que es peor, un mercado de trabajo poco dinámico. En cambio, el segundo grupo está conformado por aquellos que aprovechan determinadas circunstancias del mercado para desarrollar un nuevo negocio y, por tanto, están en condiciones de decidir su entrada en una actividad en particular, siguiendo los supuestos planteados por la teoría económica con respecto a la racionalidad de los agentes, que se guían por las expectativas de rentabilidad[5].

Cabe entonces preguntarse por la naturaleza específica que tiene el fenómeno del *entrepreneurship* en Argentina. En tal sentido, los datos proporcionados por el GEM adquieren su justa dimensión cuando son examinados desde una perspectiva del tipo de emprendedores a que se hace referencia. En efecto, en el citado documento se menciona que, a diferencia de lo que sucede en los países desarrollados, donde predominan los emprendedores por "oportunidad", en los países en desarrollo, como Argentina, tienden a sobresalir los emprendedores por "necesidad". Pareciera, entonces, que existe cierta relación entre la tasa de desempleo y el nivel de empresarialidad. Si bien las evidencias no son concluyentes con respecto al efecto que produce el incremento de este indicador, aparentemente propiciaría el surgimiento de pequeñas firmas en sectores con escasos requerimientos de capital y no intensivos en conocimientos, donde pueden encontrarse nichos para los denominados emprendedores por necesidad[6].

Argentina también mostró un desarrollo significativo de los emprendedores por oportunidad. Un ejemplo de esto se observó en el llamado fenómeno de las "puntocom". A comienzos de los años noventa, la combinación de los procesos de modernización tecnológica y la explosión de Internet produjo un número de emprendedores considerablemente alto. Argentina contaba con índices altos de escolaridad y con instituciones educativas que habían formado a varias generaciones en el uso de las nuevas tecnologías. Estos factores generaron un ambiente propicio para el desarrollo de las "puntocom"; sin embargo, no fueron suficientes para sostener negocios que requieren crecientes dosis de capital y mercados en expansión. Inicialmente, las facilidades de acceso a financiamiento y la existencia de mercados en expansión crearon un ambiente favorable para la aparición de numerosas iniciativas de negocios. Estas condiciones existían en los inicios de la década de 1990 y fueron aprovechadas por innovadores dispuestos a entrar en el naciente negocio. Había facilidad para acceder al financiamiento y los buenos estándares educacionales proporcionaron la base de conocimiento necesaria para ingresar en este nuevo mercado. Lo sucedido con las "puntocom" es un buen ejemplo de la influencia que tienen los factores macroeconómicos y microeconómicos en la empresarialidad. Sin embargo, estos factores no explican la totalidad del fenómeno, ya que si bien las variables de contexto fueron relativamente similares en toda América Latina, en Argentina existieron otros factores facilitadores (nivel educativo, actitud emprendedora) que hicieron que la creación de sitios de Internet y la producción de contenidos de Internet fueran las más altas de la región. Años después, cuando las condiciones internacionales (particularmente, a partir de la caída en el Nasdaq) y locales (aguda recesión y saturación del mercado) se modificaron, se produjo un número significativo de quiebras en el sector. No obstante, algunos emprendedores lograron desarrollar productos sumamente atractivos y exitosos que han sobrevivido a la mencionada crisis, ya sea a través de su venta o de la fusión con otras empresas.

Con respecto al nuevo contexto recesivo, que se inició en 1998 y se profundizó en los años posteriores, la citada investigación realizada por GEM indica que quienes decidieron iniciar un negocio propio en Argentina, enfrentaron puntos a favor y en contra. Entre los puntos positivos que generó la crisis económica, se encuentra la apertura de mercados –producto de la menor competencia externa– y entre los obstáculos figuran la falta de infraestructura comercial y profesional, de apoyo financiero y de políticas de gobierno.

Los resultados del estudio GEM 2002 muestran que, a pesar de la disminución generalizada de la actividad emprendedora en todos los países, en Argentina se observa un incremento del 40% con relación al año 2001, lo cual es atribuido por los autores al deterioro de las condiciones sociales y, por tanto, a la aparición de emprendedores por necesidad, así como al surgimiento de nuevas oportunidades de negocio, que resultaron del cambio en las condiciones económicas asociadas a la devaluación de la moneda.

Lo expuesto no hace más que reiterar la idea de que una crisis es también una oportunidad. En este caso, el cambio del escenario macroeconómico ha generado también opciones para la exportación o para la sustitución de importaciones, que están siendo aprovechadas por un diverso grupo de firmas y de individuos emprendedores.

La dinámica reciente de las organizaciones no gubernamentales en Argentina

La existencia de organizaciones privadas sin fines de lucro no es un fenómeno nuevo en Argentina, como no lo es en el resto de América

Latina. Desde épocas previas a la consolidación del Estado-Nación en Argentina, ocurrida a fines del siglo XIX, existieron instituciones de bien público en las áreas educativa y cultural y, sobre todo, en el campo de la ayuda social.

No obstante, lo que constituye un hecho relativamente reciente es el crecimiento que han experimentado este tipo de entidades y la notoriedad pública que han alcanzado, como un sector diferenciado. La creación acelerada de organizaciones no lucrativas es una manifestación de una nueva forma de emprendimiento social.

Desde mediados de la década de 1980, tanto en Argentina como en gran parte de América Latina, las organizaciones sin fines de lucro han adquirido un renovado protagonismo. Este fenómeno estuvo alentado por los procesos de apertura democrática, las políticas de descentralización del Estado y la transferencia de funciones a los gobiernos provinciales y municipales, que comenzaron a utilizar a las entidades sin fines de lucro como "ejecutoras" de los programas sociales. Paralelamente, las agencias multilaterales de crédito les fueron otorgando crecientes funciones en la implementación de políticas públicas en el campo social. Por último, el creciente deterioro de las condiciones de vida experimentado por un importante porcentaje de la población, promovió el surgimiento de innumerables iniciativas que apuntaron a mitigar dicho deterioro. Estas instituciones conforman un conjunto que es denominado, casi en forma indistinta, como "sector sin fines de lucro", "organizaciones no gubernamentales", "organizaciones de la sociedad civil" o "tercer sector".

La escasez de datos actualizados es una limitación para describir la situación actual de este sector en Argentina. Según información del año 1995, existían 57.321 entidades sin fines de lucro "abiertas", es decir, que brindaban básicamente servicios a terceros[7]. Estas organizaciones generaban un nivel de gasto levemente superior a los 3.300 millones de pesos[8] y empleaban a 118.720 personas asalariadas[9]. Dichas cifras muestran la importancia que ya tenían estas organizaciones en la sociedad argentina, cuando los emprendedores sociales, involucrados en los casos estudiados dentro del programa SEKN-Argentina, comenzaron el proceso de planificación de sus iniciativas.

La participación voluntaria es un indicador empleado también para determinar la dimensión del tercer sector. En este sentido, la encuesta de Gallup-Argentina sobre "Donaciones y trabajo voluntario", de marzo de 1999, señala que el 20% de la población adulta manifestó haber realizado trabajo de voluntariado durante el año 1998. Estimaciones posteriores, llevadas a cabo por esta consultora, elevan la referida cifra al 33%[10], lo que demuestra el incremento significativo de la participación en las organizaciones de la sociedad civil en la segunda parte de la década de 1990 en Argentina. Es oportuno decir que detrás de este incremento se encuentran muchos emprendedores sociales que, por necesidades propias o por solidaridad, encararon iniciativas nuevas o contribuyeron en el crecimiento de otras ya existentes.

Además de los indicadores cuantitativos que muestran un aumento de la participación individual en las organizaciones sociales, el tercer sector en Argentina ha experimentado un crecimiento importante en los últimos años, tanto en el nivel institucional –aparición de entidades de segundo grado– como en notoriedad en los grandes medios de comunicación; y en el reconocimiento académico, con ofertas de pregrado y postgrado en universidades, participación en consejos asesores en organismos internacionales, capacidad de acercamiento a las empresas y participación en la elaboración de políticas públicas en casi todos los niveles del Estado. En este crecimiento, el papel de las alianzas entre las organizaciones sociales, por un lado, y el sector público o las empresas, por el otro, requiere de un análisis más profundo.

Con relación a la nueva tendencia de alianzas entre el Estado y las organizaciones sin fines de lucro en las políticas sociales, en Argentina todavía es un fenómeno que precisa ser investigado cabalmente para comprobar si esto ha redundado en un fortalecimiento del sector sin fines de lucro, que podría haber generado mayor impacto social, o si sólo se trata de una respuesta a la necesidad de compensar la retracción del Estado en cuanto a sus obligaciones para lograr el bienestar de la población[11]. Tampoco ha sido evaluado el papel que ha desempeñado en la mayor participación de las empresas en acciones sociales y comunitarias, el crecimiento del tercer sector que se comenzó a observar en la segunda mitad de los años noventa[12].

En síntesis, durante el período expansivo de la economía argentina (que llegó hasta el año 1997), en el sector social se verificó un dinámico proceso de creación y crecimiento de numerosas iniciativas sociales. Particularmente, grupos de profesionales iniciaron actividades de asistencia técnica, investigación, capacitación y consultoría destinadas a fortalecer a las ONG. Éstas, a su vez, aprovecharon las nuevas oportunidades para incorporarse como prestadoras de servicios en proyectos desarrollados desde el sector público. Surgieron también programas de pregrado y postgrado para la formación de profesionales. Hubo un importante surgimiento de nuevas propuestas por parte del sector empresarial y de las fundaciones, para desarrollar programas en conjunto con las organizaciones del tercer sector.

Durante la segunda mitad de la década de 1990, el tercer sector continuó creciendo a un ritmo acelerado y, si bien no existen estudios sistemáticos que permitan brindar cifras actualizadas acerca de este crecimiento, es posible sugerir que la mayor expansión se ha producido en las ONG que proveen servicios a la población en situación de pobreza. Este fenómeno ya se había comenzado a manifestar como respuesta a las dos hiperinflaciones que había experimentado Argentina en 1989 y 1990. Al final de la década de 1990 volvió a tomar fuerza, debido al incremento de la pobreza y a la exclusión social que experimentaron importantes sectores de la población, a pesar del crecimiento que mostraban los indicadores macroeconómicos. En general, se trataba de organizaciones pequeñas, en términos del número de empleados, pero que movilizaban un número considerable de voluntarios, que en su mayoría vivían en condiciones precarias y se unían a estas organizaciones para resolver los problemas de alimentación, cuidado de sus hijos y de otros miembros de la familia. Sus fuentes de financiamiento son donaciones privadas, modestas actividades de recolección de fondos y, la más importante, subsidios del Estado. Estas organizaciones, si bien pueden colaborar con el sector público o gestionar programas sociales financiados por el Estado, carecen, en la mayoría de los casos, de la capacidad institucional para vincularse con empresas.

El surgimiento de nuevos emprendimientos y organizaciones sociales se profundizó notablemente a partir del año 2001, como respuesta a la crisis social que comenzó a alcanzar proporciones propias de una emergencia. El estallido de la crisis política, ocurrido a fines de dicho año, y que terminó con la dimisión del presidente De la Rúa, modificó sustancialmente las condiciones sobre las cuales venía operando la economía argentina. Al bloqueo de los depósitos bancarios, le sucedió la ruptura del sistema de convertibilidad y paridad del peso con el dólar, lo cual dislocó al conjunto de las actividades productivas y financieras. Todo ello conformaba una situación de parálisis y desencadenó un proceso de estancamiento profundo sólo comparable con el que el país había experimentado durante la crisis de 1930. Las condiciones de vida de la población se deterioraron y los índices de pobreza, indigencia y desempleo se dispararon a niveles nunca alcanzados. Si bien esto constituía un escenario negativo para los emprendedores, paradójicamente multiplicó las iniciativas sociales con los sectores afectados por esta crisis. En el nivel de las capas medias se produjeron fenómenos de movilización barrial, con el objetivo de encontrar soluciones colectivas a sus crecientes problemas y de presionar a las instancias gubernamentales. Asimismo, surgieron nuevos esfuerzos por promover y apoyar microemprendimientos productivos –básicamente orientados al autoabastecimiento– y numerosas iniciativas solidarias hacia los sectores más afectados por la crisis social. El surgimiento acelerado de emprendimientos sociales planteó nuevos desafíos para la viabilidad de estas organizaciones en el mediano plazo, caracterizadas, en su gran mayoría, por su improvisación y su precariedad.

Los emprendedores sociales en Argentina

En el medio de un contexto social contradictorio, floreció un clima emprendedor que se manifestó también en el sector social. Por un lado, muchas empresas iniciaron nuevos proyectos de expansión y de diversificación, y diferentes organizaciones e individuos se sintieron motivados a canalizar sus energías hacia el bien común; así surgieron fundaciones empresarias e iniciativas de responsabilidad social desde las empresas. Otros vieron en las ONG la posibilidad de desarrollar respuestas frente a la contracción del mercado de trabajo, que afectó a una gran parte de la población, y al recrudecimiento de las necesidades sociales básicas insatisfechas como consecuencia de la creciente desocupación y pérdida de ingresos. El clima emprendedor que se vivió a lo largo de la década tuvo, principalmente, estas dos fuentes de dinamismo. Como respuesta al empeoramiento de las condiciones de vida y a la escasez de opciones en el mercado de trabajo, numerosos emprendedores establecieron comedores populares, guarderías infantiles, microemprendimientos productivos y otros proyectos con fines sociales. Pero también esta situación ha sido un estímulo para que personas provenientes de estratos sociales mejor posicionados colaboren activamente con estas iniciativas o que desarrollen organizaciones nuevas, destinadas a apoyar de diversas maneras a aquéllos que se encuentran en situación de extrema necesidad.

El surgimiento de emprendedores sociales por necesidad, siguiendo la distinción propuesta por Carbonell, ha merecido reconocimiento significativo de los medios de comunicación argentinos en los últimos años. Dos ejemplos representativos, con significativa presencia en los medios de Argentina, lo constituyen Mónica Carranza y Margarita Barrientos, fundadoras y líderes de "Los Carasucias" y de "Los Piletones", respectivamente, dos organizaciones comunitarias de base que atienden las necesidades básicas de alimentación en barrios de pobreza extrema en la ciudad de Buenos Aires. Ambas emprendedoras, personas de escasos recursos económicos e integrantes de las comunidades a las que sirven, han liderado la creación de comedores populares y centros de servicios sociales en los que se satisfacen las necesidades básicas de cientos de personas, aunque de una manera sumamente precaria. Estas líderes comunitarias han sido capaces de organizar a los integrantes de las comunidades para que brinden servicios básicos (inicialmente la entrega de comida) y obtengan recursos de otros sectores de la sociedad, a través de los diarios y canales de televisión para difundir las demandas existentes. De esta forma, a partir de convenios con otras instituciones y el reclutamiento de profesionales que trabajan de manera voluntaria, han logrado ampliar su oferta. Estas dos mujeres constituyen un modelo paradigmático de personas que se sobreponen a su propia condición de exclusión social y apelan a su capacidad de comunicación y liderazgo para resolver (o atender) problemas de la comunidad.

Emprendedores sociales con características similares a las señaladas se han multiplicado a lo largo y ancho del país. Constituyen el ejemplo más evidente de respuesta individual ante al deterioro del papel del Estado como organizador y proveedor de los servicios sociales básicos y, en muchos casos, ante las dificultades generales experimentadas por las propias comunidades de organizarse colectivamente para resolver sus problemas. En estos emprendedores, se destaca un fuerte liderazgo personal, y en muchos casos, una mayor notoriedad que la de los propios emprendimientos. Esta característica a menudo dificulta el desarrollo de organizaciones sociales sostenibles y su continuidad, un fenómeno que puede relacionarse claramente con la debilidad institucional del país. A pesar de estas limitaciones, la multiplicación de estos emprendedores sociales por necesidad ha servido como un mecanismo de respuesta rápida y espontánea frente a la crisis social que ha vivido Argentina en los últimos años.

En nuestro trabajo nos hemos centrado, básicamente, en emprendimientos sociales que se han caracterizado por construir alianzas exitosas con empresas. Algunos emprendedores han logrado generar un impacto social más amplio y darle mayor sustentabilidad a sus iniciativas, a partir de su capacidad de construir relaciones de colaboración exitosas con las empresas. En estos casos, nos hemos encontrado con emprendedores sociales que comparten algunos atributos con los emprendedores por necesidad, mencionados previamente, pero que muestran también atributos diferenciadores.

Como punto de partida resulta útil establecer una definición más "idealizada" de los emprendedores sociales, utilizada por diversos autores y organizaciones. Como ejemplo, una de las organizaciones pioneras en la promoción y apoyo de emprendedores sociales los define de la siguiente forma: "Los emprendedores sociales poseen dos atributos principales: una idea innovadora que produzca un cambio social significativo y una visión emprendedora al momento de realizar sus proyectos. Los emprendedores sociales están comprometidos a generar un cambio social sistemático en lugar de estar motivados por el espíritu de lucro"[13]. Otra definición, de similar tenor, es ofrecida por Dees *et al.*, quienes señalan que los emprendedores sociales son agentes de cambio que se comportan de acuerdo con los siguientes patrones: a) "adoptando una misión para crear y sostener valor social"; b) "reconociendo y persiguiendo sin descanso nuevas oportunidades para servir a la misión"; c) "involucrándose en un proceso de innovación continua, adaptación y aprendizaje"; d) "actuando con audacia, ímpetu, sin estar limitado por los recursos disponibles en el momento"; e) "mostrando un sentido elevado de la rendición de cuentas a los grupos interesados y por los impactos creados"[14]. En el contexto argentino, a este modelo ideal probablemente se agregarían dos atributos adicionales[15]: una gran capacidad de generar notoriedad pública de sus acciones, creando un círculo virtuoso para apalancar recursos producidos a partir de dicha visibilidad, y un estilo de funcionamiento desorganizado (y hasta "caótico") en comparación con los modelos tradicionales de organización del trabajo. Los emprendedores sociales examinados en nuestra investigación muestran algunos de estos patrones de comportamiento de diversas maneras y en grados diferentes, aproximándose a este modelo ideal.

Los casos estudiados en el proyecto de SEKN-Argentina ilustran las tendencias descritas previamente y permiten identificar algunas de las características de los emprendedores sociales que han surgido en los últimos años. Por tanto, nos centraremos en los cuatro líderes involucrados en los casos estudiados para este proyecto, así como en otros casos que aún se encuentran en proceso de elaboración.

Creatividad y capacidad innovadora

Los casos examinados describen aquellas ONG que, en su mayor parte, fueron creadas por los emprendedores que protagonizan las alianzas con las empresas. Esta generación de emprendedores ha creado organizaciones que fueron innovadoras en el contexto de Argentina. El primer ejemplo es Juan Carr, quien creó la Red Solidaria sobre la base de una idea simple y un proceso de operación sencillo: vincular al que tiene una necesidad extrema con el que tiene el recurso para satisfacerla, apelando a voluntarios que reciben el pedido por teléfono y a los medios para difundir el requerimiento. El segundo ejemplo es Alberto Croce, quien creó la Fundación SES con la idea de promover la continuidad de los jóvenes en el sistema educativo, apelando a grupos de pares que se reúnen a estudiar bajo la supervisión de un adulto de la misma comunidad que actúa como tutor. Tercero, Adriana Rosenberg creó la Fundación Proa, como un espacio para promover el arte de vanguardia en un entorno tradicional. En el cuarto caso examinado, si bien la emprendedora involucrada como protagonista, Paula Bullrich, no fue la fundadora de la organización (Fundación Junior Achievement Argentina), sí fue el agente central en el cambio de enfoque estratégico de la organización: la creación de programas propios, desarrollados localmente, como una alternativa frente al uso de programas desarrollados en Estados Unidos y traducidos al español.

Este mismo patrón de comportamiento se observa en otros emprendedores involucrados en otros casos en estudio: Carolina Biquard, quien creó la Fundación Compromiso con la idea de brindar asesoramiento técnico y capacitación, aplicando conceptos y herramientas del *management* moderno a las organizaciones sociales; y Victoria Shocrón, fundadora de la Fundación Discar, para integrar socialmente a personas con discapacidades mentales a través del arte y la inserción laboral. Cabe destacar que nuestro criterio de selección de casos se realizó sobre la base de la existencia de alianzas exitosas entre las empresas y las ONG. Por tanto, la creación de una organización social innovadora sin fines de lucro ha sido una característica común entre los líderes de las ONG de la muestra, que puede ser identificada *ex post*.

Otro aspecto significativo es que la innovación que sustenta a estos emprendimientos surgió localmente, a partir de las propias ideas de los emprendedores involucrados (Red Solidaria, Fundación SES, Proa, Fundación Discar). Sin embargo, en uno de los casos examinados, la innovación surgió como resultado de aplicar en Argentina un modelo desarrollado en el exterior (Junior Achievement). Esto mismo podría aplicarse a la Fundación Compromiso, que se inspiró, en gran parte, en la Drucker Foundation for Nonprofit Management de Estados Unidos. Como demuestran estos dos casos, la innovación puede surgir a partir de la adaptación de modelos exitosos desarrollados en otros países. En ciertos casos, esta forma de innovación resulta atractiva para empresas muy internacionalizadas, como Coca-Cola y McKinsey. No obstante, en estos dos casos no se trata de simples reproducciones, sino de adaptaciones ingeniosas del modelo externo a las condiciones locales, que se traducen en una versión local que difiere de la original. Tal es el caso de Junior Achievement y Coca-Cola, en donde el eje de la colaboración pasa por el desarrollo de un programa nuevo, que finalmente resultó premiado por Junior Achievement Internacional. Esto mismo sucedió con la Fundación Compromiso, que desarrolló una variación sobre la base de una publicación de la Fundación Drucker. Esta ONG cambió la población objetivo (originalmente, las escuelas) y creó un programa innovador que proporciona asistencia técnica a las organizaciones sociales. Posteriormente, este programa también recibió el reconocimiento de la Fundación Drucker.

El carácter innovador de estas organizaciones constituyó un atributo de valor para las empresas involucradas en las alianzas: a) la cultura empresarial tiende a identificarse, de manera más fácil, con ideas nuevas, que rompen con la imagen tradicional asociada a las organizaciones de bien público vinculadas a la beneficencia y a la caridad; y b) como resultado de esta asociación con un emprendimiento distinto de los conocidos, proporciona un elemento diferenciador adicional a la empresa.

Credibilidad y liderazgo sectorial

Estos emprendedores han llegado a desempeñar también el papel de líderes en sus respectivas áreas de actuación y han adquirido experiencia que inspira respeto/digna de respeto. Ellos han sido ampliamente reconocidos no sólo por los voluntarios y colaboradores con los que trabajan directamente en sus organizaciones, sino también se han convertido en referentes, en sus respectivos campos de actuación, para otras personas que trabajan en temas similares. Así, Juan Carr es un referente nacional en el campo de la solidaridad; Alberto Croce, en el trabajo en educación y juventud; Adriana Rosenberg, en relación con el arte de vanguardia; Carolina Biquard, en el apoyo a las ONG y Victoria Shocrón, en la integración social de jóvenes con discapacidades mentales. En el caso de Paula Bullrich y Junior Achievement, la organización en sí es un referente nacional en el trabajo con escuelas para el desarrollo de capacidades emprendedoras en el campo económico. El reconocimiento social de estos emprendedores como especialistas en sus campos específicos ha sido clave para atraer la atención de las empresas y obtener su apoyo. Este papel de líder sectorial es valorado por las empresas, pues constituye un elemento legitimador del emprendedor y una fuente de credibilidad. Asimismo, la relación desarrollada con las empresas contribuyó también a fortalecer la posición de líder sectorial, ya que el apoyo de las empresas involucradas aumenta la credibilidad y la subsiguiente difusión de su trabajo a sus otros ámbitos de actuación.

Vínculos con los medios de comunicación masiva

En línea con el atributo anterior, los emprendedores sociales considerados en la muestra han sido capaces de vincularse con los medios de comunicación, principalmente diarios, lo que les ha permitido alcanzar notoriedad pública como emprendedores, difundir sus emprendimientos, generar recursos para sus iniciativas y fortalecer su liderazgo como referentes sectoriales. Esta habilidad ha sido muy bien desarrollada por Juan Carr, quien ha experimentado un gran éxito en sus vínculos con periodistas y directivos de los principales diarios y canales de televisión. Adriana Rosenberg también ha demostrado habilidades para relacionarse con periodistas especializados, aunque la calidad de las muestras exhibidas en la Fundación Proa genera un nivel seguro de demanda de medios interesados en cubrir la escena cultural y artística. Esta alta notoriedad pública lograda es útil para que la recaudación de fondos y la movilización respondan a las necesidades sociales, aunque también desempeña otro papel importante en la ubicación de los protagonistas como socios potenciales en las empresas.

La exposición pública y el contacto con los medios que desarrollan estos emprendedores, permiten mostrar los resultados alcanzados en sus iniciativas. La presencia en los medios se convierte, entonces, en una fuente de credibilidad. El uso de los medios de comunicación para difundir los resultados y logros obtenidos por los emprendedores, presenta el riesgo de considerar la información que ellos brindan como evidencia del impacto alcanzado. Si bien los casos examinados muestran una preocupación significativa por mostrar sus logros como una medida de su propio desempeño, sobre la base de estos resultados, no siempre es posible verificar la precisión de los datos proporcionados, ya que esas organizaciones carecen de mecanismos y procedimientos formales y sistemáticos de registro, monitoreo y evaluación de su desempeño. De todas formas, esta característica ligada a la exposición mediática permite que los emprendedores sociales asuman públicamente un compromiso con los resultados comunicados y con las metas planteadas.

En algunos casos, las empresas obtienen una notoriedad adicional, a partir de la exposición que realizan los emprendedores sociales en los medios; en otros, la presencia mediática de los emprendedores refuerza su prestigio ante la comunidad empresarial. A veces, el reconocimiento y notoriedad externa se logró gracias a los premios o subsidios otorgados por fundaciones como Ashoka o Avina. La Fundación Ashoka ha desarrollado una estrategia de comunicación que le ha permitido apoyar la presencia mediática de sus asociados (*fellows*), como Juan Carr, Carolina Biquard y Victoria Shocrón. La Fundación Avina ha brindado apoyo social a Alberto Croce y a Carolina Biquard, y les ha permitido acceder a nuevas redes de contactos sociales y profesionales. En el caso de Paula Bullrich, esta capacidad de utilizar el reconocimiento externo como un medio para reforzar el prestigio, fue desarrollada luego de que el programa AEMA recibiera el premio otorgado por Junior Achievement Internacional y luego, el premio "Ciudadanía Empresaria", otorgado por la Cámara de Comercio de Estados Unidos en Argentina. En última instancia, esta clase de reconocimiento a la labor conjunta es muy valioso en el mundo empresarial y, en parte, puede ser un factor muy bueno en el éxito de algunos programas.

Capacidad de convocatoria de voluntarios y otros colaboradores

En tres de los casos examinados, los emprendedores sociales mostraron una notoria capacidad de convocatoria para sumar voluntarios y colaboradores a sus iniciativas, motivando, inspirando y comprometiendo a otras personas con la misión propuesta, lo cual señala su capacidad de liderazgo. El caso más emblemático de esta capacidad es, sin duda, Juan Carr; pero esta misma característica puede observarse en Croce y en Rosenberg, aunque la cantidad de personas reclutadas sea menor, por los requerimientos y necesidades propias de estas iniciativas. El hecho de que ambos emprendedores hayan asegurado la ayuda de empresas para constituir sus organizaciones, sirve para ilustrar esta capacidad para atraer a otros colaboradores. Además del apoyo otorgado por la Fundación Avina para crear la Fundación SES, Croce obtuvo la colaboración de AUSOL (la empresa aportó los fondos requeridos por ley y brindó el asesoramiento legal inicial). Adriana Rosenberg obtuvo el apoyo del Grupo Techint para crear la Fundación Proa y el de la Fundación dirigida por la familia que controla dicha empresa, que compró el edificio donde funciona la ONG. En el caso de Paula Bullrich esta capacidad es una característica esencial de Junior Achievement, ya que opera a partir de la colaboración activa de voluntarios que dictan cursos. Además, al tratarse de una entidad preexistente a la emprendedora, este atributo se convierte en un requisito para poder operar dentro de esta organización.

Movilización de recursos

En todos los casos, más allá de la importancia estratégica que pudo tener la alianza establecida con la empresa estudiada para los propios emprendedores sociales, ellos han demostrado una capacidad impresionante para movilizar recursos económicos y materiales adicionales de otras fuentes. Juan Carr ha logrado la atención de los medios gráficos y televisivos de comunicación, además del espacio otorgado por el diario *La Nación*; Alberto Croce logró el apoyo de otras empresas y un compromiso económico significativo de la Fundación Avina; Adriana Rosenberg trajo al país importantes muestras artísticas, a partir de sus relaciones en el mundo de las artes visuales; y Paula Bullrich (de Junior Achievement) trabajó sobre la base de patrocinios corporativos múltiples. Esta capacidad de generación de recursos es valorada por las empresas, por distintos motivos. Por un lado, implica que los emprendedores sociales no dependen ni total ni exclusivamente de un solo donante o empresa para desarrollar sus actividades. Las empresas suelen evitar situaciones de dependencia económica exclusiva; por tanto, la capacidad de estos emprendedores de movilizar recursos adicionales, les asegura que las organizaciones involucradas no se convertirán en una carga para ellas. Por otro lado, las compañías valoran la habilidad de los emprendedores de multiplicar o de apalancar los recursos disponibles, lo cual puede ser interpretado como una señal de eficiencia. Finalmente, la obtención de recursos adicionales puede ser considerada como una señal más de reconocimiento externo y notoriedad, que refuerza el compromiso de las empresas con estos emprendedores.

Esta misma capacidad fue puesta en juego en colaboración con las empresas analizadas. Así, los emprendedores sociales fueron capaces de movilizar recursos adicionales en las mismas empresas de manera gradual, ampliando la variedad de aportes mediante el agregado de nuevos tipos de activos (e.g. en el caso de AUSOL, los gerentes empezaron a destinar su tiempo a labores de voluntariado) y, en otros casos, aumentando el valor económico de dichas contribuciones (como en el caso de *La Nación* y los "Clasificados solidarios" o en Techint/Tenaris, donde se logró que otras empresas del grupo financiaran las muestras de Proa).

Actitud desprejuiciada hacia las empresas y valoración del aporte corporativo

Otro atributo importante compartido por estos emprendedores sociales de la década de 1990, es la ausencia o la superación de prejuicios ideológicos con relación al mundo empresarial. En el pasado, los emprendedores sociales, fundadores de organizaciones no gubernamentales de desarrollo, de organizaciones de base o de organismos de derechos humanos, solían considerar a las empresas como uno de los agentes responsables de muchos de los problemas sociales que aquéllos enfrentaban y, por tanto, se mostraban renuentes a trabajar con ellas. Por el contrario, como parte de sus estrategias para cumplir con la misión propuesta, los casos examinados muestran que los emprendedores sociales reconocen la importancia de trabajar con las empresas, como fuentes de recursos monetarios y no monetarios (*know-how*, capacidad gerencial, acceso a redes, etc.).

Detrás de esta actitud desprejuiciada o pragmática hacia las empresas, se encuentra el hecho de que los emprendedores sociales comprenden cuán importante es la construcción de relaciones de cooperación con las empresas para lograr una mayor sustentabilidad. Como se discutió en el capítulo 4, no se trata de buscar donaciones sino de establecer relaciones de colaboración, donde la empresa puede aportar recursos clave, que muchas veces no se encuentran "en venta" en el mercado. Para los emprendedores sociales, obtener el acceso a mercados o clientes específicos (lectores del diario *La Nación*), desarrollar las capacidades logística y administrativa, y las relaciones internacionales (Fundación Proa con Techint), asegurar asistencia legal o voluntariado corporativo (Alberto Croce y AUSOL), o alcanzar notoriedad y reconocimiento como una marca prestigiosa (Paula Bullrich con Coca-Cola), es sinónimo de obtener recursos que sólo las empresas podrían brindar.

Flexibilidad y búsqueda de complementariedad

Los emprendedores sociales despliegan una gran flexibilidad para adaptarse a los requerimientos y necesidades de las empresas. En la persecución del cumplimiento de su misión social, ellos mostraron la disposición de buscar oportunidades para el desarrollo de productos o programas que, en última instancia, les permitieran también a las compañías obtener beneficios. Esto puede visualizarse con claridad en el caso de Junior Achievement, al permitir que Coca-Cola seleccione las ciudades en donde se implementaría AEMA, logrando así llegar a lugares a los que no tenía acceso por sí misma; en Alberto Croce, quien contemplaba las necesidades de AUSOL al inicio de su trabajo en los vecindarios que la empresa consideraba como prioritarios o área objetivo; en Juan Carr, adaptándose a las necesidades de los periodistas tanto en cuanto al estilo de las notas como en el manejo de los horarios de cierre de notas, logrando de esa forma llegar a más lectores y obtener un mayor impacto en las campañas realizadas; o en Adriana Rosenberg, quien tomó en cuenta las necesidades de expansión internacional de Tenaris en la preparación de las muestras, lo cual le permitió promover el arte de vanguardia latinoamericano en los países objetivo de la empresa.

En todas estas relaciones de colaboración, los emprendedores sociales eran conscientes de su potencial para ofrecer recursos específicos a las empresas. Ellos sabían que la clave para la construcción de relaciones de colaboración exitosas radicaba en la generación de valor para las empresas con las que se vincularon, a la vez que aumentaban su impacto como emprendedores sociales.

Lecciones para los emprendedores sociales y las empresas interesadas en la colaboración

Los atributos identificados sugieren cuatro lecciones significativas, que pueden ser útiles para los emprendedores sociales, por su relevancia como facilitadores de su propio desarrollo y de la gestión de alianzas intersectoriales.

1. Pensar en las necesidades de la empresa y explorar cómo complementarlas: no es suficiente tener una idea innovadora y capacidad de

gestión. Es indispensable tener en cuenta las necesidades expresadas por la empresa y considerar el valor potencial que el emprendimiento social puede generar para el socio privado.

2. Identificar, en las necesidades de la empresa, aquellos elementos que pueden ser alineados con la misión, los valores o la estrategia del emprendimiento social. El trabajo conjunto con una empresa para atender sus necesidades constituye, muchas veces, el camino para lograr el cumplimiento de la misión del emprendedor social, promover sus valores o implementar su estrategia.

3. Entender que los recursos no financieros que puede proporcionar una empresa en el proceso de colaboración, son tan o más valiosos que las contribuciones monetarias. Esta capacidad de aprovechar las capacidades clave de las empresas canalizándolas a fines sociales, permite multiplicar el impacto buscado por los emprendedores sociales. Por otra parte, como consecuencia de que las empresas se involucran de manera gradual y creciente, se puede obtener aportes económicos adicionales.

4. Mantener una actitud flexible y pragmática en la búsqueda de la colaboración. La voluntad de cambiar el significado (el "¿cómo?" y "¿dónde?") del emprendimiento, sin perder de vista los valores centrales y los objetivos finales (el "¿qué?" y el "¿para qué?"), permite generar, mantener y maximizar las oportunidades de colaboración con las empresas.

Los casos examinados también sugieren tres lecciones relevantes para las empresas, en torno al trabajo con los emprendedores sociales en las iniciativas desarrolladas en forma conjunta:

1. Comprender las necesidades de los emprendedores sociales y brindar el apoyo necesario. Los emprendedores sociales suelen tener una gran capacidad visionaria y motivadora, pero carecen a menudo de habilidades de gestión organizacional, o manifiestan cierta resistencia hacia la formalización o institucionalización de sus emprendimientos. Las empresas deben ser conscientes del gran impacto potencial que pueden tener sus contribuciones, y deben centrarse en la sustancia de las "demandas" de los emprendedores sociales, evitando una mirada crítica de su estilo organizativo.

2. Valorar la importancia de apoyar al emprendedor en el proceso de desarrollo de su iniciativa y en su posterior institucionalización. Para lograr este propósito, las empresas deben aprender la lógica organizativa utilizada por las iniciativas sociales, sin dejar de pensar cómo aplicar el *know-how* del sector privado para mejorarla y

fortalecerla. Esto implica "educar" a los emprendedores sociales, respetando sus tiempos para aceptar la necesidad de construir organizaciones más sólidas, eficientes y sostenibles.

3. Entender y aceptar las diferencias culturales existentes entre las empresas y los emprendedores sociales. Asimismo, estar preparado para iniciar y sostener un diálogo mutuamente beneficioso. Los antecedentes, la formación educativa, los valores, las ideologías y los estilos de trabajo y comunicación de los emprendedores sociales suelen diferir de aquellos que prevalecen en las empresas. El intercambio respetuoso y abierto con los emprendedores sociales puede resultar enriquecedor para los propios empresarios y sus organizaciones.

Los casos estudiados en Argentina muestran que los emprendedores sociales constituyen actores dinamizadores del tejido social, pues tienen el potencial para promover la construcción de puentes entre las empresas y la sociedad. Una mejor comprensión de sus características y atributos resulta fundamental para el estudio de las alianzas intersectoriales.

Notas

1. Kantis *et al.* 2000.

2. Burachik 2002.

3. *Global Entrepreneurship Monitor GEM 2002* es un estudio que se realiza en 37 países –que concentran el 62% de la población mundial– y comprueba la actividad emprendedora en cada uno de ellos (*véase* Reynolds *et al.* 2003).

4. Directora del capítulo argentino de la investigación GEM (*véase* Carbonell 2003).

5. Burachik 2002.

6. Sobre este punto existen evidencias de cierta importancia; al respecto puede verse Kantis *et al.* 2000.

7. En otras palabras, estas cifras no incluyen a aquellas entidades que atienden a sus propios miembros o brindan, primordialmente, servicios por los cuales cobran a sus clientes. Si se considera a este tipo de organizaciones, la cifra de empleos, para el año 1995, asciende a casi 400 mil y los gastos operativos alcanzan los 12 mil millones de pesos.

8. El tipo de cambio vigente, al momento de esta medición, era: peso argentino = un dólar norteamericano.

9. Roitter *et al.* 1999.

10. Realizada en el año 2001, sobre una muestra de 1.323 personas mayores de 17 años, que residen en núcleos urbanos con más de 5.000 habitantes (*véase* www.gallup.com.ar).

11. Bustelo 1996; Campetella y González Bombal 1998.

12. Instituto Gallup de la Argentina y Universidad de San Andrés 1998.

13. Ashoka 2003.

14. Dees *et al.* 2001.

15. Waldman 2000.

Bibliografía

Ashoka (2003). "¿Quién es un emprendedor social?", disponible en www.espanol. ashoka.org/Public/FDA_QueEsUnEmprendedorSocial.asp (disponible desde el 24 de abril).

Bustelo Graffigna, Eduardo (1996). "El abrazo. Nuevas relaciones entre el Estado y los organismos no gubernamentales en la Argentina", en *L´Ordinaire Latino Americain*, N° 165-166. Toulouse, Francia: IPEALT, Université de Toulouse - Le Mirail.

Burachik, Gustavo (2002). "Supervivencia de nuevas empresas industriales: una reseña de la literatura", en *Revista Desarrollo Económico*, vol. 42, N° 165. Buenos Aires, Argentina: Instituto para el Desarrollo Económico (IDES), abril-junio.

Campetella, Andrea e Inés González Bombal (2000). "Historia del sector sin fines de lucro en la Argentina", en Roitter, Mario e Inés González Bombal (compiladores). *Estudios sobre el sector sin fines de lucro en Argentina.* Buenos Aires, Argentina: Centro de Estudios de Estado y Sociedad (CEDES) y Johns Hopkins University, pp. 31-52.

Campetella, Andrea e Inés González Bombal (1998). *El desarrollo histórico del sector sin fines de lucro en la Argentina: debate con algunos modelos teóricos*, Documentos CEDES. Buenos Aires, Argentina: Centro de Estudios de Estado y Sociedad (CEDES).

Dees, Gregory; Peter Economy y Jed Emerson (2001). *Enterprising Nonprofits: A Toolkit For Social Entrepreneurs*, Wiley Nonprofit Law, Finance and Management Series 5. Nueva York, NY: John Wiley & Sons.

De Torres Carbonell, Silvia (2003). "Global Entrepreneurship Monitor. Reporte ejecutivo Argentina 2002". Buenos Aires, Argentina: Centro de Entrepreneurship, IAE; Escuela de Dirección y Negocios.

Instituto Gallup de Argentina (2002). *Perfil de los trabajadores voluntarios*, disponible en www. gallup.com.ar/publi/pub025.pdf (disponible desde el 29 de junio, 2003). Buenos Aires, Argentina: febrero.

Instituto Gallup de Argentina (1999). *Donaciones y trabajo voluntario*. Marzo. Mimeo. Buenos Aires, Argentina.

Instituto Gallup de Argentina y Universidad de San Andrés. *Estudio de filantropía empresaria.* Mimeo (s.f.). Buenos Aires.

Kantis, Hugo; Ishida Masahiko y Komori Masahiko (2002). *Entrepreneurship in Emerging Economies: The Creation and Development of New Firms in Latin America and East Asia.* Washington, D.C.: Banco Interamericano de Desarrollo, marzo.

_____, Pablo Angelelli y Francisco Gatto (2000). *Nuevos emprendimientos y emprendedores: ¿de qué depende su creación y supervivencia? Explorando el caso argentino.* Mimeo. San Miguel: Universidad de General Sarmiento, Instituto de Industria.

Reynolds, Paul D. *et al.* (2003). *Global Entrepreneurship Monitor (GEM) 2002.* Boston, MA; Londres, Reino Unido: London Business School y Babson College.

Roitter, Mario; Regina Rippetoe y Lester M. Salamon (1999). "Descubriendo el sector sin fines de lucro en Argentina: su estructura y su importancia económica", en Roitter, Mario e Inés González Bombal (compiladores). *Estudios sobre el sector sin fines de lucro en Argentina.* Buenos Aires, Argentina: Centro de Estudios de Estado y Sociedad (CEDES) y Johns Hopkins University.

Waldman, Romina (2000). "Los Entrepreneurs Sociales Argentinos". Trabajo de Licenciatura en Administración de Empresas. Buenos Aires: Universidad de San Andrés.

7

Brasil: la influencia de la cultura organizacional en el desarrollo de las alianzas[1]

Rosa Maria Fischer

Introducción

¿Cuál es la influencia de la cultura de una organización en la creación y gestión de las alianzas intersectoriales? Los casos estudiados dentro del proyecto SEKN en Brasil, indican que los patrones culturales y las relaciones de poder existentes en las corporaciones condicionan, notablemente, las características de las alianzas intersectoriales con las organizaciones de la sociedad civil (OSC).

Existen dos formas posibles de establecer colaboraciones intersectoriales. Por un lado, una compañía puede definir una cierta estrategia de participación social, según su propio concepto de responsabilidad social corporativa, y, luego, buscar un socio en el tercer sector que aporte el conocimiento y la experiencia específicos para dirigir el proyecto. Por el otro lado, una organización que necesita recursos financieros y materiales puede acercarse a una compañía que termine adhiriendo a sus propuestas, con la consiguiente profundización de la relación. En todo movimiento que conduce al fortalecimiento de la colaboración y la lleva a evolucionar de una relación filantrópica a un tipo de alianza más profunda, es necesario un proceso, por más pequeño que sea, que establezca las identidades culturales de las organizaciones participantes.

El propósito de este capítulo consiste en analizar, sobre la base de la investigación realizada en los casos brasileños, la importancia de los aspectos culturales y políticos de los miembros de una alianza para comprender las barreras y las oportunidades que influyen en las colaboraciones intersectoriales.

Aunque pueden encontrarse en aspectos específicos de la colaboración entre las organizaciones, las contradicciones y dificultades de las alianzas se originan en el ámbito subjetivo de las expectativas, las percepciones y los conceptos. Por tanto, el análisis debe contemplar los factores objetivos relacionados con el modo en que los protagonistas manejan los distintos temas y, también, con las características más subjetivas asociadas a los valores y los supuestos subyacentes a sus acciones y decisiones.

El marco conceptual que sirve como fundamento para el análisis de la investigación empírica sobre colaboraciones intersectoriales, responde a dos dimensiones. Una abarca el enfoque macro, que intenta identificar la configuración cultural y política del entorno de las organizaciones que integran una alianza intersectorial. La otra apunta a las características específicas de los socios, con el fin de comprender cómo influyen en la formación, el desarrollo y la gestión de la alianza.

La dimensión contextual resulta relevante en la medida que los aspectos políticos y culturales del entorno determinan la dimensión estratégica de las corporaciones y la forma en que se relacionan con distintos mercados, grupos de interés y con la sociedad civil en general[2]. Las organizaciones del gobierno y la sociedad civil, si bien pueden ser más resistentes que las corporaciones, también se ven afectadas por las características contextuales del entorno.

En la dimensión organizacional, encontramos convergencia entre las características personales de los protagonistas de las alianzas y los patrones culturales que definen la identidad de las organizaciones participantes. Los antecedentes de los emprendedores sociales y de los líderes empresariales explican muchas de las elecciones que realizan, al establecer asociaciones de acción social. El choque entre la "cultura de resultados" de las compañías y la "cultura de procesos" de las OSC puede impedir la creación de alianzas o, en el caso de las colaboraciones en curso, generar una ruptura dolorosa o brindar valiosas lecciones para los socios. El éxito de la alianza puede ser interpretado de diferentes maneras por los distintos socios, lo que lleva a un conflicto de poder en la búsqueda del control del proceso.

Este capítulo intenta generar una visión que contribuya a mejorar el manejo de las alianzas y a abrir el debate sobre las complejidades culturales que intervienen en las alianzas intersectoriales y la importancia de superar las barreras culturales, para lograr que dichas alianzas se conviertan en herramientas poderosas para el desarrollo sostenible.

Las empresas y el tercer sector: el contexto brasileño

En toda organización, los patrones culturales y políticos están fuertemente influenciados por las características prevalecientes en la cultura que la rodea. Una breve descripción de la evolución de las empresas y las OSC en Brasil, será útil para identificar los papeles que han desempeñado estas fuerzas sociales en el surgimiento de las alianzas intersectoriales. Asimismo, servirá para observar cómo las características culturales y políticas de cada organización influyen en la formación y el desarrollo de las colaboraciones.

Desde la época colonial y durante el proceso de industrialización, el desarrollo económico de Brasil se caracterizó por una fuerte presencia del Gobierno en la vida social del país. En la segunda mitad del siglo XX, el Gobierno brasileño realizó inversiones en infraestructura y adoptó políticas fiscales tendientes a atraer las inversiones industriales extranjeras. Las empresas familiares se concentraron, fundamentalmente, en la atención del mercado local, bajo la protección de una economía estatista y regulada.

Aunque las corporaciones industriales aprovecharon los beneficios de la modernización, tales como el desarrollo urbano, la formación de un mercado de consumo masivo y el crecimiento de las llamadas clases medias, eso no fue suficiente para desarrollar una economía sólida que condujera a la distribución de la riqueza.

Más aún, no se fomentó el desarrollo de una comunidad empresaria nacional independiente, que asumiera el liderazgo de la búsqueda de las soluciones a los problemas sociales. La historia de Brasil abunda en individuos que, partiendo de iniciativas personales, lograron desarrollar la filantropía empresarial; sin embargo, los emprendimientos sociales se restringieron al carácter individual y no se convirtieron en característica común de la comunidad empresarial en general.

Las crisis cíclicas destrozaron la economía local, la confianza de los inversionistas extranjeros y la seguridad y autoestima de los líderes empresariales brasileños. Durante la década de 1990, la globalización obligó a Brasil a adoptar políticas liberales para enfrentar los desafíos de la modernización. La industria nacional sucumbió frente a la feroz competencia que tuvo lugar cuando cayeron las barreras comerciales. Las crisis fiscales, la apertura a las importaciones, las privatizaciones y el aumento del flujo de capital extranjero cambiaron radicalmente el panorama económico brasileño de fines de siglo, situación que no se tradujo en la erradicación de los desequilibrios económicos y sociales que aquejaban al país.

En este contexto, el tercer sector surgió como un agente con fuerza en la sociedad brasileña y se definía como un grupo compuesto por organizaciones privadas sin fines de lucro, cuyas acciones se dirigían a resolver las necesidades públicas o sociales.

El tercer sector representa un "mosaico organizacional" formado por una combinación de organizaciones no gubernamentales (ONG), fundaciones privadas, entidades de caridad y asistencia social, organizaciones religiosas y asociaciones culturales y educativas. Estas organizaciones cumplen una función que no difiere significativamente del modelo establecido por organizaciones análogas en los países industrializados. Varían en tamaño, grado de formalización, cantidad de recursos, objetivos institucionales y forma de operar. Esta diversidad resulta de la riqueza y pluralidad de la sociedad brasileña y de los distintos antecedentes históricos que enmarcan la relación entre el gobierno, el mercado y la sociedad civil.

Los principales componentes del sector sin fines de lucro norteamericano, que se usan con frecuencia como parámetro para analizar al mismo sector en otros países, se pueden encontrar también en el tercer sector brasileño. Según la definición "estructural-operativa" de Salamon/Anheier utilizada por Landim[3], estas organizaciones son privadas, sin fines de lucro, formales, independientes y dependen de algún tipo de trabajo voluntario. No obstante, la idea de que dichas organizaciones constituyen un "sector" específico del tejido social, en vista de sus características comunes, no es suficientemente entendida en el ambiente académico ni en el ámbito de las prácticas civiles, asociativas y solidarias. Hasta el nombre que se le ha dado a este sector constituye un factor de discordia, en el que compiten distintas visiones, valores, identidades e ideologías, más que conceptos académicos.

Una clasificación completa de las organizaciones del tercer sector, que enfatiza su origen y su desarrollo histórico, nos permite dividirlas en: entidades tradicionales, religiosas y laicas; ONG; entidades paragubernamentales; asociaciones e instituciones relacionadas con empresas.

Las asociaciones laicas y religiosas datan del período colonial brasileño y obtuvieron relevancia a fines del siglo XIX, durante el proceso de urbanización e industrialización del país. Los inmigrantes europeos trajeron el modelo organizacional de las sociedades de ayuda mutua y los sindicatos. La solidaridad, la asistencia social y la formación de una conciencia política fueron elementos que desarrollaron estas entidades, en su afán por integrarse al sistema político elitista y cerrado que caracterizaba a Brasil en esa época.

La aparición de las ONG en Brasil es un fenómeno más reciente. Durante los últimos treinta años, una variedad de movimientos, más o menos formales, surgieron en todo el país como respuesta a las necesidades sociales o como expresión de la resistencia a la dictadura militar. La eficacia de estos movimientos resultó evidente por sus muchos logros en diversas áreas, como la defensa de los derechos humanos, la recuperación del estado de derecho, las mejoras en las políticas sociales relacionadas con la salud y la educación y la propia Constitución de 1988, denominada la "Constitución Ciudadana".

A pesar de su rápido crecimiento, las iniciativas empresariales en el tercer sector son relativamente nuevas. Se desarrollan a través de fundaciones, institutos y el interés filantrópico personal de los líderes empresariales. Aun hoy, el término "filantropía" implica connotaciones peyorativas. Sin embargo, en menos de una década, esta perspectiva ha cambiado: las corporaciones y las fundaciones de empresas lideran los debates relacionados con el tercer sector; mientras que los medios describen sus iniciativas sociales como ejemplos positivos y concretos de una nueva alternativa para el desarrollo nacional, basada en la responsabilidad social, el espíritu emprendedor y las colaboraciones entre sectores que no solían interactuar entre sí.

Los elementos que componen el escenario del tercer sector están interrelacionados de manera compleja, permeando los límites entre los tres sectores y dinamizándolos. Las actividades, los programas y los discursos dentro del tercer sector también son diversos: se utilizan términos como "la construcción de la sociedad civil", "el espectro de participación democrática" y "la promoción del desarrollo sostenible en el país", aunque las relaciones entre estas expresiones y el contenido objetivo de las acciones y los proyectos no siempre resultan del todo claras.

El principal desafío que enfrenta el variado grupo de organizaciones que forman el tercer sector, es la creciente demanda de servicios y los resultados efectivos, a la vez, en un momento en el cual se ha producido una reducción de la ayuda financiera, a raíz de la crisis económica. Es precisamente la paradoja de la necesidad de la autosustentabilidad y la generación de recursos, en un contexto donde los beneficiarios no suelen estar en condiciones de pagar por los servicios que conducen al camino de una colaboración intersectorial.

Para superar esta vulnerabilidad, las OSC deben desarrollar ciertas competencias básicas: aquéllas necesarias para fortalecer su capacidad institucional, con el fin de conducir las negociaciones, elaborar planes conjuntos y trabajar dentro de las alianzas. Además, deben adquirir las competencias relacionadas con la transparencia en la información de sus operaciones y aquéllas que les permitan producir servicios de alto nivel de calidad, para obtener resultados efectivos que puedan ser percibidos por toda la sociedad.

El surgimiento de alianzas intersectoriales

Hasta 1998, la participación de las empresas en temas sociales y en colaboraciones con OSC apenas era conocida en Brasil. Las compañías que realizaban proyectos sociales no difundían sus acciones ni su colaboración con organizaciones del tercer sector. Se consideraba que este tipo de actividades estaba relacionada, exclusivamente, con la vida interna de las organizaciones y con el reino de las decisiones personales de los directivos de las empresas.

Desde entonces, el panorama ha ido cambiando. Se han desarrollado investigaciones, estudios académicos, artículos de difusión y, fundamentalmente, una amplia cobertura mediática con la descripción de los esfuerzos sociales realizados por las organizaciones que participan en las alianzas.

Los primeros estudios sobre estas alianzas[4] muestran que el funcionamiento de las colaboraciones intersectoriales no es el proceso simple que, a veces, esperan los socios. Los desafíos más comunes que encontramos en nuestro estudio son los siguientes:

• Dificultad para compartir el poder y el control de las decisiones que involucran a los socios. Todas las organizaciones tienen una visión específica de la importancia de su papel en la alianza y tienden a minimizar las funciones de los otros socios, lo cual crea un conflicto de percepciones que suele obstruir las acciones conjuntas.
• El tiempo y la energía necesarios para combinar las distintas culturas organizacionales, que generan expectativas divergentes en cuanto al funcionamiento de la alianza, los indicadores de éxito que deben evaluarse y el estilo y ritmo de trabajo.
• La ausencia de herramientas de gestión adecuadas para las alianzas intersectoriales. A menudo, las empresas tienden a imponer sus procedimientos, a los que consideran más aptos, en virtud de su probada eficiencia en el mundo de los negocios. Por otro lado, las ONG, celosas de su caudal de experiencia, a menudo son renuentes a compartir las competencias organizacionales que han desarrollado y limitan el intercambio de conocimientos entre los socios.

A pesar de estas dificultades, las alianzas intersectoriales han proliferado durante los últimos cinco años y han reunido a organizaciones del mercado con OSC, para resolver o reducir los problemas de exclusión social[5].

El contexto político de la década de 1990 favoreció el desarrollo de un clima positivo para la interacción entre organizaciones pertenecientes a distintos sectores. Se consolidó el regreso a la democracia, lo que generó un espacio para el ejercicio de la ciudadanía y la creación de formas organizadas de participación. La Constitución de 1988 aseguró los derechos civiles de todos los ciudadanos y fortaleció los principios democráticos de tolerancia social. La propuesta de descentralización del gobierno, a pesar de las dificultades de la reforma fiscal que la retrasaron, favoreció la emancipación de las comunidades locales.

Luego del proceso de redemocratización, las ONG y las organizaciones de base debieron enfrentar los desafíos de redefinirse, encontrar formas innovadoras de cumplir sus misiones y desarrollar nuevas competencias organizacionales. Debido a la reducción de los recursos financieros disponibles[6], las OSC tuvieron que aprender nuevas técnicas de recoleccción de fondos e ingeniería financiera para optimizar su uso, y lograr un posicionamiento competitivo que garantizara su diferenciación. Un nuevo discurso surgió en el escenario del tercer sector, uno que incorporaba conceptos como la eficiencia, la eficacia y los resultados, ideas de uso habitual en el mundo de los negocios.

Por el lado del mercado, existe también una nueva tendencia que converge con la que caracteriza al entorno del tercer sector: propuestas de participación empresarial en causas sociales. Algunas iniciativas son de naturaleza claramente política, como el movimiento denominado Pensamiento Nacional de las Bases Empresarias (Pensamento Nacional das Bases Empresariais, PNBE), dedicado a influir en el debate público sobre problemas sociales, sin intención de convertirse en un partido político[7]. Otros movimientos, con frecuencia bajo el liderazgo de los mismos protagonistas, asumen, desde su inicio, la misión explícita de modificar alguna característica negativa de la realidad social brasileña. Por ejemplo, la Fundación ABRINQ para los Derechos de los Niños (Fundação ABRINQ pelos Direitos da Criança) fue creada a inicios de la década de 1990 por un grupo de empresarios que deseaba influir en la legislación y la opinión pública para proteger los derechos civiles de la infancia.

Esta tendencia dio lugar a la proliferación de fundaciones e institutos vinculados al sector privado, con la intención de que se convirtieran en la "rama social" de las empresas privadas. Otras corporaciones pioneras involucradas en estas iniciativas comenzaron a implementar sus propios proyectos de responsabilidad social, se acercaron a las OSC o, simplemente, se mostraron más receptivas ante sus peticiones y campañas.

Un caso que aceleró este proceso de toma de conciencia de la responsabilidad social fue la Acción de la Ciudadanía contra la Miseria y por la Vida (Ação da Cidadania contra a Miséria e pela Vida), una campaña organizada por el sociólogo Herbert José de Souza ("Betinho") en 1993. Al describir el problema del hambre en términos sencillos y proponer que cada ciudadano participara en su solución, este líder comunitario conmovió profundamente a la sociedad brasileña en general. Surgieron nuevas iniciativas, se revitalizaron antiguos proyectos y programas, y se redescubrió la magia de una palabra clave: colaboración.

A pesar de su renovada notoriedad, el concepto de colaboración era aún difícil de llevar a la práctica. Las organizaciones del tercer sector estaban más acostumbradas a promover campañas para recaudar fondos y solicitar donaciones, que a elaborar proyectos conjuntos con otras instituciones. Algunas ONG se sentían incómodas en el nuevo paradigma, entre invadidas y vulnerables, como si temieran perder su propia identidad al asociarse con otra organización.

Sin embargo, a pesar de ciertas restricciones, estos movimientos modificaron la concepción de las funciones del gobierno, el mercado y el tercer sector. La comunidad empresarial se abrió a la idea de la acción social como una práctica en donde las compañías trascendieran sus intereses económicos en forma voluntaria. De esta manera, se inició un movimiento hacia una participación más humana y social en los niveles local, nacional y mundial. En términos de eficiencia interna, la responsabilidad social corporativa no se oponía a las ganancias financieras sino que, según esta perspectiva, constituía una condición necesaria para optimizar la utilización de los recursos y la movilización de la gente.

Esta nueva visión, presente en la actualidad en el discurso de los ejecutivos y los accionistas de las empresas privadas, es el resultado de un proceso largo y complejo de acercamiento entre las corporaciones y la sociedad civil. En el pasado, las compañías solían apuntar exclusivamente a generar ganancias para sus accionistas, mientras que su función social se limitaba a la creación de empleos, al pago de impuestos y al cumplimiento de la ley. En este contexto, los dueños de las empresas realizaban donaciones a título personal y demostraban una actitud caritativa personal, desvinculada de las compañías.

Esta actitud comenzó a cambiar durante la última década, signada por un crecimiento más lento de la economía y un aumento del desempleo en el nivel global. El impacto de las industrias en el ecosistema convirtió a las amenazas de la destrucción ambiental –en general, ignoradas hasta ese momento– en una realidad comprobable. El panorama se agravó aún más, como consecuencia de la fuerte presión social generada por la movilización creciente de distintos segmentos de la sociedad civil y de la clara percepción del impacto de los altos niveles de exclusión social en el mercado de los consumidores. En los diferentes ámbitos, la sociedad civil comenzó a cambiar la postura ética de las empresas en sus diversas áreas de participación y a exigir modificaciones concretas en la relación de las empresas con sus entornos socioambientales.

Poco a poco, las corporaciones empezaron a responder a estas demandas. Revisaron sus funciones y exploraron la posibilidad de analizar enfoques novedosos, que antes consideraban incompatibles con el objetivo principal de obtener y maximizar ganancias. La estrategia de las compañías comenzó a contemplar la necesidad de modificar las relaciones con los empleados y los proveedores. Redefinieron sus principios éticos en relación con los clientes, a la vez que las consecuencias ambientales de las actividades de las empresas se convirtieron en un riesgo legal.

Con el tiempo, las comunidades vecinas y la sociedad en general quedaron incluidas en este conjunto creciente de inquietudes y comenzaron a figurar dentro del planeamiento estratégico de las empresas, como grupos de interés relevantes.

Perfil actual de las alianzas

El estudio de una muestra no aleatoria deliberada de 2.085 empresas encuestadas en los años 2001-2002, indicó que 385 empresas participaban en acciones sociales –de las cuales, el 85% lo hacía a través de alianzas con otras organizaciones, como una manera de cumplir con sus proyectos sociales[8]–. Este hallazgo destaca la pluralidad de las distintas formas de colaboración, ya que para muchas empresas el concepto de colaboración abarca desde una donación puntual hasta el apoyo a una entidad específica o el desarrollo de proyectos conjuntos con varias organizaciones. Del análisis de los datos del Gráfico 11, se desprenden los siguientes tipos de colaboraciones intersectoriales:

- El 15% de las empresas recurre a alianzas para desarrollar todas sus actividades de contenido social.
- El 37% participa en relaciones de colaboración, pero no en forma permanente.
- El 33% lleva a cabo sus proyectos sociales a través de asociaciones ocasionales.
- El 15% de las empresas estudiadas no participa en ninguna clase de alianzas.

El gráfico 11 describe las respuestas de todas las empresas que recurren a las colaboraciones como un medio para implementar sus prácticas sociales. Cada círculo representa un sector y los números en su interior indican el porcentaje de alianzas existentes entre las empresas estudiadas y las organizaciones en cada sector, corporaciones, tercer sector y gobierno. Las cifras que se encuentran en las intersecciones representan el número de alianzas con más de un sector de las empresas. El primer hallazgo interesante es que la mayoría de las empresas mantiene alianzas con organizaciones del tercer sector (80%), mientras que el 56% participa en colaboraciones con entidades gubernamentales y el 47% lo hace con otras empresas.

Sin embargo, como indican los porcentajes, estas alianzas no se establecen exclusivamente con organizaciones de un único sector:

Gráfico 11. Modelo trisectorial: distribución de alianzas entre las empresas encuestadas

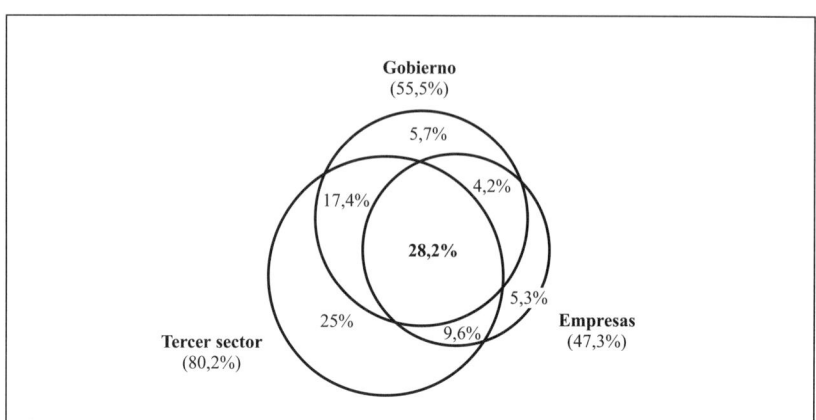

- El 17,4% de las empresas mantiene alianzas simultáneas con el tercer sector y las organizaciones gubernamentales.
- El 4,2% establece alianzas con organizaciones gubernamentales y otras empresas.
- El 9,6% participa en relaciones de colaboración con organizaciones del tercer sector y otras empresas.
- El 28,2% de las empresas mantiene alianzas con organizaciones de los tres sectores. De esta manera configuran el núcleo del gráfico, donde se dan las relaciones más complejas. No obstante, se trata también de las relaciones con el mayor potencial para alcanzar sus objetivos.

Estos porcentajes indican la intensidad de las relaciones entre los sectores, como un medio para que las empresas participen en prácticas de acción social. Este movimiento, que produce un acercamiento entre las organizaciones empresariales y las OSC, podría indicar un cambio cultural. Los líderes corporativos responsables de las decisiones estratégicas de sus compañías ya no pueden ignorar la "función social" de las empresas. Por un lado, encontramos entidades, como GIFE, el Instituto Ethos, el Instituto para la Ciudadanía Empresaria y otras, que promueven los conceptos y las prácticas de responsabilidad corporativa y ciudadanía organizacional, con el propósito de informar y movilizar a quienes toman las decisiones. Por otro, los medios, a través de sus distintos vehículos, difunden los ejemplos de las mejores prácticas que ilustran y estimulan el comportamiento positivo de las empresas y los ejecutivos.

Sólo el 47% de las empresas encuestadas establece alianzas con las organizaciones del mismo sector privado, probablemente debido a la búsqueda de competencias específicas en otras áreas. En otras palabras, cuando las empresas deciden iniciar actividades de carácter social, tratan de asociarse con organizaciones –gubernamentales y no gubernamentales– que ya reúnen el *know-how* de la gestión social. De esta manera se reducen los costos de implementación y operación de los proyectos sociales de las empresas y, en cierta forma esto puede implicar el reconocimiento de las competencias específicas de las OSC.

En algunos casos, las empresas han considerado su participación en temas sociales como un factor de diferenciación en contextos competitivos, lo cual las ha llevado a considerar la exclusividad en las alianzas establecidas y a mostrarse reticentes a aceptar la participación de otras compañías en dichas relaciones. Con frecuencia, este factor se ha identificado como una barrera para la formación y sustentabilidad de las colaboraciones intersectoriales.

Al llevar a las prácticas sociales algunos patrones típicos de los negocios, algunas empresas privadas restringen la capacidad de crecimiento y consolidación de las redes de colaboración. A menudo, la demanda de exclusividad desalienta a las organizaciones del tercer sector en cuanto a la formación de alianzas con algunas empresas o, en el caso de que la colaboración se establezca, genera una relación conflictiva, en la cual la entidad siente que restringe su autonomía. Un ejemplo interesante entre los casos estudiados fue el del Banco Itaú, que dejó de ser el único socio empresarial de la alianza que creó el Programa de Educación y Participación (Programa Educação & Participação) y pasó a promover la formación del Programa de Socios 2001, que buscaba la participación de otras empresas en una red multisectorial.

Nuestro estudio también reveló la existencia de una tendencia a utilizar las colaboraciones como un medio para incrementar la sinergia existente entre las empresas que integran la misma cadena de abastecimiento. En este caso, la relación consolidada, generada por la interacción comercial, facilita la creación de una asociación con fines sociales y neutraliza los conflictos de competencia. Se ha observado que los proveedores de materiales y servicios se asocian con sus clientes para desarrollar algún proyecto social conjunto.

Esta configuración puede ser muy eficiente cuando las compañías se asocian por una causa específica. La Fundación ABRINQ –una ONG dedicada a la protección de los derechos de los niños– desarrolló, en 2000, una iniciativa denominada el "Pacto de Bandeirantes". El objetivo del emprendimiento consistía en reunir a los productores de azúcar y alcohol, ubicados en las inmediaciones de la Autopista de los Bandeirantes, en el estado de São Paulo, con sus proveedores externos, para que todos se comprometieran a no contratar mano de obra infantil en la cosecha de la caña de azúcar.

Cabe destacar que el porcentaje de alianzas de empresas con organizaciones pertenecientes a los tres sectores es más alto que el porcentaje de alianzas que involucran a sólo dos de ellos. Se podría deducir que el compromiso de las empresas en las alianzas intersectoriales produce una mayor conciencia de los problemas sociales y refuerza la decisión de buscar soluciones. La búsqueda de socios múltiples puede indicar un cambio en la percepción de las empresas, en el sentido de que sean más proactivas en sus iniciativas sociales y más selectivas en la elección de sus socios.

El mejoramiento de la calidad de sus acciones sociales constituye el principal objetivo identificado por las empresas encuestadas, en el uso de las alianzas: el 74% considera que este tipo de acción social genera un nivel de eficiencia más alto. El reconocimiento del hecho de que las organizaciones asociadas aportan su mayor experiencia en el manejo de temas sociales, representa el segundo motivo planteado por las empresas participantes, con un 64% del total de la muestra.

Estos resultados parecen indicar una tendencia hacia un cambio en el comportamiento de los líderes empresariales responsables de las decisiones que determinan las estrategias de acción social dentro de las compañías. Esta búsqueda de eficiencia, *know-how* y competencias específicas para desarrollar proyectos sociales conjuntos con el tercer sector, sugiere lo siguiente:

- La actividad social de las empresas empieza a ser vista como un componente principal de la dirección estratégica de la corporación y, como tal, es manejada con la racionalidad empresarial que exige eficiencia, eficacia y efectividad.
- Las ONG y las entidades sociales son valoradas por su experiencia en el manejo de temas sociales. Se las invita a participar en las alianzas con la misma lógica que se utiliza para tercerizar operaciones y contratar proveedores.

En los casos de dos de las compañías brasileñas estudiadas, Banco Itaú y la compañía de cosméticos Natura, las alianzas se establecieron con la misma OSC, el Centro de Estudios e Investigaciones de Educación, Cultura y Acción Comunitaria (Centro de Estudos e Pesquisas em Educação, Cultura e Ação Comunitária, CENPEC), una institución reconocida por su competencia técnica en temas educativos, en especial aquellos relacionados con el desempeño de las escuelas públicas y la educación de niños y adolescentes pertenecientes a segmentos de bajos ingresos.

A pesar de que ambas compañías tienen diferentes culturas organizacionales, Itaú y Natura son reconocidas por su nivel de exigencia en la selección de recursos humanos y en la contratación de servicios. Ambas empresas buscan competencia técnica, habilidades sólidas en el área de especialización, buenas calificaciones, idoneidad y desempeño excelente en sus ejecutivos, su personal y sus proveedores. En consecuencia, era natural que utilizaran los mismos criterios para elegir a sus socios en los emprendimientos sociales.

Sin embargo, esta observación, que muestra la influencia de la cultura empresarial en la formación de las alianzas, también resalta la cuestión del equilibrio de poder en la relación entre los socios. Si una empresa mantiene una posición dominante en el proceso de selección, podríamos preguntarnos si se desea que la alianza evolucione hacia un modelo transaccional o integrativo. También cabría pensar que, en lugar de invertir en el establecimiento de una alianza, estas compañías podrían simplemente copiar las mismas prácticas que utilizan para manejar a otros proveedores de servicios especializados.

Las declaraciones del CENPEC con relación a los diversos proyectos desarrollados con el Banco Itaú, destacan el carácter integrativo de su alianza, según el *continuo* que se describe en el primer capítulo (p. 12)[9]: "Ya no se puede distinguir dónde termina la participación del banco y dónde comienza nuestra actividad técnica" o "Itaú ya no puede prescindir de la calidad y la eficiencia que aporta el CENPEC a los proyectos". Estas opiniones son ejemplos que refuerzan la idea de una relación igualitaria, equilibrada y sincronizada entre las dos organizaciones. Por su parte, el banco se pregunta acerca de las ventajas que podrían surgir de la descentralización del Programa de Educación y Participación. Al recurrir a entidades regionales para ampliar el trabajo a una escala nacional, el banco podría expandir el espectro de su acción social, adaptarlo a las características locales y asegurar una mayor notoriedad para el programa.

La alianza de Natura con el CENPEC, dedicada a mejorar la calidad de la educación en la escuela Matilde, no perduró. Los maestros de la escuela no aceptaron las propuestas de cambios en sus programas, realizadas por los profesionales externos, y presionaron a la empresa para que despidiera al equipo de consultores. La forma en que CENPEC se desvinculó del proyecto sugiere que ni Natura ni la escuela lo consideraban un socio real de la alianza, a pesar de haberse beneficiado del equipo de consultores. En cambio, resulta evidente que dicha OSC era vista, por ambas instituciones, como un proveedor que prestaba servicios de consultoría y al que se podía contratar y despedir según sus necesidades.

En nuestra investigación, la necesidad de asegurar un "mejor control de los recursos" constituyó el principal argumento de las compañías que prefirieron no integrar colaboraciones intersectoriales para desarrollar sus iniciativas sociales. Estas firmas creen que pueden manejar sus acciones sociales de manera más eficiente en forma individual; se resisten a compartir recursos y tienden a no confiar en las habilidades técnicas y gerenciales de los socios que provienen de otros sectores. Resulta interesante que tanto las empresas que recurren a las alianzas intersectoriales como las que no lo hacen, utilicen el mismo argumento de una mayor eficiencia técnica, gerencial y operativa.

Si bien estos hallazgos parecen contradictorios, no lo son, más bien reflejan una variedad de experiencias en colaboraciones organizacionales. Proporcionan evidencia de que las percepciones de las empresas que no integraron relaciones de colaboración y aquéllas que sufrieron experiencias traumáticas en otras alianzas, fueron afectadas por la desconfianza y la falta de aptitud para los emprendimientos conjuntos.

Los argumentos más comunes, expresados por compañías que se rehúsan a formar alianzas, son: la falta de profesionalismo, la escasa capacitación gerencial y el bajo nivel de competencia administrativa de las organizaciones del tercer sector. Éstas, a su vez, destacan la actitud "obstinada" y "tecnócrata" de algunas empresas privadas. Ellas se rehúsan a adoptar una "lógica de resultados" que, desde su punto de vista, degradaría la calidad de su trabajo y la sensibilidad necesarias para tratar los temas sociales. Estos dos conceptos contradictorios, relacionados con la naturaleza y el valor del trabajo social, representan los dos fenómenos más frecuentes que se encuentran en los conflictos culturales de las alianzas intersectoriales.

Estos conflictos son mayores cuando una alianza multilateral involucra actores representantes del primero, segundo y tercer sector. Las organizaciones gubernamentales suelen ser consideradas poco colaboradoras, burocráticas, lentas e ineficientes. Por tanto, es normal que los ejecutivos eviten las alianzas con organismos gubernamentales.

Sin embargo, este desafío puede llevar a un proceso efectivo de transformación organizacional. Uno de los desprendimientos de la alianza entre Natura y la escuela pública de Itapecerica da Serra consistió en la creación del programa Barracões da Cidadania (Galpones de Ciudadanía). Bajo la dirección de la Secretaría Municipal de Cultura, este programa ofrecía actividades culturales y sociales, así como equipos y herramientas, para niños y jóvenes en situación de pobreza.

En la alianza múltiple del proyecto Ekos, uno de los socios de Natura proveniente del sector privado, Cognis, prefirió no participar en la asociación con las comunidades indígenas de la región amazónica. Por temor a los obstáculos potenciales que podría plantear la Fundación Nacional del Indio (Fundação Nacional do Índio, FUNAI), la agencia federal encargada de las relaciones con los nativos y de su empleo en el área de forestación, Cognis decidió limitar su campo de acción al proceso de recolección y extracción de los recursos naturales. A pesar de la decisión de Cognis, Natura optó por seguir adelante con su plan de asociarse con las tribus indígenas: estableció una relación cordial con sus líderes y les ofreció la oportunidad de trabajar en el proceso de producción de la línea Ekos.

Estos ejemplos ilustran las experiencias novedosas encontradas en las colaboraciones intersectoriales y la diversidad de sus resultados e interpretaciones. Cabe señalar que estas experiencias presentan las contradicciones inherentes a la estructura de clases del sistema capitalista, caracterizada por la desigualdad económica y la injusticia social. Sin embargo, reflejan también una tendencia hacia la movilización social de distintos agentes, con las consiguientes mutaciones culturales resultantes de las acciones y decisiones de algunos individuos y de las organizaciones que dirigen.

Estos análisis confirman la importancia del fenómeno de la colaboración intersectorial en Brasil. A continuación, profundizaremos nuestro intento de comprender el papel de las culturas organizacionales en la formación y desarrollo de las alianzas.

Culturas sectoriales, culturas organizacionales

Las teorías sobre la construcción y consolidación de la cultura, ya sea en pequeños grupos sociales o en la dimensión más amplia de la sociedad como un todo, destacan la importancia decisiva de ciertos factores: una visión compartida del mundo y de ciertos principios básicos; un proceso de creación de identidad en el campo de las ideas, los ideales, los valores y las creencias, y el proceso de desarrollo de la legitimidad política, esencial para el reconocimiento de poder, autoridad, derechos y normas. Los mismos factores, con diferentes formas y expresiones, se combinan para producir el quiebre de patrones políticos y culturales que determina el fenómeno de cambio cultural[10].

La cultura dominante en un contexto social determinado, se extiende a todas las formas de relación e influye en la formación cultural de las organizaciones. En ese sentido, las corporaciones, las instituciones sociales y las entidades públicas que interactúan en los casos de colaboraciones intersectoriales estudiados, son 'depósitos' de las características más fuertes del modelo de cultura y poder que prevalece en la sociedad brasileña.

En los casos estudiados encontramos que los patrones presentes en la cultura y en las relaciones de poder que conforman la identidad de las corporaciones, tienen una marcada influencia en las acciones sociales que desarrollan a través de sus alianzas. Itaú es un "banco de ingenieros", que no sólo mantiene relaciones jerárquicas precisas, sino que también se centra exclusivamente en las acciones y las decisiones. Prioriza las competencias técnicas y le adjudica valor al campo del conocimiento, mientras que invierte mucho en tecnología de avanzada. Al establecer la relación de colaboración con CENPEC, utilizó estos parámetros de competencia y eficiencia y mantuvo el control de la calidad de su proyecto social, a la vez que retuvo el Programa de Educación y Participación dentro del área de decisiones estratégicas del banco.

La alianza de Itaú con CENPEC también refleja un reconocimiento mutuo de sus respectivas identidades: ambas organizaciones consideran a la educación como un factor determinante en el desarrollo social y ambas atribuyen esa responsabilidad al gobierno, mientras tratan de impulsar el desarrollo de políticas sociales e invertir en el mejoramiento de la educación pública. Al convocar al Ministerio de Educación y Cultura y a UNICEF[11] para que se unieran a la alianza, ambas organizaciones mostraron consenso sobre la percepción de que el programa debía tener alcance nacional y que su legitimidad requería el aval de la máxima autoridad del sector educación del país, así como de una entidad con reconocimiento internacional. De esta manera, se hace explícita la característica cultural de respeto por las jerarquías institucionalizadas del poder[12].

El Banco Itaú es una organización reconocida por su imagen de solidez, confianza y transparencia. Opera como un banco completo, con estructuras de *marketing* capaces de atender a distintos segmentos de clientes, que incluyen pequeñas y medianas empresas, grandes compañías e individuos con un patrimonio significativo. Absorbe con rapidez los avances tecnológicos y define su política de acción social como una inversión comunitaria que genera un retorno que no debe medirse según los indicadores del banco, sino por los beneficios que obtiene la sociedad. CENPEC diseña y ejecuta proyectos en colaboración con el sector privado, entidades públicas multilaterales y nacionales, con el fin de mejorar la calidad de la educación pública y de las políticas relacionadas con la educación formal. Ambas organizaciones lograron alinear sus misiones de acción social en los mismos objetivos y se dedicaron, fundamentalmente, a la implementación efectiva de mejoras en las políticas educativas.

Aún más, acordaron que la mejor estrategia consiste en crear alianzas para apalancar las respectivas competencias básicas, con el fin de alcanzar sus objetivos sociales. CENPEC se hizo responsable de la relación con las escuelas, los grupos comunitarios y otras entidades sociales que participaron en el programa. Por su parte, el banco se ocupó de promocionar los eventos dirigidos a la comunidad empresarial y de conseguir el apoyo de otras corporaciones y organizaciones profesionales para difundir el programa.

Si observamos las elecciones que realizaron las organizaciones para definir sus estrategias de acción social, no debemos dejar de analizar la influencia de las características de la industria a la que pertenecían. Itaú se preocupa por su imagen institucional, ya que opera en un sector considerado impopular, debido a que el modelo de desarrollo de Brasil depende demasiado de la atracción de capitales extranjeros que, a su vez, se traducen en una fuerte presión en los ajustes fiscales y en una política monetaria restrictiva. Este proceso genera tasas de interés altas, que benefician al sector financiero en perjuicio de otros sectores de la economía.

El banco se esfuerza por buscar ventajas competitivas en un sector que ha sufrido un significativo proceso de reestructuración y consolidación, donde atributos como la confiabilidad y la lealtad de los clientes a la marca se han convertido en factores clave de diferenciación. Luego de ingresar en el grupo de compañías que conforman el Índice del Grupo de Sustentabilidad de Dow Jones (DJSGI, por sus iniciales en inglés), el banco trata de apalancar dichas diferencias mediante el reconocimiento de su desempeño social y financiero, medido con parámetros externos. El DJSGI supervisa las políticas vinculadas a la relación de la compañía con sus grupos de interés, tales como medidas de protección ambiental o contribuciones al bienestar social. La participación de Itaú como miembro de este selecto grupo de instituciones revalorizó notablemente la marca en los mercados financieros, internacionales y locales.

CENPEC también se benefició con la alianza. El Programa de Educación y Participación le permitió a esta OSC obtener algunas ventajas competitivas, como el acceso a una amplia base de clientes potenciales, la incorporación de indicadores de desempeño que le sirvieron para monitorear mejor su propia eficiencia y el reconocimiento nacional de su trabajo social.

Al igual que el sector financiero, la industria de telecomunicaciones, a la cual pertenece Telemig Celular, también presenta características de alta competitividad y poca popularidad, a raíz del intenso proceso de privatización de servicios que se inició en 1998. Las compañías privadas que ingresaron en el mercado en ese momento enfrentaron la necesidad de aumentar y consolidar su posición de mercado. Los desafíos de responder a la demanda insatisfecha y superar la disconformidad de los consumidores frente a la baja calidad de los servicios, conducían la complicada transición de estas compañías.

Telemig Celular carga con el peso de ser una compañía que se encuentra en el proceso de creación de su propia cultura y que aún no define claramente sus relaciones políticas internas. Producto de una privatización reciente, la empresa está formada por un "mosaico" de pautas culturales heredadas, propio de una entidad pública, y por los principios de los nuevos accionistas mayoritarios. La decisión de crear el Instituto Telemig Celular y la definición de su propósito y alcance indican el predominio de una lógica racional, que busca sinergias con el negocio de la empresa, mientras intenta fortalecer su imagen y su capital de marca frente a la comunidad.

En su búsqueda de socios para formar los Concejos Municipales de los Derechos de los Niños y los Adolescentes (Conselhos Municipais dos Direitos da Criança e do Adolescente), el Instituto Telemig Celular decidió asociarse con una organización informal –que incluía miembros de la sociedad civil, voluntarios y empleados del gobierno– y priorizar las iniciativas que apuntaban a la participación de diversos actores sociales.

El Instituto Telemig Celular intenta crear mecanismos de participación de alta penetración comunitaria, que le otorguen legitimidad a su proyecto social. Los Concejos Municipales de los Derechos de los Niños y Adolescentes y los Concejos Tutelares (Conselhos Tutelares) constituyen verdaderos foros de participación popular para la elaboración y el cumplimiento de las políticas públicas nacionales relacionadas con los derechos de los niños y los adolescentes. En este caso, se observa un modelo de gestión de riesgo típico de la cultura del sector privatizado. La compañía intenta obtener ventajas competitivas a través de la vinculación de su iniciativa social con la construcción y consolidación de herramientas efectivas de participación popular, que generen mejoras en las políticas públicas.

En la actualidad, el Instituto Telemig Celular trata de optimizar su estrategia de acción social a través de una alianza con la Procuraduría General de Justicia (Procuradoria Geral da Justiça), dependiente del Ministerio de Justicia, que desempeña un papel fundamental en el cumplimiento de los derechos de los niños y los adolescentes. Si se consideran las profundas diferencias culturales entre una organización judicial y una compañía de telecomunicaciones, es probable que surjan dificultades sustanciales en el proceso de creación y manejo de esta nueva alianza. Debido a la complejidad de la tarea de asegurar que la legislación, que es esencial para el futuro del país, no se transforme en un conjunto de reglas muertas, es comprensible que el Instituto Telemig Celular supervise este proceso con una decidida claridad de pensamiento. Movilizar voluntarios no es suficiente: el programa se reduciría sólo a contar con consejeros municipales capaces, si el Poder Judicial no se comprometiera a aplicar la ley en todos los ámbitos de la vida cotidiana.

Natura es una empresa que se transforma y recrea a través de sus propias experiencias en la creación de nuevos productos, del uso de conceptos innovadores en *marketing* y publicidad y de la asociación de su marca con la responsabilidad social. El fundador de la compañía, Luiz Seabra, destaca que el principio básico de sustentabilidad en la cultura de Natura es "el valor de las relaciones". Incluso, afirma que la producción y comercialización de cosméticos son simples vehículos que ofrecen oportunidades y apoyo para el desarrollo y la expansión de las relaciones interpersonales. El eslogan "Bien estar bien" se acuñó justo para transmitir la importancia que tiene para la compañía que las personas se sientan bien consigo mismas, y establezcan relaciones agradables con otras personas.

Estos patrones culturales, que a veces parecen demasiado abstractos en el contexto de los negocios, se tradujeron en características concretas, como el diseño arquitectónico de las instalaciones de la compañía, los estilos de los envases de los productos y la distribución de los puestos de trabajo en la planta de fabricación y los edificios de las oficinas[13]. En términos menos explícitos, pero más obvios, estos principios surgen de las políticas gerenciales de la empresa: se llama colaboradores a los empleados; las promociones y los cambios profesionales se explican con franqueza; y las prácticas y relaciones gerenciales apuntan a reducir la distancia interpersonal y a generar percepciones equitativas. Algunas de las iniciativas más destacadas confirman la coherencia interna de esta cultura, como, por ejemplo, las políticas de protección del medio ambiente vigentes en las plantas de la compañía, la preocupación por asegurar condiciones de salud y seguridad en el ambiente laboral, la contratación de personas con discapacidades y los esfuerzos que se realizan para integrar a estos empleados en la vida de la compañía.

También en sus actividades sociales, progresivamente, Natura ha acumulado experiencias con una variedad de socios en distintas modalidades, lo que la ha llevado a un proceso de aprendizaje organizacional que refleja el crecimiento y la consolidación de la empresa y su marca. En sus alianzas, Natura prioriza el significado de las relaciones directas de calidad, de la misma manera que ha valorado siempre la modalidad de venta directa como vehículo ideal para posicionar sus productos en el mercado.

Los interrogantes y temas inherentes al desarrollo de la nueva línea Ekos surgen precisamente porque, según la cultura de la compañía, es muy importante determinar el grado de compromiso en las múltiples alianzas que incluye la propuesta. Las asociaciones previas de Natura han fortalecido sus competencias en el área de la colaboración. Gracias al volumen y la riqueza de ese proceso de aprendizaje, la compañía logró repetir sus acciones sociales con éxito y consolidar prácticas positivas, como la definición precisa de los papeles que desempeñan los socios, la clarificación continua de las expectativas mutuas y la creación de un proceso de interacción dinámico y continuo para asegurar la eficiencia de sus emprendimientos sociales.

El proyecto Ekos de Natura incluye la incorporación de diversos grupos de interés, con distintos perfiles y motivaciones, en una cadena de abastecimiento, donde el principal valor agregado lo constituye la biodiversidad brasileña, administrada mediante procesos de gestión y trabajo respetuosos de las culturas de los grupos sociales que la integran. Esta cadena incluye a Cognis –una compañía química multinacional dedicada al procesamiento de aceites naturales–. Ambas compañías comparten los mismos valores de sustentabilidad. Sin embargo, como ya se mencionó, Cognis prefirió no operar con las comunidades indígenas en los procesos de recolección de materias primas, para evitar los contactos complicados y burocráticos con la FUNAI. La decisión de Cognis no detuvo a Natura, que estableció y mantuvo relaciones con las comunidades indígenas. La aclaración inicial de la posición de ambas empresas fue importante, porque establecía las diferencias y similitudes en las definiciones del valor de la relación de cada una de las compañías con las comunidades amazónicas.

Para las compañías que intervienen en la alianza, el éxito de la línea Ekos es una condición *sine qua non*. La industria de fabricación y comercialización de cosméticos es muy competitiva y, en la actualidad, sufre un proceso de *cartelización* en el mercado mundial. La diferenciación de los productos Natura no sólo necesita asegurar una sólida posición en el mercado local, sino también ofrecer apalancamiento internacional. Para enfrentar este desafío, los conceptos de "natural/nativo/brasileño" deben asociarse a los procedimientos conservacionistas adecuados, como la generación de las condiciones necesarias para la recuperación natural de los recursos recolectados, la preservación de las fuentes originales y el mantenimiento del equilibrio ecológico. El producto que se va a ofrecer en el mercado internacional debe ser atractivo en virtud de su contenido 'extravagante' y, al mismo tiempo, se quiere asegurar a los consumidores que su producción no implica agresión alguna a la naturaleza ni explotación laboral de ningún tipo.

A fin de lograr que estos conceptos abstractos se incorporen en el producto específico que fabrica y comercializa, Natura tiene que confiar en los procedimientos de Cognis, quien, a su vez, debe mantener esa coherencia no sólo para asegurar la lealtad de su cliente, sino para atraer a otras empresas interesadas en "ser y parecer políticamente correctas". Ambas compañías necesitan del Instituto de Manejo y Certificación Forestal y Agrícola (Instituto de Manejo e Certificação Florestal e Agrícola, IMAFLORA) para auditar en forma eficiente los procesos utilizados, ya que sólo IMAFLORA puede certificar su legitimidad frente al mercado y la sociedad.

Aunque cada una de estas organizaciones tiene su propia cultura, todas se vieron obligadas a buscar la compatibilidad, a través de numerosas reuniones, acuerdos y negociaciones, para que la alianza fuera viable. La cultura de valores de Natura se traslada al producto que fabrica y demuestra que las relaciones entre las personas son capaces de transformar la sociedad. La participación social a través de las alianzas constituye un medio para promover esa transformación.

Actores sociales en la cultura de la colaboración

El estudio de las alianzas estratégicas entre los distintos sectores, nos permite anticipar la materialización de lo que podríamos denominar la "cultura de la colaboración" entre organizaciones que solían mantenerse aisladas en razón de sus naturalezas diferentes, sus "formas de existencia" distintas. Básicamente, las personas que han participado en el establecimiento de estas nuevas alianzas son las responsables de la formación de estos nuevos patrones culturales.

Existen, por lo menos, tres factores determinantes en la configuración del comportamiento y de la cultura en un proceso de colaboración intersectorial: la existencia de relaciones entre los socios antes de la formación de las alianzas, la voluntad de las partes de crear un ambiente de confianza y respeto mutuo, y el cuidado con que se establecen los canales de comunicación, que fortalecen y facilitan la gestión de las colaboraciones.

Relaciones entre los actores

La dinámica de los contactos iniciales entre los integrantes de las compañías privadas y las OSC, constituye un factor clave en el proceso de gestación de las alianzas. Estas interacciones preliminares constituyen los pilares básicos del esfuerzo de colaboración, ya que las funciones, las expectativas mutuas y los resultados esperados se definen a partir de esta dinámica inicial.

Las empresas y las organizaciones del tercer sector no suelen asociarse al azar. En realidad, las conexiones entre los sectores se establecen a través de miembros activos de ambas partes, que ya se conocen en el ámbito social o profesional, o mediante la presentación de un tercero que confía en ambos. Maria Alice Setúbal, fundadora de CENPEC y educadora con una sólida carrera profesional y reconocida competencia, es la hermana del presidente del Banco Itaú, Roberto Setúbal. En 1992, la gerencia de Itaú manifestó su insatisfacción con el carácter disperso de sus programas sociales. Era necesario llevar a cabo las iniciativas que apuntaran a objetivos definidos y establecieran procedimientos estructurados. La experiencia de Maria Alice en el sector de la educación, sumada al nivel de confianza resultante del parentesco, facilitaron los contactos iniciales que precedieron a la formación de la alianza Itaú-CENPEC.

Guilherme Leal –uno de los directivos de Natura– conocía muy bien a Maria Alice, a través de la participación de ambos en los directorios de varias OSC, como la Fundación ABRINQ. Al planear la alianza para el mejoramiento de la educación en la escuela estatal primaria y secundaria Matilde Maria Cremm, Natura decidió contratar a una institución que poseyera una gran reputación y experiencia en programas de mejoras para la educación pública. En este contexto, el nombre de CENPEC surgió en forma natural, por un lado, como entidad reconocida por su competencia y, por el otro, a raíz de la relación preexistente entre los ejecutivos de la compañía y la educadora.

Luiz Gonzaga Leal, entonces presidente de Telemig Celular, había trabajado con el Concejo Estatal de Niños y Adolescentes del Estado de Minas Gerais antes de la creación del Instituto Telemig Celular. Esta experiencia le permitió conocer a los actores sociales involucrados en los temas relacionados con los derechos de la infancia y, luego, lo llevó a desarrollar la idea de una alianza entre el Instituto Telemig Celular y los Grupos de Apoyo de Voluntarios.

Cuando lo convocaron para organizar el Instituto Telemig Celular, Francisco Azevedo trabajaba en la Fundación ACESITA (Fundação ACESITA), que ya era conocida entre las fundaciones corporativas de mayor actuación en el fortalecimiento de las organizaciones comunitarias, tales como el Concejo de los Derechos de la Infancia y la Adolescencia. La afinidad personal mutua entre Francisco y Luiz Gonzaga Leal, resultó decisiva para lograr que Francisco aceptara el ofrecimiento del Instituto Telemig Celular. No sólo aportó al emprendimiento su experiencia previa en ACESITA, sino también la red de contactos establecidos con la Federación de Industrias del Estado de Río de Janeiro (Federação das Indústrias do Estado do Rio de Janeiro, FIERJ), la Federación de

Industrias del Estado de Minas Gerais (Federação das Indústrias do Estado de Minas Gerais, FIEMG), el Grupo de Institutos, Fundaciones y Corporaciones (Grupo de Institutos, Fundações e Empresas, GIFE) y muchas otras instituciones reconocidas dentro de la comunidad empresarial por sus iniciativas sociales y su nivel de responsabilidad corporativa.

En consecuencia, las relaciones preexistentes desempeñaron un papel decisivo en la formación de alianzas intersectoriales. En gran medida, las organizaciones aceptaron la idea de la colaboración, luego de identificar principios y conceptos compartidos con otros individuos. Este hecho fue crucial para reducir la incertidumbre y permitir que los grupos superaran los nuevos desafíos inherentes al manejo de alianzas estratégicas intersectoriales. Desde su punto de vista, compartir la "visión del mundo" reducía el riesgo de que sus empresas y organizaciones participaran en alianzas potencialmente peligrosas o incompatibles, que podrían, en última instancia, dañar la reputación de sus instituciones.

La generación de confianza

El desarrollo de una identidad cultural común entre las organizaciones se facilita a través de la generación de confianza entre los socios, que resulta la piedra angular en todo modelo de cooperación social y se manifiesta en las relaciones interpersonales entre quienes toman las decisiones en las alianzas.

Rubens Becker, presidente de la compañía química Cognis, socia en el proyecto Ekos de Natura, se trasladó a la región amazónica para establecer los contactos iniciales con IBAMA, la entidad gubernamental responsable del medio ambiente, en un esfuerzo que, en última instancia, proporcionaría a la empresa las herramientas necesarias para implementar el proyecto. De esta manera, la relación comenzó con el reconocimiento mutuo de la autoridad gubernamental y los propósitos de la compañía, lo que permitió que se desarrollara la confianza entre ambas.

Los directivos de Natura visitaron en persona a las comunidades indígenas para demostrarles a los nativos cuán importante era la relación con ellos para la compañía. A su vez, la manifestación del interés de los líderes comunitarios indígenas de realizar una visita de intercambio a la planta de São Paulo, constituyó un gesto sin precedentes que expresaba la importancia de este intercambio cordial para la consolidación del inicio de una relación de colaboración.

Los casos estudiados dentro del proyecto SEKN en Brasil, muestran que el desarrollo de la confianza entre los socios integrantes de las alianzas se produjo de la siguiente manera:

Prioridad de la confianza en el planeamiento de la alianza

Los casos Itaú-CENPEC y Natura-Ekos brindan los mejores ejemplos de este punto. La relación preexistente entre el presidente y la directora del CENPEC, profundamente arraigada en la confianza, se extendió a lo largo de esta colaboración. La calidad del diálogo resultante, así como la complementariedad de las competencias básicas de las dos organizaciones, sumadas al nivel de alineamiento de los valores de los socios, alimentaron en forma continua la base de confianza inicial. En el caso de Natura-Ekos, la experiencia de alianzas previas los llevó a priorizar el establecimiento de relaciones de confianza como pilares para la creación de las redes de colaboración.

Desarrollo de la confianza a través de la empatía,
la transparencia y la franqueza en las relaciones

El caso Natura-Matilde ilustra el fortalecimiento de la confianza durante la existencia de la alianza, fundamentalmente a través de la franqueza, la transparencia y el intercambio fluido de percepciones y la retroalimentación. Durante la creación y el desarrollo de los Grupos de Apoyo de Voluntarios, el Instituto Telemig Celular mostró empatía al comportarse como un interlocutor atento y sincero, ansioso por conocer y comprender la naturaleza de las necesidades de los socios. El simple acto de escuchar con una actitud proactiva sirve de base para construir relaciones duraderas y sólidas de confianza mutua. Al mismo tiempo, la compañía también apalancó su competencia, al articular los intereses de los socios y tratar de instalar un modelo de transparencia y franqueza en el diálogo entre las partes.

Respeto por el conocimiento de cada uno de los socios

En este aspecto, es posible identificar una línea común en los casos analizados. En todos ellos, las organizaciones que integraron las alianzas respetaban las competencias básicas de cada uno de los socios y constantemente buscaron la complementariedad y las sinergias posibles, en un proceso de aprendizaje organizacional continuo. Itaú y Natura se aproximaron al CENPEC por sus competencias en el área educativa. En el caso Ekos, Natura trató de seleccionar a sus socios convocando a los actores más adecuados, aun cuando al hacerlo aumentara la complejidad del manejo de la alianza. El Instituto Telemig Celular intentó ampliar al máximo la participación en los Grupos de Apoyo de Voluntarios y consideró que la Procuraduría General del Estado de Minas Gerais también tendría mucho que aportar a la alianza, en virtud de la experiencia y las prerrogativas exclusivas que le otorgaba la ley.

Creación de procedimientos de trabajo conjunto

En la mayoría de los casos analizados, la interacción frecuente y sistemática entre las organizaciones asociadas constituyó un factor decisivo en el desarrollo de la confianza y la adaptación continua. La cercanía física entre la escuela Matilde y Natura facilitó el contacto estrecho entre las dos organizaciones, y generó una relación más provechosa y fluida entre los dos grupos. La presencia constante de los gerentes de proyecto del Instituto Telemig Celular en los Grupos de Apoyo de Voluntarios, apalancó la capacidad de la compañía para establecer relaciones de confianza duraderas entre los participantes. Esta experiencia sugiere que las visitas esporádicas de los socios no son suficientes, que es necesario establecer una rutina de encuentros sistemáticos, con la presencia de un número importante de miembros de ambas organizaciones, a fin de generar un nivel efectivo de confianza entre ellas.

Cómo establecer la comunicación

El análisis presentado en el capítulo quinto demuestra la importancia de la comunicación en la consolidación de los parámetros culturales, ya sea dentro de las organizaciones o entre ellas. Es posible que una comunicación efectiva resulte indispensable entre las organizaciones, ya que es útil para atenuar diferencias, eliminar las resistencias y reducir el nivel de conflicto. El contenido, el sistema y los medios de la comunicación utilizados por las organizaciones reflejan los patrones culturales predominantes[14].

El análisis de las alianzas brasileñas investigadas dentro del proyecto SEKN muestra tres dimensiones que merecen atención: la comunicación interna de la alianza, la comunicación de la alianza hacia los grupos de interés internos de las organizaciones participantes y la comunicación de la alianza hacia los grupos de interés externos.

La comunicación entre los socios

Se ha observado que la iniciativa y el tono del proceso de comunicación entre los socios suele determinarlos el socio perteneciente al sector privado, por lo menos en la etapa inicial, mientras que las OSC tienden a permanecer en la posición de seguidor pasivo. Sin embargo, a medida que los miembros de ambas organizaciones se involucran en el manejo cotidiano de la alianza, el desequilibrio inicial se corrige parcialmente.

En el caso de Natura-Matilde, el diálogo entre la compañía y la escuela pública mejoró con el tiempo. La decisión de la empresa de crear un Departamento Técnico y Administrativo, dedicado al desarrollo de sus planes de acción social, se tomó durante el curso de esta alianza y señaló la importancia que tenía para la compañía, la necesidad de conectarse con sus socios. En el caso Natura-Ekos, que tuvo lugar años después de la alianza Natura-Matilde, desde la etapa de planeamiento inicial, la alianza contempló la necesidad de dedicar tiempo y espacio al intercambio de información, a la búsqueda de acuerdos y a la toma de decisiones.

Con el tiempo, el Programa de Educación y Participación comenzó a apartarse del dominio exclusivo del consejo estratégico del Banco Itaú, para instalarse en el ámbito intersectorial que ocupaban también el CENPEC, el Ministerio de Educación y Cultura y UNICEF. Con el éxito del premio y la consolidación de la experiencia, el banco empezó a invitar a todas las entidades participantes a reuniones donde se evalúa y monitorea el programa en forma sistemática. El crecimiento de estas alianzas genera nuevas colaboraciones y revitaliza el programa, al tiempo que se mantiene el estilo de comunicación de Itaú –dirigido por la compañía desde su sede central, como anfitrión y coordinador del programa.

En el caso de Telemig Celular, el objetivo de fortalecer los Grupos de Apoyo de Voluntarios y abrir un canal de diálogo con la Procuraduría General, evidencia la necesidad de aumentar la comunicación interna del grupo para llevar a cabo su trabajo social de manera efectiva. Para una compañía de telecomunicaciones, la proposición de valor de una alianza que le ofrece la posibilidad de afinar sus habilidades en el ámbito de la comunicación social, resulta en extremo atractiva.

Las alianzas en las comunicaciones internas
de las organizaciones participantes

En este punto, nuestra investigación reveló un proceso permanente de cambio, que continuaba en marcha al momento de concluirse nuestro estudio. Es conocido que las compañías suelen tener dificultades con la comunicación interna: los distintos departamentos operativos tienden a aislarse como "feudos", llenos de grupos y personas que reciben y no divulgan la información, de canales obstruidos y vehículos ineficientes. El panorama no resulta más alentador en las organizaciones del tercer sector, caracterizado por la típica centralización de decisiones e información, sumada a la falta de agilidad y precisión y a su comunicación poco fluida. No debería sorprender, entonces, que las alianzas intersectoriales sufran estos mismos problemas, cuando se trata de la comunicación interna entre los socios.

Además, hasta hace poco tiempo las compañías solían mostrarse muy reticentes a comunicar sus programas sociales, tanto al público interno como al externo. Con frecuencia, las instituciones son más abiertas en su discurso frente a la audiencia externa que en su comunicación con los grupos de interés internos, como ocurre en el caso de Itaú. Las encuestas internas del banco revelaron una falta de conocimiento total de los empleados sobre las iniciativas sociales de la compañía, en especial con respecto al principal, el Programa de Educación y Participación. Este dato señala claramente un estilo gerencial que no estimula la intensidad de las comunicaciones internas y genera insatisfacción en los empleados, incluso críticas injustas a las acciones de responsabilidad corporativa de la empresa. Este hallazgo llevó al Banco a considerar posibles inversiones para mejorar sus canales de comunicación interna e integrar a sus recursos humanos en sus iniciativas sociales.

Aun en el caso de Natura, cuyo estilo gerencial más abierto busca integrar a sus colaboradores en sus proyectos sociales, nuestra investigación detectó deficiencias en el volumen e intensidad de la comunicación interna relacionada con las alianzas y colaboraciones de la empresa.

Se trata de un dilema para las compañías: por un lado, puede resultar una herramienta efectiva para aumentar la notoriedad de ciertas iniciativas frente a los empleados y, por el otro, podría tener un efecto contraproducente y generar críticas o mayores demandas. Más aún, la comunicación podría revelar inconsistencias o contradicciones entre la gestión de los recursos humanos y la responsabilidad social anunciada.

Al tercer sector no le fue mucho mejor en el manejo de sus comunicaciones internas. El hecho de que los socios del sector privado solieran tener el liderazgo en esta área no resultó tampoco de gran ayuda. En esta relación, las OSC asumieron un papel subordinado, mientras que las compañías aparecían como las únicas dueñas de los recursos y no como socios en igualdad de condiciones. Desde esta posición, tendían a descuidar la difusión interna de las alianzas y, cuando comunicaban la existencia de éstas, las presentaban como "nuestro proyecto" realizado con los recursos de la compañía X. Esta dinámica se observa con claridad en la colaboración entre Coca-Cola de Argentina y Junior Achievement de Argentina, caso analizado en el capítulo quinto[15].

El nivel, la intensidad y la profundidad de la difusión de las alianzas dentro de la comunicación interna de los socios, plantea un tema de discusión fundamental: ¿hasta qué punto quieren realmente estas organizaciones integrar sus alianzas a sus propias culturas?

Las alianzas en las comunicaciones externas

Las compañías estudiadas comenzaban a percibir y utilizar sus programas de acción social como elementos que agregan valor a su marca o imagen frente al público en general. En los casos estudiados, algunas alianzas se establecieron para asegurar una notoriedad positiva, a través de la identificación de la acción social desarrollada con el producto o servicio de la compañía. El caso que ilustra muy bien este aspecto es el de Telemig Celular, aunque la compañía es muy discreta en la difusión de sus actividades sociales.

Algunas alianzas se establecieron exclusivamente como una función de la naturaleza de los programas sociales de la compañía y, en la práctica, sólo se utilizaron en forma marginal para promocionar su marca. El Banco Itaú siempre se mostró reacio a divulgar el Programa de Educación y Participación más allá de la comunidad educativa, las OSC y el público objetivo del programa. Sin embargo, luego de su inclusión en el Índice del Grupo de Sustentabilidad de Dow Jones, la gerencia del banco tomó conciencia del valor que agregaban las actividades de responsabilidad corporativa de la compañía a la marca Itaú. A pesar de este descubrimiento, el banco todavía lucha con el dilema de difundir o no sus acciones sociales, y alinear sus programas y sus alianzas intersectoriales con sus esfuerzos de *marketing* institucional.

A su vez, las OSC también tienen dificultades para comunicarse con el público en general. Por su falta de experiencia, e incluso por motivos ideológicos, se resisten a exponerse demasiado. Al mismo tiempo, buscan un cierto nivel de notoriedad que les asegure el acceso a los donantes y auspiciantes. No obstante, temen que una difusión excesiva de sus alianzas con las empresas les resulte poco efectiva o incluso contraproducente, debido a su asociación con una imagen corporativa que no pueden controlar.

La amplia cobertura que los medios brasileños le han dado a los emprendimientos sociales y la responsabilidad corporativa en los últimos años, ha agregado mayor complejidad al tema de la comunicación de las alianzas intersectoriales. Se trata de una cuestión paradójica y problemática, ya que gira en torno a ciertas reflexiones profundas: ¿se trata, efectivamente, de un cambio cultural? ¿Conduce este cambio a la formación de una "cultura solidaria de cooperación y responsabilidad social"? Si las respuestas a estas preguntas son afirmativas, la comunicación de las alianzas desempeña un papel importante en la convalidación de estas formas de articulación organizacional.

Consideraciones finales

La experiencia de nuestra investigación sobre alianzas intersectoriales y los casos desarrollados dentro del proyecto SEKN, nos llevan a una serie de consideraciones. Aunque la creación y el manejo de las alianzas estratégicas constituyen sin duda una tarea compleja, en general, éstas se destacan como un modelo interesante para la promoción de las actividades de carácter social de las organizaciones.

Los últimos cinco años muestran un incremento en el número de iniciativas sociales corporativas, potenciado por la nueva notoriedad de esta área y la acción de las entidades que difunden los valores de la responsabilidad social. Las compañías que ya llevaban a cabo programas sociales, expandieron su alcance y comenzaron a difundirlos o a apreciar mejor el valor que aportaban. Por otro lado, las compañías que no habían desarrollado prácticas sociales de manera sistemática, empezaron a reunir información y asistencia técnica para integrarlas en su enfoque gerencial y su cultura corporativa. Si tenemos en cuenta que este movimiento parece encontrarse en pleno crecimiento, es justo decir que existe una tendencia hacia "la cultura de la responsabilidad", que apunta a difundir los conceptos de los derechos y las obligaciones de una ciudadanía democrática.

Las alianzas no representan el único camino posible para que las compañías cumplan con su responsabilidad social, aunque se ha convertido en la estrategia más elegida. Las empresas recurren a las alianzas para ser más efectivas y eficientes, y reducir los costos de sus proyectos sociales. Sin embargo, una parte importante del sector privado aún prefiere mantener su autonomía y conservar el control de sus iniciativas sociales. Los obstáculos resultantes de la falta de confianza, la carencia de información y la frustración, producto de experiencias previas, han alejado a estas empresas de la opción de las relaciones de colaboración. En tal sentido, los casos analizados no representan el comportamiento de la vasta mayoría de las compañías, aunque podrían indicar un giro cualitativo hacia el surgimiento de una "cultura de la colaboración".

Las OSC han demostrado su ambivalencia frente al interés de las empresas de realizar esfuerzos para solucionar los problemas sociales. Algunas enfatizan los beneficios de las alianzas: el desarrollo y mejoramiento de sus habilidades administrativas, la expansión de sus redes, el fortalecimiento de su imagen y el acceso a mayores y mejores recursos. Otras, que se han resistido a integrar alianzas intersectoriales o que han tenido experiencias frustrantes, prefieren destacar las debilidades de las alianzas: la incompatibilidad de actitudes y estilos de trabajo, la falta de conocimiento y sensibilidad de las corporaciones frente a los problemas sociales, su comportamiento arrogante y autoritario, la actitud condescendiente e indulgente de algunas compañías ante las entidades sociales, la falta de transparencia de las intenciones corporativas y de los valores que impulsan sus acciones y, por último, la incertidumbre que genera el compromiso para las empresas en el largo plazo.

Se puede decir que, durante la vida de las alianzas, las OSC han oscilado entre estas dos posiciones, lo cual sugeriría que, en realidad, sólo responden a las iniciativas y decisiones de las compañías. Por tanto, un paso importante en el desarrollo de alianzas estratégicas intersectoriales consistiría en promover una perspectiva más proactiva de parte de la sociedad civil y una mayor sensibilidad por el lado de las empresas, a fin de lograr un mayor equilibrio en relación con las decisiones vitales para el futuro de las alianzas.

El desarrollo de la confianza mutua entre los socios surge como uno de los factores más importantes en la creación y el fortalecimiento de estas alianzas. Este hecho se relaciona directamente con las características personales de los socios, los patrones de las relaciones interpersonales establecidas entre ellos y los rasgos predominantes de las culturas organizacionales a las que pertenecen.

En consecuencia, el tipo de relación que establecen los protagonistas antes y durante el proceso de formación de la alianza, constituye un factor clave para su evolución. Dado que Brasil es una sociedad que aún conserva su carácter patriarcal y tradicionalista, es natural que los actores tiendan a buscar afinidades sociales, educativas y profesionales. Esta búsqueda refleja la necesidad de encontrar socios con valores similares, ya que estos puntos de referencia comunes sugieren que las partes comparten una misma "visión del mundo", basada en principios básicos compatibles.

Los líderes y ejecutivos de las compañías estudiadas se destacan por su capacidad de compromiso con la responsabilidad social corporativa y sus propuestas de desarrollo. Su acercamiento a las OSC y los organismos gubernamentales ha fomentado los emprendimientos de colaboración. Se determina así una relación de poder, en la cual el equilibrio entre las compañías y sus socios es sutil y requiere constante mantenimiento. Parte del proceso tendiente a asegurar el equilibrio de poder en la relación, radica en el desarrollo de procesos de comunicación eficientes y efectivos a la vez.

Notas

1. La profesora Tania Casado y el investigador João Teixeira Pires, miembros del equipo SEKN de CEATS, FIA/FEA/USP, colaboraron con el desarrollo del presente capítulo.

2. Pettigrew 1985.

3. Landim 1998.

4. IDR; CEATS 1998.

5. Si bien Brasil se encuentra entre las diez economías más grandes del mundo, ocupa una de las últimas cuatro posiciones en cuanto a la

distribución de ingresos, con un coeficiente Gini de 0,6, que coloca al país en el lugar número 73 en términos del índice de desarrollo humano. En Brasil, casi 50 millones de habitantes viven con un ingreso mensual menor a US$30.

6. Durante la dictadura militar, los centros independientes de investigación social, las OSC, las ONG y demás asociaciones recibieron donaciones y contribuciones de las organizaciones internacionales. Luego de la recuperación del Estado de derecho en Brasil, estas inversiones se dirigieron a otras regiones del mundo, que aún luchaban por su democratización. Los recursos disponibles no eran suficientes para atender las necesidades de actividades sociales y el crecimiento del tercer sector. La competencia causó, por un lado, fragmentación y, por el otro, condujo a cambios profundos en las organizaciones y en sus modelos operativos.

7. Rodrigues Gomes 2003.

8. CEATS 2001.

9. Un análisis más profundo del *continuo* puede hallarse en Austin 2001.

10. Fischer 1989.

11. Ministerio de Educación y Cultura de Brasil (Ministério da Educação e Cultura da Presidência da República; MEC); Fondo para la Infancia de las Naciones Unidas (UNICEF).

12. Weber 1994.

13. Schein 1992.

14. Fischer 2002.

15. "¿Comunicar o no comunicar?, p. 174.

Bibliografía

Austin, James E. (2001). *Parcerias –Fundamentos e Benefícios para o Terceiro Setor*. São Paulo: Editora Futura.

Centro de Empreendedorismo Social e Administração em Terceiro Setor of FIA/FEA/USP-CEATS (2001). "Alianças Estratégicas Intersetoriais". Proyecto de investigación realizado como parte del "Programa de Pesquisa e Capacitação – Cidadania Organizacional e Terceiro Setor", realizado por CEATS, con apoyo financiero e institucional de la Fundación Ford.

Fischer, Rosa Maria (2002). "Mudança e Transformação Organizacional", en Fleury, Maria Tereza (coordinadora). *As Pessoas na Organização*. São Paulo: Editora Gente, pp. 147-164.

_____. (1989). "O Círculo do Poder? As Práticas Invisíveis de Sujeição nas Organizações Complexas", en Fleury, Maria Tereza y Rosa Maria Fischer (coordinadoras). *Cultura e Poder nas Organizações*. São Paulo, Brasil: Editora Atlas, pp. 65-88.

Institute for Development Research-IDR; Centro de Empreendedorismo Social e Administração em Terceiro Setor of FIA/FEA/USP-CEATS (1998). "Non-Governmental Organizations and the Marketization of Development". Proyecto de investigación realizado por IDR y CEATS con el apoyo de la Fundación Ford, bajo la coordinación del profesor L. David Brown del Hauser Center for Non-Profit Organizations, de Harvard University.

Landim, Leilah (1998). "The Nonprofit Sector in Brazil", en Anheier, Helmut K. y Lester M. Salamon (editores). *The Nonprofit Sector in the Developing World: A Comparative Analysis*. Manchester, UK; Nueva York: Manchester University Press: distribución exclusiva en EE UU a cargo de St. Martin's Press, pp. 323-349.

Pettigrew, Andrew M. (1985). "Contextualist Research: A Natural Way to Link Theory and Practice", en Lawler, Edward E. III y otros (editores). *Doing Research That Is Useful for Theory and Practice*. San Francisco: Jossey-Bass, pp. 222-249.

Rodrigues Gomes, Eduardo (2003). "Um Capítulo Especial da Responsabilidade Social Empresarial no Brasil: O Papel do PNBE –Pensamento Nacional das Bases Empresariais", trabajo presentado en Social Empresarial no Brasil hoje: Um Balanço. Rio de Janeiro, Brasil.

Schein, Edgar H. (1992). *Organizational Culture And Leadership*, 2a. edición. San Francisco, CA: Jossey-Bass.

Weber, Max (1994). *Ética Protestante e o Espírito do Capitalismo*. São Paulo, Brasil: Editora Pioneira.

8

Centroamérica y Perú: cómo enfrentar las barreras a las relaciones de colaboración intersectorial

Andrea Prado, Arturo Condo, Enrique Ogliastri,
Felipe Pérez Pineda, Forrest Colburn, Francisco
Leguizamón, Guillermo S. Edelberg, Jesús Revilla,
John Ickis, Julio Ayca, Julio Sergio Ramírez, Luis Noel
Alfaro, Luz Marina García, Mónica Azofeifa
y Wendy Rodríguez

Introducción

Los países pobres enfrentan muchas necesidades. En América Latina, el Estado fue, por muchos años, el responsable de promover el desarrollo económico. Sin embargo, la adopción del liberalismo económico y político –democracia y economías de mercado–, en la década 1980-1990, dejó al sector privado como el motor del desarrollo económico. La tarea es enorme. El Banco Mundial estima que América Latina posee la mayor desigualdad en la distribución de la riqueza y el ingreso en el mundo, y una proporción significativa de la población sumergida en la pobreza. El panorama social es inestable, agravado por los enfrentamientos ideológicos suscitados por los actores de la Revolución Cubana en 1959 y apaciguados en 1989, con el debilitamiento del socialismo como fuerza ideológica. Durante mucho tiempo se desconfió de los emprendedores y las compañías exitosas. Esta desconfianza y la fe puesta en el Estado se tradujeron en la ausencia de iniciativas privadas para satisfacer las necesidades sociales. Aquéllos con recursos para ofrecer ayuda, frecuentemente, prefirieron hacerlo en forma anónima. Como consecuencia, los países de América Latina no cuentan con una tradición de iniciativas privadas para satisfacer las necesidades sociales. Existe un vacío de conocimientos sobre cómo desarrollar iniciativas privadas y una escasez de instituciones para apoyar estos esfuerzos.

La disminución de las expectativas sobre lo que el Estado puede –o debería– hacer, ha despertado en emprendedores y administradores el sentimiento de que deben dar un paso adelante en sus esfuerzos por ayudar a satisfacer necesidades sociales urgentes. La tarea no es fácil, pero sí importante. En un intento por contribuir a los esfuerzos por aprender más sobre cómo el sector privado en América Latina puede ayudar al bienestar social, INCAE exploró once casos sobre "emprendimientos sociales" en países de Centroamérica y Perú.

Estos países varían en tamaño, desde Costa Rica con cuatro millones de habitantes, hasta Guatemala con doce y Perú con veintiséis[1]. Más importante es la diferencia entre el producto interno bruto per cápita, el cual oscila entre US$400 en Nicaragua, US$900 en Honduras, US$1.680 en Guatemala, US$1.980 en Perú y US$4.060 en Costa Rica[2]. Con la notable excepción de este último país, los restantes son pobres, con una pronunciada disparidad de clases y un vacío en los servicios sociales. Cuatro de los países fueron afectados por la violencia política en las recientes décadas: Guatemala, El Salvador, Nicaragua y Perú. En la actualidad, cada uno de los seis países está comprometido con un modelo de desarrollo económico, donde se destaca la iniciativa privada en mercados poco intervenidos.

En cada uno de estos países, el sector privado es heterogéneo y frecuentemente se encuentra –todavía– en pugna con el Estado. Por ejemplo, en Perú, aproximadamente el 60% del producto nacional bruto se genera en el "sector informal"[3]. El Estado peruano puede que haya reducido sus responsabilidades económicas, pero aún es enorme, resultando en altos impuestos para aquellos que forman parte del "sector formal". De hecho, se estima que cada empleado estatal es mantenido por sólo dos empleados que pagan impuestos en el sector privado[4]. La apertura de las economías latinoamericanas a la competencia internacional ha resultado en muchos "perdedores". Sin embargo, en todas las economías –incluso en las pobres economías de Nicaragua y Honduras– existen "ganadores", actores económicos con recursos para contribuir a las necesidades sociales. Evidencia anecdótica, pero convincente, sugiere también que está aumentando la conciencia de que el sector privado –al menos aquéllos con recursos– debería contribuir al bienestar de los países en los que opera. Asimismo, la competencia en los negocios ha inducido a que muchos administradores encuentren formas innovadoras para "mercadear" su empresa o sus productos. Las actividades de emprendimientos sociales en América Latina, comúnmente, están motivadas por una difusa combinación de altruismo e interés propio.

Al buscar ejemplos de emprendimientos sociales, el grupo de INCAE se impresionó por la diversidad de formas en que los emprendedores y administradores están buscando contribuir a satisfacer las necesidades sociales. Por ejemplo, en El Salvador, un prominente empresario pretende inducir un cambio radical al reactivar el cultivo de un producto de la época colonial, con la convicción de que el esfuerzo generará empleo en las áreas rurales empobrecidas y anteriormente en manos de la guerrilla[5]. En este y otros casos, los dos retos clave que se presentan son: las barreras a la comunicación y la escasez de instituciones. Cuando existe una disposición a ayudar, muchas veces es difícil alcanzar a los más necesitados y encontrar –o construir– instituciones que faciliten la transferencia de habilidades o recursos. El éxito demanda compromiso y creatividad.

A pesar de que es necesario destacar los diversos esfuerzos en emprendimientos sociales en América Latina, este capítulo enfocará su discusión en cuatro casos, donde a ambos lados de la ecuación se encuentran instituciones: empresas de un lado y organizaciones de la sociedad civil (OSC) del otro. Este tipo y nivel de institucionalización no es la norma en los seis países estudiados, pero es probable que este tipo de emprendimiento social sea el más común en el futuro. Explorando casos sobre la forma de trabajo entre las empresas y OSC en distintos ambientes, se ilustran los retos más comunes que deben enfrentar los emprendimientos sociales en Latinoamérica: comunicación y desarrollo institucional.

Los cuatro casos que aquí se revisan involucran proyectos en educación, vivienda, jóvenes en riesgo y preservación cultural en comunidades indígenas. El análisis presenta una discusión "longitudinal" de los cuatro casos, que permite un examen minucioso de todas las fases de la alianza.

El primer caso, "Techo para el Sur–Construyendo con Amor", se centra en la Fundación Promotora de Vivienda (FUPROVI), una OSC costarricense de "segunda generación", que buscaba asociados para financiar proyectos concretos de vivienda para familias de bajos ingresos. Se analiza, en particular, la relación con la empresa mexicana de televisión que operaba en Costa Rica, Representaciones Televisivas (REPRETEL), y con la entidad financiera Mutual Heredia. Si bien todas las instituciones se beneficiaron del proyecto social, lo que sugiere que la alianza sobrepasó una fase simplemente filantrópica para alcanzar una etapa transaccional, la relación no llega a evolucionar a un compromiso integrativo o estratégico. Además, no se desarrollarán nuevos proyectos en conjunto.

El segundo caso es la Cámara Americana de Comercio de Nicaragua (AMCHAM), que promovió la participación de empresas privadas en un programa de apadrinamiento de escuelas públicas. El caso permite una comparación entre las relaciones desarrolladas por dos compañías, Shell y Euronica, con escuelas públicas. Una de estas relaciones parece empezar a debilitarse con el tiempo, restringiendo así la alianza a un gesto filantrópico; mientras la otra relación mostró signos de continuos beneficios mutuos, característica de una alianza que ha pasado a una etapa transaccional.

El tercer caso hace un recuento de los esfuerzos de Emprendedores Juveniles de Nicaragua (EJN) y el Instituto Nicaragüense de Desarrollo (INDE), para apoyar a los adolescentes en riesgo de deserción escolar. El caso permite realizar un análisis sobre dos complejas relaciones de la OSC, tanto con UNICEF (una posible alianza estratégica) como con tres compañías con distintos intereses. En este caso, los retos institucionales y organizacionales son verdaderamente complejos.

El caso final que se discute es Posada Amazonas (PA), donde una compañía de ecoturismo contribuye con una comunidad indígena en la selva peruana. La relación de colaboración se convierte en un verdadero *joint-venture*. Asimismo, el intercambio de recursos es significativo y las actividades que se desarrollan conjuntamente van más allá de una relación filantrópica o transaccional. Este caso es especial, porque es una alianza de la sociedad civil que alcanza el nivel integrativo y estratégico.

El capítulo termina con una discusión de las conclusiones más sobresalientes del análisis y un esfuerzo para sugerir cómo pueden superarse las barreras a las alianzas intersectoriales en el difícil escenario latinoamericano.

Techo para el Sur–Construyendo con Amor

"Techo para el Sur" era una relación de colaboración entre FUPROVI, REPRETEL y Mutual Heredia. FUPROVI era una organización privada sin fines de lucro, cuya finalidad era el desarrollo de programas de vivienda de interés social y de fortalecimiento comunal. REPRETEL era la segunda corporación televisiva más importante de Costa Rica, que administraba tres de los seis canales que existían en el país. Mutual Heredia era una institución financiera.

La alianza entre ambas organizaciones surgió del interés de ayudar a familias de escasos recursos que, en julio de 1996, perdieron su hogar como consecuencia del huracán César. Sin embargo, en el caso de REPRETEL existía una segunda motivación: recientemente, la corporación había sido adquirida por empresarios mexicanos y no gozaba de muy buena imagen en la sociedad costarricense. Por tanto, a través su colaboración con FUPROVI, el objetivo de la empresa era mejorar esta situación.

Las organizaciones que participaron en la alianza realizaron una campaña para recolectar fondos entre las empresas privadas. Cada institución aportó la experiencia que tenía en el área en la que era 'especialista': REPRETEL en la comunicación, FUPROVI en la construcción y en el trabajo con personas de escasos recursos, y Mutual Heredia en finanzas. Una empresa privada podía donar recursos para financiar una o media vivienda a una familia, a cambio de espacios publicitarios en los canales de REPRETEL. Asimismo, las empresas donantes podían deducir sus contribuciones del impuesto sobre la renta.

Como resultado de la campaña se construyeron 37 viviendas, las cuales pudieron hacerse realidad gracias al apoyo del gobierno, que otorgó bonos de vivienda, y a 16 empresas privadas, que realizaron donaciones de efectivo y de materiales de construcción. La culminación del proyecto fue considerada como un éxito por las empresas participantes. El licenciado Federico Zamora, representante de Ventas Corporativas de REPRETEL, comentaba: "Mi opinión y la del Directorio fue que se trató de una campaña exitosa. Se logró el propósito y se cumplieron las metas".

Con respecto a los factores que propiciaron el éxito, la licenciada González, gerente de Desarrollo de FUPROVI, explicaba:

> En el caso de FUPROVI, entre los factores que ayudaron a concretar el proyecto estaba la seriedad con que la Fundación asumió la campaña en el primer momento. Además, contribuyó la participación tanto de la directora como de su equipo gerencial y, por supuesto, el tener presente la naturaleza y misión de la organización. También influyeron las características de las personas que formaban parte de la campaña, especialmente de FUPROVI y REPRETEL. Estábamos muy involucrados y comprometidos, nos hablábamos todos los días por celular para coordinar… ¿ya recogieron tal donación? Durante meses y todos los días, tanto la gente de REPRETEL como nosotros hacíamos algo por la campaña, hasta que llegó un momento en el que se dijo "hasta aquí llegamos".

Luego del proyecto "Techo para el Sur", representantes de REPRETEL y FUPROVI conversaron sobre la posibilidad de continuar haciendo proyectos de manera conjunta.

A pesar de haber iniciado las conversaciones y de que FUPROVI presentara una propuesta en firme para un proyecto de vivienda para personas de la tercera edad, éste nunca se concretó. La disponibilidad de FUPROVI aún estaba en pie, pero fueron los directivos de REPRETEL quienes cambiaron de opinión. El periodista René Barboza, quien impulsó la participación de REPRETEL en el primer proyecto, comentaba: "El proyecto 'Vivienda para la Tercera Edad' se quedó en el camino. La razón del porqué nunca la supe, pero tal vez fue porque 'Techo para el

Sur' nos desgastó mucho. No fue tan fácil, entonces se concluyó hacer maratónicas más viables y hubo nuevas metas". El licenciado Federico Zamora también expresó su opinión al respecto:

> …yo personalmente fui a buscar algunos terrenos, para ver si hacíamos unas casas pequeñas como mini-apartamentos para ancianos con nece-sidades de vivienda… pero en ese momento, como que se perdió el contacto con FUPROVI. El problema es que aquí en la televisión vivi-mos muy atareados y hay prioridades… estábamos sacando mucha pro-gramación nueva al aire y ese asunto se fue quedando. Lamentablemente, se perdió el contacto. Personalmente, soy del criterio de que debemos hacer mucha labor social, pero a veces se complica, porque obviamente el negocio de la televisión es para obtener ganancias y, a veces, la ayuda social queda en un segundo plano.

Es cierto, los proyectos de emprendimiento social pueden consumir mucho tiempo.

Sin embargo, si la campaña fue considerada exitosa por ambas par-tes, ¿por qué REPRETEL decidió no continuar trabajando con FUPROVI en proyectos sociales? ¿Qué razones –además de la fatiga– pudieron haber influido en esta decisión y qué medidas se pudieron haber tomado para que la relación evolucionara de la etapa transaccional a la integra-tiva?

Un impacto negativo en el desarrollo de la alianza fue el hecho de que cada compañía tenía su propio estilo de trabajo, y éstos no eran compatibles. En el trabajo periodístico, el tiempo es un factor vital, por lo que los empleados de REPRETEL estaban muy pendientes del día a día, del minuto a minuto. Por el contrario, los empleados de FUPROVI estaban acostumbrados a realizar actividades más programadas. Según manifestó la señorita González, gerente de Desarrollo de FUPROVI:

> …algunas cosas difíciles para nosotros, no imposibles, fueron, por ejem-plo, las formas de trabajo. El estilo de trabajo del periodista es minuto a minuto, ellos son más impulsivos, ellos quieren las cosas al instante porque están acostumbrados a que todo se haga rápido, si no pierden la noticia. En mi caso personal, fue difícil asumir esa función En algunas ocasiones, me llamaban para asistir a una reunión de última hora o bus-car a alguien que acompañara al periodista. Esto tenía sus dificultades, porque la alta gerencia de la Fundación, que era la que participaba en la campaña, tenía agendas previamente comprometidas. Sin embargo, nos sentíamos comprometidos y sabíamos que teníamos que cumplir.

Diferencias entre los socios, aunque sean sólo de "estilo", incremen-taban las dificultades.

Cuando los estilos de trabajo de quienes participan en la alianza varían mucho uno del otro, es recomendable, en la medida de lo posible, definir una agenda de trabajo. De esta forma se evitan improvisaciones o tomar decisiones de último minuto. El planeamiento es especialmente importante cuando son los altos directivos quienes están a cargo del proyecto, pues su tiempo es limitado y tienen otras prioridades que atender. Otra opción sería designar a alguien que se dedique exclusivamente a darle seguimiento al proyecto y que reporte su progreso. No obstante, para que la alianza evolucione a la etapa integrativa, es importante mantener involucrada a la alta gerencia de las organizaciones participantes.

El segundo factor que influyó en el desarrollo de la relación fue un infortunado malentendido. Cuando el periodista Barboza visitó la zona del proyecto y encontró que algunas familias estaban desmotivadas por el lento avance de la obra, él se quejó con sus colegas. El funcionario de REPRETEL envió una carta a FUPROVI, quejándose sobre su falta de supervisión del proyecto: "Yo mandé una carta como una especie de alerta de que había un malestar, pero no conocía el trasfondo, es decir, me lo imaginaba, pero nunca fue una carta de amonestación o de protesta por parte de REPRETEL". Dicha comunicación fue contestada por la directora de FUPROVI, aclarando cada uno de los puntos señalados y mencionando que "...FUPROVI no puede permitir que situaciones como estas empañen nuestra imagen de institución seria, responsable y técnicamente eficiente". Una simple queja puede conducir a una relación tensa.

Para que una alianza se desarrolle exitosamente, los socios deberían fortalecer sus vínculos y la confianza mutua. La irritación generada como consecuencia de la carta, ejerció un impacto negativo en la relación. Los participantes en la colaboración deberían evitar hacer acusaciones y juicios de valor que puedan "herir" al socio. Sin embargo, la confianza crece –o se refuerza– cuando los malos entendidos son manejados directa y honestamente.

La mayor contribución de REPRETEL a la campaña fue la publicidad gratuita que ofreció a las empresas donantes y el tiempo de las personas asignadas al proyecto. De acuerdo con los datos proporcionados por las empresas, dicha inversión fue aproximadamente de US$350.000. Adicionalmente, se contó con US$70.000 de donaciones por parte de empresas privadas y bonos del gobierno por un monto aproximado a los US$222.000. Es decir, se contó con una inversión total de aproximadamente US$642.000. El costo total de las 37 viviendas se podía calcular en un monto cercano a los US$480.000. Es decir, la campaña no fue exitosa desde el punto de vista financiero, pues se invirtieron US$162.000 más que el valor de las casas. Quizá los beneficios tangibles para cada socio no fueron efectivos con respecto al costo, especialmente para

REPRETEL, cuyo monto de donación podría considerarse muy alto para los beneficios que obtuvo. No obstante, dado que mejorar su imagen era el otro objetivo, habría que evaluar y cuantificar no sólo el aspecto económico, sino también el valor en imagen que la campaña generó a la empresa. Los beneficios de una mejoría en notoriedad e imagen son difíciles de cuantificar. Sin embargo, para que una alianza alcance la etapa integrativa es importante contabilizar, de alguna forma, los beneficios intangibles que se obtienen de formar parte de una campaña de este tipo. De lo contrario, será difícil explicar o justificar, ante los accionistas o la Junta Directiva, la participación de la institución en el proyecto, poniéndose en peligro la continuidad del emprendimiento social.

Otro aspecto que pudo haber influido en la decisión de REPRETEL de no emprender el nuevo proyecto con FUPROVI, fue el bajo reconocimiento de los beneficiarios –las familias– al esfuerzo realizado por la empresa. A este respecto, la licenciada González opinaba: "También debo agregar, en mi opinión personal, que se produjo un poco de insatisfacción cuando se inauguró 'Techo para el Sur', ya que tengo entendido que con la llegada del Presidente de la República y toda su comitiva, se bajó el perfil al esfuerzo realizado por FUPROVI, REPRETEL, Mutual Heredia y todas las empresas donantes, y las familias terminaron agradeciendo al gobierno más que a los promotores de la campaña. Me parece que esto lo sintió REPRETEL y no le gustó". El futuro de una relación de colaboración, en especial cuando uno de los participantes tiene como objetivo mejorar su imagen, está altamente relacionado con el nivel de reconocimiento que obtenga por parte de los beneficiarios. Si el reconocimiento es bajo, se podrían realizar campañas publicitarias donde expresamente se señale el aporte de cada socio al proyecto. Asimismo, uno de los socios puede agradecer públicamente al otro el apoyo brindado o buscar que los medios de comunicación, en este caso prensa escrita, publiquen un artículo al respecto.

Finalmente, las organizaciones participantes fallaron en la elección de un proyecto adecuado que resultara rentable y sostenible. REPRETEL no tenía intereses específicos en la construcción de vivienda popular, como sí lo habría tenido una empresa constructora o una productora de materiales para la construcción. A este respecto, si los participantes en la alianza buscan desarrollar una relación de largo plazo, deben buscarse socios que tengan intereses comunes o, al menos, que tengan el potencial para desarrollarlos. No hay un sustituto para un "ajuste perfecto" entre las compañías y organizaciones de la sociedad civil.

AMCHAM de Nicaragua

Este caso presenta el programa de apadrinamiento de escuelas impulsado por la Cámara de Comercio Americana de Nicaragua (AMCHAM), a través de su Comité de Educación. El programa nació como una iniciativa filantrópica de algunos miembros de AMCHAM, ante las escenas de pobreza en las calles de Managua. Como la pobreza se asociaba a los niños de la calle y a su educación deficiente, se decidió concentrar esfuerzos en esta dirección. El programa tenía como objetivo promover el apoyo de la empresa privada a los centros educativos más necesitados del país. Las escuelas y colegios públicos, así como los centros de formación técnica de las zonas urbanas y rurales, presentaban carencias en infraestructura, equipo y materiales de enseñanza adecuados. Aún más, la remuneración de su personal era muy baja. Las consecuencias de esta realidad se reflejaban en el bajo nivel educativo de los jóvenes al insertarse en el mercado laboral. El Ministerio de Educación, Cultura y Deportes de Nicaragua (MECD) también participaba en el programa, seleccionando a las instituciones más necesitadas del país y presentándolas al Comité de Educación para que las empresas escogieran a la que deseaban apadrinar. Se creaba una relación directa entre la empresa y el centro educativo, de manera tal que la empresa ayudase al centro a satisfacer algunas de sus necesidades.

El programa de apadrinamiento se inició en el año 2000, con 45 empresas participantes, y en 2002 el programa involucraba a más de 50 escuelas. Los objetivos de los padrinos al participar en la iniciativa eran similares: mejorar las condiciones educativas de las escuelas apadrinadas y educar mejor a los niños nicaragüenses. No obstante, había algunas empresas que, además de las razones filantrópicas, tenían otros motivos, más orientados a sus agendas particulares. Por otra parte, los objetivos de las escuelas eran mejorar la infraestructura de los establecimientos, brindar mejor educación, entregar los materiales necesarios y encontrar apoyo para otras necesidades, como la alimentación de los estudiantes, entre otras. La coincidencia de objetivos hizo que ambas partes iniciaran las alianzas con entusiasmo.

El estudio de INCAE analiza la asociación de dos compañías: Shell de Nicaragua con el Centro de Formación Profesional Nicaragüense Simón Bolívar y Euronica con la escuela de educación pública Josefa Toledo 2. Shell y Euronica decidieron participar en el programa, como parte de su deseo de apoyar a la comunidad.

Los aportes de Shell de Nicaragua para el Centro fueron principalmente materiales y equipos para ser utilizados en los laboratorios técnicos. La empresa también proveía becas de estudios y parte de su personal dictaba seminarios a los alumnos del Centro. El apoyo brindado por la empresa durante 2001 superó los US$7.500 y se esperaba una suma similar para el año 2002. Luego de dos años en el proyecto, las expectativas iniciales se mantenían intactas. Tanto Shell como el Centro se sentían satisfechos. La empresa consideraba que había alcanzado su objetivo de contribuir al mejoramiento de la educación, y el centro había comprobado que contaba con la cooperación de la empresa.

Por su parte, Euronica aportó donaciones materiales y fondos para obras de infraestructura a la escuela Josefa Toledo 2. La relación se inició en febrero de 2000 y durante el primer año se construyó un puente peatonal, servicios sanitarios, un pabellón de dos aulas, se repararon los techos y se financiaron algunas festividades, entre otras obras. El monto de la contribución en el año 2001 fue de aproximadamente US$30.000. La empresa obtuvo camiones de donaciones del exterior, que fueron reparados por mecánicos de la empresa y posteriormente vendidos, con el objetivo de obtener liquidez para el proyecto. A pesar de que la empresa tenía la intención de seguir contribuyendo con una cantidad similar en 2001, ésta se redujo significativamente. Sin embargo, el apoyo continuó con la entrega de materiales y suministros, no así con las obras de infraestructura.

¿Cuáles fueron las razones para que Euronica redujera su apoyo a la escuela que apadrinaba? ¿Por qué Shell no lo hizo y continuó apoyando al Centro? ¿Ejerce la estructura del programa barreras para que las relaciones de colaboración entre empresas y centros educativos evolucionen a la etapa integrativa? Si este es el caso, ¿cuáles son las opciones para superar dichas barreras?

El capítulo tercero mostró que un aspecto clave en la continuidad o evolución de una alianza es el alineamiento entre los objetivos, la misión, los valores y los quehaceres de los socios. Y el capítulo cuarto reveló que conforme este alineamiento sea mayor, mayor será el valor que genere la relación para ambas partes, aumentando así el nivel de compromiso. En este sentido, Shell escogió apadrinar a un centro educativo con misión y objetivos alineados con la orientación técnica de la empresa, por lo cual el apoyo que podía brindarle estaba muy relacionado con sus competencias centrales, lo cual le facilitaba la labor de ayuda, sin que esto significara una constante asignación de nuevos recursos.

Tanto Shell de Nicaragua como el Centro Simón Bolívar estaban dedicados a mantener o mejorar la operación de motores de combustión interna; el primero, mediante la fabricación de lubricantes para dar más vida a los motores y, el segundo, mediante la formación de recursos humanos capaces de reparar y mantener los motores. Así, el objetivo de la empresa al participar en el proyecto no era simplemente filantrópico. A través del programa, la empresa pretendía desarrollar en los estudiantes una cierta "fidelidad" a la marca. Su expectativa era que prefiriesen sus productos al momento de insertarse en el mercado laboral y contribuir al desarrollo de su comunidad.

Euronica, por su parte, seleccionó la escuela Josefa Toledo 2 por iniciativa de su gerente general, quien vivía en la zona donde se hallaba la escuela. La motivación fue personal y se originó en el deseo de apoyar una escuela cercana a su comunidad. Además, la colaboración que la empresa podía brindarle a la escuela no estaba relacionada directamente con sus competencias centrales, motivo por el cual involucraba la asignación directa de recursos. Por tanto, una vez que la deprimida situación económica del país afectó los ingresos de la empresa, ésta decidió disminuir el apoyo que brindaba a la escuela.

Ante las crisis económicas, muchas empresas recortan el presupuesto destinado a proyectos sociales, en especial si solamente representan una erogación de recursos y no agregan ningún valor real a la actividad central de la compañía. Por tanto, es importante escoger un socio con las capacidades o el potencial para desarrollar actividades que generen beneficios mutuos. Es recomendable que dichas actividades estén, hasta cierto grado, alineadas a la misión o valores de la empresa, contribuyendo a que la alianza evolucione más allá de la etapa filantrópica.

Otra factor importante que contribuyó a fortalecer la relación entre Shell y el Centro Simón Bolívar, y que no estuvo presente en la relación entre Euronica y la escuela Josefa Toledo 2, fue la actitud del director del centro educativo. En el caso del Centro Simón Bolívar, su personal administrativo era muy activo. Su director no sólo preparaba una lista de necesidades, sino que también, con la ayuda de sus colaboradores, tomaba la iniciativa en la preparación de los nuevos proyectos que presentaría a Shell. En este caso, las iniciativas surgían tanto de la empresa como del centro educativo, lo que permitió mantener una relación saludable y activa. La compra de un equipo de emisión de gases constituyó un ejemplo de este compromiso. El director solicitó su financiamiento a Shell en agosto de 2001 y ésta respondió que lo financiaría en un 50%, siempre y cuando el Centro consiguiese el resto. El 50% restante se consiguió en 2002 y Shell hizo efectivo el apoyo prometido. Al contrario de este caso, Euronica no encontró una directiva activa en el centro educativo. Consecuentemente, no se ejerció presión por recuperar los niveles iniciales de la colaboración. La directora, con la humildad que la caracterizaba, prefería no insistir con llamadas y comunicaciones a la empresa para mantener el apoyo. Ella no quería parecer exigente frente a su padrino.

Para que una alianza evolucione se necesita la participación activa de ambos socios. En una relación filantrópica, el benefactor podría no tener incentivos para invertir recursos en mejorar la relación. Sin embargo, con esta actitud, la organización podría estar perdiendo la oportunidad de percibir mayores beneficios o de contribuir a la sostenibilidad de la relación. Asimismo, muchas organizaciones cívicas muestran debilidades en su capacidad administrativa, lo que dificulta el desarrollo de alianzas sofisticadas con empresas privadas. Esto puede solucionarse por medio de la capacitación del personal en esta área, proceso en el cual el socio también podría contribuir con su propia experiencia.

El capítulo quinto mostró cómo el desarrollo de los canales de comunicación y el fortalecimiento de las relaciones de confianza entre quienes dirigen el proyecto en ambas organizaciones, es vital para la evolución de las alianzas. Además, es necesario involucrar en el proyecto no sólo a la gerencia, sino también a los empleados de todos los niveles. Shell realizaba reuniones cada dos o tres meses, para plantear proyectos y darles seguimiento. Con esta herramienta, la empresa controlaba los planes de trabajo en forma organizada. Los empleados de la compañía también impartían seminarios a los alumnos del Centro sobre temas que formaban parte de sus conocimientos centrales, como lubricantes y seguridad industrial.

Euronica planteó una respuesta organizacional inusual y más elaborada. Se crearon tres comités, cuyas reuniones mensuales permitieron una relación fluida y fructífera durante el primer año de trabajo. Sin embargo, la comunicación se redujo después de un activo primer año, en parte porque las reuniones habían dejado de tener lugar periódicamente. La participación del señor Ahlers, gerente general de Euronica e impulsor de la alianza, fue fundamental en la fase inicial. Sin embargo, a pesar de su intento por promover la participación de la alta gerencia y de los empleados en el proyecto, éstos disminuyeron su entusiasmo en el último año y muchos de ellos no tenían el tiempo necesario para dedicarle al proyecto. A este respecto, el señor Ahlers agregaba: "Una dificultad fue motivar a la gente; traté de hacerlo con los gerentes. Si bien al principio todos asistieron, luego dejaron de hacerlo. La motivación quizá nunca fluyó más allá de ellos. Mi intención era que los empleados de menor rango también se motivaran y sintieran que la escuela era como un 'ahijado', para que ellos tuvieran iniciativas sobre cómo apoyar a la escuela, ir algún rato los sábados u otros días. Quería que fuera un proyecto de todos y no sólo un proyecto de la alta gerencia". Esta disminución en la participación fue en detrimento de la relación.

Todos se veían afectados por la falta de tiempo de los gerentes. Este tema era de discusión habitual en las reuniones del Comité de Educación con los padrinos, pues afectaba a varias de las empresas privadas participantes en el programa. Por tratarse de una iniciativa filantrópica, estos debían "robar" parte del tiempo que dedicaban a sus funciones específicas dentro de la empresa, para atender las necesidades de las escuelas. En las reuniones del comité, se propuso contratar a alguien para que trabajara exclusivamente con las escuelas, una propuesta que –si hubiera sido aceptada– probablemente hubiese contribuido a mantener la vitalidad de las alianzas.

Los incentivos para mantener la participación son una necesidad imperante en las relaciones de colaboración, especialmente para las compañías, donde el personal se encuentra bajo presión para contribuir a la rentabilidad de la empresa. En la mayoría de los casos, probablemente, es aconsejable que las firmas contraten a alguien para que sea responsable del éxito de la relación y reporte directamente a la alta gerencia. Si por razones presupuestarias esto no fuera posible, lo ideal sería delegar la responsabilidad de la coordinación del trabajo con la OSC a un individuo, cuya posición esté ligada a los objetivos del proyecto. Asimismo, las empresas pueden desarrollar incentivos para motivar a los empleados a donar su tiempo y experiencia, a través de su participación en actividades de voluntariado. Dichos incentivos pueden incluir transporte gratuito, una camiseta o certificado de participación.

El modelo organizacional del Programa de Apadrinamiento de Escuelas de Nicaragua estaba enmarcado en una iniciativa filantrópica sin alineamiento estratégico, en donde los padrinos ofrecían la ayuda en función de sus posibilidades. Las empresas escogían a la escuela que iban a apadrinar, sobre la base de la lista que proporcionaba el MECD. No se habían establecido criterios de preselección: cada compañía podía escoger de acuerdo con sus propios intereses. Los centros educativos no participaban en el proceso de selección y, de hecho, con frecuencia, se sorprendían al recibir la noticia de que una empresa los había escogido. Los centros educativos debían presentar un informe con sus necesidades y proyectos educativos a los padrinos, quienes tratarían de satisfacerlos según sus recursos.

Cuando un socio se escoge de manera unilateral, se puede dificultar el alineamiento de los objetivos, lo que influye negativamente en el desarrollo de la alianza en el futuro o limita el valor que se podría generar de la relación. La elección del socio adecuado es clave para el éxito de la alianza. Escoger las parejas de empresas y OSC merece más cuidado y atención. Antes de elegir con quién aliarse, los representantes de ambas partes deberían intercambiar opiniones sobre lo que se espera de la relación y sobre posibles estrategias para generar valor.

El Comité de Educación de AMCHAM no había establecido requisitos mínimos de colaboración, normas de cumplimiento obligatorio, procedimientos de supervisión ni control para quienes participaban en el programa. Al contrario, las empresas y los centros educativos eran responsables de decidir el camino que seguirían, la organización de la alianza y las prioridades. En programas de este tipo, el organismo coordinador – si es que existe– puede desempeñar un papel intermediario más activo, fijando compromisos mínimos y ejerciendo control de calidad. No obstante, es importante que no restrinja la naturaleza creativa del apadrinamiento y la participación activa de todos los actores. Como mínimo, todos los involucrados en la relación deberían tener metas bien especificadas y la oportunidad de comunicarse con los socios.

Una importante lección de este caso es que las organizaciones empresariales, comúnmente llamadas "Cámaras", tienen oportunidades significativas en el desarrollo y la implementación de proyectos sociales. Estas organizaciones, comunes en América Latina, pueden utilizar ciertas estrategias para incentivar la participación de sus miembros. Por ejemplo, se podría premiar a las compañías con los mejores programas sociales o a aquéllas cuyo apoyo a organizaciones de bien social sea el más creativo o sofisticado. El organismo coordinador también puede intentar medir el impacto de las colaboraciones con las OSC y publicarlo. De esta forma se agregaría más valor a las empresas que participan, se motivaría a nuevas compañías a participar en el programa y se fortalecería el compromiso con el bienestar social.

La creación de un comité de asesoramiento a las empresas en materia social, puede ser un instrumento para que las organizaciones empresariales estimulen estas iniciativas. Se podría invitar a destacados líderes empresariales a dirigir reuniones donde participen otros colegas. A aquéllos con experiencias exitosas en las relaciones de colaboración se les puede solicitar que la presenten en un encuentro público. Incluso, ejemplos de alianzas que hayan fracasado pueden ser dignos de discusión pública. De seguro, existen muchas formas en que los emprendedores y administradores pueden ser atraídos a ingresar en relaciones de colaboración, con el propósito de contribuir a satisfacer las necesidades sociales.

Finalmente, sería importante promover la aprobación y el apoyo de los partidos políticos y sus líderes. Las iniciativas privadas generalmente pueden beneficiarse del apoyo político, incluyendo al partido que se encuentre en el poder o a las instituciones del gobierno. Naturalmente, como vimos en el caso de REPRETEL y FUPROVI, atrayendo al gobierno se corre el riesgo de que los políticos se lleven el crédito de hacer un buen trabajo, más que las empresas y OSC. La aprobación de legislación también puede estimular las iniciativas privadas, al proveer varios tipos de incentivos para que el sector privado contribuya a erradicar la pobreza y otras enfermedades sociales. Por ejemplo, AMCHAM Nicaragua había presentado un anteproyecto de ley a la Asamblea Nacional, llamado "Ley de Participación Empresarial en la Educación", que proponía: 1) promover iniciativas para complementar el trabajo de las instancias gubernamentales en la educación pública; 2) hacer notar a los empresarios y a la sociedad en general, la importancia de la inversión en educación como medio para fomentar la competitividad del país; y 3) generar acciones concretas de apoyo a las escuelas. Más legislación de este tipo es necesaria.

Instituto Nicaragüense de Desarrollo y Emprendedores Juveniles de Nicaragua

A mediados del año 2002, el programa de *Emprendedores Juveniles de Nicaragua* (EJN) atravesaba tiempos difíciles. Una importante empresa había retirado su apoyo y el proyecto debía enfrentar el reto de sobrepasar las barreras en el desarrollo de su misión social. El programa, ejecutado por el Instituto Nicaragüense de Desarrollo (INDE), surgió en 1991 como una filial de Junior Achievement International (JAI) y con el apoyo financiero local de la Agencia Internacional para el Desarrollo (AID) de Estados Unidos. Su propósito era desarrollar las capacidades empresariales de los jóvenes y, a través del aumento de su autoestima, habilitarlos a mejorar su calidad de vida. Para alcanzar estas metas, se realizaban actividades y eventos educativos en las escuelas.

Luego de crearse un Consejo Directivo, compuesto por reconocidos empresarios locales, y de diseñar un plan de trabajo, EJN buscó el apoyo del sector privado. De esta forma, en 1991 se lanzó el primer programa de EJN denominado "La Compañía", en el que participaron 300 jóvenes de cinco escuelas públicas. El programa consistía en una serie de cursos breves, que se desarrollaban con la metodología de "Aprender–Haciendo" y con la asesoría e instrucción de ejecutivos de las empresas asociadas al programa. Los participantes exponían su trabajo en ferias, a las que asistían gran cantidad de emprendedores y administradores del sector privado.

En el año 1992, los cursos de EJN se dirigieron a estudiantes de primaria, secundaria y universidad. Los programas de las escuelas primarias comprendían una serie de siete temas, destinados a los alumnos de educación inicial hasta sexto, donde se cubría de manera secuencial conceptos básicos de economía y negocios, de acuerdo con sus edades.

En 1993, la AID –que había suministrado los fondos necesarios para cubrir los costos fijos del programa– suspendió su apoyo. EJN buscó ayuda de otras fuentes para continuar con el programa. El gobierno austríaco accedió a brindar cooperación económica y el sector privado ofreció contribuciones para cubrir los gastos de operación de EJN.

En 1997, el programa se reorientó hacia jóvenes adolescentes en riesgo social, problema muy serio en un país cuya tasa de deserción alcanzaba el 50%. El proceso de identificación de los jóvenes en riesgo empezaba en los albergues que los rescataban de las calles. El programa proveía alojamiento, ropa, comida y educación para jóvenes abandonados y desempleados, y trataba de asistirlos en el proceso de ajuste social. Asimismo, se les ayudaba a desarrollar una pequeña empresa, para que ellos pudieran ganarse el sustento mientras se fortalecían como individuos.

UNICEF financió el desarrollo y la ejecución del proyecto, que en 1998 consiguió el premio a la innovación por la adecuación del material de JAI a la realidad del país. Básicamente, ambas organizaciones compartían una meta común: el bienestar de los niños. Además, UNICEF disponía de los recursos que debía asignar a los proyectos de cooperación y EJN estaba comprometido con los principios de desarrollo participativo y sostenible, cumplía con las leyes nacionales, era apolítico, no tenía fines de lucro y, hasta el momento, había demostrado capacidades ejecutivas. De esta manera, satisfacía requisitos importantes para contar con el apoyo de UNICEF. A partir de 2003, UNICEF estaba considerando la posibilidad de expandir su apoyo, incorporando capital semilla para que las propuestas de negocios de los nuevos emprendedores se pudieran convertir en pequeñas empresas en marcha. Esta era una alianza que rápidamente se estaba convirtiendo en integrativa para ambas partes y continuamente exitosa.

Según los directivos de EJN, había varios factores que obstaculizaban el apoyo de las empresas privadas al programa, incluyendo la inestabilidad política del país y los fondos exiguos para fines sociales dentro del presupuesto de las empresas. En el año 2003, los objetivos de EJN se enfocaban en fortalecer las relaciones con UNICEF, así como en conseguir un apoyo más intenso y sostenible por parte del sector privado. Las relaciones que EJN desarrolló con tres compañías –Texaco, Coca-Cola y Pizza Hut– son instructivas, por lo que se describen a continuación.

La colaboración con Texaco

Por años, la casa matriz de Texaco asignaba un presupuesto para contribuciones de carácter social a cada subsidiaria. Este presupuesto variaba entre países y estaba basado en varios criterios, de los cuales la utilidad anual proyectada, la contribución del programa a la imagen de la compañía y el apoyo a la solución de un problema real eran los más importantes. El coordinador de Marca, Publicidad y Servicio al Cliente de Texaco administraba dicho presupuesto y programaba las contribuciones. Texaco de Nicaragua había apoyado a EJN desde 1999. Sin embargo, en 2002 la empresa suspendió su apoyo. De acuerdo con un representante de la empresa, esta decisión se tomó principalmente porque EJN no se había convertido en una iniciativa sostenible y la institución no realizaba seguimiento a los jóvenes, una vez terminado el programa. Además, el presupuesto de Texaco para el año 2002 se había reducido considerablemente.

EJN podía superar estos obstáculos y explotar el potencial de la alianza con Texaco. La empresa se encontraba construyendo un centro educativo con el fin de proporcionar educación a los estudiantes de familias de bajos recursos, por lo que contaba con instalaciones fijas y equipo para brindar un espacio y el apoyo permanente a los jóvenes en riesgo social. Esta era una gran oportunidad para EJN. Además, si UNICEF proporcionaba el capital de riesgo semilla para crear nuevas empresas, Texaco tendría un proyecto que cumpliera con los requisitos que solicitaba para apoyarlo.

Otras razones que favorecían la posibilidad de una alianza de largo plazo eran: a) Texaco se había beneficiado de una cobertura positiva de los medios de comunicación, como resultado de su relación con EJN, y había recibido el reconocimiento directo de los jóvenes que participaban en los programas; b) Texaco había apoyado al programa durante tres años continuos (1999-2001), lo que había desarrollado relaciones de trabajo entre ambas instituciones; c) la participación activa de los funcionarios de Texaco en actividades de carácter social; d) EJN podía mejorar varios aspectos del programa en el marco del convenio con UNICEF, como fortalecer el apoyo a los "graduados" del programa o la calidad de la capacitación de negocios que se ofrecía; y e) el coordinador de marca, publicidad y servicio al cliente de Texaco estaba dispuesto a participar en un grupo de trabajo para explorar ideas, con el fin de hacer autosostenible el programa de EJN.

La relación con Coca-Cola

En el año 2000, Coca-Cola apoyaba el programa de EJN que estaba dirigido a niños de primaria con edades entre los 7 y 10 años, pues se trataba del segmento al que ellos querían orientar sus actividades de *marketing*. Los recursos provenían del presupuesto de *marketing* de la compañía, que tenía el Programa del "Canal Educativo", cuyo objetivo consistía en aumentar el reconocimiento de marca en los niños desde temprana edad. Para Coca-Cola, la experiencia con EJN fue altamente positiva, pues los participantes se identificaron con la marca y con los representantes de la compañía. En el examen final, la mayoría de los niños manifestó su deseo de llegar a trabajar para la empresa o de vender su producto acompañado de una Coca-Cola. Una vez terminado el programa, la empresa recibió cerca de 500 cartas de los niños, en las que agradecían su participación en el programa y expresaban su admiración.

Coca-Cola y EJN lograron alinear sus objetivos y estrategias en los segmentos que eran interesantes para la empresa. Sin embargo, en los años 2001 y 2002, Coca-Cola no participó en el programa de EJN, porque sus esfuerzos se centraron en incrementar el volumen de ventas. El coordinador del Programa del Canal Educativo estimaba que a fines de 2002 alcanzarían la meta fijada, lo que permitiría que la empresa apoyara iniciativas sociales al año siguiente. Dicho ejecutivo anticipó que Coca-Cola estaba dispuesta a apoyar el programa "La Compañía" de EJN, con una contribución de US$10.000 anuales durante los siguientes cuatro años, que complementaría con gerentes voluntarios de la compañía para que actuasen como oradores en los talleres o las sesiones de enseñanza.

La relación con Pizza Hut

El apoyo de la empresa a EJN se inició en el año 2000, cuando comenzaron a ayudar a niños de 4° grado de escasos recursos con el programa "Nuestra Comunidad". Este programa requería la asistencia del personal de Pizza Hut en al menos siete sesiones por ciclo, que consistían en una exposición de 10 minutos, al inicio o al final de cada sesión. Los niños de 8 años de edad eran el segmento objetivo de Pizza Hut en el país, por lo cual los esfuerzos de *marketing* y el presupuesto estaban dirigidos a las familias con niños de esa edad. Sin embargo, los jóvenes en situación de riesgo no tenían poder adquisitivo y, por tanto, no eran un segmento prioritario para Pizza Hut.

La compañía apoyaba a EJN gracias a su director ejecutivo –que había sido presidente de EJN–, quien desde su posición promovía que la empresa apoyara actividades sociales. El programa de Emprendedores Juveniles no estaba incluido en el presupuesto del programa social –que dependía en su totalidad de las ganancias del programa de fiestas para niños– porque era muy costoso, razón por la cual las contribuciones de EJN provenían directamente del presupuesto general de la empresa. Las actividades del programa social no recibían ninguna publicidad y más bien mantenían un perfil bajo, pues la Junta Directiva no deseaba hacer público el apoyo o servirse de él para fines comerciales. El programa infantil, por el contrario, recibía un gran apoyo de *marketing*. Pizza Hut y EJN no alcanzaron un alineamiento total de sus estrategias y objetivos.

EJN no recibía apoyo alguno de Pizza Hut en su objetivo central: desarrollar el programa "La Compañía" para jóvenes en riesgo social; sin embargo, algunos beneficios impactaban a todos los involucrados.

Este caso nos muestra los tres tipos de alianzas entre empresas privadas y OSC. La relación entre EJN y UNICEF representaba una alianza integrativa, mientras que la relación con Texaco se encontraba aún en el nivel transaccional. Las relaciones con Coca-Cola y Pizza Hut se mantenían en una etapa filantrópica. ¿Qué acciones puede tomar EJN para lograr que estas alianzas evolucionen a una etapa integrativa o para asegurar un apoyo adicional de las empresas en su programa de jóvenes en riesgo social?

En el caso de Texaco, la creación de un fondo de capital de riesgo semilla con UNICEF para poner en marcha las iniciativas de los jóvenes emprendedores, podría servir como punto de partida para renovar el entusiasmo de la empresa. Asimismo, juntos, el director de EJN y Texaco podrían definir los objetivos de responsabilidad social e imagen pública que la compañía pretende alcanzar a través de la relación de colaboración. EJN también podría capitalizar la oferta de la empresa de crear un "grupo de trabajo", orientado a generar iniciativas para que el programa sea autosostenible. Las razones expresadas por Texaco para suspender su apoyo podrían ser consideradas por EJN como una valiosa evaluación sobre los aspectos de su gestión, reconociendo que son necesarias ciertas medidas para asegurar el apoyo financiero de otras empresas privadas.

En el caso de Coca-Cola, EJN podría definir claramente el aporte financiero y de recursos humanos que la empresa podría proporcionar al programa. Además, para despertar el interés por apoyar el proyecto de jóvenes en riesgo social, la organización podría crear incentivos para la compañía, asegurándose de que ésta obtenga beneficios de este compromiso. Por ejemplo, EJN podría recurrir a una campaña publicitaria donde se agradezca a Coca-Cola por su colaboración en esta obra social. Sin duda, la iniciativa y la creatividad darían sus frutos.

La relación con Pizza Hut ilustra la práctica de negocios tradicional en América Latina de mantener un perfil social bajo, aun cuando se esté contribuyendo con el bienestar social. Esta actitud expresada en "hacer el bien sin mirar a quién" está, tal vez, asociada a la fuerte tradición católica latinoamericana de ser piadosos con el prójimo. Muchos empresarios, que contribuyen con proyectos sociales, consideran "inapropiado" e incluso "inmoral" utilizar la caridad como un instrumento de *marketing*. Todavía hay quienes se preocupan porque su contribución social pueda obstruir, en lugar de servir, sus objetivos, personales o corporativos, atrayendo atención excesiva y riesgosa (incluyendo criminales y políticos sedientos de dinero). Es probable que los emprendedores o administradores más progresistas y menos temerosos, que tengan una conciencia social, una actitud pragmática y un cálculo del "costo-beneficio" siempre presente en sus análisis, consideren una evolución de la etapa filantrópica a la etapa transaccional como un paso legítimo y deseable en el desarrollo de las alianzas.

Sin embargo, si EJN desea que la relación con Pizza Hut evolucione a la etapa integrativa y quiere continuar recibiendo su apoyo para el programa de jóvenes en riesgo una vez que el actual director ejecutivo se retire, debería enfocar sus esfuerzos en asegurar la generación de valor para la empresa. EJN podría buscar apoyo gubernamental para crear un incentivo fiscal para las empresas participantes o podría planear actividades en conjunto con la empresa, para obtener un valor agregado de la participación voluntaria de sus empleados en el programa.

Un convenio entre UNICEF y EJN para llevar a cabo el programa de Emprendedores Juveniles por un período de cinco años, en distintos municipios del país, y la inclusión de capital de riesgo semilla para financiar las nuevas empresas que surjan de las iniciativas de los participantes en el programa, constituirá un salto cualitativo y cuantitativo en las actividades de EJN. Su capacidad como socio estratégico para los programas sociales de las empresas privadas aumentará y, en consecuencia, habrá una mayor inclinación de éstas a transitar de una simple relación filantrópica a alianzas estratégicas de largo plazo.

Posada Amazonas

El caso de Posada Amazonas describe una alianza estratégica entre una empresa privada y una comunidad nativa de la Amazonia peruana. Posada Amazonas Lodge (PAL) era un hospedaje en la selva con 24 habitaciones dobles, que combinaban las técnicas y los materiales nativos con conceptos arquitectónicos modernos usados en ecoalbergues alrededor del mundo. El albergue era el resultado de un esfuerzo conjunto entre la comunidad nativa Ese'eja de Infierno (CNI) y Rainforest Expeditions (RFE), una pequeña empresa de ecoturismo, cuyo objetivo principal era promover la preservación de los destinos naturales donde operaba, mediante una combinación de turismo, investigación y educación.

RFE era propietaria del Centro de Investigación de Tambopata (CIT), un albergue de 13 habitaciones dobles, cuya finalidad era alojar a turistas e investigadores que trabajaban en proyectos de protección de las aves guacamayas. Durante los primeros años de funcionamiento de CIT, RFE empleaba –casi de manera permanente– a media docena de comuneros Ese'ejas. Sin embargo, los representantes de la CNI decidieron acercarse a RFE para expresarle su preocupación sobre la falta de otras oportunidades de empleo. Ellos deseaban que RFE contratara a más trabajadores y así beneficiar a otros miembros de su comunidad. Por su parte, RFE había identificado la necesidad de establecer otro albergue en la zona, no sólo porque el trayecto para llegar al CIT era muy largo (ocho horas), sino también porque existía una creciente afluencia de turistas en la región. El terreno donde habitaba la comunidad Ese'eja estaba ubicado en un lugar apropiado para desarrollar el proyecto.

Al ver el alineamiento de las necesidades entre ambas partes, en mayo de 1996 RFE presentó una propuesta formal de asociación con la comunidad. En 1997 se firmó una *joint venture* para construir y operar el albergue en territorio de la CNI. RFE asumió la responsabilidad de la administración, acordó contratar miembros de la comunidad para trabajar en el albergue y tenía el 50% de los votos en las decisiones del negocio. Las utilidades se dividían entre la comunidad y la empresa. El contrato cubría un período de 20 años, luego de los cuales la comunidad tenía la opción de escoger la renovación o su culminación.

Los socios de RFE recuerdan que fueron casa por casa, explicando los términos del acuerdo a todos los miembros de la comunidad Ese'eja, quienes no tenían conocimiento previo en temas como turismo, extranjeros, dólares e inversiones. Los miembros de la comunidad tuvieron una comprensión muy básica del proyecto y firmaron el acuerdo casi de manera unánime. Este acontecimiento resalta el papel que puede desempeñar la empresa privada en impulsar un proyecto, a pesar de que su socio no comprenda por completo su potencial.

RFE encontró algunas dificultades al buscar el financiamiento para desarrollar el proyecto. El ingeniero Kurt Holle, director de *Marketing* y socio fundador de RFE, explicaba: "Hubiera sido una insensatez recurrir a los bancos o instituciones financieras; nos arriesgábamos a que pensaran que estábamos locos. Nuestros clientes no estaban interesados, básicamente por el monto de la inversión. Las agencias de cooperación técnica nos dejaron las puertas abiertas...". Luego de nueve meses de búsqueda, el Fondo Perú-Canadá (FPC) se decidió a apoyar la iniciativa con un préstamo a muy bajo interés. Incluso, para proveer apoyo financiero adicional, FPC adquirió todos los materiales que producía la comunidad para intercambiar o vender. A pesar de que los proyectos sociales muchas veces no califican para obtener créditos bancarios, este ejemplo sugiere que es útil explorar otras maneras en que las instituciones pueden proveer algún tipo de apoyo para lograr que los proyectos deseados sean implementados. Una vez más, es muy probable que el compromiso y la creatividad sean reconocidos.

El escaso conocimiento sobre temas administrativos por parte de los miembros de la comunidad Ese'eja, pudo haberse convertido en una barrera para la evolución de la alianza a la fase integrativa. Sin embargo, a pesar de que el contrato establecía que la administración del albergue estaría a cargo de RFE, la comunidad tenía el 50% de los votos sobre las decisiones del negocio y ejercía una función fiscalizadora a través del Comité de Gestión (CG), conformado por 10 comuneros. Dicho Comité era responsable de supervisar, evaluar y monitorear el cumplimiento de las estipulaciones pactadas en el contrato y sus resultados. A través del CG, los comuneros manejaban la información del negocio y definían sus estrategias de manera conjunta con RFE. Así, el CG era un mecanismo efectivo de representación y de toma de decisiones. La habilidad de RFE para establecer instituciones donde eran inexistentes fue clave para su éxito.

La formación institucional fue complementada con la capacitación del personal. La aspiración de RFE era incrementar la calidad del servicio y asegurar la continuidad del proyecto, pues, en 20 años, los comuneros debían ser capaces de administrar todo el albergue. Los programas de capacitación exitosos generaron beneficios para los miembros de la comunidad, mientras que RFE también se beneficiaba del éxito de PAL.

Como se observa en este caso, algunas veces es necesario que uno de los socios invierta una gran cantidad de recursos, no sólo para iniciar el proyecto sino para que éste sea sostenible. Sin embargo, en la medida que dicho socio obtenga beneficios de esta "inversión", la relación puede evolucionar a la etapa integrativa y no necesariamente estancarse en la etapa filantrópica. El éxito de PAL era beneficioso para todos. Los Ese'eja proveían su excelente conocimiento de la región y RFE aportaba su conocimiento institucional, operacional y de *marketing*.

RFE había sido el responsable de la mayor parte del éxito inicial. Sin embargo, la asociación con la comunidad Ese'eja había aportado un acceso único a mano de obra y posicionamiento de mercado, sin el cual la posada no habría sobresalido en un sector donde la competencia aumentaba rápidamente. En este sentido, los precios de PAL eran entre un 5 y un 40% superiores a los otros albergues de propiedad privada, era el líder en ventas de la región y la operación era rentable. Asimismo, la relación entre la comunidad indígena había garantizado una ventaja competitiva adicional al momento de hacer publicidad al albergue. Por ejemplo, la guía de turismo Lonely Planet incluyó una referencia de 10 oraciones a Posada Amazonas, mientras que a los otros albergues le dedicaban una o dos como máximo. Según el ingeniero Holle,

...Sin decir que somos mejores, nos dedican más espacio, hablan más de nosotros. Nos convertimos en más interesantes para el turista por el mismo precio... ¿Por qué? Porque están hablando sobre nuestra relación con la comunidad, que la comunidad es dueña, etc., etc. Esta situación también se presenta en las agencias de viajes... Muchas agencias mencionan que el albergue pertenece a la comunidad nativa, y el turista considera el hecho de que parte de su dinero se destine a desarrollar una comunidad como un beneficio adicional.

A pesar de que la relación entre ambas partes estaba predeterminada por un contrato, el hecho de que RFE y la comunidad se beneficiaran del proyecto contribuyó a una relación duradera.

A través de la *joint venture*, RFE obtenía beneficios en términos de imagen, publicidad y utilidades. Asimismo, se había alcanzado uno de los objetivos principales de la empresa: la preservación de los recursos naturales. En general, los miembros de la comunidad Ese'eja estaban clareando menos hectáreas de bosque para la agricultura y cazando menos animales. En la medida que más miembros de la comunidad trabajaban en PAL, menor era el tiempo que le dedicaban a la extracción de productos forestales y a las actividades agrícolas.

Por su parte, la comunidad Ese'eja obtuvo numerosos beneficios también: empleo "seguro", capacitación, una disminución en la necesidad de emigrar a las ciudades para buscar fuentes de empleo (con todo el riesgo que implica para la unidad familiar y la cohesión cultural) y el aumento en el ingreso familiar.

El proyecto es verdaderamente un testimonio de las variadas posibilidades de colaboración entre el sector privado –los emprendedores y administradores que son sus cimientos– y los líderes y socios de las organizaciones de la sociedad civil.

Conclusiones

El análisis de los casos estudiados por INCAE presentó los obstáculos que, frecuentemente, impiden la evolución de las relaciones de colaboración a una etapa integrativa. Las alianzas intersectoriales se desenvuelven de manera más exitosa y por períodos más largos, cuando las partes establecen formalmente sus expectativas en un acuerdo, precisan los resultados esperados, los aportes y responsabilidades correspondientes, y se establecen criterios y medidas para determinar el nivel de logro de los objetivos previstos. De esta manera, cada participante puede enfocar sus esfuerzos y recibir el valor esperado de la relación. De lo contrario, ésta puede no generar valor para alguno de los socios y acabaría en el corto plazo.

La elección del socio correcto se identificó como un aspecto clave en la evolución de la alianza y en la generación de valor para los socios.

Conforme más coincidencia existía entre los objetivos de ambos socios, más fructífera y duradera fue la relación. Cuanto menos coincidencia en los objetivos o en los criterios que cualquiera de las partes había escogido para calificar la relación, más precaria y de corto plazo resultó la colaboración. Lo recomendable es que, de manera participativa, ambas organizaciones analicen si existen áreas donde sus misiones, estrategias y valores puedan alinearse antes de empezar a trabajar, invirtiendo el tiempo y los recursos necesarios para realizar exitosamente esta elección.

Las OSC deben conocer los objetivos que persiguen las empresas al involucrarse en el proyecto y viceversa. Debe definirse un conjunto de metas que se pretenden alcanzar a lo largo del proyecto, y realizar un cuidadoso esfuerzo para delinear cómo cada socio puede contribuir al éxito del proyecto. Utilizar guías para la supervisión y realizar evaluaciones periódicas también contribuirá a su éxito; así como a una relación más fluida entre los socios.

La generación de valor es esencial para que la alianza pueda superar la etapa filantrópica y la relación sea sostenible. Para aquellas instituciones que persiguen una mejora en su imagen o pretenden utilizar su apoyo al proyecto como un instrumento de *marketing*, es importante que reciban un reconocimiento de parte de los beneficiarios y/o de los consumidores. Si esto no sucede, se pone en riesgo la continuidad de la alianza, al no poder justificarse ante los accionistas o la Junta Directiva la participación de la institución o el flujo de recursos que se está destinando al proyecto. Las OSC pueden agradecer públicamente el apoyo recibido de la empresa o llevar a cabo una campaña conjunta de publicidad para exponer los resultados del proyecto. Desarrollar mecanismos para cuantificar los beneficios recibidos en términos de su imagen o medir el impacto del proyecto, a través de variables específicas como las ventas o posicionamiento de marca, también contribuirían a este fin.

Las diferencias en el estilo de trabajo entre los socios pueden afectar negativamente el desarrollo de la relación. Las diferencias potenciales deben identificarse desde el principio y, en ese sentido, se tomarán las medidas para evitar malos entendidos y roces innecesarios entre los socios. La comunicación es esencial. Que sean organizaciones fuertes también ayuda. El caos es el enemigo de todos. En América Latina, la comunicación es frecuentemente complicada por las divisiones sociales –prominentemente de clases– y por la escasez de instituciones. Las OSC suelen ser débiles en su organización y están limitadas financieramente. Estos obstáculos se enfrentan mejor con compromiso y creatividad.

Los problemas sociales son demasiado grandes para que las OSC y las empresas privadas los enfrenten solos, sin que esto signifique que no puedan ayudar a aliviarlos. Los problemas sociales que aquejan a América Latina demandan los esfuerzos combinados de sectores productivos, organizaciones locales, gobiernos, instituciones internacionales y la sociedad por sí misma. El reto es tan grande que todos deben contribuir. Los gobiernos, en particular, deben apoyar los esfuerzos privados, aunque sea solamente otorgando incentivos.

Sin embargo, así como es deseable que las alianzas estratégicas no se queden en la etapa filantrópica, sino que evolucionen a la etapa integrativa, igualmente es importante que éstas puedan modificarse a lo largo del tiempo, con el fin de satisfacer las necesidades y los objetivos del momento. Las alianzas necesitan ser dinámicas. Ambas partes deben ver la alianza como un laboratorio de conocimiento y una oportunidad para aprender, apoyando un constante intercambio de información que permita construir instituciones más fuertes y útiles. Si con el fin de alcanzar la sostenibilidad del proyecto es necesario hacer modificaciones a los acuerdos, éstas deben llevarse a cabo. El compromiso, la comunicación, la creatividad, la innovación y el desarrollo institucional son factores clave de relaciones de colaboración exitosas, que contribuyen a las necesidades sociales.

Notas

1. El dato de población es del Banco Mundial 2003.
2. *Ibíd.* y Banco Mundial 2002 (para Nicaragua).
3. Los datos para Perú fueron tomados de Fritz Du Bois, profesor de la Universidad de Lima. Lima, Perú: agosto 22, 2003.
4. *Ibíd.*
5. Colburn 2001.

Bibliografía

Banco Mundial (2003). *World Bank, The Little Data Book 2003*. Washington, D.C.: Banco Mundial.
_____. (2002). *World Bank, The Little Data Book 2002*. Washington, D.C.: Banco Mundial.
Casos de estudios escritos por INCAE sobre emprendimientos sociales, 2001-2003.
Ayca, Julio; Luis Noel Alfaro (2003). "ACODEP 2002", Caso INCAE N° 10963. Costa Rica, San José: INCAE.
_____, Guillermo S. Edelberg y John Ickis (2003). "AMCHAM de Nicaragua", Caso INCAE N° 10959. Costa Rica, San José: INCAE.
Azofeifa, Mónica y Francisco Leguizamón (2003). "INDE Emprendedores Juveniles de Nicaragua", Caso INCAE N° 26334. Costa Rica, San José: INCAE.

Azofeifa, Mónica; Arturo Condo, y Andrea Prado (2003). "Banco Solidario", Caso INCAE N° 26708. Costa Rica, San José: INCAE.

Colburn, Forrest D. (2001). "Índigo", Caso INCAE N° 25984. Costa Rica, San José: INCAE.

García, Luz Marina y Felipe Pérez (2003). "ConstruAmbiente", Caso INCAE N° 10997. Costa Rica, San José: INCAE.

Ogliastri, Enrique (2003). "La Equidad", Caso INCAE N° 26586. Costa Rica, San José: INCAE.

_____, L. Alfaro, *et al.* (2004). "Alianzas intersectoriales para el desarrollo social. Seis casos latinoamericanos". Costa Rica, San José: INCAE.

_____. (2004). "Estrategia y sostenibilidad de empresas sociales. Cinco casos latinoamericanos". Costa Rica, San José: INCAE.

Pérez, Felipe y Jesús Revilla de Taboada (2003). "Posada Amazonas", Caso INCAE N° 25440. Costa Rica, San José: INCAE.

Ramírez, Julio y Jesús Revilla de Taboada (2003)."Techo para el Sur-Construyendo con Amor", Caso INCAE N° 26116. Costa Rica, San José: INCAE.

Rodríguez, Wendy y Luis Noel Alfaro (2002). "La Estancia", Caso INCAE N° 25528. Costa Rica, San José: INCAE.

_____ y Enrique Ogliastri (2003). "RDS Honduras", Caso INCAE N° 26646. Costa Rica, San José: INCAE.

9

Chile: la creación de confianza en las alianzas[1]

Mladen Koljatic y Mónica Silva

Introducción

"Mejor diablo conocido que santo por conocer" es un popular dicho chileno que revela la tendencia de los habitantes de ese país a desconfiar de los extraños. El aislamiento geográfico de Chile puede explicar este fenómeno, que favorece interacciones restringidas a individuos pertenecientes a un pequeño grupo, donde "todos conocen a todos"[2]. Sin embargo, cualquiera sea el origen de esta preferencia por lo familiar, no hay duda de que esto ejerce influencias, tanto positivas como negativas, en una comunidad. Un ejemplo claro y casi extremo de lo último sería la tendencia a ofrecer puestos de trabajos a parientes y amigos, en lugar de a desconocidos, creando una especie de nepotismo o favoritismo que sería desaprobado en otras culturas. En Chile, sin embargo, esta práctica de dar "trabajo para uno de los nuestros" goza de amplia aprobación tácita, y sólo es condenada cuando el individuo en cuestión prueba ser ineficiente o lleva a cabo actos ilegales o reñidos con la ética[3].

Esta preferencia por lo familiar subyace a la mayoría de las alianzas intersectoriales exitosas que existen en la región y, particularmente, las que se discuten en este capítulo. Muchas de las asociaciones en Chile tuvieron su origen en la confianza entre conocidos, amigos o familiares. Como se muestra en los capítulos segundo y tercero y, especialmente, en el capítulo quinto, la confianza es un factor que contribuye al surgimiento de los procesos de colaboración, impulsa su desarrollo en el tiempo y se transforma en uno de sus activos clave[4].

En este capítulo exploramos el papel desempeñado por la confianza en el inicio y en el fortalecimiento posterior de las alianzas, a través del ejemplo de cuatro colaboraciones exitosas en Chile: Empresas Ariztía y Corporación Municipal de Melipilla (CMM); Farmacias Ahumada S.A. (FASA) y Fundación Las Rosas (FLR); Banco de Crédito e Inversiones (BCI) y la Corporación de Crédito al Menor (CCM); Esso Chile y la Corporación de Ayuda al Niño Quemado (COANIQUEM)[5]. La discusión está basada en un análisis cualitativo y constituye una aproximación exploratoria al estudio de la confianza como un factor clave en el éxito de las alianzas intersectoriales. Adicionalmente, dos importantes preguntas fueron exploradas: ¿qué factores promovieron el desarrollo de la confianza en las etapas iniciales de un esfuerzo de colaboración?, y ¿qué factores han contribuido al sostenimiento y crecimiento de la confianza en el tiempo?

Diferentes puntos de vista sobre la confianza

La confianza es un concepto clave para entender la disposición de la gente a ofrecer su compromiso en grupos, en organizaciones y en la sociedad. Algunos autores afirman, también, que la confianza es esencial para la creación y supervivencia de la sociedad civil[6]. El actual alcance y significado de la confianza en la vida social es frecuentemente minimizado y usualmente se evidencia su importancia en situaciones de desintegración social, donde la confianza ha sido socavada, amenazando la estabilidad de las relaciones sociales[7].

La confianza es un elemento central en el desarrollo de las sociedades actuales, complejas e interdependientes. Por esta razón, varias disciplinas la han estudiado[8]. La disposición a asumir el riesgo de invertir en algo o alguien, puede explicarse por la existencia de la confianza. Ambos conceptos, riesgo y confianza, están estrechamente relacionados y son interdependientes: el riesgo crea una oportunidad para la confianza, lo que a su vez lleva a una disposición a tomar riesgos. De esta manera, desde un punto de vista económico, la confianza constituye una característica fundamental, ya que las sociedades democráticas y de libre mercado no podrían existir sin ella[9].

De la misma forma, la confianza también desempeña un papel fundamental en la regulación de las relaciones interpersonales y los procesos de colaboración entre las instituciones en la sociedad[10]. La importancia de la confianza en las etapas iniciales de las alianzas intersectoriales parece ser crucial, ya que los mecanismos de creación de confianza dependen básicamente de los individuos más que de las fuentes externas de control, tal como ocurre con los contratos formales que regulan los intercambios en alianzas estratégicas entre empresas comerciales[11].

En esta sección optamos por una conceptualización amplia de la confianza, haciendo una distinción entre la confianza construida entre los individuos y aquélla que se construye entre las organizaciones. La confianza interpersonal se entiende como el grado de disposición a creer en las buenas intenciones de los otros, aceptando los riesgos y la vulnerabilidad que esto supone[12]. La confianza dentro de las organizaciones o instituciones y entre ellas parece no descansar en los individuos, sino en las prácticas o los procedimientos institucionalizados, lo cual se apoya en la creencia de que si estos son seguidos, producirán un resultado positivo[13].

La confianza interpersonal ha desempeñado un papel decisivo en la creación de algunas alianzas en Chile, por ejemplo entre una empresa ya establecida y una ONG naciente. En estos casos, la confianza se deposita en el líder de la organización social, aunque él o ella no tenga nada tangible que mostrar a su socio en términos de resultados organizacionales. Ya que la organización no existe en términos operativos, su líder sólo puede ofrecer su visión sobre futuros resultados, producto del proceso de la colaboración.

Para las ONG que tienen una historia en la comunidad y que están en posición de mostrar resultados positivos, la confianza opera en forma diferente de lo que ocurre en el caso de una institución naciente. Para ésta, la confianza descansa en una creencia general de que el grupo o la institución será fiel a sus compromisos[14]. La confianza no está puesta en un individuo, sino que trasciende a la organización como un todo.

Se debe resaltar que la distinción entre confianza en los individuos y confianza institucional u organizacional no es absoluta. Ambas parecen ser formas diferentes, pero relacionadas, del mismo fenómeno y ambas son importantes cuando se analizan las alianzas intersectoriales en el tiempo. La confianza no es un acontecimiento estático, al contrario, es dinámico y pasa por diferentes etapas en las relaciones, cambia a medida que la relación evoluciona en el tiempo. Como resultado, los procesos involucrados en las etapas iniciales de la construcción de confianza pueden no ser, necesariamente, los mismos que operan en las fases subsecuentes[15].

Adicionalmente, los matices culturales de las sociedades deben tomarse en consideración como determinantes clave para entender el papel de la confianza en la construcción de alianzas. Estudios de investigación internacionales han demostrado que los niveles de confianza social varían en el tiempo, entre los países y dentro de un mismo país[16]. La comprensión de cómo las normas y los valores sociales influyen en la confianza, parece ser muy importante en el contexto de las alianzas estratégicas entre firmas de distintos países. Dentro de esta misma línea, este conocimiento puede mejorar la comprensión de cómo surgen y evolucionan las colaboraciones intersectoriales. Por ejemplo, el papel predominante desempeñado por ciertas variables culturales, tales como la percepción de familiaridad entre individuos en la construcción de la confianza y la poca disposición a interactuar con desconocidos, sirve como un elemento crucial para entender el surgimiento de relaciones de colaboración en Chile.

En resumen, la construcción de confianza y los procesos mediante los cuales ésta evoluciona y se fortalece en el tiempo, tienen lugar en los niveles individual, organizacional y social (o, dicho de otro modo, en un micro, meso y macrosistema)[17]. Por tanto, una adecuada comprensión de la confianza y su papel en las alianzas intersectoriales exitosas debería englobar los tres niveles. Aunque la mayor parte de la investigación en el tema de la confianza organizacional ha sido efectuada analizando relaciones entre empresas con fines de lucro, muchos de los resultados parecen ser aplicables a un contexto de alianzas intersectoriales.

La confianza en el surgimiento de alianzas

La amistad o los lazos familiares estrechos entre los fundadores de una ONG y los representantes de una empresa con fines comerciales, parecen facilitar el surgimiento de una colaboración y, más tarde, el continuo desarrollo de dicha alianza. Los contactos iniciales, en tres de los cuatro casos locales analizados, comenzaron en este contexto de familiaridad. Tal fue el caso del doctor Jorge Rojas, fundador de COANIQUEM, el centro para el tratamiento de niños quemados, quien durante una reunión familiar se cruzó con un pariente de su señora que trabajaba en Esso Chile. Fue entonces cuando descubrió cómo la compañía apoyaba proyectos sociales en la comunidad. De acuerdo con Rojas, si este contacto no hubiese existido, él nunca se hubiera atrevido a golpear las puertas de Esso Chile, puesto que no conocía a nadie en la compañía. Su actitud refleja la cultura predominante de falta de confianza, que reduce el grupo de potenciales socios y desalienta el inicio de interacciones con desconocidos[18].

La confianza basada en la amistad y la camaradería también desempeñó un papel importante en la alianza entre el BCI y la Corporación de Crédito al Menor[19]. Su fundador, un ejecutivo del mismo banco, comenzó buscando el apoyo para su proyecto entre sus compañeros de trabajo. Primero se acercó al contralor del banco, quien, además de ser su amigo, gozaba de gran confianza al interior de la institución. La aprobación de la iniciativa por parte del contralor fue crucial para que el resto de los ejecutivos del banco accedieran a donar dinero a una organización naciente.

En el caso de la alianza entre la empresa agroindustrial Ariztía y CMM, la confianza mutua existente entre el alcalde, que es el presidente de la corporación, y el gerente general de Empresas Ariztía, hace que este último sea invitado a incorporarse al Directorio de la corporación. Esta confianza es el producto del respeto y afecto de que gozaba en su comunidad el gerente general de Ariztía, lo cual era reforzado por la afinidad ideológica entre ambos.

En el surgimiento de todas estas alianzas, el afecto y los lazos emocionales entre los individuos involucrados cumplieron una función importante. Es interesante notar que el afecto también parece desempeñar un papel significativo en la selección de los socios de una alianza, en el caso de las empresas en Estados Unidos. Las alianzas parecen ser facilitadas por relaciones sociales preexistentes o en curso, y redes de afinidad personal[20].

En la literatura sobre confianza organizacional, algunos autores trazan una distinción entre la confianza basada en vínculos emocionales y sentimientos positivos hacia los individuos (confianza basada en el afecto) y la confianza basada en evidencia de confiabilidad de los individuos (confianza basada en el conocimiento)[21]. La confianza emocional está fundada en las interacciones históricas con un individuo en particular y está marcada por sentimientos positivos hacia la persona; mientras que la confianza basada en el conocimiento o confianza calculada está basada en el comportamiento esperado de la persona, en el desempeño de su función, independientemente de consideraciones de amistad[22]. Las descripciones anteriores parecen indicar que el tipo de confianza predominante, que opera en las etapas iniciales de las alianzas intersectoriales analizadas, es la basada en el afecto. Por consiguiente, un antecedente familiar común o de amistad lleva a que una de las partes se acerque a la otra y solicite un esfuerzo de colaboración.

Sin embargo, como ya se hizo notar, una aproximación al entendimiento de la relación entre lazos de amistad y desarrollo de una colaboración debería ir más allá del punto de vista personal o interpersonal, para abarcar un contexto macro, regulaciones y valores culturales. Aunque hay una variedad de maneras en que la confianza puede surgir, el que llegue a establecerse y la forma en que esto ocurra parece depender de ciertas normas sociales, de los valores que guían el comportamiento de las personas y de las creencias con respecto a en quién se puede confiar[23].

Los investigadores que estudian el campo de la confianza y de las relaciones humanas han identificado ciertas características distintivas, que configuran la estructura de la amistad en diferentes naciones[24]. A diferencia de otros países, en Chile la confianza está muy restringida a la familia y a los amigos; cualquiera que esté más allá de ese contexto cercano es visto como una amenaza potencial. Así, los lazos familiares y de amistad son enormemente atesorados en Chile, lo cual lleva, por ejemplo, a una norma cultural tácita que considera casi inadmisible rehusar hacer un favor a un amigo. Este rasgo característico, junto al hecho de que los chilenos tienden a desconfiar de los extraños, reafirma la noción de que los lazos familiares y de amistad constituyen un factor poderoso en el desarrollo de las relaciones de colaboración.

Evidencia contemporánea e histórica muestra que mientras algunas sociedades desarrollan culturas de confianza social sólidas, otras se caracterizan por una desconfianza endémica. Estas tendencias no son estáticas, sino que varían en el tiempo, dependiendo de una compleja interacción de factores. De acuerdo con algunos autores, durante las décadas pasadas, la cultura norteamericana ha evolucionado hacia una desconfianza difusa y generalizada, mientras que las sociedades poscomunistas se han movido hacia una confianza más amplia[25].

La sociedad chilena muestra un bajo nivel de confianza social, que socava potenciales relaciones con extraños. Esta falta de confianza social es contrarrestada, como ya se explicó, con una confianza fuerte e intensa hacia los miembros de la familia, conocidos y amigos[26]. Más aún, los chilenos parecen ser más desconfiados que otros latinoamericanos. Por consiguiente, la influencia de los lazos familiares y de amistad que se reporta en el surgimiento de las alianzas en los casos descritos anteriormente, puede no ser una simple coincidencia, sino una expresión de un rasgo cultural chileno y de un modelo predominante de asociación entre individuos.

Es digno de mencionar que en las tres colaboraciones (COANIQUEM con Esso Chile; CCM con el BCI y CMM con Empresas Ariztía), el papel de los lazos basados en el afecto fue fundamental, ya que las OSC no existían o sólo tenían estatus legal. Consecuentemente, en esta etapa de surgimiento de la colaboración, la confianza descansaba totalmente en los líderes del proyecto, ya que las instituciones no estaban operativas. El apoyo de las empresas comerciales a estas iniciativas sociales significó un gran salto de fe, mayor que las contribuciones que regularmente hacían a iniciativas filantrópicas, promovidas por organizaciones de la sociedad civil (OSC) que ya estaban establecidas en la comunidad.

Hasta aquí no se ha hecho mención del cuarto caso de colaboración intersectorial, la asociación entre FASA, la cadena más grande de farmacias de Chile, y FLR, una organización dedicada a ayudar a ancianos necesitados. Como parte de su estrategia de negocios, FASA estaba buscando un socio para mejorar su imagen corporativa y desarrollar una relación más cercana con la comunidad.

A primera vista, esta alianza parece ser una excepción a la regla, ya que carecía del componente de vínculo de amistad o lazos familiares en su etapa inicial. Sin embargo, esta alianza ilustra la intervención del llamado "mecanismo de un tercero" o intermediario de confianza[27]. En esta clase de proceso de colaboración, la relación se desarrolla entre grupos que no se conocen, pero que se juntan a través de un vínculo común, usualmente un individuo que inspira confianza y que pertenece a ambos grupos. En esta instancia, el enlace fue Álex Fernández, miembro del directorio de FASA y presidente ejecutivo de la Compañía Interamericana de Seguros. Fernández conocía bien el trabajo de apoyo a los ancianos de la fundación, ya que la compañía de seguros que presidía había estado contribuyendo a la institución social durante varios años. Cuando el directorio de FASA decidió buscar una alianza con una ONG que pudiera contribuir a realzar su imagen corporativa dentro de la comunidad, Fernández –actuando como un intermediario de confianza– influyó en la decisión de la compañía de elegir a FLR por sobre otras instituciones de bien social, que también habían sido identificadas como potenciales socios.

En una cultura caracterizada por bajos niveles de confianza, la tendencia a desconfiar de otros va más allá de los individuos, para incluir a las instituciones que forman parte de la sociedad civil. Sin embargo, una excepción a este patrón de desconfianza generalizada hacia las instituciones chilenas es la Iglesia católica, la cual tradicionalmente ha inspirado confianza en los chilenos[28]. Nuestros casos mostraron un impacto positivo de la filiación religiosa de los líderes, tanto sociales como de empresa, facilitando la construcción de confianza entre las partes. Muchos de los líderes que estuvieron involucrados en las etapas iniciales de las asociaciones, fueron descritos por otros protagonistas de los casos estudiados como individuos religiosos, con fuertes conexiones con la Iglesia[29]. La filiación de los líderes con la Iglesia católica puede haber contribuido a legitimar sus incipientes instituciones[30]. En otras palabras, en un país caracterizado por un bajo nivel de confianza interpersonal, sumado a una relativa baja confianza en las organizaciones seculares y a una profunda confianza en las instituciones religiosas[31], la participación de los líderes como distinguidos miembros de la Iglesia bien puede haber favorecido el surgimiento de credibilidad en sus iniciativas.

El vínculo del líder de la FLR con la Iglesia era muy evidente. La Fundación era manejada por un carismático sacerdote, quien era ampliamente respetado por sus iniciativas sociales, destinadas a la protección del ciudadano de la tercera edad de escasos recursos. En la CCM, el líder era un individuo con una intenso entusiasmo social y religioso, de acuerdo con sus compañeros de trabajo. Debido a su relación con un sacerdote jesuita, director de una conocida institución dedicada a la ayuda de los necesitados, a la naciente organización le fue cedido un terreno para construir su sede. En COANIQUEM, su presidente era un devoto católico, que decidió construir un santuario para el Cristo Flagelado en el centro de atención de pacientes, en la ciudad de Santiago[32], e invitó a un obispo católico a participar en el Directorio de la institución. Finalmente, el presidente de Empresas Ariztía era un miembro activo en movimientos de la Iglesia local y contribuía con sus actividades filantrópicas. También incorporó en la declaración de la misión de su empresa, referencias explícitas a valores éticos cristianos y a la necesidad de buscar el desarrollo de la comunidad.

En resumen, desde el inicio de las alianzas, el elemento de la confianza ha estado presente entre los líderes de ambas organizaciones. Esta confianza se ha originado ya sea por lazos familiares, de amistad o de conocidos entre los líderes sociales y los ejecutivos de las empresas. En algunas instancias, las conexiones cercanas del líder con la Iglesia mejoraron y fomentaron la confianza. La confianza basada en el afecto depositado en el líder del proyecto explica el surgimiento de la confianza en la iniciativa social, a pesar de que las instituciones sociales no estuvieran aún operativas, como sucedió con la alianza entre el BCI y la CCM y entre COANIQUEM y Esso Chile.

Como se señaló, algunos autores creen que la confianza no es solamente un prerrequisito para las relaciones de cooperación, sino que también experimenta cambios durante el proceso de la colaboración[33]. Siguiendo esta noción, en la siguiente sección se abordará el papel de la confianza en el fortalecimiento de la alianza.

El papel de la confianza en el fortalecimiento de las alianzas intersectoriales

Las secciones previas han analizado el papel desempeñado por los lazos familiares y de amistad en la construcción de confianza, durante las etapas iniciales del desarrollo de las alianzas en Chile. La confianza, en estos términos, implica una apuesta inicial sobre cuáles serán las futuras acciones de los otros, basadas en redes de parentesco y de amistad. Sin embargo, cuando las relaciones de colaboración progresan en el tiempo, la línea entre las relaciones interpersonales y las relaciones con las organizaciones sociales que están siendo apoyadas se vuelve borrosa, resultando una forma de confianza que trasciende a los individuos para abarcar a las instituciones.

Algunos autores han descrito la relación entre confianza interpersonal y confianza depositada en un objeto social más abstracto —entre ellos, las organizaciones— como círculos concéntricos que se expanden gradualmente[34]. En la descripción de la confianza hacia las instituciones, este modelo ilustra la importancia de los lazos individuales, aun cuando la confianza se expande hacia las organizaciones. Después de todo, las alianzas son creadas, nutridas y fortalecidas por los individuos[35].

Para que una alianza se desarrolle y se institucionalice, las partes deben comprometerse conscientemente en actividades que conduzcan a ese fin. El capítulo quinto lo mostró. En todos los casos de colaboración estudiados ocurrió que las interacciones frecuentes entre las partes, la comunicación abierta y franca, el compromiso institucional en todos los niveles y la realización de actividades conjuntas, como entrenamiento de personal o sesiones de asistencia técnica, fueron factores facilitadores[36]. Muchos de estos factores estaban presentes en las relaciones de colaboración desarrolladas en Chile, y contribuyeron a promover confianza y sentimientos positivos entre los miembros de ambas instituciones.

Las alianzas analizadas evidenciaron que existían frecuentes interacciones y contactos que trascendían a los altos ejecutivos de ambas organizaciones, comprometiendo a un mayor número de miembros. Aunque los líderes o individuos clave pueden manejar las alianzas y actuar como enlaces entre las organizaciones[37], también promueven la participación de otros miembros en la colaboración[38].

La transparencia y la integridad son cruciales para promover la confianza, más allá de los límites de la organización. La confianza parece mejorar a través de acciones tales como auditorías periódicas al manejo de las OSC o poniendo a disposición de las empresas los reportes de ingresos y gastos. Dichos procedimientos transparentes suponen una buena disposición para mostrar los logros y asumir responsabilidad por ellos; como consecuencia, fortalecen la confianza mutua. Entre los casos estudiados, la FLR, por ejemplo, auditaba sus estados financieros y los hacía públicos; mientras que la CCM entregaba un reporte de ingresos semestral al Directorio, que estaba compuesto únicamente por miembros de la administración del BCI. De la misma forma, COANIQUEM estaba dispuesta a lograr una administración transparente y mejorar sus procesos administrativos en el tiempo, y la CMM era particularmente cuidadosa en reportar sus estados financieros, ya que recibía financiamiento público del gobierno.

Todas las alianzas se caracterizaban por frecuentes interacciones entre los socios, incluso más allá de sus entornos de trabajo. Por ejemplo, el presidente de COANIQUEM, quien también era un concertista en guitarra, ofrecía charlas sobre prevención de accidentes por quemaduras y actuaba en eventos musicales para los empleados de Esso Chile. Los empleados de las empresas eran animados a visitar las instituciones durante sus horas de trabajo, como en el caso de FASA, o en horas fuera de trabajo, como era el caso de los empleados de Esso Chile y del BCI. Estos contactos directos con la realidad social estimulaban las relaciones cercanas entre los miembros de ambas organizaciones y permitían construir redes de interacción, que fortalecían las alianzas mediante el crecimiento de vínculos afectivos interpersonales.

Para la solidez y desarrollo de las alianzas, así como para mantener la confianza depositada en ellas, es clave que las OSC muestren sus logros. Las alianzas ganan en fuerza cuando las expectativas de desempeño se cumplen, y hay evidencia de que el tiempo y los recursos invertidos en la organización se han traducido en resultados medibles. Los tres ejemplos que siguen reflejan este modelo. En la alianza entre la CCM y el BCI, el presidente del banco hizo notar que era posible ver los resultados asociados a los esfuerzos cuando indicó que "en esta clase de proyectos, los resultados son sencillos de ver". Los resultados también eran claramente evidentes en el caso de la FLR, que, en menos de una década, consiguió aumentar de 18 a 39 los hogares para los ancianos necesitados. De la misma forma, el gerente general de Empresas Ariztía explicaba que se había retirado del Directorio de otra corporación porque sentía que su participación en él "no daría frutos"; a diferencia de la CMM, que había producido resultados tangibles. La evidencia de resultados positivos también fue importante para Esso Chile. Un ejecutivo anotó: "COANIQUEM es un caso raro. Muestra resultados de corto plazo y es muy transparente respecto del destino de los recursos. Esso Chile continuará apoyando a COANIQUEM, mientras presente proyectos adecuados".

Eventualmente, el fortalecimiento gradual de la relación puede llevar a un tipo de confianza donde las empresas comerciales se identifiquen con la misión de la OSC y viceversa. El avance o progreso alcanzado en el cumplimiento de la misión, los sentimientos de propiedad y participación en esos logros, y la existencia de prácticas transparentes de administración que son reforzadas por una confianza mutua entre las organizaciones, dan curso a una relación sólida. Puesto de otra manera, los socios eventualmente adoptan la identidad de la otra organización como la suya, generando así confianza basada en la identificación[39]. ¿Cómo puede desarrollarse en las alianzas intersectoriales este tipo de confianza basada en la identificación? ¿Qué factores la apoyarían? Una historia común y larga de colaboración, entretejida con valores y esperanzas compartidas, y arraigada en la relación cercana entre las partes, son factores que probablemente facilitan la construcción de una identidad compartida. Esta identidad y misión compartidas es una característica distintiva de aquellas alianzas de colaboración que han alcanzado la fase integrativa[40].

Confianza y riesgos en una alianza

Las relaciones interpersonales suponen algún nivel de riesgo, particularmente que un individuo no esté a la altura de las expectativas del otro. Obviamente, las alianzas entre instituciones también suponen riesgos.

En el caso de las alianzas intersectoriales, si las organizaciones sociales fallan en cumplir con su misión, las empresas comerciales pueden experimentar una reacción negativa de sus grupos de interés por patrocinar organizaciones que no son de fiar. En la misma línea, si las OSC construyen alianzas con empresas cuyas prácticas éticas son cuestionadas, su reputación en la comunidad se verá socavada y correrán el riesgo de una publicidad negativa por su mal juicio en la elección de socios. Si las alianzas se han vuelto públicas, el éxito o fracaso de una de las partes afectará la imagen pública de la otra. En cierta medida, los socios tendrán que justificar el desempeño del otro, algo muy similar al compromiso entre marido y mujer: están unidos "en lo favorable y en lo desfavorable".

La existencia de un sólido compromiso en las relaciones es claramente apreciado frente a crisis o amenazas externas a uno de los socios. Tal fue el caso en la alianza entre COANIQUEM y Esso Chile. La empresa fue objeto de una controversia debido a un infortunado incidente, COANIQUEM intervino para proporcionar su apoyo público, contribuyendo al fortalecimiento de la imagen de Esso Chile en la comunidad.

Parte del proceso de construcción de confianza en la alianza descansa en la expectativa de si la otra parte logrará cumplirla o si fallará, y en cuán dispuesto a apoyar estará el socio en el futuro. Si confiar en alguien fue o no una decisión sabia, dependerá de las posibilidades de que la otra parte esté a la altura de sus compromisos para lograr los objetivos y hacer frente a los potenciales efectos de un fracaso[41]. De esta manera, la pregunta: "¿Confía en ellos?", debe acotarse: "¿Confía en ellos para hacer qué?"[42]. La última pregunta implica tener claras expectativas de cuáles son los objetivos que se están buscando. La confianza se acrecienta cuando el impacto del esfuerzo social emprendido es claro para todas las partes. Cuando se combinan objetivos claros con esfuerzos para lograr buenos niveles de rendición de cuentas, transparencia y medición de desempeño, el resultado será niveles superiores de confianza entre las partes.

Hoy día, las empresas y las OSC atribuyen gran importancia a la exposición pública lograda por la creación de una alianza, y, a menudo, uno de los beneficios de un esfuerzo de colaboración es la cobertura de los medios. Sin embargo, publicitar la alianza puede implicar un riesgo, si el socio en el que se confió falla en lograr sus objetivos. Si se pierde o daña la confianza, las probabilidades de que un esfuerzo de colaboración continúe y sea exitoso estarán en riesgo.

Reflexiones finales

Las secciones anteriores han discutido varias facetas de la confianza en las alianzas. La confianza es una variable que agrega valor a la relación

desde su inicio y tiende a crecer y a desarrollarse, mientras que la asociación en sí evoluciona y se consolida.

Los casos chilenos sirvieron para explorar en retrospectiva el papel
desempeñado por la confianza, en dos momentos distintos en el tiempo:
cuando las OSC no habían sido creadas aún y eran un simple proyecto
en las mentes de sus líderes, y cuando ya gozaban de una sólida reputación y permanencia en la comunidad. En todos los casos analizados, la
confianza inicial en estas alianzas exitosas parece haber sido facilitada
por los vínculos familiares, de amistad o de terceras partes.

Sin embargo, independientemente de cómo se originó el esfuerzo de
colaboración, la confianza entre las partes debe ser nutrida a través del
tiempo. El logro de metas y objetivos explícitos, la demostración de resultados tangibles asociados a la colaboración, las interacciones frecuentes
entre los participantes y la transparencia en la relación son fundamentales
para mantener la confianza. La confianza sólida en una relación es un
ingrediente poderoso, comúnmente asociado a alianzas exitosas.

Parece apropiado estudiar con mayor profundidad la influencia y el
potencial que tiene la confianza en las relaciones de colaboración para
generar mayor valor, especialmente a lo largo de las diferentes etapas
del proceso de construcción de alianza. Algunos autores, en el contexto
de las alianzas entre empresas, han afirmado que las originadas en lazos
de amistad pueden experimentar un camino de desarrollo diferente de
aquéllas surgidas sin vínculos personales entre los participantes[43]. Este
asunto aún no ha sido explorado en las alianzas intersectoriales, pero
debido a su potencial relevancia para una colaboración exitosa, parece
ser digno de un estudio más minucioso.

De la misma forma, el papel de la confianza en el surgimiento de
alianzas intersectoriales en otros países, con sus propios rasgos idiosin-
crásicos y estándares culturales, implica más investigación. El conocimiento obtenido a través del estudio de relaciones de colaboración locales,
puede que no se aplique necesariamente a otros países. Por ejemplo,
Chile no presenta la actitud más abierta para entablar relaciones sociales
con desconocidos como la tienen los norteamericanos, lo que refleja un
sentido de comunidad más fuerte, propio de su cultura contemporánea.
Una posible estrategia para crear alianzas en sociedades caracterizadas
por un bajo nivel de confianza social y una nula disposición a relacionarse
con desconocidos, es comenzar a buscar potenciales socios en el círculo
de la familia cercana y de los amigos. De fracasar esto, parece que una
sólida estrategia podría consistir en identificar a un tercero, para que sirva
de enlace entre el líder de la organización y la empresa. Esta estrategia
puede ayudar a superar la desconfianza hacia los desconocidos y sacar
provecho de la confianza espontánea, derivada de raíces comunes.

Las estrategias adecuadas para facilitar el surgimiento de lazos entre los hombres de negocios y líderes sociales pueden variar entre países. El papel de enlace entre las instituciones puede ser realizado o, al menos, facilitado por instituciones que gocen de confianza en la comunidad.

Finalmente, como se indicó al principio del capítulo, toda la discusión previa se fundamenta en datos cualitativos. Como ocurre en cualquier estudio exploratorio, el mayor valor de las conclusiones consiste en plantear preguntas para que sean analizadas en la práctica futura y en la investigación. Actualmente, por ejemplo, no es posible afirmar si la confianza debe ser considerada una causa o un efecto de una colaboración que se mantiene en el tiempo ni si es un rasgo exclusivo de alianzas exitosas. Sin embargo, el análisis de las alianzas intersectoriales, aquí discutido, ofrece evidencia razonablemente creíble –aunque no concluyente– de que la confianza desempeñó un papel clave en la génesis y evolución de estos esfuerzos de colaboración exitosos.

Notas

1. Agradecemos a Eduardo Valenzuela, director del Instituto de Sociología de la Pontificia Universidad Católica de Chile, por sus valiosas contribuciones a este trabajo.

2 . Godoy 1981.

3. González 2002.

4. El papel de la confianza en las colaboraciones entre sectores también es discutido en Austin 2003.

5. Un resumen de cada uno de los casos puede encontrarse en el capítulo 1.

6. Hardin 2002.

7. Cook 2001.

8. Rousseau *et al.* 1998; Tschannen-Moran y Hoy 2000.

9. S/A 2002.

10. Argandoña 1999.

11. Malhotra y Murnighan 2002.

12. Frost; Stimpson y Maughan 1978; Rotter 1967; Rousseau *et al.* 1998.

13. Sztompka 1999.

14. Cummings y Bromiley 1996.

15. McKnight, Cummings y Chervany 1998.

16. Rahn y Transue 1998;Van Deth 1997.

17. Tyler y Kramer 1996.

18. Sztompka 1999.

19. De acuerdo con las leyes chilenas, hay dos tipos de organizaciones sin fines de lucro: las *corporaciones* y las *fundaciones*. El estatus de una *corporación* implica que sea creada a través de la asociación de un grupo de individuos que persiguen un objetivo social no lucrativo, pero exige activos o recursos propios. Por otro lado, las fundaciones requieren la existencia de un capital, ya que su objetivo es financiar causas sociales.

20. Mitsuhashi 2002.

21. McAllister 1995.

22. Olk y Elvira 2001.

23. Doney; Cannon y Mullen 1998.

24. Misztal 1996.

25. Sztompka 1999.

26. Valenzuela y Cousiño 2000.

27. Hardin 2002.

28. Numerosos estudios apoyan la confianza generada por la Iglesia católica como institución en Chile. *Véase* Fundación Futuro 2000; Sais 2000. En otro estudio comparativo entre siete países latinoamericanos, Chile se ubica como segundo país en términos de la confianza institucional de la Iglesia católica. *Véase* COPESA S.A. 1997.

29. Esto es coherente con la visión desarrollada en Sheppard y Sherman 1998. Estos autores mencionan el papel de la Iglesia como un mecanismo para facilitar el surgimiento de la confianza entre desconocidos.

30. McKnight; Cummings y Chervany 1998.

31. Lehmann 2002.

32. AIS 2002.

33. Sztompka 1999.

34. *Ibíd.*

35. *Véase* "El poder de las relaciones preexistentes" (p. 50), "La dimensión personal del alineamiento" (p. 92) y "El desarrollo de la confianza" (p. 177). El tema también es discutido en Austin 2003.

36. Austin 2003.

37. Currall y Judge 1995.

38. Tratando de buscar un portavoz adecuado, el capítulo 2 discutió el papel de los "patrocinadores" de la alianza en cada organización.

39. Sheppard y Tuchinsky 1996.

40. Austin 2003.
41. Sztompka 1999.
42. Mayer; Davis y Schoorman 1995.
43. Olk y Elvira 2001.

Bibliografía

AIS (2002). Primer encuentro interreligioso de reflexión y oración sobre el sentido del sufrimiento humano, "El ser profundo, del dolor a la plenitud". Convocado por AIS, Comunidad de Cristo Flagelado adscrita a COANIQUEM y Universitas Albertiana de España. Santiago, 12 y 13 de noviembre (citado el 18 de junio, 2003). Disponible en: http://www.ais-chile.org/ser_ profundo_ ponencias.htm

Argandoña, Antonio (1999). "Sharing out in Alliances: Trust and Ethics", en *Journal of Business Ethics*, vol. 21, N° 2-3. Holanda: Kluwer Academy Publisher, septiembre, pp. 217-228.

Austin, James E. (2003). *El desafío de la colaboración: cómo las organizaciones sin fines de lucro y las empresas comerciales alcanzan el éxito mediante alianzas estratégicas*. Buenos Aires, Argentina: Granica, 2003.

Cook, Karen S. (editora) (2001). *Trust in Society*. Nueva York: Russell Sage Foundation.

Consorcio Periodístico de Chile-COPESA S.A. (1997). "Golpe de opinión", en *Qué pasa*. Santiago, Chile: COPESA S.A., 19 al 25 de agosto (citado el 15 de marzo, 2003). Disponible en http://www.quepasa.cl/revista/1375/11.html

Cummings, Larry L. y Philip Bromiley (1996). "The Organizational Trust Inventory (OTI): Development and validation", en Kramer, Roderick M. y Tom R. Tyler (editores). *Trust in Organizations: Frontiers of Theory and Research*. Thousand Oaks, CA: Sage Publications, pp. 302-330.

Currall, Steven C. y Timothy A. Judge (1995). "Measuring Trust between Organizational Boundary Role Persons", en *Organizational Behavior and Human Decision Processes*, vol. 64, N° 2. San Diego, CA: Elsevier B.V., noviembre, pp. 151-170.

Doney, Patricia M.; Joseph P. Cannon y Michael R. Mullen (1998). "Understanding the influence of National Culture on the Development of Trust", en *Academy of Management Review*, vol. 23, N° 3. Nueva York: Academy of Management, julio, pp. 601-620.

Frost, Taggart; David Stimpson y Micol R.C. Maughan (1978). "Some Correlates of Trust", en *Journal of Psychology*, vol. 99, N° 1, pp. 103-108.

Fundación Futuro (2000). *Pulso de la política*. Santiago, Chile: Fundación Futuro, abril (citado el 25 de junio, 2003). Disponible en http://www. fundacion-futuro.cl/estudios_pub.php?id=24&valor=1

Godoy, Hernán (1981). *El carácter chileno: estudio preliminar y selección de ensayos*. Santiago, Chile: Editorial Universitaria.

González, Eugenio (2002). "La importancia de ser pariente", en *Ercilla*, N°
3195. Santiago, Chile: 5 al 18 de agosto, (citado el 3 de abril, 2003). Disponible en http://www.ercilla.cl/nanterior/n3195/edito.html

Hardin, Russell (2002). *Trust and Trustworthiness*. Nueva York: Russell Sage
Foundation.

Lehmann, Carla (2002). "¿Cuán religiosos somos los chilenos? Mapa de la
religiosidad de 31 países", en *Estudios Públicos*, N° 85. Santiago, Chile:
Centro de Estudios Públicos, verano, pp. 22-40.

Malhotra, Deepak y J. Keith Murnighan (2002). "The Effects of Contracts on
Interpersonal Trust", en *Administrative Science Quarterly*, vol. 47, N° 3.
Ithaca, Nueva York: Cornell University, Johnson Graduate Shool of
Management, septiembre, pp. 534-559.

Mayer, Roger C.; James H. Davis, y F. David Schoorman (1995). "An Integrative
Model of Organizational Trust", en *Academy of Management Review*, vol.
20, N° 3. Nueva York: Academy of Management, julio, pp. 709-734.

McAllister, Daniel J. (1995). "Affect- and Cognition-Based Trust as Foundations
for Interpersonal Cooperation in Organizations", en *Academy of Management
Journal*, vol. 38, N° 1. Nueva York: Academy of Mangement, febrero, pp. 24-
59.

McKnight, D. Harrison; Larry L. Cummings y Norman L. Chervany (1998).
"Initial Trust Formation in New Organizational Relationships", en *Academy
of Management Review*, vol. 23, N° 3. Nueva York: Academy of Management, julio, pp. 473-490.

Misztal, Barbara A. (1996). *Trust in Modern Societies: The Search for the Bases of Social Order*. Cambridge, Reino Unido: Polity Press.

Mitsuhashi, Hitoshi (2002). "Uncertainty in Selecting Alliance Partners: The
Three Reduction Mechanisms and Alliance Formation Processes", en *The
International Journal of Organizational Analysis*, vol. 10, N° 2. Greenwich,
CT: Information Age Publishing Inc., pp. 109-133.

Olk, Paul y Marta Elvira (2001). "Friends and Strategic Agents: The Role of
Friendship and Discretion in Negotiating Strategic Alliances", en *Group
and Organization Management*, vol. 26, N° 2. Londres: Sage Publications,
junio, pp. 124-164.

Rahn, Wendy M. y John E. Transue (1998). "Social Trust and Value Change:
The Decline of Social Capital in American Youth 1976-1995", en *Political
Psychology*, vol. 19, N° 3. Oxford: Blackwell Publishing, pp. 545-565.

Rotter, Julián B. (1967). "A New Scale for the Measurement of Interpersonal
Trust", en *Journal of Personality and Social Psychology*, vol. 35, N° 4.
Washington, D.C.: American Psychological Association, pp. 651-655.

Rousseau, Denise M. *et al.* (1998). "Not So Different After all: A Cross-Discipline View of Trust", en *Academy of Management Review*, vol. 23, N° 3.
Nueva York: Academy of Management, julio, pp. 393-404.

Sais, *Paola* (2000). "El 80% de los chilenos no confía en los políticos", en *La
Tercera*, Sección Política. Santiago, Chile: 23 de abril (citado el 13 de diciembre, 2002). Disponible en http://www.tercera.ia.cl/diario/2000/04/23/
t-23.06.3a.CRO.PNUD.html

S/A (2002). "Confianza social para el desarrollo", en *Corriente de Opinión*, Nº 65. Santiago, Chile: Fundación Chile Unido, mayo.

Sheppard, Blair H. y Dana Sherman (1998). "The Grammars of Trust: A Model and General Implications", en *Academy of Management Review*, vol. 23, Nº 3. Nueva York: Academy of Management, julio, pp. 422-437.

_____, y Marla Tuchinsky (1996). "Micro O-B and the network organization", en Kramer, Roderick M. y Tom R. Tyler (editores). *Trust in Organizations: Frontiers of Theory and Research*. Thousand Oaks, CA: Sage Publications, pp. 140-165.

Sztompka, Piotr (1999). *Trust: A Sociological Theory*. Cambridge, Reino Unido: Cambridge University Press.

Tschannen-Moran, Megan y Wayne K. Hoy (2000). "A multidisciplinary Análisis of the Nature, Meaning, and Measurement of Trust", en *Review of Educational Research*, vol. 70, Nº 4. Washington, D.C.: American Educational Research Association, invierno, pp. 547-593.

Tyler, Tom R. y Roderick M. Kramer (1996). "Whither Trust?", en Kramer, Roderick M. y Tom R. Tyler (editores). *Trust in Organizations: Frontiers of Theory and Research*. Thousand Oaks, CA: Sage Publications, pp. 1-15.

Valenzuela, Eduardo y Carlos Cousiño (2000). "Sociabilidad y asociatividad: un ensayo de Sociología comparada", en *Estudios Públicos*, Nº 77. Santiago, Chile: Centro de Estudios Públicos, verano, pp. 321-335.

Van Deth, Jan W. (editor) (1997). *Private Groups and Public Life: Social Participation, Voluntary Associations and Political Involvement in Representative Democracies*, European Political Science Series. Londres, Nueva York: Routledge.

10

El desarrollo de alianzas múltiples en los casos colombianos

Roberto Gutiérrez, Diana Trujillo e Iván Darío Lobo

Introducción

La colaboración es un fenómeno que, en las circunstancias adecuadas, puede generar gran valor. Debido a que no es una práctica trivial y a los riesgos que implica, existe evidencia de que la colaboración no siempre es exitosa y su valor potencial no es del todo aprovechado[1]. Si es difícil que una colaboración logre desarrollar su potencial, ¿por qué querría una organización multiplicar este esfuerzo y embarcarse en diversas colaboraciones? Establecer y mantener múltiples alianzas es una característica de los casos de alianza investigados en Colombia. A diferencia de las alianzas bilaterales, en donde únicamente interactúan un miembro del sector privado y uno del sector social, en las alianzas múltiples interactúan varios actores de uno y otro sector, una empresa privada con varias organizaciones del sector social o una de estas últimas con varias empresas privadas. En este capítulo se intentará comprender mejor la capacidad de las organizaciones de distintos sectores para generar y mantener varias relaciones.

Desarrollar el potencial de una alianza implica votos de confianza y esfuerzos de coordinación considerables. Por eso es importante explorar cómo una organización supera los retos que se presentan para realizar múltiples alianzas. En este capítulo se presentan estas razones y algunas características que distinguen estas alianzas de las alianzas bilaterales: los contactos iniciales que las generan, su alineamiento estratégico, la forma particular en que generan valor y su manera de institucionalizarse.

No hay pretensión alguna de generalización en esta investigación; no es posible hacerla con los pocos casos estudiados. En cambio, sí tenemos el interés de generar hipótesis que orienten las aproximaciones de otros observadores a situaciones como las aquí descritas.

Colombia en la década de 1990

En Colombia, al igual que en varios países de Latinoamérica, se vivió durante la década de 1990 un proceso de reducción, modernización y descentralización del Estado. Este patrón trajo consigo, como se mencionó en el primer capítulo, varios fenómenos con pocos antecedentes en la región: la privatización parcial o total de entidades estatales; el cambio hacia la provisión, por parte de las organizaciones privadas, de bienes y servicios tradicionalmente producidos por el Estado; y el replanteamiento de los modelos de desarrollo, con un papel más preponderante para la sociedad civil; entre otros. En el caso particular de Colombia, esta tendencia se manifestó en la adopción de una política gubernamental de apertura económica y la promulgación de leyes de apoyo a la descentralización. Junto a esos elementos de contexto regional, algunas características estructurales del país –como las debilidades del Estado o las necesidades apremiantes de la sociedad colombiana– han influido en el desarrollo de las alianzas múltiples estudiadas.

Política gubernamental y nuevas leyes

La apertura económica, una de las políticas vertebrales durante el gobierno del presidente César Gaviria (1990-1994), redujo el proteccionismo, bajo el supuesto de que la entrada al país de competencia extranjera estimularía el desarrollo interno de la economía. La descentralización del Estado le dio autonomía fiscal a las regiones y las facultó para apropiarse de las políticas de educación, salud y desarrollo regional. Dentro de este contexto, dos leyes fueron determinantes para las alianzas investigadas en la muestra colombiana.

- Mediante la *Ley 100 de 1993* se creó el Sistema General de Seguridad Social en Salud. Éste planteó un modelo de salud descentralizado, participativo y solidario, que busca la cobertura total de la población en las áreas de promoción, prevención, tratamiento y rehabilitación. En esencia sustituyó un subsidio a la oferta pagado a los hospitales, por un subsidio a la demanda pagado a los aseguradores, quienes envían a sus asegurados a hospitales que compiten con la prestación de un mejor servicio.
- Dentro de la *Ley General de Educación* –Ley 115 de 1994– se reglamentó la estructuración de los PEI (Proyectos Educativos Institucionales), como actividad de cumplimiento obligatorio para todas las instituciones educativas del país. Los PEI intentan articular los intereses de los distintos actores de la comunidad educativa y responder a un ejercicio estratégico al interior de las instituciones.

Necesidades apremiantes

En la última década, Colombia ha visto agudizados los problemas de orden social. El conflicto armado se ha recrudecido y sus consecuencias han resquebrajado gran parte del tejido social. Los niveles de pobreza permanecen altos y cada vez son más los colombianos excluidos de los beneficios del desarrollo económico. Las necesidades apremiantes han generado que muchos ciudadanos desempeñen un papel más activo. Detrás de la acción hay dos motivaciones diferentes: una, el instinto de supervivencia para aquellos afectados en sus necesidades más básicas y otra, el impulso generado por una vocación de servicio preexistente en aquellos más privilegiados, que tienen la posibilidad de ayudar a otros.

Debilidad del Estado

La debilidad del Estado colombiano se manifiesta de diversas maneras. En muchas regiones del país, el Estado está ausente y los vacíos de poder son ocupados por intereses particulares. El fenómeno de la corrupción, por ejemplo, se ha acentuado en los últimos años, sus costos han aumentado y las soluciones planteadas por los gobiernos han sido poco eficaces. La provisión de servicios públicos, por ejemplo, se ha visto entorpecida por el desvío de dineros públicos o por la falta de transparencia en las contrataciones y el consecuente detrimento en la calidad de los servicios contratados. En un panorama de esta naturaleza, otros actores, distintos del Estado, han empezado a desempeñar un papel importante en la transformación de la situación. Las alianzas múltiples han sido la respuesta de los sectores privado y social para aglutinar los esfuerzos –por definición variados en su naturaleza– necesarios para llenar esos vacíos y para responder en forma tal que el control social sea una característica central.

Cuatro experiencias colombianas

Las cuatro experiencias estudiadas fueron seleccionadas por involucrar actores de distintos sectores, por ser alianzas estratégicas para esas organizaciones a lo largo de varios años y por abordar distintos problemas sociales. La muestra incluye colaboraciones centradas en la provisión de vivienda de interés social, el aumento en la calidad de la educación, la mejora en la gestión de organizaciones dedicadas a la atención en salud y la promoción del desarrollo regional. Dos experiencias han sido lideradas por organizaciones del sector social, y las otras dos por empresas privadas.

El primer caso es el de la Corporación El Minuto de Dios (MD), organización sin fines de lucro creada en 1958, para "estructurar una comunidad cristiana con el fin de tratar de dar solución integral a los problemas sociales de sus afiliados"[2]. La corporación pertenece a la Organización Minuto de Dios, entidad comprometida con el desarrollo integral de la persona y las comunidades marginadas, tanto urbanas como rurales, a la luz del Evangelio cristiano. Su principal línea de trabajo es la vivienda de interés social –ha construido cerca de 60.000 soluciones habitacionales– y además ofrece servicios en atención de desastres, microempresa, atención a la tercera edad, contacto espiritual y desarrollo juvenil. La Corporación ha establecido, desde su origen, alianzas con empresas como Manuelita S.A., uno de los ingenios azucareros más grandes de Colombia. En la década de 1990 consolidó colaboraciones con Servibanca, entidad colombiana sin fines de lucro, cuya misión es promover la automatización de la banca colombiana a través de una red de banca electrónica; el Banco Davivienda[3] y la red de supermercados Carulla-Vivero. En estas tres alianzas, las empresas privadas ponían al servicio del MD su infraestructura para recaudar donaciones del público que hacía uso de sus servicios. El caso del Minuto de Dios muestra cómo la complejidad de los problemas sociales del país exige esfuerzos de solución conjuntos. Por ejemplo, la demanda de vivienda de interés social no ha sido atendida en su totalidad ni por el Estado ni por el mercado. Cuando una organización como el MD busca atender esta demanda, la necesidad de recursos (particularmente financieros) es proporcional a la magnitud del problema y no es posible conseguirlos sin involucrar a actores como entidades financieras o empresas comerciales.

Líderes Siglo XXI es un programa creado por empresarios del Foro de Presidentes de la Cámara de Comercio de Bogotá, con el objetivo de contribuir al mejoramiento de la calidad en la educación a través de un programa de parejas conformadas por empresas y colegios, en donde las primeras acompañan a los segundos en el diseño, implementación y evaluación de modelos de gestión. El programa nace en 1994 con 10 parejas de empresarios y colegios, y se extiende al ámbito nacional hasta completar 189 colegios y 109 empresas en el año 2002. La participación de Meals de Colombia S.A. ha sido diferente de la de otras empresas involucradas. Esta empresa privada, productora y comercializadora de alimentos congelados, asumió el liderazgo del programa en 1997 y, desde entonces, ha establecido alianzas con más de 20 instituciones educativas. En el desarrollo del programa Líderes confluyen dos elementos del contexto del país. El primero es la mentalidad de aprendizaje y servicio que, impulsada por el contacto con experiencias internacionales, llevó a profesionales jóvenes –altamente capacitados– a participar en iniciativas sociales. El segundo es el ciclo económico recesivo, que ha impulsado a varias empresas vinculadas al programa –y algunas interesadas en ingresar– a racionalizar sus recursos. Esto afectó su participación en Líderes y generó un desequilibrio en el número de empresas frente al de colegios. Como resultado, por ejemplo, Meals tuvo que redoblar sus esfuerzos y recursos para atender la demanda insatisfecha de instituciones educativas participantes.

El Centro de Gestión Hospitalaria (CGH) nació en 1992, como una corporación mixta, a través de la cual los directivos del sector privado aportan su capacidad empresarial para mejorar la gestión hospitalaria en el país. A lo largo de su historia, antecedida entre otras por la relación entre un hospital universitario y la organización Corona, el Centro ha mantenido alianzas con fundaciones empresariales y con varias empresas del sector salud, tanto de carácter comercial (e.g. Johnson & Johnson, General Médica) como de carácter social. Estas alianzas le han permitido al CGH prestar un mejor servicio a los hospitales del país: sólo en asesoría y capacitación, el CGH ha trabajado con 125 hospitales que tenían, en su momento, el 25% del total de camas hospitalarias en Colombia; con 10 empresas promotoras de salud, que reunía al 35% de los afiliados al sistema de salud y seguridad social; con 5 Secretarías de Salud, en cuyo territorio vivía el 34% de la población colombiana; y con 35 instituciones prestadoras de salud ambulatorias. La creación del CGH no hubiera sido posible sin el interés del gobierno –representado por Departamento Nacional de Planeación– en promover la colaboración entre las instituciones públicas de salud y las empresas de negocio del sector. Las ideas de reducción y modernización del Estado se han hecho realidad al trasladar al sector privado y al sector social algunas de sus funciones.

Por último, Indupalma S.A. es una empresa agroindustrial creada en 1961, en el municipio de San Alberto. En 1993, factores internos –como una costosa política sindical y relaciones tensas y distantes entre directivos y trabajadores–; así como factores externos –como el conflicto político del país y la apertura económica–, pusieron a la empresa al borde de la quiebra. En un intento por salvarla, sus directivos repensaron la estrategia organizacional, para basarla en cuatro ejes enfocados al desarrollo de la comunidad: generación de oportunidades de ingreso, fortalecimiento educativo de la comunidad, construcción de una cultura de paz y convivencia, y desarrollo de las capacidades de ciudadanía y solidaridad. A este modelo de gestión están atadas las múltiples alianzas que la empresa realiza con organizaciones del sector social y del Estado, para promover el desarrollo de la región. Algunos ejemplos son: la alianza con la Fundación Rafael Pombo para capacitar a la población en la solución pacífica de conflictos; la colaboración con la ONG Contexto Urbano para realizar el programa "Fútbol por la Paz"; el trabajo con Fundalectura para crear la biblioteca pública de San Alberto; y la creación de ludotecas en el municipio con la Corporación Día del Niño. La agudización del conflicto armado colombiano y la competencia extranjera derivada de la apertura económica desempeñaron un papel importante en la crisis de Indupalma. El conflicto armado generó la polarización entre trabajadores y directivos, e influyó en las negociaciones laborales desde fines de los años setenta hasta comienzos de 1990. Luego, la competencia obligó a los directivos y empleados a revisar la operación de la empresa y a replantear su estructura de costos.

El paso de una a varias alianzas

Es normal, dada la complejidad inherente a las alianzas, comenzar con una antes de embarcarse en varias más. El caso del CGH puede ser una excepción a esta progresión. El Centro nació como un espacio de encuentro para distintos agentes del sector salud. La conciencia de la necesidad de distintos aportes, de alianzas complementarias, llevó a quienes propusieron la creación del Centro a invitar a participar a diferentes actores. El conjunto se embarcó en lo que denominarían "un proyecto nacional". Alrededor del proyecto de mejorar la gestión administrativa de los hospitales, cada organización comprometida ha aportado recursos y conocimientos. En esta experiencia surgieron varias alianzas a la vez; mientras que en los otros tres casos se forjó primero una alianza y luego vinieron las demás.

Estructuras alternativas

Son tres las formas en que las organizaciones estudiadas han aumentado el número de sus alianzas: repetir un mismo proyecto varias veces con organizaciones diferentes, convocar a distintas organizaciones alrededor de proyectos sucesivos o tener relaciones independientes, que agregan alianzas distintas a las vigentes en el portafolio de colaboraciones de una organización (*véase* el gráfico 12).

Un ejemplo de la primera de estas formas ocurre cuando Meals de Colombia asume la coordinación del Programa Líderes Siglo XXI. Una de las primeras tareas de la empresa es la elaboración de unas cartillas sobre el proceso seguido con los colegios. Esto le permite, en un momento dado, trabajar sola con grupos de diez colegios y repetir muchas veces el proceso para mejorar la gestión escolar. Según Sandra Velasco, coordinadora del programa en Meals de Colombia desde 1997, haber sistematizado la metodología del programa en cartillas fue clave: "(Con la sistematización) el programa Líderes empieza a concebirse como una política. Meals ve que el programa ya está estructurado y se toma la decisión, desde la Junta Directiva de la compañía, de seguir apoyando la iniciativa, dándole empuje y cobertura".

El segundo tipo de estructura ocurre cuando Indupalma busca socios para hacer proyectos específicos. Por ejemplo, alrededor del programa "Fútbol por la Paz" trabajaron en alianza Indupalma, Contexto Urbano, el Programa Rumbos de la Presidencia de la República y la Alcaldía de San Alberto, con el objetivo de promover el uso creativo del tiempo libre de niños y jóvenes, la prevención de consumo de drogas y generar espacios de convivencia en la zona. Para este proyecto, el Programa Rumbos aportó los recursos para pagar el trabajo de la ONG, Contexto Urbano aportó el diseño y ejecución del programa, la Alcaldía se comprometió a adecuar las canchas y los espacios públicos, así como a promover la participación de la comunidad; e Indupalma aportó el transporte y alojamiento de los facilitadores del programa y los insumos, como balones y mallas para las canchas. La expansión de este tipo de estructura significa agregar un nuevo proyecto entre una organización coordinadora y varias organizaciones asociadas.

MD ejemplifica a la organización que adiciona alianzas a su portafolio de acuerdo con las necesidades del momento, en el tercer tipo de estructura. A lo largo de su relación con Azúcar Manuelita, con la que interactúa en distintas formas –desde recibir aportes económicos hasta contar con su participación en la Junta Directiva del MD–, la Corporación ha entablado alianzas con Davivienda, Servibanca y Carulla-Vivero para recaudar fondos.

Gráfico 12. Tres tipos de estructuras posibles para alianzas múltiples

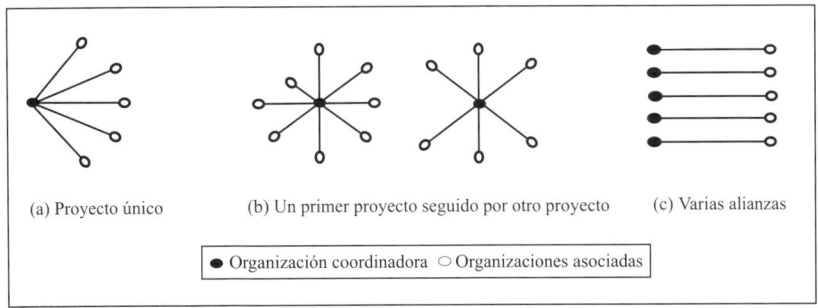

(a) Proyecto único   (b) Un primer proyecto seguido por otro proyecto   (c) Varias alianzas

● Organización coordinadora ○ Organizaciones asociadas

Estas tres estructuras pueden darse de manera simultánea e independiente. Una característica común de las dos primeras alternativas es la existencia de un proyecto. La razón de ser de la alianza es el proyecto mismo. La alianza existe mientras el proyecto concreto se desarrolla, pero una vez terminado, los socios se retiran. Al contrario, en las alianzas del tercer tipo –cuando una alianza es forjada independientemente de la anterior– es posible mantener una relación, aunque no haya un proyecto específico en el cual trabajar. Estas alianzas pueden existir más allá de los proyectos y en cada una varía la intensidad de la colaboración a lo largo del tiempo.

¿Por qué pasar de una a varias alianzas?

Identificamos tres razones por las cuales una organización pasa de una a múltiples alianzas: aumentar el número de beneficiarios de un proyecto, aprovechar en la operación el aprendizaje organizacional adquirido para generar mayores beneficios y ser invitado a participar en más alianzas. Esta decisión implica considerar, además de las ventajas, los posibles riesgos y las dificultades de la operación. Por ello, para dar este paso, más de una razón ha estado presente en las cuatro experiencias estudiadas.

Aumentar el número de beneficiarios (*scaling up*)

Cuando una organización del sector social quiere cumplir con su misión, busca resolver problemas de gran magnitud. Por lo general, estos problemas están relacionados con necesidades inaplazables de la población, como lo ilustra el siguiente testimonio de Diego Jaramillo, presidente de la Organización Minuto de Dios:

> En una ocasión, el padre García Herreros pidió ayuda de la Universidad Nacional para la construcción de las casas. A este pedido respondió el doctor Alfonso Cleves, quien era el decano en ese momento. Él cuenta que llegó, saludó al padre y el padre le dijo: "Quiero que haga una casa aquí". Alfonso le dijo: "Muy bien, padre; voy a hacer el levantamiento del terreno, medimos cuánto tiene y hago unos planos para hacer la casa". El padre le contestó: "No, no, no; los pobres no pueden esperar; esa casa hay que comenzarla ahora mismo". Cuenta el doctor Alfonso que tuvieron que quitarse los cordones de los zapatos para unirlos y tender una cuerda para comenzar a medir y levantar un primer plano aproximado del terreno.

Tener conciencia de la magnitud de estos problemas implica darse cuenta de la incapacidad de resolverlos solo. En primer lugar, la magnitud del problema enfrenta a las organizaciones a una limitación en la disponibilidad de recursos. Cuando el MD busca proveer de vivienda digna a los colombianos, es consciente de la cantidad de recursos necesaria para ello y busca distintas alianzas para conseguirlos. Unas alianzas canalizan recursos de distinta índole, provenientes de organizaciones como Manuelita S.A., o canalizan donaciones de individuos, gracias a la tecnología que Servibanca y Davivienda le permiten usar al MD. Además de necesitar grandes cantidades de un mismo recurso, como es el dinero en el caso de la construcción de viviendas de interés social, también existe la necesidad de complementar los recursos con entidades técnicas, como un banco de materiales para bajar los costos de construcción, entidades jurídicas para los trámites administrativos, entidades financieras, entre otras.

Por otro lado, cuando los directivos de una empresa privada quieren aumentar sus aportes a la sociedad y llegar a más personas, ven las dificultades de hacerlo de manera independiente. Dada la naturaleza de los problemas, no es sólo una cuestión de recursos sino también de competencia; es decir, el problema por resolver no es responsabilidad exclusiva de un par de organizaciones. Según Trist, los problemas sociales pertenecen necesariamente al dominio interorganizacional y no pueden ser abordados por organizaciones que actúan solas[4]. En Indupalma, por ejemplo, son conscientes de que para trabajar por el desarrollo de San Alberto, tienen que ayudar al fortalecimiento de las organizaciones de la sociedad civil y de las organizaciones estatales de la región. De no hacerlo, la empresa terminaría asumiendo funciones que no le corresponden.

Aprovechar el aprendizaje organizacional para generar más beneficios

Una segunda razón para ampliar el portafolio de alianzas de una organización está relacionada con el aprendizaje. Es posible que la generación de valor sea el principal aprendizaje relacionado con las alianzas. Al participar en una alianza, una organización genera beneficios para sus socios y, a la vez, recibe beneficios del trabajo conjunto. Observar los beneficios de una alianza impulsa a una organización a buscar otras alianzas, para tener la posibilidad de aumentar esos beneficios.

Los directivos del MD han identificado cómo a través de las colaboraciones obtienen beneficios que no habrían sido posibles de otra forma y, en su momento, identifican necesidades de su socio potencial para encontrar formas de generarle valor. Ellos son conscientes de la necesidad de dar para recibir. Por ejemplo, aprovechan la mayoría de los espacios que tienen en los medios de comunicación masivos para hacer un reconocimiento a sus colaboradores.

Indupalma entiende las alianzas como una forma de apalancar sus recursos. Por esto hace un aporte y exige al socio una contrapartida para aumentar los recursos destinados al beneficiario final: la población de

San Alberto. Clara Teresa Arbeláez, directora de la Fundación Rafael Pombo, comenta: "Cuando uno va a hacer algún negocio con Indupalma, por decirlo así, lo primero que tiene que decirle es si uno tiene contrapartida. En ese sentido, en la distribución de sus recursos son muy cautelosos; le preguntan a uno si tiene ya una posibilidad de financiamiento con otra entidad".

Adicionalmente, en Indupalma comprenden que deben generar un valor para su socio y aprovechan sus fortalezas para hacerlo. Por ejemplo, Indupalma sabe que sus trabajadores son un grupo de interés para Corpoeducación porque ellos diseñan metodologías educativas y, al hacerlo para adultos habitantes de las zonas rurales, podrán desarrollar una nueva competencia útil en otras zonas del país. Al mismo tiempo, el desarrollo de estas metodologías permite una mejor capacitación para los trabajadores de Indupalma. En el proceso, la empresa recibe y agrega valor. Al respecto comenta Claudia Calero, asesora de la empresa:

> En el tema de formación de adultos hay una gran responsabilidad. Nosotros necesitamos de ellos el logro de habilidades y de competencias, sobre todo en el manejo de lo simbólico aplicado a las matemáticas y a la comunicación oral y escrita. Con Corpoeducación se ha pensado en desarrollar un trabajo para fortalecer esas capacidades simbólicas en los adultos. A ellos también les interesa el tema, les interesa desarrollar esto a través de nosotros (...) tendrían esa comunidad cautiva.

Es posible distinguir dos tipos de aprendizaje relacionados con las alianzas, uno vinculado a la generación de valor, y otro a los procesos de la colaboración. El primero tiene como efecto que la organización establezca nuevas alianzas, mientras que el segundo le sirve para que la creación y el desarrollo de estas nuevas relaciones sea más fácil y efectivo. Esta diferencia retoma las categorías de propulsores (*drivers*) y facilitadores (*enablers*), propuestas por Austin para estudiar alianzas bilaterales[5].

En el CGH, la práctica de mantener sistematizados y visibles los resultados de su gestión le permite apropiarse y usar un lenguaje común al de los empresarios, lo cual facilita la comunicación y la rendición de cuentas. En las actas del Consejo Directivo del Centro sobre reuniones de seguimiento a talleres de planificación estratégica, es común encontrar un anexo con "lo que se hizo", los logros frente a los lineamientos estipulados en los talleres previos. Por otro lado, la sistematización del proceso realizado en los colegios por el Programa Líderes ha quedado consignada en seis cartillas. Con estas guías cualquier profesional puede trabajar en alianza con un colegio y reproducir, de manera eficiente, el proceso desarrollado en muchos otros. En otras experiencias, la sistematización es menos formal, aunque también haya aprendizaje sobre el proceso. El MD, que ha realizado alianzas de manera intuitiva desde su creación, fue invitado por el Banco Mundial, en 1997, a participar en el Programa Nacional de Alianzas. Uno de sus directivos asumió, entonces, la tarea de comprender la forma en que ellos habían establecido relaciones de colaboración con distintos socios. Aun así, el aprendizaje acumulado no se ha sistematizado en documentos disponibles para otros; es un saber inmerso en la cultura de la organización.

En estos casos, el aprendizaje sobre los procesos permite bajar los costos de transacción de establecer alianzas. Hay un círculo virtuoso: los socios de una alianza generan valor, aprenden sobre su interacción y repiten el proceso a menores costos. Esto último permite un mayor margen entre los costos y beneficios, y hace más atractivo reproducir el proceso. El grado de formalización, por otro lado, facilita una más amplia apropiación del aprendizaje organizacional sobre el trabajo en alianzas.

Recibir ofertas

Una última razón para ampliar el portafolio de alianzas de una organización es, simplemente, recibir propuestas de otras organizaciones que quieren trabajar con ella. Cuando el MD empezó a nombrar al patrocinador de su programa de televisión en 1955, muchas empresas se interesaron en este tipo de relación. El primer patrocinador fue la Beneficencia de Cundinamarca y, nueve meses después, Azúcar Manuelita ofreció cubrir los costos de producción del programa y donar sacos de azúcar para repartir entre las familias necesitadas. Al ver la imagen que Manuelita adquiría por ser mencionada en ese espacio diario en la televisión, un sinnúmero de empresas ofreció aportar, en dinero y en especie, a cambio de la imagen derivada del anuncio. Aunque algunas empresas querían seguir aportando al MD y ser reconocidas en su espacio televisivo, en 1990 la Comisión Nacional de Televisión prohibió los anuncios publicitarios en programas institucionales y sólo se mantuvo la mención a Manuelita, por la negociación que el mismo padre Diego Jaramillo, presidente de la Organización MD, hizo con la Comisión.

Las propuestas de trabajo en alianza también pueden provenir del sector público. En las cuatro experiencias estudiadas, los resultados obtenidos han llamado la atención de los funcionarios públicos. Las propuestas a los empresarios y a los directivos de las organizaciones de la sociedad civil han sido variadas, desde invitaciones a realizar proyectos conjuntos hasta convocatorias para crear corporaciones mixtas. Por ejemplo, tres años después de haber comenzado el Programa Líderes Siglo

XXI, la Secretaría de Educación del Distrito retó a los empresarios a implementar el programa en los colegios públicos. En palabras de Adriana Hoyos, gerente de Recursos Humanos de Meals,

> desde el Foro de Presidentes, ya había un grupo de empresarios trabajando con la Secretaría de Educación del Distrito. Allí nos empezaron a decir: "El modelo suena interesante. Ustedes están haciendo una cosa muy interesante, pero con colegios privados de muy alto nivel en la ciudad de Bogotá. ¿Por qué no se imaginan la aplicación de ese modelo al sector público?". Entonces constituimos un segundo grupo, sólo con colegios públicos de la localidad de Ciudad Bolívar, un grupo pequeño, y así empezamos el modelo.

Ante la escasez de empresas que sirvieran como pares de los colegios en una relación uno a uno, Meals decidió hacer pareja con grupos de colegios. Con la constitución de nuevos grupos, Meals pasó de tener una alianza a coordinar más de veinte.

Complejidad de las alianzas múltiples

En el contexto de una alianza múltiple existen variables e interacciones adicionales, que no están presentes en una alianza bilateral; ante esta complejidad, para las organizaciones socias hay dos caminos posibles: la atenuación de la diversidad del ambiente o el aumento de la propia diversidad[6]. Dado que en una alianza hay factores sobre los cuales, en principio, una organización no tiene injerencia (aquellos propios del funcionamiento, estructura, procesos o cultura de las otras organizaciones que forman parte de la colaboración), es más factible pensar que el mecanismo adecuado para controlar la complejidad sea el de la ampliación de la propia diversidad. Enfrentarse al manejo de una alianza múltiple demanda, entonces, una ampliación de la diversidad organizacional, entendida como el aumento en la capacidad de la organización para responder a los múltiples estados que puede adoptar el ambiente del cual forma parte. En pocas palabras, la ampliación de la diversidad es un mecanismo para acomodar la capacidad de gestión de la organización a las demandas de la alianza múltiple. Algunas de las características de las alianzas múltiples están descritas a continuación. Nuestra hipótesis es que los diferentes mecanismos que las organizaciones usan para responder a esas características, contribuyen a que aumente la capacidad organizacional para controlar los múltiples estados que adoptan las alianzas. De ahí su importancia.

Contactos iniciales

El papel crítico que desempeñan los contactos iniciales en las alianzas bilaterales se conserva con ciertas variaciones en el caso de las alianzas multilaterales. Dos factores condicionan estas variaciones: la estructura del portafolio de alianzas y cómo usa la organización el aprendizaje obtenido de las alianzas anteriores.

Dos de las tres *estructuras* posibles para las alianzas multilaterales, hacen más crítica la participación de la alta dirección durante los contactos iniciales. Sólo la primera estructura descrita, aquella en la cual un proyecto único es reproducido con diferentes organizaciones, no requiere la intervención continua de los máximos responsables de la organización coordinadora. Esta presencia puede ser suplida por los resultados ya alcanzados y por la sistematización de algunos procesos. El crecimiento del portafolio de alianzas de Meals de Colombia, basado en la sistematización de un proyecto repetido varias veces, se caracteriza por una gran claridad en lo propuesto a cualquier nuevo socio y en el tipo de socio al cual se quiere involucrar. Esto último permite la búsqueda sistemática en bases de datos y la realización de convocatorias para identificar un buen número de socios potenciales. Los contactos iniciales son distantes pero, una vez escogidos los nuevos socios, la relación cuenta con los beneficios del contacto regular y directo entre las organizaciones. El contacto sirve tanto para fortalecer las relaciones, como para identificar aquellas que no aportan lo que se espera de ellas. Según Sandra Velasco,

> a muchas instituciones con las que empezamos las sacamos del proceso, porque sus expectativas eran muy distintas: (querían) tener una empresa para que les diera trabajo a los estudiantes de último grado o un lugar donde ellos pudieran hacer sus prácticas; otras instituciones querían que les dieran plata para mejorar sus condiciones. Cuando existen ese tipo de expectativas, desde el primer momento trabajamos mucho en clarificar que no es así, pero si la institución insiste en esa actitud, entonces, dejamos de trabajar (…) Se evalúa mucho, en todos los grupos, el nivel de asistencia a las reuniones y de respuesta a los compromisos que se adquieren. Hago mucho seguimiento a eso: a la institución que no ha vuelto a las reuniones se la llama y se le pregunta qué pasó, y también se vuelven a renovar los compromisos.

Adicionalmente para los colegios, la trayectoria de Meals en el programa y los resultados que muestran otros colegios involucrados son un sello de garantía. La empresa invierte pocos recursos para ubicar nuevos colegios; pues las experiencias de colegios pares son evidencia suficiente para que otros se interesen en solicitar su ingreso en el programa. La sistematización del proceso ha permitido sortear algunas de las dificultades identificadas, como las diferencias en las culturas organizacionales, la ausencia de un lenguaje común, los estereotipos, y las diferentes lógicas y ritmos de operación.

El aprendizaje de alianzas pasadas es el segundo factor que condiciona las características de los contactos iniciales en las alianzas múltiples. A pesar de no contar con mecanismos formales para registrar el aprendizaje de otras alianzas, los casos de Indupalma y MD muestran cómo las relaciones previas alteran los contactos iniciales de las nuevas relaciones. En ambas, los resultados obtenidos con alianzas anteriores, la notoriedad y algún conocimiento de las implicaciones de un proceso de alianza representan ventajas en el momento de encontrar nuevos socios. Sin embargo, hay una diferencia en el modo de aproximarse: mientras Indupalma usa lo que denominamos oportunismo estratégico, los pasos iniciales del MD surgen del contacto directo con las personas necesitadas, que se convertirán en los principales beneficiarios de la futura alianza.

Por un lado, si el proyecto es nuevo, existe la necesidad de tener un contacto directo inicial con sus beneficiarios finales. Esto lo han entendido algunos directivos del MD, quienes perciben la obligación de construir confianza para hacer una alianza y de estar presentes de manera permanente en el lugar del problema para consolidarla; confianza y presencia convierten a algunos en "evangelizadores" del trabajo conjunto. Sus alianzas responden a una necesidad sentida por alguna población, y están caracterizadas por relaciones cercanas y frecuentes entre aquéllos que pueden tener algún interés en la solución del problema en cuestión. Para consolidar la alianza "Cosiendo futuro", por ejemplo, el rector de la Universidad MD permaneció un tiempo en la zona cafetera, definió en qué área se presentaba la mayor oportunidad de realizar un aporte para aliviar el drama del terremoto de 1999, identificó a los grupos interesados en el problema del desempleo y los contactó directamente. Camilo Bernal, rector de la Universidad Minuto de Dios, recuerda:

> Cuando ocurrió lo de Armenia (...) inventé unas misiones de educación, de energía, de comunicación y también fui en persona. Terminamos en el tema del empleo porque no había una respuesta satisfactoria. Hicimos una reunión en donde estaban presentes los representantes del Fondo para la Reconstrucción del Eje Cafetero FOREC, una empresa de confecciones en Pereira, el ministro de Trabajo y las Cámaras de Comercio, y empezamos a pensar un proyecto para la generación de empleo. Buscamos los recursos del FOREC y firmamos un pacto en julio del año 1999.

Por otro lado, incorporar nuevas organizaciones a un proyecto en curso es una decisión estratégica y de la alta dirección. En el caso de

Indupalma, la gerencia tiene plena conciencia de las dificultades para llevar a cabo, de manera independiente, su modelo de desarrollo en San Alberto. Entonces, cada vez que se presenta una oportunidad para trabajar con otros por el modelo, la gerencia de la empresa no duda en aprovecharla. Estos contactos se facilitan, pues la notoriedad que ha adquirido el caso Indupalma hace que la empresa sea un contacto interesante para muchos.

Alineamiento

En un portafolio de alianzas, dos factores estratégicos para tener en cuenta son: la combinación de distintos tipos de alianza y el tamaño del portafolio[7]. Según Austin, el *foco* y el *balance* priman en el momento de decidir la combinación en un portafolio de colaboración. El *foco* hace que la elección de las colaboraciones esté más acorde con los intereses y las competencias centrales de la organización. El *balance* sugiere la combinación de distintos tipos de alianza (filantrópica, transaccional o integrativa), dada su importancia y su contribución a la misión y valores organizacionales.

Con referencia al foco, a mayor alineamiento entre el objetivo de la alianza y la misión de la organización, más importante y valiosa es la colaboración. Otro aspecto que se debe considerar es el alineamiento entre las misiones de las organizaciones involucradas.

Cuando en una alianza bilateral las misiones de las organizaciones aliadas son compatibles, la alianza puede generar valor para ambas en un nivel similar. Sin embargo, en una situación de múltiples alianzas, puede presentarse un problema. Al buscar la organización coordinadora aliarse con varias organizaciones con misiones compatibles a la suya, las últimas tenderán a ser competencia. Una forma de sortear esta dificultad es que el interés general supere el interés particular. Un ejemplo de esta situación se da en el CGH. El Centro tiene alianzas con varias organizaciones del sector salud, entre ellas algunas empresas privadas. La misión del Centro de "promover y liderar la transformación de la gestión en salud para contribuir al desarrollo integral del sector" sólo contribuye con los negocios particulares de las empresas en la medida en que los beneficios sean colectivos. A ninguna empresa le es permitido, por los demás miembros, buscar beneficios privados por su relación con el CGH. A lo largo de los años, según Patricia Gómez, dos razones han sido fundamentales para mantener una alta motivación para participar en este espacio: las personas allí "se sienten parte de un proyecto nacional" y el CGH les aporta "un espacio de interacción, donde pueden dialogar proveedores, aseguradores, clientes y universidades". Luego agrega:

Recuerdo una vez que un miembro del Consejo trató de influir en una decisión en su beneficio y le cayó encima el mundo entero a decirle, rápidamente, que esto no era para eso. Si la pregunta es si ellos pueden influir en cosas en beneficio propio, yo diría que no. Sin embargo, hay otros beneficios generales: se benefician en imagen, de alguna manera en cada foro, en cada cosa de esas grandotas que usted hace en todo el sector. Ahí aparece el Consejo Directivo, y eso es importante para los miembros, que son las entidades que apoyan, a las que les interesa el tema de la calidad y el beneficio del sector. Eso sí los beneficia.

Una manera de enfrentar la búsqueda de beneficios privados es, en todos los casos, apostarle a encontrar una motivación superior que aglutine a los actores por encima de los intereses particulares[8]. Para las empresas competidoras en el caso del Centro de Gestión Hospitalaria, el interés de trabajar juntas para beneficiar al sector salud en general se sobrepone al afán de lucro particular; en el largo plazo, las empresas pueden beneficiarse de un sector fortalecido. En el capítulo segundo ya se introdujo el concepto de "coo-petencia", una dinámica que combina, simultáneamente, dimensiones de cooperación y competencia[9]. El Centro de Gestión Hospitalaria ilustra la acumulación de los beneficios de la filantropía estratégica de las empresas, lo que Porter y Kramer refieren como un logro colectivo en el contexto de la industria[10].

Debido a los limitantes al alineamiento, las organizaciones con un portafolio de alianzas buscan complementar distintos tipos de éstas. Es ahí donde interviene el balance, en la combinación del portafolio. No todas las alianzas tienen que ser integrativas; entre otras razones, porque el nivel de compromiso requerido merma los recursos de la organización. Sí pueden complementarse con alianzas de nivel transaccional y filantrópico. Un ejemplo de balance se da en las relaciones del portafolio del Minuto de Dios. Si bien el objetivo de cada alianza de esta organización es diferente, todas encuentran una forma de conjugar los intereses del MD con los de la organización aliada. En casos como el de Manuelita, no sólo hay acuerdo en el objetivo de la alianza, sino también en los valores de las dos organizaciones. Los tres tipos de colaboraciones (filantrópica, transaccional e integrativa) están presentes en el conjunto de relaciones establecidas por el Minuto de Dios a lo largo de los años: las colaboraciones filantrópicas con los individuos, las colaboraciones transaccionales con la mayoría de las empresas de negocios y las colaboraciones integrativas, en algunos momentos del tiempo, con Manuelita. Además, la caracterización de las relaciones no es estática; por ejemplo, a lo largo de 48 años de relación entre el Minuto de Dios y Manuelita, hubo períodos en los que ésta podría denominarse como una alianza filantrópica; mientras que en otros, alcanza las características de una alianza integrativa.

Además de ser complementarias unas con otras, las alianzas múltiples pueden facilitar el proceso de alineamiento por el grado de formalización que adquieren con el tiempo. Por ejemplo, cuando una organización tiene claridad sobre qué tipo de socios busca en los contactos iniciales, aumenta la probabilidad de alineamiento. Meals exige a los colegios interesados en vincularse al programa tener como valor la educación de calidad; ya dentro del programa existe la posibilidad de que el colegio tenga o adopte una estrategia con un alto nivel de alineamiento. También el MD busca como aliados empresas para las cuales la responsabilidad social sea una de sus prioridades, empresas en las cuales existe una compenetración real entre la misión, la estrategia y los valores corporativos y su desempeño cotidiano. La claridad y formalización del proceso de selección de nuevos socios están asociadas con el posterior alineamiento de la alianza.

Generación de valor

El valor generado y su magnitud, junto con la notoriedad y la posibilidad de influir en la política pública, son atractivos muy importantes para los socios en las alianzas múltiples. El efecto de las alianzas multilaterales puede apreciarse en tres niveles, y es posible encontrar un impacto más amplio en comparación con el de las alianzas bilaterales.

Efectos de las alianzas múltiples

El más claro es el efecto para las *alianzas* en sí, y es evidente en la experiencia acumulada durante el proceso de consolidación de colaboraciones con múltiples agentes. Esa experiencia se manifiesta de diversas maneras: se adquiere un conocimiento más profundo del sector en el que actúa la alianza, se incrementa la capacidad de acceso a recursos de diversa índole y se fortalece la capacidad de establecer nuevas alianzas. Un ejemplo de mayor conocimiento del sector es el caso de Meals. Según Adriana Hoyos,

> con la ampliación del programa a los colegios públicos, había que hacer ajustes al modelo en varios sentidos. Teníamos que entender más de la ley de educación, porque hay unos lineamientos muy claros sobre la forma de administrar los colegios públicos; los recursos son distintos y muchas de las cosas que predicábamos con el grupo número uno y de las que hablábamos muy libremente, ya no se aplicaban. Por ejemplo, yo siempre fui una persona vinculada a los Recursos Humanos y a la

selección de personal, y hablaba de la importancia de la selección de docentes como un punto crítico de la educación. Sin embargo, me encontré con que allá no era así.

El efecto general de la experiencia acumulada es el de una espiral de retroalimentación positiva: en cada ciclo se obtienen resultados, que no serían posibles sin el aprendizaje del ciclo anterior.

El segundo efecto de las alianzas múltiples es para los *socios*. En las alianzas múltiples, la generación de valor está limitada para los diferentes socios de la organización coordinadora, porque tener muchas alianzas atenta contra la capacidad de esta organización de atender los distintos intereses de cada uno de los socios. En el caso del MD, por ejemplo, al mencionar en los medios de comunicación a más de un patrocinador, la fuerza y la imagen que éste ganaría se disipa entre muchos otros nombres. Sin embargo, hay un efecto que puede resultar interesante para los socios: el logro de la complementariedad. Meals ofrece a los colegios posibilidades de diálogo entre colegas, que sin el programa no se habrían dado y que ellos perciben como un resultado muy valioso. También sucede con el CGH: las empresas del sector salud consideran invaluable poder conocer e interactuar con los demás miembros de las cadenas de valor en la cual están inmersos (hospitales, laboratorios, empresas de comercialización de equipos médicos, etc.). Según Orlando Sánchez, presidente de General Médica, "lo que queríamos era conocer, entender mejor el sector, entender mejor la salud. A mí no me interesaba ni pensábamos que venderíamos más; lo que nos interesa es aprender y hemos aprendido mucho de esa organización, porque lo hacen muy bien". Agrega, además:

> Transmito muchas de las cosas que aprendo. Hemos aprendido la excelencia de cómo debemos invertir o no nuestros recursos escasos en entidades de primer orden. Hemos empezado a entender las dificultades por las que atraviesan las entidades de salud y la lucha permanente que tiene el director para conseguir recursos y sacar adelante su entidad; los conflictos que actualmente se presentan con los médicos; la importancia, por ejemplo, que nunca imaginé, de las enfermeras de turno. (En el Consejo Directivo) había tanta gente que conocía el sector, que era como participar, de forma gratuita, en conferencias o en un postgrado de Administración Hospitalaria.

El tercer efecto de las alianzas múltiples es para los *beneficiarios*. Los beneficiarios directos, aquellos a quienes están dirigidos los proyectos emprendidos por la colaboración, son los evaluadores más importantes de cualquier alianza. El siguiente testimonio ilustra cómo es posible afectar la vida de los beneficiarios:

Indupalma entendía el diálogo en su comunidad, en su colegio y en la propia empresa... Allá hay una cosa muy interesante, que yo nunca había visto en una empresa privada, y es ese interés por mejorar gracias a la educación; ellos creen que la educación es la que mejora la calidad de vida de las personas que trabajan con ellos.

Aun cuando la investigación desarrollada se concentró en la observación de los procesos en la conformación de alianzas y no en su impacto sobre las condiciones de vida del beneficiario final, es posible plantear algunas preguntas. De manera análoga a las limitaciones en la generación de valor para los socios, es posible cuestionar el valor generado para los beneficiarios finales, de un proceso de alianzas múltiples. Si bien la ampliación de la cobertura puede darse gracias a las múltiples alianzas, la cobertura y calidad de la intervención pueden no tener el equilibrio adecuado. En el caso de Meals, por ejemplo, una empresa asociada con más de 20 colegios es una muestra contundente de cobertura; no obstante, el impacto sobre las instituciones educativas puede no ser el mismo cuando hay tantos socios con quienes trabajar. ¿Se está sacrificando profundidad por cobertura? ¿Cuál es el efecto de esta decisión sobre los beneficiarios finales: los estudiantes de los colegios?

Como en la generación de valor que ocurre en las alianzas bilaterales, el nivel de alineamiento estratégico es uno de los factores más importantes en la magnitud de valor generado en las alianzas multilaterales. Igualmente importante, en ambos tipos de alianzas, son el equilibrio en el valor generado para cada uno de los socios y las formas en que hay una renovación del valor generado en un momento del tiempo. En el primer caso, el equilibrio se vuelve de particular importancia en el segundo tipo de estructura que adoptan las múltiples alianzas: muchas organizaciones alrededor de un proyecto. Si se descuida mantener el equilibrio en la generación de valor para todas las organizaciones participantes, se puede generar un desequilibrio que lleve la colaboración al fracaso. Con referencia a la renovación de valor, lo particular de las alianzas múltiples es la posibilidad de que una fuente de valor no se agote con la misma rapidez que en las alianzas bilaterales. Por ejemplo, en el caso del CGH, el conocimiento de modelos de gestión y su aplicación en un hospital es una fuente de valor para este último. Una vez que este hospital ha agotado esta fuente de valor, el Centro puede utilizarla con alguno de los otros socios que aún no la haya aprovechado. Más allá de estas características comunes con las relaciones bilaterales, las alianzas múltiples tienen formas particulares de generación de valor, como una mayor notoriedad o mayores posibilidades de influir en las políticas públicas.

Notoriedad

Las alianzas múltiples cuentan con redes de influencia más extensas que las de las alianzas bilaterales, con lo cual aumenta su probabilidad de ser notorias. Si bien hay casos excepcionales como el del MD, cuya notoriedad es consecuencia de una estrategia de comunicaciones en medios masivos que funciona prácticamente desde el origen de la organización, esta notoriedad se ha reforzado con los años, a través de su participación en múltiples alianzas. Participar en las redes de comunicación de sus socios, aparecer en sus mensajes institucionales o formar parte de sus balances sociales, por ejemplo, aumenta la notoriedad del MD. En un editorial de la Revista *Asocolflores*, la descripción del programa "Asocolflor-es hogar" destaca "la experiencia de organizaciones no gubernamentales como la Corporación El Minuto de Dios, con quien venimos trabajando desde el inicio de este programa y cuya propuesta de 'Construcción de Comunidades' coincide con el enfoque de nuestro sector, en donde el énfasis está en el desarrollo humano y bienestar social centrado en la familia y la comunidad, como objetivo principal de los programas de vivienda"[11].

Otra forma de adquirir mayor notoriedad a través de las multialianzas, ocurre cuando el Estado llama a las organizaciones involucradas en la alianza a participar en la formulación de sus políticas como asesoras o las convoca a sus licitaciones. La participación en la formulación de políticas públicas amplía el alcance y notoriedad de las experiencias de estas organizaciones, del nivel local al nivel nacional. Dos ejemplos ilustran esto: el CGH ganó la licitación para diseñar el sistema de garantía de calidad, que luego adoptó y reglamentó el Ministerio de Salud. Según la directora del Centro,

> si no ganábamos el concurso, podía pasar una de dos cosas: se lo ganaba alguien que lo hacía mal, en cuyo caso estábamos en problemas porque esos serían los sistemas de evaluación de calidad que se impondrían acá y a la gente la medirían con un metro malo; o se lo ganaba alguien que lo hacía bien, con lo que también estaríamos en problemas porque si alguien hace eso muy bien, asumen el papel de líder de calidad en el país y usted más bien cambie su misión, porque ésta dice que usted es eso.

Por su parte, los ejecutivos de Meals son llamados con frecuencia a participar como jurados en el premio "Galardón a la Excelencia Educativa", un reconocimiento que el gobierno local creó para las instituciones de educación destacadas, y la relación de su presidente con la Secretaría de Educación del Distrito se transformó en una asesoría al Ministerio de Educación Nacional.

Otro mecanismo donde se gana notoriedad es en los congresos. El Programa Líderes organizó, a fines de 2002, su segundo congreso nacional para la discusión de experiencias de transformación escolar, con cerca de 300 asistentes. Sobre los foros organizados por el CGH, en los que participa General Médica, su presidente afirma:

A nuestro *stand* se acercan los directores, los administradores, los jefes de diferentes servicios. Ahí empezamos a hacerles entender muchas de estas cosas de la tecnología y a conocer qué es lo que se está haciendo, qué es lo que están pensando los hospitales, cuándo van a hacer sus compras, qué recursos tienen disponibles, qué quieren hacer, cómo están creciendo. Tenemos unas ansias grandes de aprender, de estar en el medio, de que nos conozcan, de que nos vean.

Congresos con varios cientos de participantes en los sectores de educación y salud, sólo son posibles gracias a la cantidad de alianzas de cada organización y a su imagen en el sector, que le garantizan una adecuada capacidad de convocatoria. Otro círculo virtuoso surge así: los congresos dan mayor notoriedad, más gente reconoce a la organización que convoca y su asistencia contribuye al éxito del congreso que, a su vez, le da mayor notoriedad a los organizadores.

Política pública

Otra forma de generación de valor identificada en las alianzas múltiples, es la intervención de sus líderes en el diseño y transformación de las entidades estatales y la política pública. La magnitud de las alianzas contribuye a que los funcionarios del Estado observen con interés estos procesos. Lograr resultados positivos en diez colegios privados le abrió la puerta al Programa Líderes para trabajar con los colegios públicos; volver sujetos de crédito a una población tradicionalmente excluida lleva al MD a las discusiones sobre políticas de vivienda de interés social; trabajar con hospitales de distinto nivel es un aval clave en las licitaciones convocadas por el Ministerio para desarrollar el sistema de salud colombiano; o transformar la vida de un municipio a partir de las políticas corporativas le da espacio a Indupalma en las discusiones nacionales sobre desarrollo rural.

Varias prácticas usuales en el sector privado han sido adoptadas por el sector público para transformarlo. Alberto Espinosa, Francisco Manrique y Carlos Alberto Leyva, participantes del Programa Líderes, han promovido –en calidad de asesores de la Secretaría de Educación– el uso de indicadores de gestión en los procesos de esta entidad. Al respecto, Francisco Manrique explica lo siguiente:

Desde el año 1994, yo les propuse a todos los presidentes que hiciéramos una junta de apoyo a entidades públicas y empezamos con la gestión distrital. Comenzamos a acompañar a la Secretaría de Educación en un proceso que fue fascinante, porque al mismo José Luis Villaveces, secretario de Educación, y a su grupo directivo les costó mucho trabajo que nosotros les tratáramos de vender una cantidad de conceptos sobre el tema de gestión para la Secretaría. Empezamos con lo más elemental: la medición. Eso se les ocurrió a ellos. Iniciamos la búsqueda de indicadores de medición, indicadores de gestión. Comenzaron a tratar de reunir información; al principio eso era un desastre y ya les daba vergüenza cada vez que llegábamos nosotros a este tema.

Otro nivel de influencia en la vida pública se da cuando estas organizaciones muestran al Estado una forma diferente de hacer política. Ellas parten de las necesidades concretas de la población y de soluciones que son efectivas en lo local, en el nivel micro, para proponer luego soluciones en el nivel macro. Un camino muy distinto del de diseñar unas políticas y programas desde el nivel central, en una oficina, para esperar la transformación de las realidades locales a la vuelta de unos años.

La Secretaría de Educación de Bogotá, con el conocimiento de la experiencia de Líderes Siglo XXI, ha diseñado un sistema de colegios en concesión, en el cual colegios privados ayudan con la administración de colegios públicos. Con los mismos recursos esta administración privada deberá obtener mejores resultados. El CGH, por su lado, creó un premio nacional que, en 2002, fue adaptado por la Secretaría de Salud de Bogotá para impulsar los más altos estándares de servicio en los hospitales regionales. La Secretaría encontró en el premio un mecanismo interesante para cambiar sus exigencias por unos incentivos, "menos garrote y más zanahoria". En palabras de Patricia Gómez,

> las Secretarías de Salud están empezando a instaurar premios; han cogido nuestro premio para armar todo el plan de mejoramiento de sus instituciones: todas evalúan sus operaciones, diseñan sus planes y ejecutan sus mejoras, con la certeza de que su Secretaría lo apoyará de alguna manera. Eso ha pasado con Quindío y con Huila. Bogotá creó un premio específico, modificó nuestro premio para empezar a poner incentivos; más de lo que siempre hacen las Secretarías, que es empujar desde atrás.

Institucionalización

La complejidad de manejar múltiples alianzas lleva a que en cada organización haya formas concretas de institucionalización de estas colaboraciones. En las dos empresas coordinadoras estudiadas, Indupalma y Meals de Colombia, se creó un área especial para manejar el portafolio de alianzas. Por su parte, en las dos organizaciones sin fines de lucro, Minuto de Dios y el CGH, la gestión de sus directivos tenía incorporadas prácticas de colaboración, y es posible observar las alianzas como parte de su cultura organizacional.

Indupalma tiene una oficina de relaciones con la comunidad, así como con una asesora que dedica parte de su tiempo a buscar formas de consolidar alianzas, para dar vida a los cuatro ejes estratégicos de la compañía hacia la comunidad. Además, su gerente general dedica buena parte de su tiempo a estas actividades, así como a la interacción con organizaciones estatales y ONG. La recuperación, a partir de 1995, de una crisis general que vivió la empresa ha estado asociada a la conformación de lo que ellos denominan una "comunidad empresarial", que incluye no sólo a "los trabajadores y sus familias, como normalmente se podría entender, sino también a toda la comunidad que gira en torno a la empresa y que puede involucrarse en el negocio". Para Claudia Calero, asesora de Indupalma,

> no estamos haciendo una responsabilidad social, como normalmente se entiende, de mirar algunas necesidades puntuales y aplicar allí una serie de programas, sino que, más bien, estamos tratando de movilizar toda una cadena productiva y crear una comunidad empresarial, para que movilizando todo eso –esas oportunidades de ingresos y todo el tema del capital– también se pueda apalancar el desarrollo social.

En Meals de Colombia, Líderes Siglo XXI es una unidad del Departamento de Recursos Humanos, con dos personas que trabajan tiempo completo en el proyecto. La gerente de Recursos Humanos cuenta, entre sus indicadores de evaluación de desempeño, con una medición de su aporte a la comunidad a través del programa. El gerente general conoce el programa y tiene tiempo en su agenda para eventos como el congreso anual organizado por el programa. A su vez, Alberto Espinosa, presidente de la organización, dedica buena parte de su tiempo a las actividades relacionadas con Líderes y con el tema educativo. Para Adriana Hoyos,

> dentro de la guía de cargo de la Gerencia de Recursos Humanos, siempre estaba el tema de la comunidad, pero se hacían cosas aisladas. Cuando ya ingresamos en el proyecto Líderes, obviamente se revisó la guía de cargo y ahora cuento con un indicador clave de resultado, denominado "aporte a la comunidad". Obviamente, cuando uno le trata de poner a eso porcentajes no es tan fácil, porque le dedico más tiempo a Líderes de lo que realmente representa en la estructura de mi trabajo, pero no es una cosa que me preocupe.

Mientras tanto, en el MD y en el CGH, las alianzas son una parte fundamental de su operación, y a ellas son asignadas las personas y los recursos técnicos necesarios para su funcionamiento. Refiriéndose al padre García Herreros, fundador del Minuto de Dios, afirma Camilo Bernal:

> Él se relacionó con el sector público y con el sector privado. Luego, como persona, creó una entidad (...) y lo que fue una persona se volvió una comunidad y después unas instituciones, que hoy día son ocho, con unos fines sociales específicos. Se pasó de lo personal y comunitario a lo institucional.

En resumen, cuando una organización maneja un amplio portafolio de alianzas, la institucionalización es importante, tanto en el nivel de personas como en el nivel de procesos. Los altos grados de institucionalización que, en general, tienen las alianzas múltiples facilitan la comunicación, la confianza y el liderazgo. A continuación, se describen estos elementos.

Comunicación

Entre las características de la comunicación identificadas en los dos primeros tipos de alianza, un proyecto repetido varias veces y un proyecto con muchas organizaciones, se encuentran las interacciones frecuentes, los espacios acordados de reunión que son vitales para el funcionamiento del proyecto específico, los reportes y mecanismos concretos de transmisión de información, y la rendición de cuentas. Una buena comunicación es muy importante en este tipo de colaboraciones, dado que las alianzas están atadas a la vida del proyecto; si éste no funciona, la alianza también se ve comprometida.

El papel fundamental que desempeña la comunicación frecuente, parece pasar a un segundo plano en las relaciones del tercer tipo (i.e. alianzas que pueden mantenerse independientes de los proyectos). El MD no se comunica todos los días con Manuelita; por el contrario, allí se maneja con mucha prudencia la interacción con la empresa y se cuidan de no saturar a Manuelita con mensajes. Los contactos se dan más bien a través de su participación en la Junta Directiva del MD y en otros eventos significativos: Manuelita asiste sin falta a los Banquetes del Millón organizados por el MD, y el MD es invitado especial en las ceremonias de reconocimiento al ingenio azucarero.

Existen mecanismos formales –como revistas, cartillas, informes y documentos como el balance social– que divulgan las alianzas, tanto al interior como al exterior de las organizaciones. Estos mecanismos son complementados con amplias campañas de divulgación. Indupalma tiene toda una estrategia de comunicaciones, que ha convertido su experiencia en objeto de estudio e interés para diferentes clases de público. Según Rubén Darío Lizarralde, gerente general de la empresa,

> hemos tenido, para todo este proceso, el apoyo de una agencia de imagen y comunicación, con la que hemos trabajado desde el año 1992. Esto nos ha permitido comunicar a nuestros interlocutores de una manera clara y entendible. Con esta agencia de imagen y comunicación hicimos varias encuestas, auscultando el pensamiento de la gente, de los trabajadores, de las señoras, de los comerciantes de San Alberto. Se recogieron las distintas expresiones de lo que la sociedad pensaba. Esta información nos permitió generar unos comunicados, a través de los cuales devolvíamos la información a la región. Los comunicados consistían en afiches grandes, con letra muy visible, que repartíamos y pegábamos en todas partes: los árboles, las puertas, la plaza. Así, tratamos de establecer un mecanismo de comunicación entre la comunidad en general y nosotros, para que se rompiera esa barrera que deformaba completamente la comunicación que había de aquí para allá y de allá para acá. Ese fue un proceso sumamente importante.

Por su parte, el CGH tiene una revista trimestral desde 1997, con cerca de 1.300 suscripciones, y un foro internacional, desde 1993, en el cual participan unos 600 asistentes provenientes de unas 130 instituciones. Por último, si algo caracteriza al Minuto de Dios, es la divulgación de los resultados de sus proyectos en la radio y televisión nacionales; su minuto diario en la televisión, emitido desde 1955, es el programa más antiguo de la televisión colombiana; en el año 2003 era transmitido por siete canales.

Confianza

De manera análoga a las alianzas bilaterales, los resultados concretos y el cumplimiento de los compromisos adquiridos facilitan la construcción de confianza en las alianzas multilaterales. Sin embargo, en estas últimas existe un desafío adicional, relacionado con la capacidad que tenga la organización para generar confianza en los múltiples socios. La imagen ayuda; según el padre Camilo Bernal: "Minuto de Dios, hoy día, es una marca que genera confianza en el gobierno, en los empresarios o en el pueblo; por eso puede hacer cosas". Este logro, asociado con la percepción sobre la capacidad de la organización para generar confianza en actores con los cuales no hay diálogo, ha llevado al Estado a solicitarle al MD abrir espacios en las zonas de conflicto y a los empresarios, a pedirle al MD que genere espacios de interacción con las comunidades. Sin embargo, repartir la atención entre muchos puede generar inquietudes entre los socios. Un mecanismo para enfrentar esta dificultad es el acuerdo, en el MD, de centralizar en una cabeza visible las comunicaciones con sus socios. El MD evita que sus miembros interactúen, cada uno por su lado, con otras organizaciones, pues esto podría agotar su disposición para la colaboración.

Más que en las alianzas bilaterales, la generación de confianza en las alianzas multilaterales depende de la presencia de un "animador" y del liderazgo compartido. Un padrino, con su liderazgo y visión, puede aglutinar una relación fuera de lo común, una relación que va más allá de un negocio y donde hay un objetivo común, que supera los intereses personales de los socios. También es clave la disposición a promover un liderazgo colectivo, en donde cada quien lidera los procesos en los que tiene mayores fortalezas.

Liderazgo

Estudiar las características comunes de los líderes resulta importante, si se acoge la idea de que la participación activa de ellos repercute favorablemente en los resultados de las alianzas[12]. Los líderes de las cuatro alianzas investigadas tienen en común características como: su carisma personal y la flexibilidad o capacidad de adaptación a los cambios de su entorno inmediato. Es importante destacar el papel de las personas en la organización que coordina las alianzas múltiples. En ocasiones, allí hay más de un "padrino" de las alianzas, personas que están sumamente comprometidas con la colaboración. Sin embargo, sus características no son exclusivas de los líderes involucrados en las alianzas multilaterales; podrían ser también características del líder de una alianza bilateral.

Para tratar de entender cuáles son los elementos que distinguen el liderazgo en las alianzas múltiples, es necesario darle un enfoque distinto al concepto en sí. Por eso, resulta interesante considerar al liderazgo como un elemento que no tiene una asociación exclusiva con el comportamiento de las personas[13]. Esto es un argumento en favor del carácter contextual del liderazgo y constituye una perspectiva que permite entender, por ejemplo, cómo una colaboración múltiple puede responder a las complejas exigencias de su entorno.

Este enfoque puede ser útil para comprender lo que sucede en las alianzas múltiples, cuando ciertas organizaciones actúan como líderes. La sistematización de sus procesos le permitió al CGH mantener el liderazgo institucional ganado en diez años de historia, luego del remplazo de su única directora hasta entonces. En Meals, aun cuando existen muchos esfuerzos personales, es la empresa la que asume el liderazgo de la alianza y los demás actores vinculados a la colaboración la reconocen como líder. Aunque hasta principios de 2003 no hubo un cambio en la presidencia de la empresa, lo cual permitiría examinar si ese liderazgo estaba más atado a la persona del presidente o a la empresa como tal, factores como la sistematización del aprendizaje de la alianza a través de las cartillas permiten afirmar que si llegase a ocurrir ese cambio, las alianzas multilaterales continuarían bajo el liderazgo de Meals como organización. Elisenda Recassen, rectora del Colegio Marymount, afirma: "Meals de Colombia nos dio una retroalimentación muy importante cuando nosotros finalizamos todo nuestro proceso; presentamos todo nuestro trabajo del DOFA, la planeación estratégica, y nos ayudaron a precisarlo". Para Ana María de Samper, directora del Colegio Santa María, "todos vivimos muertos de la envidia de los colegios que tienen de pareja a Meals. La empresa invierte dinero en el programa, no le interesa lo que éste produce y tiene a dos personas dirigiéndolo".

No hay que menospreciar la importancia de los individuos en épocas de transición: la organización MD pasó por un relevo de líderes tras la muerte del padre García Herreros, en 1992, y cuando el público reclamó una figura en quien depositar su confianza, este papel fue asumido por otro sacerdote, quien logró mantener la imagen, el liderazgo y el reconocimiento institucional conquistados durante 40 años. Sin embargo, es la cultura organizacional del MD en favor de las alianzas, la que desempeña un papel destacado en su manejo. Estos casos parecen mostrar que, en algunos aspectos de las alianzas múltiples, es más importante el liderazgo de una organización que el liderazgo individual.

Coda

Las alianzas multilaterales son el camino que una organización toma cuando aprovecha el aprendizaje alcanzado con una alianza bilateral para aumentar el alcance de sus proyectos. Lo aprendido sobre los procesos de colaboración facilita la decisión de atraer un socio más; lo aprendido sobre generación de valor es un propulsor determinante en esta decisión.

Las alianzas multilaterales y las bilaterales son fenómenos de características diferentes. Al examinar los cuatro casos colombianos de alianzas multilaterales, a la luz de las 24 alianzas bilaterales latinoamericanas, surgen diferencias en las características de sus contactos iniciales, de su grado de alineamiento, de la generación de valor y de la institucionalización.

En las alianzas múltiples estudiadas es tan importante el liderazgo organizacional como el liderazgo individual. Es difícil que estas alianzas logren alinear misión, estrategia y valores; el estadio integrativo posible en una alianza bilateral es casi inalcanzable en una alianza multilateral.

A pesar de esta dificultad, las alianzas múltiples generan mucho valor para quien las coordina, por su notoriedad, y para un número mayor de beneficiarios finales, dada su incidencia sobre la política pública. También es particular la forma de institucionalización en las organizaciones coordinadoras de las alianzas múltiples: en las dos empresas privadas estudiadas, nuevas áreas han sido creadas y en las dos organizaciones sin fines de lucro, las alianzas forman parte de su cultura.

Las alianzas multilaterales cumplen una función importante para las organizaciones que las coordinan. Si la organización es una empresa con fines de lucro, estas alianzas aumentan el aporte que la empresa hace a la sociedad. Si la organización no tiene fines de lucro, estas alianzas le permiten enfrentar –con mayor capacidad– los grandes problemas sociales que están en el centro de su misión. En uno u otro caso, enfrentar los retos de coordinar la colaboración de un mayor número de actores, bien vale la pena.

Notas

1. Huxham 1996: 4-6.

2. Fuente: www.minutodedios.org disponible desde el 28 de febrero de 2003.

3. De acuerdo con los reportes del sector financiero colombiano en 2002, el Banco Davivienda ocupaba el quinto puesto entre las cincuenta entidades financieras más grandes de Colombia (Revista *Semana*: 59).

4. Trist (1983), citado en Huxham y Vangen 2000: 1159.

5. Austin 2000a y 2000b.

6. Los conceptos de *ampliación* y *atenuación*, en su acepción formal, provienen de la ley de la variedad requerida (*Law of requisite variety*) enunciada por W. Ross Ashby en 1956. Estos y otros conceptos de la cibernética son útiles en el estudio de las organizaciones.

7. Austin 2000a: 141.

8. Ernst F. Schumacher (1978) aludía a la capacidad del ser humano de encontrar una instancia superior que disolviera las contradicciones halladas en un nivel inferior, como una de nuestras grandes potencialidades.

9. Brandenburger y Nalebuff 1996.

10. Porter y Kramer 2002.

11. Solano Mejía 2001: 59.

12. Berger (1997), citado en Huxham y Vangen 2000: 1161.

13. *Véase* la obra citada de Huxham y Vangen (2000), para conocer otras aproximaciones e implicaciones de esta visión del liderazgo; en particular, en el contexto de las colaboraciones interorganizacionales entre el sector público y el comunitario.

Bibliografía

Ashby, W. Ross (1956). *An Introduction to Cybernetics*. Londres: Chapman & Hall.

Austin, James E. (2000a). *The Collaboration Challenge: How Nonprofits and Businesses Succeed Through Strategic Alliances*, 1a. edición. San Francisco: Jossey-Bass Publishers. Versión en español: *El desafío de la colaboración: cómo las organizaciones sin fines de lucro y las empresas comerciales alcanzan el éxito mediante alianzas estratégicas*. Buenos Aires, Argentina: Granica, 2003.

_____. (2000b). "Strategic Collaboration between Nonprofits and Business", en *Nonprofit and Voluntary Sector Quarterly*, vol. 29, Supplemental. Newbury Park, CA: Sage Publications, Inc., pp. 69-97.

Brandenburger, Adam y Barry Nalebuff (1996). *Co-opetition*, 1a. edición. Nueva York: Currency/Doubleday.

Huxham, Chris (1996). "Collaboration and collaborative advantage", en Huxham, Chris (editor). *Creating collaborative advantage*. Thousand Oaks, CA: Sage Publications.

_____, y Siv Vangen (2000). "Leadership in the Shaping and Implementation of Collaboration Agendas: How Things Happen in a (Not Quite) Joined-Up World", en *Academy of Management Journal*, vol. 43, N° 6. Nueva York: Academy of Management, pp. 1159-1176.

Porter, Michael E. y Mark R. Kramer (2002). "La ventaja competitiva de la filantropía corporativa", en *Harvard Business Review América Latina*, vol. 80, N° 12. Harvard Business School Press, diciembre, pp. 48-62.

Revista *Semana*, N° 1086. Colombia: Publicaciones Semana S.A., 24 de febrero a 3 de marzo de 2003.

Schumacher, Ernst F. (1978). *A Guide for the Perplexed*. Nueva York: Harper-Collins.

Solano Mejía, Augusto (2001). "Asocolfor-es hogar", en *Asocolflores*, N° 61. Colombia: Asociación Colombiana de Exportadores de Flores, julio-diciembre.

11

México: el sentido de negocio de las alianzas intersectoriales

Gerardo Lozano-Fernández

Introducción

¿Es la empresa privada o las organizaciones de la sociedad civil (OSC) la que logra el mayor beneficio de una alianza intersectorial? La tendencia general es pensar que las OSC son las que mayormente resultan beneficiadas de este tipo de colaboraciones. Sin embargo, tal percepción está alejada de la realidad. Nuestra investigación en México reveló que el valor generado en las alianzas intersectoriales se desarrolla en ambas vías y, en general, de una manera equilibrada.

Este capítulo explora la evidencia del manejo en colaboración de los programas sociales y el valor que las alianzas intersectoriales generan para las empresas. Aunque no se pretende generalizar, debido al reducido número de casos de nuestra muestra, delinearemos conclusiones tentativas que sirvan de guía para futuras investigaciones. En esta oportunidad, abordaremos el tema a través de dos casos de estudio de colaboración entre empresas y OSC en México: Supermercados Internacionales H-E-B y el Banco de Alimentos de Monterrey; y la campaña "Construyamos sus Sueños" de Danone México y la Casa de la Amistad (CdA). Las colaboraciones que se discuten aquí se encuentran en diferentes puntos del *continuo de colaboración*, presentado en el primer capítulo, y se iniciaron por diversos motivos. Sin embargo, las dos han tenido resultados positivos para las empresas, demostrando así un verdadero sentido de negocio de las alianzas intersectoriales.

Después de una breve reseña de la filantropía en México y de una tipología de colaboración, la primera parte del capítulo discute la generación de valor en colaboraciones que nacen con fines básicamente altruistas y los beneficios obtenidos, a medida que se va avanzando en la relación. Posteriormente, se discute la generación de valor en colaboraciones que surgen, predominantemente, con fines comerciales. Finalmente, se establecen las conclusiones y las recomendaciones generales para maximizar la generación de valor en las alianzas intersectoriales.

Evolución de la filantropía en México

A pesar de que la sociedad mexicana tiende a creer que el gobierno y la Iglesia católica son los responsables de resolver los problemas sociales[1], lo cierto es que algunas empresas del sector privado han colaborado en esta tarea desde el inicio de su actividad empresarial. Sin embargo, no fue hasta la década de 1960 que el sector privado tomó una nueva conciencia y empezó a adoptar, con más fuerza, una actitud "socialmente responsable". Desde entonces, cada vez más empresas, de una u otra forma, se han ido involucrando en actividades de responsabilidad social. En una encuesta realizada por la revista mexicana *Expansión*, se encontró que de las 20 empresas más admiradas de México, la mitad tenía programas filantrópicos propios y el resto apoyaba fundaciones, participaba con donaciones o permitía que su personal participara en actividades sociales[2]. En realidad, se puede sostener que esta forma de relación del sector privado con la sociedad civil no sólo es deseable, sino indispensable para las empresas, si se toma en cuenta que más de dos tercios de los consumidores mexicanos cree que el sector lucrativo tiene parte de la responsabilidad en la solución de los problemas sociales y que más de la mitad piensa que es corresponsabilidad de los tres sectores: el gobierno, las OSC y el sector privado[3].

Un gran número de empresas en México destina parte de su presupuesto a actividades filantrópicas. Los resultados de una encuesta exploratoria, realizada por CEMEFI e ITESM, muestran que el 91% de 109 empresas mexicanas encuestadas realizaba algún tipo de actividad filantrópica, aunque las donaciones continúan siendo bajas en comparación con las de Estados Unidos[4].

No obstante, cada vez más los mercados competitivos y las presiones financieras obligan a las empresas a considerar seriamente la posibilidad de reducir o eliminar el presupuesto que destinan a la filantropía. En la búsqueda de alternativas para que esto no suceda, algunas empresas han replanteado la forma en que se relacionan con la sociedad civil. Así observamos que la actividad estrictamente filantrópica, de otorgar un donativo a quien lo solicitaba, que era lo más común hace años, se está dejando de lado para dar paso al nuevo concepto de responsabilidad social, que busca combinar filantropía y estrategia con la esperanza de que los beneficios derivados se reviertan en favor de la empresa. Esto no significa que el altruismo de las empresas o de los empresarios haya dejado de existir. Estamos muy lejos de eso, más adelante veremos ejemplos muy claros de las motivaciones para relacionarse o unirse. En realidad, lo que esto quiere decir es que la operacionalización de la responsabilidad social se combina cada vez más con la estrategia corporativa y la filantropía, con el propósito de lograr ventajas competitivas.

Aunque esto puede ser considerado como una especie de "altruismo egoísta"[5], es un hecho que, en tiempos de dificultad financiera, el uso estratégico de la filantropía impide o, al menos, hace más difícil que las empresas abandonen estas actividades. De esta forma, las organizaciones o causas sociales no se dañan y, eventualmente, las empresas siguen contribuyendo al desarrollo de una sociedad mejor.

Las empresas pueden asumir su responsabilidad social de diferentes maneras; una de ellas es internalizar sus proyectos sociales, lo que requiere que el compromiso de la empresa vaya más allá de una simple donación en dinero o especie para involucrarse en la planeación e implementación de proyectos sociales específicos. Sin embargo, otra alternativa es el trabajo en forma conjunta entre empresas y OSC para diseñar y manejar este tipo de proyectos[6]. En lo que a esto concierne, un estudio exploratorio reciente reveló que el 32% de las empresas mexicanas encuestadas desarrollan sus programas sociales de manera independiente, mientras que el 63% lo hace en colaboración con un conjunto de organizaciones (19% de ellas a través de simples relaciones filantrópicas). A pesar del descubrimiento de que la motivación de las empresas suele estar más relacionada con los factores estratégicos (por ejemplo, beneficios fiscales, requisitos legales, preferencia de los clientes) que con el altruismo, el estudio también mostró que el predominio de una estrategia es incipiente. A saber, solamente el 11% de las empresas con programas sociales cuenta con una estrategia social corporativa[7]. En la misma dirección, un estudio conducido por Zimmat en 1998 demuestra que la profesionalización de la filantropía (o "nueva filantropía") todavía no es una práctica común en México. Esto es, el 55% de las empresas encuestadas sufrió de la falta de un plan para asignar donaciones. No obstante, todas las empresas encuestadas apoyaban el bienestar y desarrollo de actividades no lucrativas, en lugar de manejar sus actividades sociales de manera interna[8].

Diferentes tipos de relaciones de colaboración entre las empresas y las organizaciones de la sociedad civil

Existen muchos tipos de colaboración intersectorial. En un extremo se encuentra la filosofía corporativa, en la que la relación es básicamente de donador-receptor. En el otro extremo se encuentra la forma más compleja de colaboración, la mayoría en el ámbito de las *joint-venture*, donde las dos organizaciones involucradas combinan sus capacidades para crear un programa completamente nuevo[9]. Estos dos extremos corresponden, respectivamente, a la etapa filantrópica y a la etapa integrativa del *continuo de colaboración*, descrito ampliamente en el primer capítulo[10].

Wymer y Samu[11] nos ofrecen la siguiente descripción de las formas de relación entre las empresas y las OSC:

- *Filantropía corporativa.* Donación en efectivo o en especie a la OSC en una forma esporádica. Puede tomar la forma de asignación de fondos a un presupuesto filantrópico.
- *Fundaciones corporativas.* Entidades sin fines de lucro creadas por la empresa para manejar los objetivos filantrópicos.
- *Franquicias.* Acuerdos con las OSC para permitir que las empresas puedan utilizar su nombre o logotipo, a cambio de un pago por derechos de uso.
- *Patrocinios.* Las empresas pagan a las OSC por el uso de su nombre corporativo en la publicidad o en otras formas de comunicación externa, en general, conjuntamente con algún evento o actividad.
- *Promociones basadas en transacciones.* Donación de una cantidad específica, ya sea en dinero o en especie, en proporción directa a las ventas a una (o más) OSC. El *marketing* de causas (CRM, por sus siglas en inglés) es el ejemplo más claro de esta forma de colaboración.
- *Promociones conjuntas.* Promociones en las cuales las OSC y las empresas trabajan en conjunto para apoyar una causa. En lugar de ofrecer una contribución monetaria a la organización, las empresas se involucran directamente en actividades sociales.
- *Operaciones conjuntas.* Acuerdos en los que las OSC y las empresas trabajan en estrecha colaboración para lograr objetivos comunes y desarrollar ventajas competitivas.

Independientemente del tipo de colaboración que exista entre una OSC y una empresa privada (de que los motivos que las lleven a una colaboración sean altruistas o utilitarios, o de que el tipo de relación se encuentre en una etapa filantrópica o integrativa), los beneficios que se generan para las empresas demostrarán que las relaciones intersectoriales son una herramienta corporativa poderosa.

El descubrimiento del valor en una alianza intersectorial

En muchos casos, una colaboración intersectorial surge con fines altruistas y se inicia en la etapa filantrópica. Sin embargo, a medida que pasa el tiempo y avanza hacia una etapa más integrada, en donde se combinan las capacidades de las dos partes para generar nuevas fuentes de valor, la alta gerencia se dará cuenta de que la colaboración en sociedad y las estrategias del negocio pueden unirse para desarrollar ventajas competitivas diferentes. Tal es el caso de HEB, la cadena tejana de supermercados que inició operaciones en la ciudad de Monterrey, México, a inicios de 1997.

HEB y su estrategia social

Cuando la empresa decidió entrar en el mercado mexicano, se comprometió también a mantener la misma estrategia social que tenía en Estados Unidos. HEB es una empresa familiar y el marcado perfil filantrópico de sus dueños, la familia Butt, se ve reflejado en la misión de la empresa: "Mejorar la calidad de vida de los clientes, socios, proveedores y de la comunidad en general"[12]. En México, sus programas sociales se han enfocado en: alimentar al hambriento, mejorar la educación de los jóvenes en las escuelas públicas y apoyar a las organizaciones benéficas que proveen ayuda directa.

HEB había iniciado su labor social en México, años antes de empezar sus operaciones en el país. Esta experiencia, empero, no había sido del todo satisfactoria. A petición de una institución gubernamental, la cadena enviaba alimentos para ser distribuidos entre la población más necesitada. Aunque los alimentos sí llegaron a la población objetivo, la empresa se dio cuenta de que su distribución era utilizada para hacer proselitismo político. Por este motivo, la cadena tenía cierta aversión a realizar sus iniciativas sociales con el gobierno y, en su lugar, tenía una mayor disposición a hacerlo con algunas OSC. Con la finalidad de implementar su estrategia social en México, la cadena decidió establecer un banco de alimentos sin fines de lucro, el *primero* en el país. En ese entonces, HEB ignoraba que en la ciudad ya existía el Banco de Alimentos de Monterrey (BAM).

HEB, cuya razón social en México es Supermercados Internacionales H-E-B, empezó a publicitar su llegada a Monterrey con más de un año de anticipación a la inauguración de su primera tienda en la ciudad. A través de unos anuncios, Blanca Castillo, responsable del BAM, se enteró de la llegada inminente de la cadena a la ciudad y estableció el primer contacto con la empresa para invitarla a que formara parte del grupo de sus donadores. En ese momento, ella no estaba enterada de la relación tan cercana que tenía HEB con los bancos de alimentos de Texas o de sus intenciones, una vez que se estableciera en México, de colaborar con bancos de alimentos locales.

El Banco de Alimentos apoya la estrategia social de HEB

Una práctica común en la industria de los supermercados es la venta de saldos[13] a precios de oferta, en lo que se conoce como mercados de segunda o de tercera clase. Sin embargo, la política de HEB era no lucrar con los saldos sino, siguiendo el mandato de su misión, distribuirlos entre la población más necesitada. Para lograr este propósito la empresa tenía que destinar recursos adicionales para llevar a cabo una actividad que se encontraba fuera de sus competencias centrales. Desde este punto de vista, una institución como el BAM representaba para HEB un socio ideal para realizar esta labor a través de terceros, ya que de esta forma podía implementar la misma estrategia social corporativa que la cadena realizaba en Estados Unidos. La cadena sólo tendría que preocuparse de hacer llegar los alimentos al banco y ellos se encargarían de su distribución entre los necesitados. Aparentemente, esto representaba una forma sencilla de cumplir esa parte de su estrategia social. En este sentido, se podría pensar que la motivación de HEB para formar una alianza fue utilitaria, ya que la cadena *necesitaba* de alguien que se encargara de la distribución de alimentos entre la población más marginada. No obstante, la gran inversión que la cadena realizó para modernizar el BAM y el hecho de que su estrategia social no haya sido manejada como un activo de relaciones públicas ni como herramienta de ventas, demuestra lo contrario.

De hecho, la filantropía como valor personal de los dueños se refleja, prácticamente, en todas las actividades de la empresa. Al respecto, Norma Treviño, gerente de Relaciones Públicas de HEB México, comentó: "No participamos de esto para incrementar nuestras ventas ni para obtener beneficios. El compromiso social de HEB es tal, que el enfoque de contribuir con la sociedad es parte integral de su estrategia operativa en cualquier ciudad donde se establezca una tienda".

El inicio de la relación y su capacidad de generación de valor

Como se mencionó anteriormente, la intención de HEB era repetir en México la estrategia social que llevaba a cabo en Estados Unidos. "The Feast of Sharing" es una de las actividades que la cadena realiza en Texas y la empresa decidió iniciar su labor social en México con un evento similar. El problema fue que la decisión la tomaron en octubre y el evento se realizaría en diciembre, un plazo demasiado corto para organizar una gran celebración, cuyo objetivo era compartir la comida con más de 10.000 personas de muy bajos recursos. Esa primera "Fiesta de Compartir" se llevó a cabo en diciembre de 1996, dos meses antes de que la cadena abriera su primera tienda en el país. Dado que HEB no tenía forma de organizar por sí mismo el evento, acudió al BAM para realizarlo de manera conjunta. Cabe mencionar que desde esa primera "Fiesta de Compartir", ésta se realiza año a año, compartiendo ambos los esfuerzos, y cada vez con más invitados. Además, la experiencia adquirida en Monterrey ha permitido que la empresa repita el evento en otras ciudades en donde la cadena ha abierto sucursales.

Para esa primera actividad, el BAM contribuyó de diversas maneras. No sólo aportó las bases de datos de todos sus beneficiarios para invitarlos, sino que, utilizando su poder de convocatoria, invitó a los miembros de otras OSC para que cooperaran como voluntarios y contribuyeran con este grandioso evento.

Después de esta primera actividad, donde se combinaron las capacidades de las dos instituciones para un propósito común, ambas se dieron cuenta de que la colaboración en forma conjunta constituía un medio potencial para la generación de valor para ellas. Este descubrimiento les permitió desarrollar una serie de iniciativas conjuntas, cuyo resultado fue una colaboración sólidamente integrada.

Al analizar este modelo de alianza, se llega a la conclusión de que la colaboración ayudó significativamente a ambos socios a cumplir con sus respectivas misiones. En un inicio, el BAM puso a disposición de HEB su capacidad de distribución y de organización de actividades masivas, mientras que HEB aportó su experiencia en la operación y manejo de bancos de alimentos en Estados Unidos. Sin embargo, es importante tener en cuenta que ambas partes no sólo estaban dispuestas a contribuir con sus capacidades clave desde el inicio, sino que finalmente se adaptaron y combinaron para generar valor en forma conjunta.

La creación de nuevos bancos de alimentos

Como se mencionó anteriormente, la operación de HEB está íntimamente ligada a los bancos de alimentos. Por esta razón, si en las ciudades en donde inaugura tiendas por primera vez no existe un banco de alimentos, parte de su política consiste en abrir uno. La conformación de nuevos bancos de alimentos, por parte de HEB y el BAM, en cinco ciudades del norte de México, es quizá uno de los éxitos más grandes de la alianza. Establecer el primer banco de alimentos en cualquier ciudad no es tarea fácil. Sin embargo, el BAM facilitó el proceso mediante la documentación del procedimiento para la formación de nuevos bancos de alimentos. Norma se refiere a los esfuerzos de documentación realizados por Blanca[14], como un elemento clave en la creación de nuevos bancos: "Cuando nos enfrentamos con la tarea de abrir tres bancos de alimentos en tres meses –una locura–, Blanca apareció con su manual de 'pasos para abrir un banco de alimentos'… Eso ayudó mucho a que los procesos fluyeran; nunca lo hubiéramos hecho solos".

El BAM aportó los manuales de operación y ambas instituciones dispusieron la convocatoria de personas para que participaran en los consejos directivos de los nuevos bancos de alimentos. También emprendieron en forma conjunta el proceso de acercamiento y de convencimiento de la causa: "Hacer que se enamoren del proyecto, tratando de vender la idea de crear nuevos bancos de alimentos". Como resultado, HEB, con la ayuda del BAM y de su socio Cáritas, logró obtener credibilidad y ampliar sus redes sociales para cumplir con su estrategia social en estas ciudades y se convirtió en un donador comprometido con estos nuevos bancos, apoyándolos con donativos en especie y con el equipamiento necesario para operar.

El apoyo a la operación interna

Los procesos administrativos de ambas organizaciones se beneficiaron en eficiencia y eficacia gracias a la colaboración; las dinámicas de compartir y adaptar los diversos manuales de operación (el manual interno del almacén, reglamentos, manuales de los perfiles de puestos, etc.) son una evidencia de esto. Cuando HEB compartió con el BAM sus manuales de operación –en una clara demostración de confianza–, este último diseñó e implementó una versión más simple, que después contribuyó a nutrir la misma relación con HEB. Por tanto, después de absorber el conocimiento adquirido de HEB, adaptarlo y aplicarlo, el banco de alimentos generó un nuevo valor para la relación. El primer documento redactado –entre Blanca y el gerente de la primera tienda de HEB en Monterrey– fue el "Manual de procedimientos para el manejo de mermas", que incluía un plan de capacitación detallado para el personal (gerentes y jefes de departamento), con el fin de optimizar el proceso de envío de los bienes donados.

Al describir el valor generado por el BAM, Norma Treviño mencionó: "Blanca y su gente van a nuestras tiendas, detectan áreas de oportunidad y nos las dan a conocer. Eso, para nosotros, como empresa, es muy valioso". Ella agrega: "Blanca y el personal del BAM conocen nuestros almacenes mejor que muchos de nuestros propios empleados... Normalmente, ellos hacen sugerencias que son muy positivas para nosotros". El BAM, al monitorear y proporcionar información relacionada con el funcionamiento de las tiendas de HEB, está realizando una función operativa interna, lo cual es un indicador importante de la calidad de la integración de la alianza. El grado de integración fue evidente, también, cuando HEB utilizó el almacén del BAM para guardar la mercancía destinada a la inauguración de una nueva tienda en Monterrey y, a cambio, pagó una renta. De esta manera generó ingresos adicionales para el BAM, por el uso del exceso de capacidad de almacenamiento.

Participación de terceros

Conforme la alianza se afianzaba, se desarrollaban nuevas iniciativas. Algunas de las actividades conjuntas que HEB y el BAM llevaron a cabo en los primeros seis años de la colaboración, incluyen el Torneo de Golf. Este es un día de convivencia entre los más altos ejecutivos provenientes de las empresas proveedoras de HEB, a cambio de donativos que van desde los 300 hasta los 1.000 dólares. Aunque era un concepto nuevo para el BAM, este evento, que se llevaba a cabo todos los años en Texas, bajo el nombre de "Tournament of Champions"[15], le permite a HEB involucrar a sus proveedores mexicanos en actividades sociales y generar un efecto multiplicador positivo.

Otro gran paso importante fue involucrar a los clientes de la cadena en la colaboración con el banco de alimentos, a través de una campaña de CRM. La campaña "Gracias a ti comeré" fue el resultado de una propuesta de Blanca para reproducir en Monterrey lo que ya se había hecho en Estados Unidos, bajo el nombre de "Check Out Hunger". Esta actividad demostró ser muy importante para ambas organizaciones. Por un lado, el BAM no sólo obtuvo fondos a través de donativos directos de los clientes de HEB, sino que logró mayor notoriedad en la sociedad. Por otra parte, aunque la política de la cadena es mantener un perfil bajo en todas sus actividades sociales, en este caso la actividad se realizó dentro de las tiendas, a través de una promoción en las cajas registradoras y mediante un comercial que se escuchaba constantemente para lograr establecer una conexión emocional con los clientes, que difícilmente se puede obtener por otros medios.

El valor económico generado para HEB a través de la alianza no se había cuantificado de una manera sistemática; de hecho, la medición es sumamente compleja y, en una colaboración principalmente altruista, probablemente no sea muy importante. En este caso, incluso, hasta las pérdidas económicas son aceptables[16]. La medición se hace en forma cualitativa, como mencionó Eddie García, al menos por parte de HEB. Él se encarga de los indicadores informales: "Aquí en Monterrey, yo veo la distribución, el volumen y realizo visitas para ver cómo van progresando". Además, expresó su creencia en que la gran inversión de recursos y trabajo necesaria para crear el BAM restringió, severamente, sus áreas de oportunidad.

El futuro

Esta alianza nació con fines básicamente altruistas y, a medida que se avanzó en la relación y la confianza entre los dos socios creció, se fueron descubriendo nuevas formas de colaboración, lo que facilitó la creación de ventajas competitivas. Las posibilidades futuras son enormes. Por ejemplo, por motivos de su política corporativa, HEB no ha utilizado extensivamente su relación con el BAM en sus programas de relaciones públicas. De hecho, la mayor parte de sus consumidores ignora esta relación completamente. Sin embargo, en estos momentos, en que la competencia en la industria de supermercados en Monterrey es encarnizada y las cadenas se enfrentan en una guerra de precios[17], diferenciar la marca por los atributos que tengan una connotación emocional para los clientes se convierte en una estrategia importante. Cuando HEB llegó a Monterrey cambió las reglas de juego y obligó a los otros supermercados a que elevaran la calidad de sus ofertas filantrópicas[18]. La pregunta ahora es si, dando a conocer sus actividades sociales, volverá a cambiar las reglas de juego y motivará a las otras cadenas o a otros minoristas a unirse en el esfuerzo de desarrollar una sociedad mejor.

Alianzas que nacen con fines utilitarios

En el caso de HEB y el BAM, exploramos cómo una colaboración que surge básicamente con fines altruistas en una etapa filantrópica, puede avanzar hacia la integración y combinar el altruismo con el utilitarismo, en beneficio de ambas organizaciones. La estrecha colaboración entre los socios les permitió la creación de nuevas oportunidades para alcanzar sus misiones respectivas. Esta generación de valor conjunta le permitió a HEB desarrollar ventajas competitivas difícilmente imitables.

Sin embargo, no todas las alianzas nacen simplemente con fines altruistas. En 1983, la compañía American Express (AEC, por sus siglas en inglés) lanzó una campaña en Estados Unidos, que consistía en donar un centavo por cada dólar[19] gastado con su tarjeta de crédito y un dólar por cada tarjeta de crédito nueva emitida durante el último trimestre de 1982. Las donaciones se destinaron a la remodelación de la Estatua de la Libertad. A través de esta campaña, AEC demostró que se pueden alcanzar, simultáneamente, los objetivos económicos y sociales. Respecto de su objetivo económico, la empresa experimentó un incremento del 28% en el uso de sus tarjetas de crédito, mientras que los usuarios nuevos llegaron al 45% en comparación con el mismo período del año 1981. Desde el punto de vista social, AEC recaudó 1,7 millones de dólares para la causa que apoyaba[20]. Esta campaña de CRM fue un punto de referencia en las colaboraciones intersectoriales y llegó a ser una de las diversas maneras mediante las cuales las empresas podían colaborar con las OSC para crear capital social. Las colaboraciones que desde un inicio combinan fines altruistas con utilitarios son igualmente válidas, tal como lo demuestra el proyecto de la compañía American Express. Este tipo de colaboraciones, por lo general, está relacionada con el *marketing* de la compañía o de una de sus marcas[21]. Ese es el caso de la campaña de *marketing* de causas que Danone de México, en asociación con varias OSC, inició en 1997.

Danone y su estrategia social

De manera similar a HEB, la orientación filantrópica de Danone tiene sus raíces en el fundador de la compañía, Antoine Riboud. Su filosofía filantrópica está reflejada, claramente, en el siguiente fragmento de un discurso dirigido a los empleados franceses: "Creo firmemente que nos es posible ser eficientes y humanos al mismo tiempo, siempre y cuando lo planeemos estratégicamente (...) Conduzcamos nuestros negocios con nuestros corazones y nuestras mentes, y no olvidemos que siendo los recursos de la tierra limitados, los nuestros son infinitos cuando estamos motivados". Para Danone, el humanitarismo es uno de sus valores corporativos y, en el momento de tomar decisiones, siempre está presente la consideración hacia los individuos, ya sean consumidores, empleados o ciudadanos. Además, esta convicción filantrópica subraya lo que internamente se conoce como el doble proyecto, económico y social: "Nuestra cultura se fundamenta en la convicción de que el éxito del negocio y la consideración por las personas son inseparables. Somos leales a este doble proyecto: combinamos nuestro compromiso de éxito del negocio con la responsabilidad social. Ese fue el principio fundamental de nuestro negocio y todas nuestras decisiones, aunque algunas veces difíciles, han sido tomadas con esa convicción en mente"[22].

En todos los países donde Danone mantiene operaciones, la responsabilidad social se inicia dentro de la empresa, conforme a los lineamientos establecidos por su fundador en 1974. A los empleados se les brindan condiciones óptimas de trabajo, con el fin de que puedan alcanzar su máximo potencial dentro de la compañía. Asimismo, los salarios son competitivos en el mercado[23]. De igual forma, la compañía siempre ha sido consciente de su responsabilidad social, no sólo ofreciendo productos de excelente calidad al mercado, sino comprometiéndose con múltiples programas de desarrollo social y de conservación del medio ambiente en los países en los que la empresa está presente.

Las organizaciones de la sociedad civil que apoyan a las marcas y a la estrategia social de Danone

A mediados de la década de 1990, Danone se dio cuenta de que tenían un problema de imagen en México: "Lo estábamos haciendo bien, pero nuestros consumidores nos percibían fríamente y sentían que teníamos poco contacto con ellos", explicó Rafael Pamias, director de *Marketing*. Después de evaluar varias alternativas, la empresa decidió que un proyecto que la asociara con organizaciones sin fines de lucro proporcionaría los medios para revertir esta imagen. Así, inspirados en el espíritu filantrópico de Danone y en el doble propósito de su misión, evaluaron las opciones disponibles. Aunque este tipo de proyectos eran comunes en otros países en esa época, para México eran novedosos. Posteriormente se demostraría, a través de una encuesta, que el público mexicano estaba dispuesto a favorecer productos que apoyaran una causa social[24]. Finalmente, se decidieron por una campaña de *marketing* de causas (CMC), que apoyara proyectos específicos de organizaciones y no a las organizaciones en sí, para cumplir adecuadamente el doble proyecto de su misión (esto se explica con mayor detalle más adelante). Es decir, Danone tenía la intención de llegar a los consumidores y, al mismo tiempo, contribuir con la solución de los problemas sociales. Desde que inició operaciones en México en 1973, sus productos fueron aceptados ampliamente por su excelente calidad, convirtiendo a la compañía en el líder del mercado. Sin embargo, sus competidores la seguían muy de cerca y, en menos de seis años, uno de ellos había logrado posicionar a una de sus marcas de yogur como la segunda nacional. Así que, en un mercado altamente competitivo y en donde el consumo de yogur crecía a un ritmo muy lento, Danone sentía la presión de ofrecer iniciativas novedosas para conservar su liderazgo[25].

En vista de la situación que enfrentaba la empresa y dada su filosofía social, una CMC parecía ser la solución más adecuada, tomando en cuenta que este tipo de campañas se había utilizado en otros países para cumplir un rango muy amplio de objetivos, tales como: mejorar la imagen corporativa, incrementar el volumen de ventas, promover recompra de productos, mejorar la imagen de marca y aumentar la base de clientes[26].

Para la campaña, que consistía en donar una fracción del precio de cada unidad de yogur que se vendiera durante un período determinado, se desarrolló una intensa actividad promocional: primero antes de la campaña, para crear conciencia; durante la campaña y poscampaña, para agradecer al público y dar a conocer los resultados, respectivamente.

A lo largo de los primeros seis años de la campaña, Danone había apoyado a diferentes organizaciones cuyo público objetivo son los niños. Sin embargo, se había establecido una relación más estrecha y de más largo plazo con la Casa de la Amistad (CdA). Esta era la única organización que había colaborado con Danone durante todos los años en los que se había llevado a cabo la campaña.

El inicio de la relación

El capítulo segundo mostró que las relaciones interpersonales previas entre personas importantes desempeñaron un papel muy importante en el desarrollo de las alianzas analizadas. El caso de Danone y la CdA no fue la excepción. Una relación previa entre los participantes reduce el riesgo percibido de involucrarse en un compromiso de largo plazo. Como se mencionó anteriormente, Danone evaluó varias alternativas de actuación social para resolver el problema que enfrentaba con su imagen. Entre las posibilidades inicialmente evaluadas estuvo la creación de su propia fundación y así internalizar las actividades de responsabilidad social, lo cual es una práctica corporativa frecuente en México. Con este objetivo, un ejecutivo de la compañía, quien conocía a la fundadora de la CdA, Amalia García, decidió visitar las instalaciones de la organización para tener una mejor idea de lo que era una OSC y de cómo funcionaba. Amalia recordó: "Cuando vinieron los representantes de Danone, me dijeron que 'nos' gustaría tener nuestra propia fundación y queremos que nos cuentes cómo lo hacen ustedes". Durante la visita, el equipo de Danone se dio cuenta del profesionalismo con el que la CdA era manejada y de que era mejor apoyar a instituciones ya establecidas, puesto que no sería prudente duplicar esfuerzos. Por tanto, la compañía podría "tercerizar" sus proyectos de responsabilidad social, asociándose a organizaciones con una imagen consolidada en la comunidad.

Una vez que Danone decidió asociarse con las OSC, estableció los criterios para seleccionar a las potenciales organizaciones socias. Entre otros requisitos, se elegirían las organizaciones cuyo público objetivo sean los niños; son manejadas profesionalmente; cuentan con un historial de transparencia en el manejo de los recursos y presentan un proyecto específico para su evaluación. Se contactaron con la Junta de Asistencia Privada (organismo que afilia a las Instituciones de Asistencia Privada en México), la que les proporcionó un listado de las organizaciones para dar inicio al proceso de selección. Una vez que tuvieron un número reducido de organizaciones, se les invitó a presentar propuestas de proyectos para su evaluación. La propuesta de la Casa de la Amistad fue seleccionada, entre otras, porque el proyecto y la organización cumplían con los criterios de selección establecidos por Danone. Como un ejecutivo de la compañía comentó: "Esta institución es muy profesional; está legalmente constituida, es auditada por Price Waterhouse y tienen una agencia de publicidad que trabaja para ellos. Todo lo consiguen de manera gratuita, eso es increíble, pero lo hacen sin pagar".

Apoyo a organizaciones a través de proyectos específicos

Un progreso interesante en el caso es la decisión de Danone de no apoyar a las organizaciones como tales, sino expresamente asignar sus donativos para proyectos específicos: "Buscamos una institución de niños para apoyarla, les pedimos que nos presenten un proyecto sólido, diseñado para ser patrocinado en su totalidad, de preferencia en el corto plazo, para poder mostrarles a los consumidores los resultados". Apoyar únicamente proyectos tiene una serie de ventajas para la compañía: el impacto social se puede cuantificar fácilmente y, por tanto, es más fácil de comunicar. El apoyo se otorga por un período específico de un año y los compromisos se examinan cada año, lo cual previene la creación de barreras de salida y minimiza los costos de terminar la relación o la campaña. En resumen, las organizaciones apoyadas deben preocuparse por una constante renovación de valor para asegurar la continuidad de la colaboración, algo que logró la CdA mediante su proactividad y conocimiento del negocio.

Generación de valor para Danone

En muchos sentidos, una CMC constituye una campaña de ventas, como lo reconoce un ejecutivo de la empresa. La diferencia básica radica en el hecho de que la promoción de ventas ofrece un incentivo a los clientes; mientras que en la CMC el incentivo es filantrópico[27]. Como lo han planteado los citados autores, una CMC proporciona una ventaja que es difícil de obtener por medio de otras actividades corporativas: conecta emocionalmente al cliente con una causa noble, a través de la compra de los productos o servicios de la compañía. Como lo explicó un ejecutivo de *Marketing* de la empresa,

> estamos desarrollando una conciencia emocional de nuestra marca en la mente de nuestros consumidores. Eso es mucho más fuerte que cualquier beneficio funcional y, por tanto, estamos desarrollando lealtad a nuestra marca. Esto nosotros lo sabemos en México, pues tenemos encuestas de imagen que muestran que la primera y segunda razón de preferencia del yogur de Danone, en comparación con el de la competencia, están más relacionadas con cuestiones emocionales, de proximidad y de calidad, que con razones funcionales, como valor nutricional e inclusive con el sabor mismo. Aunque, aparentemente, el *brand switching* en el caso del yogur tiene que ver con la nutrición y el sabor, las razones para elegir a Danone se basan más en factores emocionales y de calidad –"es una empresa cercana en la que yo confío y que me cae bien"–, más que en el precio o cualquier atributo funcional.

Durante la campaña, Danone logró una proximidad con los consumidores y proyectó una imagen de empresa comprometida con la sociedad.

En cuanto al conocimiento de la compañía, Danone subió del octavo al segundo lugar en el *ranking* de recordación de marca. En el período de duración de la campaña, cuatro meses cada año, la empresa mantiene el precio de sus productos; mientras que, normalmente, la competencia recurre a los precios de descuento para promocionar sus productos. Lo más interesante es que el público sigue prefiriendo a Danone. En efecto, la causa social aísla a la empresa de la competencia de precios. Otro logro significativo de la campaña ha sido la imagen de Danone: de una empresa profundamente comprometida con la sociedad. Por ejemplo, el público supone que la empresa está involucrada en la recaudación de fondos nacional, Teletón[28], cuando, de hecho, nunca ha participado en ella.

Además, la campaña ha convertido a Danone en una empresa atractiva para trabajar, permitiéndole captar recursos humanos altamente capacitados, tal como lo señala un ejecutivo:

> Muchas personas responden a las llamadas de Danone cuando los queremos contratar. Ellas dicen que quieren trabajar en Danone porque les parece una empresa interesante. Son muy específicas al respecto: "Yo me fui a Danone porque..., por supuesto, la oferta era buena; todos necesitamos vivir, pero también me decidí a cambiar de empresa o por ésta y no por la otra, porque pienso que es una buena empresa" y, entonces, mencionan el programa "Construyamos sus Sueños".

A lo largo de las campañas, la CdA trabajó en una constante renovación de valor para Danone y se aseguró de que la relación fuera altamente notoria para el resto de la sociedad. En un principio, la CdA recibió apoyo de la compañía para el tratamiento de niños con cáncer que se encontraban albergados en sus instalaciones, en la ciudad de México. Sin embargo, a medida que pasó el tiempo, el apoyo se extendió hacia otras actividades importantes que realizaba la organización; tal como la creación de bancos de medicamentos para el tratamiento de cáncer infantil en otras ciudades de la república. Los beneficios fueron mutuos: la CdA fue capaz de expandirse geográficamente, mientras que la campaña adquirió notoriedad nacional Así, simultáneamente, se lograron las misiones de las dos organizaciones.

Como una muestra del valor que la campaña generó a Danone, basta mencionar que, en la época en que el caso fue escrito, ésta se había realizado durante seis años consecutivos y bajo la administración de tres gerentes generales diferentes. La característica fundamental en la colaboración HEB-BAM es su alto grado de integración; mientras que la relación Danone-CdA se ubica en la etapa transaccional. Esta diferencia no quiere decir que una relación sea mejor que la otra; eso depende de los objetivos de las dos organizaciones y de qué tanto quieran avanzar en su alianza. Sin embargo, se debe mencionar que aunque una relación de carácter transaccional puede proporcionar ventajas competitivas, es muy probable que estas ventajas sean de corto plazo, ya que esta clase de actividades son fácilmente imitables por la competencia. El diferenciar una marca por sus atributos emocionales cuando otros factores de diferenciación ya se han agotado, es una estrategia que ha probado ser efectiva; tal como claramente lo ilustra este caso. Sin embargo, a medida que más empresas se involucren en programas similares, estos factores de diferenciación para el consumidor tenderán a desaparecer. Es muy probable que, en el futuro, la asociación con causas sociales se convierta en un prerrequisito para competir en cualquier mercado. Así como en una colaboración transaccional la empresa tiene la libertad de elegir a las OSC que quiere apoyar, estas últimas también, a medida que descubran su capacidad de generar valor para la empresa, tendrán la misma libertad de asociarse con la empresa que mejor concuerde con sus objetivos, valores y estrategia y pueda proporcionar el mayor valor. La evidencia muestra que una colaboración integrada le proporciona a los socios una mayor capacidad de desarrollar nuevas fuentes de valor, así como ventajas competitivas más duraderas.

Este caso es un claro ejemplo de una alianza que nació principalmente con fines utilitarios y que, a lo largo de seis campañas, ha demostrado ser una importante fuente de valor, tanto para la empresa como para la OSC. Después de seis años, la compañía no encuentra razones para terminar la campaña. De hecho, los ejecutivos opinaron que "si este año no hay campaña, tendremos mucho que explicar a nuestros empleados y al público en general". El verdadero reto, tanto para la empresa como para la organización, consiste en mantener un flujo constante de valor.

Lecciones aprendidas

Nuestros casos de estudio muestran que los beneficios de las colaboraciones intersectoriales pueden ser muy fuertes para ambas partes. El flujo de valor no sólo va de la empresa a la OSC, sino que también se genera en la otra vía y los beneficios parecen estar equilibrados. Observamos una gran variedad de fuentes de valor de las organizaciones hacia las empresas, entre ellas: la capacidad de proporcionar imagen a una compañía y a sus marcas, la facultad de motivar a los empleados, el apoyo a las operaciones internas, la capacidad de incrementar el volumen de las ventas, el apoyo a la estrategia, el logro de la misión, incrementar las capacidades de *lobbying*, la posibilidad de probar nuevos productos con el público objetivo de la organización, como en el caso de Bimbo y su socio Papalote Museo del Niño de la ciudad de México.

Como ya se mencionó, dado el limitado número de observaciones, no es el objetivo de este capítulo ser concluyentes. Sin embargo, es posible extraer valiosas lecciones que pueden servir de guía para aquellas empresas u organizaciones que tengan interés en iniciar un proyecto de colaboración intersectorial.

Candidatos idóneos para una alianza

El proceso de selección empresa-organización para establecer una alianza no debe ser resultado del azar. Es necesario que coincidan una serie de factores, entre los cuales, probablemente, los principales sean la convergencia de misiones, del mercado objetivo y del producto con la causa, y finalmente, la complementariedad de las capacidades entre los socios. Estos puntos son claros en los dos casos analizados. En el caso del HEB-BAM, el deseo de combatir el hambre y la desnutrición de la población marginada fue uno de los objetivos en común que permitió el inicio de la relación. Adicionalmente, hubo complementariedad de capacidades entre HEB, como proveedor de recursos y alimentos, y el BAM, como distribuidor de los alimentos al mercado objetivo. En cuanto al caso de Danone-CdA, el hecho de que ambas organizaciones compartan el mismo objetivo –los niños– y la vocación filantrópica, permitió establecer la relación. Asimismo, la capacidad de la CdA para dar una imagen positiva junto a la capacidad de Danone para estructurar una CMC, fueron elementos fundamentales de la colaboración.

Sin embargo, se debe tener en cuenta que aunque esas condiciones se cumplan, no todas las organizaciones son candidatos idóneos para iniciar una colaboración. Tanto el BAM como la CdA, desde antes de la alianza, ya eran organizaciones consolidadas, altamente reconocidas por la sociedad, con un nivel muy alto de profesionalismo y, sobre todo, con una actitud abierta hacia el cambio. Ambas organizaciones tenían líderes sumamente carismáticas, capaces de comunicar sus causas a cualquier audiencia. De esta forma, las condiciones estaban dadas para que en el momento en que se formalizara la alianza, demostraran todo su potencial. Los ejecutivos de las empresas reconocen este hecho: "Desde la primera vez que visité el BAM, me di cuenta de que tenían todo para hacer de esto algo muy grande". Y agregan: "Las líderes de la CdA tienen el talento de la seducción, te acorralan y no puedes negarte a lo que te están pidiendo".

Cuando las empresas buscan valor en una alianza intersectorial, ya sea porque su misión y estrategia así lo requieran (como en el caso de

HEB) o porque están buscando beneficios desde el punto de vista del *marketing*, no se deberán asociar con cualquier organización, deberán elegirla cuidadosamente. A la conclusión que llegamos con los casos analizados es que para que una organización sea considerada como posible socio en una alianza, ésta debe demostrar que tiene un cierto grado de experiencia y estabilidad. Además, si la empresa tiene alcance nacional, es muy probable que busque una organización que también opere en el nivel nacional o que de alguna forma esté dispuesta a crecer nacionalmente. BAM apoyó a HEB en la creación de bancos de alimentos regionales, en la medida que la cadena de supermercados se expandía, mientras que CdA crecía regionalmente, mediante la creación de centros de tratamiento de cáncer en otros estados apoyados por Danone.

En el caso de las empresas, podemos realizar la misma pregunta: ¿son todas candidatas ideales para una colaboración intersectorial? La respuesta es un no definitivo. En primer lugar, sus misiones deben ser compatibles con las de la organización sin fines de lucro. Además, sus capacidades deben ser complementarias. La generación de valor en una alianza debe ser para ambas partes y, para las OSC, el valor no se debe restringir necesariamente a la captación de recursos financieros. Por tanto, la selección del socio del sector privado debe ser sumamente cuidadosa y debe considerar que la imagen de la empresa sea compatible con la causa de la organización, que tenga un historial libre de toda controversia y que esté dispuesta a comprometer recursos de todo tipo para hacer que la alianza funcione, entre otros factores.

Por último, muchas empresas que están iniciando programas de responsabilidad social corporativa enfrentan una tensión entre dos ámbitos: el frente estratégico, en donde los costos son absolutamente relevantes y el frente altruista, en donde si bien los costos involucrados son relevantes, son mucho menos significativos[29]. Una vez que se tomó la decisión de involucrarse en la responsabilidad social corporativa, el siguiente paso es decidir si se internalizan los proyectos o se llevan a cabo en colaboración con terceros. Cada una de las alternativas tiene sus ventajas y sus desventajas, ninguna está exenta de riesgos y costos para la empresa. La decisión dependerá de la empresa, del medio en el que se desenvuelve y de los objetivos que se persigan con este tipo de programas. Las colaboraciones entre el sector privado y el social han probado, en muchos países, ser una fuente muy importante de valor para la empresa. Por tanto, vale la pena evaluar seriamente la posibilidad de unirse a una OSC para llevar a cabo los proyectos de responsabilidad social. La colaboración intersectorial puede darle un muy buen sentido al negocio.

Notas

1. Promoting Public Causes, Inc.; ITESM y Vivian Blair & Asociados 2000.

2. Ruiz 1997.

3. Promoting Public Causes, Inc.; ITESM y Vivian Blair & Asociados 2000.

4. Greaves Lainé 2000.

5. Ruiz 1997.

6. Husted 2001.

7. Husted y Salazar 2001.

8. Greaves Lainé 2000.

9. Wymer y Samu 2003.

10. Una discusión más elaborada del *continuo*, y sus fases, puede encontrarse en Austin 2003a.

11. Wymer y Samu 2003.

12. Socios es la forma en que HEB se refiere a sus empleados.

13. El término "saldos" se refiere a aquellos productos alimenticios que, a pesar de estar en perfectas condiciones para el consumo humano, no son aptos para venderlos en las tiendas por tener algún tipo de daño físico en el empaque o porque la fecha de caducidad está cercana.

14. Se refiere a Blanca Castillo, subdirectora de Servicios de Alimentación y Nutrición de Cáritas de Monterrey, A.C. y directora operativa del Banco de Alimentos.

15. El "Tournament of Champions" se lleva a cabo cada año en Texas, con el fin de recaudar fondos para las Special Olympics, no para los bancos de alimentos.

16. Varadarajan y Menon 1988.

17. Cantú 2002.

18. *Ibíd.*

19. A lo largo del caso, todas las referencias a valor monetario son citadas en dólares americanos.

20. Wall 1984.

21. Austin 2003b.

22. Grupo Danone 2002a.

23. Grupo Danone 2002b.

24. Promoting Public Causes, Inc.; ITESM y Vivian Blair & Asociados 2000.

25. FIRA 2001.

26. Varadarajan y Menon 1988.

27. *Ibíd.*

28. La Teletón es uno de los eventos más importantes y tradicionales de recaudación de fondos en México, e involucra a un gran número de empresas, que contribuyen con los programas de rehabilitación de niños discapacitados.

29. Husted 2001.

Bibliografía

Austin, James E. (2003a). *El desafío de la colaboración: cómo las organizaciones sin fines de lucro y las empresas comerciales alcanzan el éxito mediante alianzas estratégicas.* Buenos Aires, Argentina: Granica.

_____. (2003b). "Marketing's Role in Cross-Sector Collaboration", en *Journal of Nonprofit and Public Sector Marketing*, vol. 11, N° 1, EE.UU. – Canadá: The Haworth Press, Inc., primavera, pp. 23-39.

Cantú, Arturo (2002). "Gane la guerra de los precios bajos", en *El Norte*. México: Editorial El Sol, S.A. de C.V., 3 de noviembre (disponible en http://www.elnorte.com/negocios/articulo/258231).

Fideicomisos Instituidos en Relación con la Agricultura-FIRA (2001). "Industria de lácteos en México", en *Boletín informativo FIRA*, "Tendencias y oportunidades de desarrollo de la red leche en México", vol. 38, N° 9. Morelia, Mich.: FIRA, pp. 53-80 (disponible en http://www.fira.gob.mx/Boletines/boletin009_06.pdf).

Greaves Lainé, Patricia (2000). *Empresas y empresarios. Tendencias actuales de la filantropía corporativa en México.* México: Procura.

Grupo Danone (2002a). "Antoine Riboud, Fondateur et ancien Président du Groupe Danone. 24 Décembre 1918 - 5 Mai 2002", Comunicado de prensa. París: Grupo Danone, mayo (disponible en http://www.danone.fr/wps/portal/jump/DanoneCorporate.Presse.CommuniquesPresse.Commun/ref/CMS.DanoneCorporate.Presse.CommuniquesPresse.CommPresse050502.Edito3).

_____ (2002b). "Five priorities for a dual commitment to business success and social responsibility (1974)" (disponible en http://www.danonegroup.com/dev_durable/img/double_projet.doc (abril 17, 2002).

Husted, Bryan W. (2001). *Making or Buying Corporate Social Responsibility*, Serie Documentos de Investigación, N° 3. Monterrey, N.L. México: ITESM, Escuela de Graduados y de Administración de Empresas-EGADE, julio (disponible en http://www.egade.sistema.itesm.mx/investigacion/documentos/index.html).

_____. y José de Jesús Salazar (2001). "Un estudio exploratorio sobre la estrategia social de las empresas en México", documento presentado en el XXXI Congreso de Investigación y Extensión del Sistema ITESM. Monterrey, México, 18 y 19 de enero.

Promoting Public Causes, Inc.; Instituto Tecnológico y de Estudios Superiores de Monterrey-ITESM y Vivian Blair & Asociados (2000). *Mexico's Consumer Survey on Cause Related Marketing*. EE.UU. y México: Washington, D.C. y Monterrey, Ciudad de México (disponible en http:// publiccauses.com /resources/resource-mexico123.htm; disponible desde el 18 de febrero, 2002).

Ruiz, Yolanda (1997). "Los otros 'ogros filantrópicos'", en *Expansión*, N° 722, Sección Ideas y Soluciones. México: 13 de agosto (disponible en http:// www.expansion.com.mx/2nivel.asp?cve=722_26).

Varadarajan, P. Rajan y Anil Menon (1988). "Cause Related Marketing: A Coalignment of Marketing Strategy and Corporate Philanthropy", en *Journal of Marketing*, vol. 52. Texas: The University of Texas at Austin, julio, pp. 58-74.

Wall, Wendy L. (1984). "Companies Change the Ways They Make Charitable Donations", *en Wall Street Journal*, junio 21, p. 1.

Wymer, Walter W. y Sridhar Samu (2003). "Dimensions of Business and Nonprofit Collaborative Relationships", en *Journal of Nonprofit & Public Sector Marketing*, vol. 11, N° 1. EE.UU. – Canadá: The Haworth Press, Inc., pp. 3-22.

12

Reflexiones finales

J. Austin, Gustavo Herrero, E. Reficco y el equipo
de investigación SEKN

Este último capítulo se basa en los capítulos previos, para ofrecer algunas breves reflexiones finales en torno a tres preguntas importantes:

* ¿Cuáles son las principales diferencias y similitudes de las colaboraciones intersectoriales entre los países latinoamericanos y entre América Latina y Estados Unidos?
* ¿Qué avances conceptuales se han realizado para el estudio de estas colaboraciones?
* ¿Qué vías importantes para la investigación adicional se han descubierto?

Análisis comparativo

Dado que cada país es único, existe una comprensible tendencia a creer que los fenómenos en un país serán diferentes que en otros. Incluso, los investigadores de SEKN que iniciaron los estudios de casos en cada uno de los países, lo hicieron con esta expectativa. Sin embargo, nuestra investigación reveló el notable hecho de que, en última instancia, los procesos de la colaboración intersectorial en los países latinoamericanos estudiados comparten más semejanzas que diferencias. Si bien difieren en sus detalles operativos específicos, los factores que determinaron la creación de alianzas sólidas fueron similares. Además, esa similitud permitió que los hallazgos derivados del análisis de las colaboraciones en un país, a menudo facilitase una mayor comprensión de los procesos de colaboración en otro país.

Sin embargo, los capítulos correspondientes a la segunda parte identificaron algunas características particulares de cada país. En primer lugar, en términos del nivel de desarrollo de los mercados de colaboraciones intersectoriales, *Brasil* y *Colombia* parecen haber alcanzado un nivel de sofisticación relativamente superior al de los países de *Centroamérica*, donde el sector de las ONG se presenta más bien débil, y las colaboraciones de las corporaciones tienden a desarrollarse en el extremo más filantrópico del *continuo de colaboración*. *México, Chile* y *Argentina* ocupan un lugar cercano al medio en el *continuo*.

Los países de América Latina

Brasil muestra una marcada actividad pujante en el mercado de las colaboraciones intersectoriales. Las ideas relacionadas con la Responsabilidad Social Corporativa (RSC) han pasado a un primer plano en el discurso público, tanto en el nivel de la opinión pública como en la labor de las universidades, centros de investigación, gobierno, Cámaras de Comercio y medios de comunicación masivos. Este consenso determina que ignorar las implicaciones sociales de un negocio sea una propuesta riesgosa. Por ende, no sorprende que las compañías líderes en el sector privado sean muy conscientes de sus responsabilidades para con el bienestar de la sociedad y estén comprometidas con la búsqueda constante de formas de contribuir, con sus considerables recursos, a ese fin. Tal vez más que en otros países estudiados, la RSC en Brasil no sólo se enfoca desde una perspectiva netamente altruista, sino que se está convirtiendo, cada vez más, en una parte integral de la estrategia corporativa. En consecuencia, la participación de las empresas en el sector social está sujeta a la misma lógica aplicada a sus otras áreas funcionales, y se le exige la misma eficiencia y eficacia.

Al momento de implementar su RSC, las empresas brasileñas se encontraron con un tercer sector maduro, con el cual entablar relaciones de colaboración intersectorial. Las OSC cumplen funciones que no se diferencian sustancialmente del modo de comportamiento identificado en las organizaciones análogas del mundo desarrollado. Esas organizaciones poseen experiencia técnica, gestión profesional y estructuras de gobierno sofisticadas. Sometidas a la presión de ser autosustentables y, a la vez, satisfacer a clientes que no pueden pagar por los beneficios recibidos, en la última década las OSC brasileñas debieron abrirse a los conceptos de diferenciación competitiva, responsabilidad y efectividad de costos. Son reconocidas por el sector privado y el gobierno como valiosos socios potenciales. Por eso, frecuentemente son muy buscadas por las compañías, que las abordan de modo similar al que utilizan con otros proveedores o socios estratégicos. En consecuencia, las relaciones entre los sectores tienden a ser igualitarias y equilibradas.

En parte, este aparente nivel superior de desarrollo de las alianzas podría considerarse un fenómeno propio de un "país grande", en el sentido de que el número total de compañías y de ONG es mayor. Al mismo tiempo, la convergencia de fuerzas políticas y culturales en torno al compromiso social empresarial parece haber contribuido fuertemente para alimentar esa tendencia.

En el caso de *Colombia,* las corporaciones demostraron un activo compromiso con las actividades del sector social, a menudo a través de fundaciones corporativas que operan con cierta independencia de las agendas comerciales de las empresas. Nuestro análisis de este país reveló un alto nivel de actividad intersectorial, con muchas OSC sofisticadas y administradas con profesionalismo, un sector privado ansioso por establecer alianzas sociales y un sector público que sigue de cerca esas experiencias, aprende de ellas y busca incorporarse en un esquema de colaboración como un socio más. Otra característica sobresaliente fue un sustancial caudal de experiencia acumulada en colaboraciones intersectoriales. Un buen ejemplo de ello es la Corporación El Minuto de Dios, una OSC creada oficialmente en 1958, que desde un principio adoptó la construcción de alianzas intersectoriales como piedra angular de su estrategia. Al cabo de casi cinco décadas, esta organización se ha diversificado en diferentes industrias, que incluyen la educación universitaria, la construcción y estaciones de radio y televisión que también producen contenido, todas orientadas a la generación de valor social.

El estudio de los casos de Colombia sugiere que un producto derivado de esta experiencia acumulada es el dominio del proceso en sí, que facilita el surgimiento de nuevas relaciones; en particular, de colaboraciones múltiples. Ello puede ayudar a entender por qué los cuatro casos de Colombia involucraron a varios socios, aun cuando se iniciaron como esquemas bilaterales (con una única excepción). El análisis de los casos colombianos muestra cómo el efecto virtuoso de "bola de nieve" del aprendizaje previo, estimula el proceso de participación en esquemas multilaterales:

- La memoria institucional de las alianzas intersectoriales exitosas genera un incentivo para incrementar la escala de los esquemas de colaboración (*scale-up*), de modo de maximizar la generación de valor para los participantes y la comunidad.
- A medida que se asciende en la curva de aprendizaje colectivo, disminuye la incertidumbre y se crean incentivos para que quien nunca ensayó este camino, participe en nuevos esquemas de colaboración.

En *Argentina,* las relaciones intersectoriales se intensificaron en la década de 1990, cuando un estallido de energía emprendedora colocó al país entre las naciones más emprendedoras del mundo. Dentro de este fenómeno se encontraban los emprendedores sociales, quienes canalizaron sus esfuerzos en colaboraciones intersectoriales. El proceso derivó de dos tendencias contradictorias que, no obstante, contribuyeron al mismo resultado:

- En la primera mitad de la década, la economía argentina experimentó una notable expansión, en particular en el sector de los servicios, donde las compañías presentaron una serie de iniciativas sociales. La abundancia relativa de fondos contribuyó al surgimiento de *emprendedores de oportunidad*, que aprovecharon el contexto favorable: algunos fundaron OSC y establecieron alianzas intersectoriales.
- En la segunda mitad de la década de 1990, la economía argentina se contrajo drásticamente, lo que desencadenó un grave deterioro de todos los indicadores sociales. El desempleo masivo y la exclusión social facilitaron el surgimiento de una clase diferente de líder social: *el emprendedor por necesidad*, individuos que detectaron en las iniciativas sociales una oportunidad de ayudar a otros, mientras se ayudaban a sí mismos a superar sus carencias. Gran parte de estos emprendedores llevó a cabo sus actividades a través de colaboraciones intersectoriales.

El contexto social de *Chile* se destacó por la presencia de esfuerzos de colaboración de alto nivel, desplegados entre personas que ya se conocían entre sí. Los casos de este país muestran cómo las redes sociales y las relaciones familiares entre los líderes sirven como puentes facilitadores de confianza entre los sectores, en el contexto de una sociedad relativamente homogénea. Esas redes pueden ser vistas como una ventaja competitiva para disminuir las barreras de entrada en las relaciones de colaboración intersectorial –en tres de los cuatro casos surgió una relación directa–. El importante papel desempeñado por la Iglesia católica, que en ese país goza de gran legitimidad en todo el espectro ideológico, de izquierda a derecha, y en todas las clases sociales, también cumplió una función similar en la disminución de las barreras de entrada en las colaboraciones intersectoriales. En los cuatro casos chilenos, la Iglesia católica constituyó un factor importante. Desde luego, la otra cara de la moneda es que la ausencia de estos vínculos sociales, generadores de confianza, también puede representar una difícil barrera en la búsqueda de socios potenciales.

Los casos de *México* nos muestran, particularmente, los efectos de la globalización económica –que desempeñó un papel directo en tres de los cuatro casos– y la importancia de las corporaciones multinacionales como fuentes de alianzas intersectoriales. Resultó de especial interés comprobar cómo las corporaciones multinacionales se aproximan a las colaboraciones intersectoriales con una perspectiva más utilitaria y estratégica, en comparación con las empresas locales. Las corporaciones realizaron una transferencia de sus marcos conceptuales, estrategias y técnicas filantrópicas desplegados en otras partes, al interior de los países latinoamericanos. Además, sus enfoques filantrópicos proporcionaron un estímulo competitivo adicional a las empresas locales, para que reevaluaran el alcance de sus alianzas con OSC. Esta es, sin duda, una característica interesante y positiva de la globalización.

Centroamérica mostró un bajo nivel de colaboraciones de alto desarrollo. El análisis realizado por los investigadores del INCAE describe un sector privado comprometido con la solución de los problemas sociales; sin embargo, la comunidad empresarial tiende a vincular su RSC con sus motivaciones caritativas, más que con las necesidades competitivas de sus organizaciones. Esa visión impregnó todas las alianzas intersectoriales, en lo que se conoce como el "síndrome de caridad", en el que las funciones se estructuran rígidamente de un modo bipolar –con un lado que "da" y el otro que "recibe"–, en lugar de estar distribuidas en forma más bilateral y equilibrada. En lugar de asociarse con el tercer sector, a menudo las empresas tendieron a emprender actividades sociales por su cuenta. En los casos en los que colaboraron con el tercer sector, sus esfuerzos tendieron a limitarse a las relaciones filantrópicas tradicionales con las ONG. Esta tendencia limitó sus contribuciones a donaciones de recursos financieros o en especie, en contraposición con un apalancamiento más estratégico de sus activos clave. Nuevamente, la comparación entre las iniciativas auspiciadas por AMCHAM y el Foro de Presidentes, analizada en la p. 169, resulta ilustrativa de esta dinámica. La consecuencia más importante de esta visión es que obstaculizó el descubrimiento de conexiones entre las fortalezas competitivas y las iniciativas sociales de la empresa.

En parte, éste podría tratarse de un fenómeno característico de un "país pequeño"; es decir, lo opuesto de Brasil: menor cantidad y tamaño de compañías, y ONG con recursos limitados. Si no se corrige, esta dinámica podría autoperpetuarse: las ONG débiles no atraen el interés del sector privado y, por tanto, permanecerán relativamente marginadas y subdesarrolladas en términos institucionales. En este punto, también resulta útil considerar los diferentes papeles desempeñados por las OSC en iniciativas similares desarrolladas en Nicaragua y Colombia, mencionadas en el párrafo anterior. El análisis del INCAE destaca que, históricamente, el surgimiento del tercer sector en la región estuvo asociado al trabajo de las agencias de cooperación internacionales. En la actualidad, estas organizaciones todavía desempeñan un papel central en el sector social. Ello surge de los casos del INCAE, en los que las ONG recibieron un respaldo importante de las agencias de desarrollo internacionales, tales como la Agencia para el Desarrollo Internacional de los Estados Unidos o el Fondo Perú-Canadá. Es posible que esta dependencia del financiamiento externo haya disminuido los incentivos para que las ONG exploren activamente oportunidades de colaboración con el sector empresarial.

Los investigadores de INCAE establecieron una relación tentativa que vincula la escasez de relaciones de colaboración intersectoriales, entre otros factores, con las características de los consumidores, en la medida que la gente tiende a basar sus decisiones de compra exclusivamente en el precio, dejando de lado el componente social de los productos de las alianzas intersectoriales. Esto debilita el incentivo para que las compañías respalden causas sociales desde una perspectiva utilitaria. Para ilustrar este punto, consideremos el contraste con el caso de Posada Amazonas, el único en la muestra del INCAE que alcanzó la etapa integrativa, que no se desarrolló en Centroamérica sino en Perú. Esta alianza no se habría concretado sin la intervención de una agencia de cooperación internacional, que condicionó su financiamiento a la creación de un esquema intersectorial. Por otra parte, la alianza apuntaba a un segmento de consumidores muy instruidos y provenientes de países desarrollados, que valoraban el componente social del "producto" creado por la relación de colaboración. Por último, el socio emprendedor convirtió a la RSC en su ventaja competitiva fundamental.

Desde una perspectiva comparativa, otros casos estudiados parecen confirmar ese punto. En Brasil, como ya se comentó, la responsabilidad social del sector empresarial es ampliamente compartida por los diferentes sectores de la sociedad y por los consumidores en particular. Por tanto, las compañías tienen fuertes incentivos para establecer relaciones intersectoriales, tanto premios (*¿qué gano yo con esto?*) como castigos (*házlo, o de lo contrario...*). El caso del Forest Stewardship Council (FSC)[1], ya mencionado, también apunta en la misma dirección. La experiencia de esta ONG global en colaboraciones con compañías, confirma que educar a la demanda es absolutamente vital para el éxito de una alianza intersectorial. En gran medida, los esfuerzos del FSC por incorporar más empresas a su esquema de certificación de forestación sostenible dependerá del nivel de instrucción de la demanda: la diferencia entre un producto *commodity* y un producto sustentable (*good wood*) no es evidente, y sólo se convierte en relevante para un comprador concientizado.

América Latina y Estados Unidos

La segunda dimensión de interés en nuestro trabajo fue la comparación entre las colaboraciones de América Latina con las de Estados Unidos.

Si bien también aquí encontramos muchas similitudes en los procesos y principios de las alianzas, en especial en el desarrollo del alineamiento y la generación de valor, también surgieron marcadas diferencias en las motivaciones y las barreras, que derivan básicamente de contextos diferentes.

Nuestra investigación sugiere que las alianzas entre las empresas y las ONG son un fenómeno menos frecuente en América Latina que en Estados Unidos; también parece ser menor el nivel de desarrollo de esas alianzas, que tendieron a permanecer en las etapas filantrópicas o transaccionales, sin avanzar hacia la fase integrativa en el *continuo de colaboración*. En parte, estas diferencias son un reflejo de los contextos diferentes. Los contextos de las naciones, en términos de sus dimensiones económicas, sociales y políticas, pueden ser sistemáticamente analizados y existen diferencias significativas entre los países desarrollados y los países en desarrollo[2]. Los menores niveles de desarrollo relativo del mercado de las alianzas reflejan una mayor escasez de recursos, lo cual restringe la filantropía individual y corporativa. Las diferencias sociales también ejercen un impacto sobre la participación corporativa en la filantropía. La tradición o las normas sociales que favorecen la filantropía no son iguales en América Latina y en Estados Unidos. Las actividades caritativas, tradicionalmente, han tendido a ser consideradas más como una responsabilidad de las Iglesias y los gobiernos que de las empresas. Las diferencias políticas y legislativas respecto de los compromisos filantrópicos de las compañías también crean incentivos distintos para la sociedad. En Estados Unidos, la deducción de las donaciones benéficas de la base imponible induce de manera positiva las erogaciones corporativas. Si bien estos incentivos no predominan en América Latina, tampoco están completamente ausentes. Por ejemplo, en Colombia, la legislación especial en las áreas de la educación y la salud fue fundamental para facilitar las alianzas intersectoriales en ese país. Si bien nuestra investigación excluyó de manera explícita el estudio de colaboraciones con los gobiernos, no dejamos de reconocer que la influencia o la intervención de éstos en las alianzas parece ser mayor en América Latina.

De nuestro trabajo se concluye que las empresas de la región experimentan un interés creciente por el concepto de RS, lo cual ha fomentado un mayor compromiso con la filantropía. Sin embargo, una clara distinción radica en que las motivaciones de las empresas en América Latina, en comparación con las de Estados Unidos, tienden a ser más altruistas que utilitarias y, a menudo, tienen su raíz en las creencias religiosas de sus líderes. Para muchos gerentes y otros ejecutivos del sector privado, obtener un beneficio comercial de las actividades sociales es visto como socialmente inapropiado o incluso moralmente inaceptable. Sin embargo, muchas empresas locales están repensando sus métodos tradicionales de donaciones y formulando relaciones más estratégicas con las ONG. Estos esfuerzos responden a motivaciones utilitarias y están más relacionados con las operaciones comerciales de las compañías. En consecuencia, nos encontramos ante el surgimiento de una tendencia similar a la de las empresas norteamericanas, aunque más rezagada en el tiempo. Como se indicó con anterioridad, la presencia de compañías multinacionales que adoptan este enfoque de filantropía estratégica en sus operaciones internacionales también contribuye a estimular esta tendencia.

Estos hallazgos son consistentes con aquellos que surgen de investigaciones recientes sobre diferencias culturales entre los empresarios de diferentes partes del mundo. En un estudio que comparó 61 países, la cultura anglosajona emergió con una marcada orientación hacia los resultados y el individualismo, en contraste con la cultura prevaleciente en las sociedades latinoamericanas, más orientada hacia sus grupos primarios, tales como la familia, y más "humana"[3]. Si bien ambas culturas se preocupan por "retribuir a la comunidad", parecen entenderlo de modos diferentes. La cultura anglosajona espera que el desempeño individual se traduzca en el bienestar general de la sociedad. Por otro lado, la cultura predominante en América Latina se inclina hacia el colectivismo de los grupos primarios, combinado con una fuerte prioridad en el fortalecimiento de las instituciones públicas.

Los hallazgos también coinciden con estudios recientes sobre las negociaciones interculturales, que demostraron que las sociedades anglosajonas tienen un enfoque que podría caracterizarse como impersonal, pragmático y utilitario[4]. Por otro lado, el enfoque de las negociaciones prevaleciente en América Latina acentúa la importancia de las relaciones personales directas, la desconfianza hacia los extraños y una tendencia a considerar las negociaciones en términos de suma cero. Estas características distintivas poseen implicaciones para las relaciones intersectoriales en las Américas y pueden ayudar a comprender la dificultad de ir más allá de la filantropía tradicional en América Latina. Si las alianzas intersectoriales fuesen un juego de suma cero, cada vez que una empresa gana, la ONG participante o la sociedad, en general, deberían perder. Por el contrario, el enfoque pragmático anglosajón, que se concentra en los resultados netos luego de un análisis costo-beneficio, facilitaría la transición hacia colaboraciones transaccionales o integrativas, que apuntan a crear situaciones gana-gana entre las empresas y el sector social.

Una de las barreras del contexto social que enfrentan las empresas latinoamericanas es el bajo nivel de desarrollo del tercer sector en comparación con el de Estados Unidos. Mientras que en este país las empre-

sas pueden buscar socios entre muchas ONG institucionalmente sólidas, en América Latina, a menudo, las compañías deben contribuir al
fortalecimiento institucional de sus socios para que alcancen su máximo
potencial. En el segundo capítulo elaboramos una tipología para clasificar las ONG incluidas en nuestra muestra, que las clasificaba según su
capacidad institucional de 1 (baja) a 5 (alta)[5]. Es interesante observar
que mientras que en la muestra latinoamericana las ONG en la categoría
5 constituían una rara excepción, en la muestra de colaboraciones de
Estados Unidos usada para nuestra comparación[6], el resultado es exactamente opuesto: todas las ONG se ubican en dicha categoría, que se
define como "organizaciones maduras, con un fuerte liderazgo ejecutivo y personal altamente especializado". Esto ayuda a explicar por qué la
necesidad de invertir en el desarrollo de la capacidad institucional del
socio del tercer sector se presentó con más frecuencia en los casos latinoamericanos. Esta inversión implica mayores costos de transacción y
constituye otro factor explicativo del bajo desarrollo del mercado de las
alianzas en América Latina.

Debido a este deficiente desarrollo institucional y a las actitudes culturales frente a la confianza descrita con anterioridad, parecería que las
redes sociales que proporcionan una convalidación personal de la OSC,
sea en forma directa o intermediada, son particularmente importantes
para establecer y desarrollar los contactos iniciales en el contexto de
América Latina.

Avances conceptuales

Nuestra investigación también contribuyó a producir avances en el marco conceptual y analítico para el estudio de las colaboraciones intersectoriales. Precisamente, estos descubrimientos surgieron de la necesidad
de comprender y explicar algunas de las diferencias que se presentaron
en el análisis comparativo. Hubo hallazgos y adelantos en cada uno de
los cuatros componentes del proceso de colaboración.

- **Construcción de puentes intersectoriales**. Se detectaron tres adelantos importantes en este primer componente del proceso de colaboración:

  - *Espectro de motivación*. Con el fin de comprender mejor los fun-
    damentos motivacionales de las colaboraciones, hemos conceptua-
    lizado el espectro de motivación, que permite a los socios evaluar
    sus propias motivaciones y las de sus colaboradores a lo largo de
    las dimensiones altruistas y utilitarias, en términos de tipo, inten-
    sidad y combinación motivacional. Es muy importante compren-

der con claridad los motivos que llevan a los socios a colaborar; pues, a menos que las expectativas sean explícitas, puede generarse confusión y conflicto.

- *Relaciones preexistentes.* En el contexto latinoamericano de culturas personalistas, las relaciones surgieron como un elemento significativo para iniciar una colaboración. Estas conexiones fueron vitales para movilizar el nivel de confianza necesario y esencial para abrir las puertas de la colaboración. Nuestra investigación determinó tipos cruciales de relaciones: personal y profesional, y de convalidación directa e indirecta de terceros.

- *Capacidad institucional.* Como se indicó previamente, nuestra investigación reveló que la capacidad institucional de las ONG fue una barrera de entrada significativa en América Latina, mientras que no fue así en las etapas iniciales de las colaboraciones norteamericanas. Se identificaron diferentes niveles de capacidad institucional, cada uno de los cuales creó impedimentos distintos para la colaboración y, por tanto, demandó respuestas diferentes por parte de ambos socios.

• **El desarrollo del alineamiento.** Si bien el concepto de alineamiento ya estaba presente en nuestro punto de partida conceptual, este estudio lo amplió y especificó, al analizar los grados de amplitud y profundidad –del alineamiento de la misión, los valores y la estrategia de cada socio. A mayor alineamiento, más sólida será la alianza. El nuevo marco nos permite una comprensión y una evaluación más precisas del alcance y la solidez del alineamiento. De este modo, uno puede tener un alineamiento muy estrecho sólo con una de las tres variables (por decir, valores), pero si el alineamiento es profundo, la colaboración puede tener una solidez considerable. Sin embargo, también será vulnerable, puesto que en el caso de reducirse la intensidad de esa única variable, no habrá otra conexión a la cual recurrir. La amplitud del alineamiento en múltiples variables proporciona sustentabilidad a través de conexiones múltiples, pero la profundidad de ese alineamiento con cada una de esas variables será el factor determinante de la solidez de la alianza. Pese a la multiplicidad de puntos de contacto, una conexión superficial hará vulnerable la colaboración. Por último, este estudio identificó el hecho de que diferentes puntos de alineamiento operan de diversas maneras. El rango de alineamiento puede variar desde la compatibilidad a la convergencia y, luego, a la congruencia, lo cual acarrea importantes implicaciones para la evolución de la alianza.

• **Generación de valor.** Mientras que nuestra investigación confirmó la importancia de desplegar y combinar competencias básicas y activos clave como fuente de generación de valor, también profundizó nuestra comprensión de la dinámica del proceso de generación de valor. A partir de allí, conceptualizamos el *círculo virtuoso de la generación de valor*, en el que el reconocimiento de las necesidades de los socios y las respuestas proactivas a éstas, conducen a reacciones recíprocas y fortalecedoras, que benefician a ambas partes en niveles cada vez más altos.

• **Gestión de la alianza.** El estudio identificó elementos clave adicionales, que contribuyeron a la gestión efectiva de las colaboraciones y ahondaron el entendimiento de los procesos que cimentan el activo intangible fundamental de la confianza. Asimismo, la investigación amplió el marco para incluir la gestión de alianzas múltiples, que poseen complejidades adicionales debido a su escala y diversidad. La dinámica de las alianzas múltiples también afecta el proceso de generación de valor. Al parecer, el valor se deprecia con mayor lentitud que en las relaciones bilaterales, dado que los mismos recursos pueden ser reasignados a los socios nuevos, en lugar de ser utilizados una y otra vez con el mismo socio, con la consecuente disminución de valor. Además, el desequilibrio de valor bilateral se tolera mejor, porque los socios también extraen valor de los demás participantes de la alianza múltiple.

Es importante señalar, una vez más, que las colaboraciones no son panaceas ni en Estados Unidos ni en América Latina. Las alianzas implican riesgos y costos evidentes para los socios, tal como se demuestra en el libro. Algunas de las áreas problemáticas que surgieron en la investigación, tanto en América Latina como en Estados Unidos, que sería conveniente tener en cuenta, son las siguientes:

• *Motivaciones y expectativas confusas.* Es importante comprender las motivaciones y los objetivos propios y del socio con respecto a la colaboración. Esta comprensión es esencial, no sólo en las etapas iniciales de la relación, sino también en el proceso constante de revisión e introspección periódicas.

• *Alineamiento débil.* Cuando las conexiones de los socios con los valores, la estrategia o la misión son estrechas o poco profundas, la alianza es frágil. La más pequeña alteración puede ocasionar el abandono de la colaboración. Por tanto, es vital que los socios examinen estas conexiones explícitamente y busquen maneras de crear puntos de alineamiento adicionales; por ejemplo, una mayor amplitud o profundizar la intensidad de la variable por la que se estableció la conexión.

- *Bajo valor.* No existen las colaboraciones gratuitas. Las colaboraciones implican costos. Cuando los beneficios no exceden esos costos, la relación no es sostenible ni debería continuarse. Colaborar por el simple hecho de hacerlo no constituye una buena utilización de recursos escasos, tanto desde una perspectiva institucional como social. Asimismo, para comprender con claridad aquello que el socio necesita y valora, deberá ponerse especial atención en cómo desplegar los activos propios y las competencias clave que no se están usando en beneficio del socio.

- *Gestión inadecuada.* Cuando no se presta la atención necesaria a la gestión de la colaboración, los problemas estarán a la orden del día. Una comunicación insuficiente o inadecuada será particularmente problemática. Es aconsejable establecer y utilizar con intensidad los canales de comunicación entre las partes. Además, también será recomendable la formulación conjunta de estrategias de comunicación externa, en particular en lo que se refiere a brindar credibilidad a la colaboración. Esta área incluye el uso mutuo de las marcas y las reputaciones de los socios, activos intangibles clave que exigen un manejo cuidadoso.

Agenda de investigación futura

Si bien nuestra investigación, sin duda, ha expandido nuestro conocimiento empírico sobre las colaboraciones entre compañías y OSC, todavía queda mucho camino por recorrer. Estudiar este fenómeno en países diferentes de los examinados en la muestra, pondría a prueba la validez de los hallazgos de este libro y, sin duda, arrojaría una nueva luz sobre el proceso de las colaboraciones.

Uno de los aspectos del proceso de las colaboraciones que, especialmente, parece merecer una exploración adicional es la dimensión motivacional. La aparente ambivalencia que sienten los empresarios y otras personas acerca del hecho de que las compañías obtengan beneficios comerciales, a la vez que generan beneficios sociales, requiere una mayor investigación. Parecería existir una tendencia entre los hombres de negocios a considerar la participación filantrópica en términos más estratégicos, tema que merece un examen detallado más adelante.

Los fenómenos de alianzas múltiples descritos en esta investigación revelaron dinámicas y desafíos de gestión diferentes de los que se dan en un contexto bilateral. Esto merece un estudio adicional; en particular, en términos de la gestión de las colaboraciones y el proceso de la generación de valor.

Otra vía productiva para seguir sería el análisis de las alianzas con los gobiernos, tanto por parte de las empresas como de las ONG. Esto se prestaría a un análisis comparativo con las alianzas entre compañías y ONG, para verificar qué hallazgos y principios se mantienen y cuáles son diferentes. Nuestra hipótesis es que muchos de los hallazgos serán aplicables, pero surgirán diferencias a causa de las características organizacionales y políticas de los gobiernos. Del mismo modo, sería útil explorar las colaboraciones del tercer sector que involucren a empresas, ONG y entidades gubernamentales.

Más allá de la investigación sobre el proceso de las colaboraciones, existe una necesidad mayor de explorar profundamente los factores que hacen posible que las ONG y las empresas comprometidas independientemente en actividades sociales, alcancen un alto nivel de desempeño. Ésta es precisamente la vía de investigación que SEKN (Social Enterprise Knowledge Network) ha escogido para su próximo estudio.

Los investigadores de SEKN son conscientes de que las colaboraciones intersectoriales representan una fuente de valor emergente para las sociedades latinoamericanas. Es nuestro más ferviente deseo que este libro sobre colaboraciones haya enriquecido y alentado a los estudiosos y participantes a desarrollar colaboraciones sólidas entre empresas y OSC. Es nuestra intención continuar contribuyendo al bienestar de las poblaciones de la región, a través de la generación constante de conocimiento.

Notas

1. Austin y Reficco 2002.

2. Austin 1990.

3. Las características de la cultura anglosajona se extrajeron de Ashkanasy; Trevor-Roberts y Earnshaw 2002. *Véase* también House *et al.* (1999). Sobre las principales características de la cultura latinoamericana, *véase* Ogliastri, *et al.* (1999).

4. Para un estudio comparativo que destaca las características centrales de la cultura de la negociación predominante en América Latina, *véase* Ogliastri 1992. Consultar también Ogliastri 1997.

5. *Véase* "Los desequilibrios en las capacidades institucionales de los socios", en el capítulo 2 (p. 59).

6. City Year y Timberland, CARE y Starbucks, Bidwell y Bayer, The Nature Conservancy y Georgia-Pacific, Jumpstart y American Eagle Outfitters.

Bibliografía

Austin, James E. y Ezequiel A. Reficco (2002). "Forest Stewardship Council", Caso HBS Nº 9-303-047. Boston: Harvard Business School Publishing.

Austin, James E. (1990). *Managing in Developing Countries: Strategic Analysis and Operating Techniques*. Nueva York: Free Press.

Ashkanasy, Neal M.; Edwin Trevor-Roberts y Louise Earnshaw (2002). "The Anglo Cluster: legacy of the British empire", en *Journal of World Business*, vol. 37, Nº 1. Australia: School of Management, The University of Queensland, pp. 28-39.

House, Robert J. *et al.* (1999). "Cultural Influences on Leadership and Organization: Project Globe", en Mobley, William H.; M. Jocelyne Gessner y Val Arnold (editores). *Advances in Global Leadership*, Volume 1. Stamford, CT: JAI Press, pp. 171-233.

Ogliastri, Enrique *et al.* (1999). "Cultura y liderazgo organizacional en 10 países de América Latina. El estudio Globe", en *Academia. Revista Latinoamericana de Administración*, Nº 22. Colombia: Consejo Latinoamericano de Escuelas de Administración-CLADEA, primer semestre, pp. 29-57.

_____. (1997). *Una introducción a la negociación internacional. La cultura latinoamericana frente a la angloamericana, japonesa, francesa y del Medio Oriente*, Serie Monografías de Administración, Nº 49. Bogotá: Facultad de Administración, Universidad de los Andes, julio.

_____. (1992). *El sistema japonés de negociación. La experiencia de América Latina*. Bogotá: McGraw-Hill y Uniandes.

Epílogo

Alianzas: una perspectiva adicional

J. Austin, E. Reficco, G. Herrero y equipo de investigación SEKN

Este libro sobre colaboración intersectorial ha sido, a su vez, producto de una colaboración. La Red de Conocimiento sobre Emprendimientos Sociales (SEKN, Social Enterprise Knowledge Network) nació como una alianza de investigación y desarrollo institucional entre las principales escuelas de negocios de América Latina y Harvard Business School (HBS). Durante los últimos dos años, no sólo hemos aprendido mucho sobre las organizaciones estudiadas; la actividad de SEKN también ha servido de laboratorio para explorar en profundidad el proceso de colaboración en la creación de conocimientos en el nivel continental. A fin de ofrecer una perspectiva adicional sobre los principios de asociación analizados en los capítulos precedentes, deseamos cerrar este esfuerzo colectivo con algunas reflexiones sobre nuestra propia experiencia de colaboración. La alianza formada en SEKN difiere de las relaciones estudiadas en este libro porque se trata de una colaboración entre las ONG, y no entre ONG y empresas privadas. Por tanto, su análisis nos ofrece la oportunidad de examinar hasta qué punto los procesos y principios que encontramos en alianzas intersectoriales son también válidos para colaboraciones que se desarrollan dentro de un mismo sector. Repasaremos nuestra experiencia desde la plataforma de componentes básicos del proceso de asociación planteada en el capítulo uno y desarrollada a lo largo del libro: construcción de puentes, alineamiento, generación de valor y conducción de la alianza. Además, consideraremos la dimensión de crecimiento e innovación de la alianza, de cara al futuro.

La construcción de puentes

Las colaboraciones surgen para dar respuesta a necesidades insatisfechas, percibidas por quienes posteriormente se convierten en socios. En el caso de SEKN, la percepción de una necesidad insatisfecha afloró originalmente durante las conversaciones mantenidas entre el presidente de la Iniciativa de Emprendimientos Sociales (Social Enterprise Initiative, SEI) de HBS, de los colegas de otras escuelas de negocios de América Latina y de los líderes de empresas y ONG latinoamericanas. A través de este diálogo, se detectó la necesidad urgente de una mejor formación gerencial que aumentara la predisposición y la capacidad de los ejecutivos latinoamericanos, actuales y futuros, para comprometerse con el tercer sector en forma efectiva para promover el desarrollo sustentable. Existe también una necesidad paralela, igualmente urgente, de fortalecer la capacidad gerencial de los líderes de las ONG, que constituyen los ejecutores clave de los cambios y las mejoras socioeconómicas. Las sociedades alcanzarán un nivel de progreso significativo cuando haya un sector empresarial dinámico y responsable, así como una sociedad civil robusta y capaz. Más aún, las posibilidades de desarrollo resultarán mayores si estos dos sectores logran unirse en emprendimientos de colaboración. En este contexto, las escuelas de gestión de negocios podrían desempeñar un papel fundamental en la generación de conocimientos y la capacitación gerencial necesarias para satisfacer estos requerimientos de desarrollo de recursos humanos. A fin de responder a esta demanda en el nivel hemisférico, surgió la visión de un emprendimiento de colaboración entre las principales escuelas de negocios, con el propósito no sólo de realizar investigaciones conjuntas, sino también de producir los materiales pedagógicos que le permitieran a cada una de las instituciones participantes cumplir su misión educativa.

Gracias a que la colaboración involucraba a un único sector –la formación gerencial en un nivel universitario–, entre los futuros socios había un profundo conocimiento de la industria, un gran número de conexiones sociales y profesionales, un lenguaje académico común y culturas organizacionales similares. Por tanto, muchas de las barreras existentes en las colaboraciones intersectoriales que se analizan en el presente libro no existían o tenían una importancia menor. Sin embargo, los miembros fundadores de SEKN debieron superar diferencias geográficas, culturales, económicas e institucionales. Como ocurre en la creación de la mayoría de las alianzas, existe un emprendedor que inicia el proyecto, en este caso el presidente de la SEI de HBS. La tarea de conectar a las distintas escuelas de negocios se vio facilitada en virtud de su prolongada relación personal y profesional con profesores de diversas escuelas latinoamericanas. En muchos casos, existía un nivel considerable de conocimiento, respeto y confianza mutua con los potenciales socios, como para conversar francamente con los colegas de las demás escuelas sobre la posibilidad y viabilidad de crear una red de investigación. En los países donde el presidente de la SEI no contaba con relaciones preexistentes, el director del Centro de Investigación para América

Latina (LARC, Latin America Research Center*)* de HBS aportó su red de contactos para establecer las conexiones necesarias.

Si bien estas relaciones personales proveían el acceso y el punto de contacto para establecer un diálogo, considerar la participación en una alianza interinstitucional –ya sea en el mismo sector o entre distintos sectores– era una apuesta arriesgada. SEKN no representaba un mero proyecto de investigación desarrollado con un par de colegas, sino un ambicioso emprendimiento que suponía un importante compromiso institucional. En una colaboración de alta exposición, la credibilidad institucional –no ya la personal– pasa a ser fundamental. El reconocido papel internacional de HBS en la educación gerencial, sumado a su presencia física en la región a través del LARC[1], incorporó esta dimensión adicional. Otro activo altamente relevante consistía en la experiencia y el capital intelectual adquiridos a través del desarrollo de su SEI, iniciada en 1993. HBS ofrecía compartir sus conocimientos y materiales pedagógicos con sus socios potenciales, con el fin que éstos desarrollaran una mayor actividad en el campo de los emprendimientos sociales. Al mismo tiempo, las escuelas latinoamericanas que formarían parte de la alianza también tenían credibilidad, por su prestigio como instituciones líderes en la educación ejecutiva de sus respectivos países. Algunas, incluso, contaban con una sólida experiencia en la investigación y capacitación de líderes de ONG. Los recursos de las escuelas participantes en SEKN eran superiores a lo que suele ser el común de las ONG en la región, lo cual facilitaba el proceso de colaboración.

El hecho de que las instituciones participantes se incorporasen a este diálogo precedidas por sus respectivas reputaciones como centros de excelencia académica, posibilitó el surgimiento de una atmósfera de franqueza y cooperación, basada en el respeto mutuo, que facilitó los encuentros iniciales tendientes a desarrollar una visión compartida. Asimismo, varios de los líderes de las distintas escuelas ya habían trabajado juntos en diversos proyectos y sus relaciones personales anteriores aceleraron el proceso de integración. Entre las barreras detectadas durante la etapa inicial, no obstante, destacaron las diferencias institucionales. Si bien la similitud entre las instituciones facilitó la colaboración, algunos miembros de SEKN eran exclusivamente escuelas de negocios, mientras otras formaban parte de universidades, tanto públicas como privadas, por lo cual el proceso de comprensión general de los distintos contextos organizacionales demandó un cierto tiempo. Otra diferencia radicó en el hecho de que algunas escuelas manejaban el enfoque de enseñanza e investigación basado en el estudio de casos, mientras que otras tenían muy poca experiencia en ese aspecto. Dado que la Red había elegido el método del caso como su metodología de trabajo, desde un principio se decidió que se realizaría una inversión inicial para nivelar las herramientas y equipar a todos los miembros con las capacidades necesarias para lograr la misión colectiva. A tal fin, el cuerpo de profesores de SEKN participó en un programa de capacitación docente de HBS –el Coloquio de Aprendizaje Centrado en Participantes–, realizado en Boston, junto con otros profesores extranjeros. La capacitación adicional sobre escritura de casos se desarrolló a través de talleres de investigación SEKN, llevados a cabo aproximadamente cada seis meses. Este proceso fue análogo al fortalecimiento institucional necesario en algunas de las alianzas entre empresas y ONG estudiadas.

En el diseño de todo tipo de colaboraciones, es importante que los socios comuniquen sus necesidades con claridad. En el diálogo con las escuelas latinoamericanas, resultó evidente que, para organizar un esfuerzo serio de investigación y capacitación en el área de emprendimientos sociales, se necesitaría una cantidad significativa de recursos financieros para mantener los equipos de investigación docentes y administrativos. A fin de satisfacer esta necesidad, HBS comenzó un diálogo con AVINA, organización que se asocia con líderes de la sociedad civil y empresarios para implementar iniciativas de desarrollo sustentable en Iberoamérica. AVINA vio en SEKN una oportunidad novedosa para fortalecer las contribuciones sociales de los líderes de la región, tanto del sector privado como del sector social, y aceptó formar parte de la alianza con el aporte de donaciones de contrapartida para las escuelas de negocios que ingresaran en SEKN. La alianza se diseñó con un horizonte de seis años, divididos en tres ciclos de investigación de dos años cada uno, con la incorporación de escuelas adicionales en cada uno de ellos. Los fondos provistos por AVINA constituyeron un recurso facilitador crítico, al tiempo que el requerimiento de contrapartida impuesto por la fundación aumentó el compromiso institucional de las escuelas con el emprendimiento. AVINA también aportó su experiencia y su red de contactos con líderes de empresas y ONG, como activos relevantes al trabajo de SEKN.

En la formación de las alianzas entre ONG y empresas que se analizan en este libro, observamos que las motivaciones subyacentes fueron en general una combinación de altruismo y utilitarismo. Todos los socios fundadores de SEKN eran ONG, por lo cual la motivación altruista de fortalecer la capacidad para crear valor social de los líderes de las OSC y las empresas era predominante. Al mismo tiempo, desde una perspectiva utilitaria, las escuelas vieron a la Red como un medio para mejorar sus capacidades institucionales, desarrollar nuevos programas y fortalecer sus vínculos con líderes sociales y de negocios. Para algunas, era incluso otra forma de diferenciarse de la competencia y crear una ventaja competitiva adicional.

Alcanzar el alineamiento

En los capítulos anteriores, hemos visto que lograr el alineamiento de misiones, valores y estrategias de los socios resulta fundamental para la creación de una alianza estratégica fuerte. Asimismo, observamos que la fortaleza del alineamiento puede provenir de una conexión amplia entre las misiones, valores y estrategias y, también, de una conexión profunda surgida de la congruencia cabal en una o más de estas dimensiones.

Misión

En general, las colaboraciones entre socios pertenecientes a un mismo sector tienen una mayor probabilidad de contar con misiones compatibles que las alianzas intersectoriales, ya que todos los socios se dedican a la misma actividad de base –en este caso, la educación gerencial en el nivel universitario–. Sin embargo, no todas las escuelas de negocios tienen la misma misión. Los miembros fundadores de SEKN, no obstante, compartían un fuerte alineamiento con la misión de la Red, porque uno de los requisitos para ingresar en SEKN era considerar al área de emprendimientos sociales como parte integrante de la misión de la institución. Esta congruencia entre las misiones de socios fue explícitamente confirmada en el diálogo mantenido con las autoridades más altas de cada institución. La premisa era que el propósito básico de la escuela debía contemplar los emprendimientos sociales como un elemento esencial, con el fin de asegurar el nivel de apoyo organizacional necesario para lograr un impacto significativo.

La experiencia de SEKN constituye un ejemplo de la dinámica de fertilización cruzada, en la cual la interacción profunda y cercana, en ocasiones, lleva a los socios a redefinir su identidad organizacional, tornándose más parecidos entre sí y desarrollando un alineamiento más profundo. A partir de la experiencia de haber trabajado intensamente en una red dedicada al estudio de emprendimientos sociales, por lo menos una de las instituciones participantes ha decidido reformular su misión, con el objetivo de otorgar una importancia todavía mayor al componente social.

Sobre la base del compromiso de los directivos de las distintas instituciones participantes, los equipos SEKN y sus miembros elaboraron juntos la siguiente misión, que captura y formaliza el alineamiento de las misiones de los integrantes de la alianza:

> Avanzar las fronteras del conocimiento y de la práctica en iniciativas sociales a través de la colaboración en investigación, el aprendizaje compartido, la enseñanza centrada en el estudiante y el fortalecimiento de las instituciones de educación en administración para servir a sus comunidades.

Valores

Aunque los valores organizacionales centrales de los socios eran variados, había suficiente congruencia en algunos de los más importantes: profesionalismo, excelencia académica, orientación a la práctica, integridad y responsabilidad social. Probablemente resulte más fácil encontrar cierta congruencia de valores en alianzas dentro de un mismo sector que en colaboraciones intersectoriales, debido a la relativa homogeneidad institucional. Sin embargo, cabe señalar que el alineamiento de valores fue bastante común en las alianzas entre empresas y las ONG estudiadas en este libro.

Estrategia

Según el caso, el grado de alineamiento de SEKN con las distintas estrategias de cada una de las escuelas también fue diferente. En algunos había una fuerte compatibilidad, pues las escuelas ya desarrollaban el tema de los emprendimientos sociales dentro de sus esfuerzos de investigación y capacitación. Para otros era un área casi virgen y la apertura a un campo totalmente nuevo. Y otras escuelas estudiaban en profundidad ciertas dimensiones del tema –como, por ejemplo, la responsabilidad social– y no otros –como el nivel gerencial de las organizaciones sin fines de lucro o viceversa–. En general, sin embargo, y a pesar de las características particulares de cada una de las alineaciones, surgieron algunas características en común. El tercer capítulo señaló que es posible que mediante una colaboración, una organización fortalezca su conexión con sus grupos de interés –internos y externos– o agregue valor a sus productos. SEKN ha motivado y capacitado a los profesores y al personal de las organizaciones participantes interesadas en trabajar en la generación de valor social. La tarea de SEKN también responde a la creciente demanda de los líderes, actuales y futuros, en esos países por comprender la interrelación entre lo social y lo privado. Por último, a través de la creación de una masa crítica de estudios de casos, los miembros SEKN han agregado una fuerte dimensión social a sus programas de MBA y formación ejecutiva. En el caso particular de HBS, su incorporación a SEKN fue consistente con la estrategia de globalización de la escuela y la SEI, que apunta al desarrollo de investigaciones de campo importantes fuera de Estados Unidos, a fin de generar capital intelectual novedoso y relevante para sus clientes en todo el mundo.

Un tema organizacional estratégico fundamental, que se planteaba para los miembros, radicaba en la decisión de participar en un emprendimiento multilateral con una cadena de valor tan integrada. Si bien las distintas escuelas participantes ya mantenían acuerdos de colaboración bilateral con otras instituciones, y relaciones con asociaciones industriales, ninguna –HBS incluida– integraba una alianza con la aspiración de desarrollar conjuntamente nuevos conocimientos a escala hemisférica, en estrecha coordinación con otras instituciones. La mayoría de las escuelas operaban en mercados diferentes, lo cual en cierto modo reducía el potencial conflicto competitivo entre ellas. Sin embargo, algunos miembros consideraban a otros como sus competidores en el contexto mayor del mercado de MBA en América Latina. Como se describió en el capítulo décimo, aun los competidores pueden cooperar, si consiguen el alineamiento de las dimensiones sociales de sus misiones respectivas y anteponer el bien común a sus intereses particulares –en este caso, la creación de conocimientos prácticos que contribuyan a sociedades más sustentables–. SEKN muestra la dinámica de *"coo-petencia"* en acción, en la cual los competidores se unen para *crear* y expandir el mercado de la formación de emprendimientos sociales. La visión generalizada fue que esta oportunidad de colaboración generaría una situación gana-gana, que no podía ser desperdiciada.

Participar en esta Red constituía un importante riesgo estratégico para las partes, en virtud de su carácter novedoso, su agenda ambiciosa, su complejidad organizacional y su escala. La voluntad de asumir este riesgo surgió del valor que, en la percepción de los futuros socios, podía generarse en esta colaboración novedosa.

Generación de valor

Como hemos visto a lo largo del libro, las alianzas sociales más fuertes son aquéllas que combinan sus recursos y despliegan sus competencias centrales para generar beneficios significativos a los socios y la sociedad toda. Uno de los atributos más valiosos de las colaboraciones intersectoriales entre empresas y ONG radica en la diversidad de sus activos y competencias, que tiende a ser mayor que la que se da en las colaboraciones dentro de un mismo sector. El potencial de generación de valor de SEKN se basa en la complementariedad, la escala y el espectro. Las escuelas participantes –aunque similares en muchos aspectos– son distintas en varios sentidos, lo cual ofrece oportunidades de generación de valor a través de la combinación de sus diversas competencias y de compensar las debilidades de unas con las fortalezas de otras. Parte del proceso de aprendizaje de SEKN ha consistido en descubrir esas diferencias y apalancar las fortalezas institucionales y personales de sus miembros. Por ejemplo, se utilizó la competencia tecnológica superior y la infraestructura de una de las escuelas para desarrollar el sistema de comunicación vía Internet de la Red, y su sitio correspondiente:

www.sekn.org. En la captura del valor potencial que emana de la diversidad se encuentra la voluntad de aprender de los socios, ya sea de otro sector o del mismo. La oportunidad de interactuar con colegas que no pertenecen al mismo ambiente institucional ofrece acceso a perspectivas y competencias adicionales y diferentes. Desde un principio, el aprendizaje mutuo ha formado parte de las interacciones entre los investigadores de SEKN y se ha convertido en una poderosa motivación para los miembros. El aprendizaje no sólo se ha referido a los importantes temas de investigación desarrollados, sino también a las posibilidades de implementar e institucionalizar actividades de contenido social en las respectivas escuelas. Para ello, se han tomado ideas provenientes de las prácticas llevadas a cabo por otros socios.

La segunda fuente de generación de valor deriva de la escala de la Red. Como se vio en el capítulo décimo, las colaboraciones múltiples –en ese caso se trataba de múltiples empresas que se unían con una variedad de ONG en Colombia– pueden producir un mayor impacto social debido a que tienen una mayor escala. En el caso de SEKN, los esfuerzos conjuntos de múltiples ONG educativas alcanzan a una cantidad de alumnos y especialistas mayor que las relaciones bilaterales o individuales. Más aún, surgen economías de escala en el aprendizaje porque se examinan múltiples casos y participan más profesores, por lo que se acelera el recorrido conjunto en la curva del aprendizaje. El hecho de que existan más casos y más datos aumenta el peso de los hallazgos. Además, como cada escuela produjo un total de cuatro casos, la producción conjunta totalizó veinticuatro casos, que constituyen una base de materiales pedagógicos disponibles mayor que si las distintas escuelas hubieran decidido desarrollar esos casos en forma independiente. De esta manera, se permite la creación más veloz de cursos o programas completos.

La tercera fuente de generación de valor proviene del alcance geográfico de la Red. Al contar con miembros de distintos países dentro del hemisferio, SEKN logra realizar estudios comparativos entre los diversos países sobre un mismo tema, con una metodología común. Los estudios comparativos son poco frecuentes, por su complejidad y por el nivel de recursos que requieren. Por tanto, resultan en extremo valiosos para analizar fenómenos en términos de las diferencias y similitudes entre los países, como se mencionó en el capítulo duodécimo. Por otro lado, la Red puede estudiar, al mismo tiempo, las operaciones de una compañía o una ONG en distintos países, tal como se hará, de hecho, en el próximo ciclo de investigación. Otro factor de generación de valor que emana de la escala correspondió a la interacción entre los socios –un ejemplo concreto fue el intercambio de estudiantes entre los programas POSFL de Argentina y CEATS de Brasil–.

Gestión de la alianza

En las alianzas intersectoriales estudiadas en el presente libro, hemos observado que su efectividad depende, en gran medida, de la forma en que se maneje la relación entre los socios. La atención focalizada en la relación constituye un elemento importante. En todas las escuelas que participan en SEKN, se designó a un miembro del cuerpo de profesores como líder del esfuerzo dedicado a emprendimientos sociales de la institución. Dentro de sus organizaciones, estas personas cumplen la tarea del emprendedor social, al desarrollar las actividades de su institución relacionadas con emprendimientos sociales y vincularlas con SEKN. A su vez, cada uno de los líderes cuenta con un equipo de investigación que interactúa con los de las otras escuelas de la Red. Un componente esencial de la atención focalizada consiste en el apoyo de la alta dirección. En consecuencia, el apoyo del líder de cada una de las escuelas, comprometido al momento del ingreso a SEKN, se sigue cultivando en forma regular, incluso en los casos donde se han producido cambios de liderazgo.

A pesar de su importancia, sabemos que el compromiso de la alta dirección no es suficiente para mantener el vigor de las alianzas. La colaboración se ha institucionalizado de manera diferente dentro de cada una de las escuelas. Si bien variaron las características individuales específicas, en todos los casos, las actividades relacionadas con SEKN pasaron a ser un aspecto importante de la cartera de responsabilidades e incentivos del cuerpo de profesores y personal involucrados en el proyecto –incluso al punto de convertirse, en algunos casos determinados, en una ocupación de tiempo completo–.

También sabemos que la comunicación clara y frecuente constituye la savia que nutre toda relación de colaboración. Para empezar, la buena comunicación entre los socios es vital para el desarrollo de las relaciones personales que cimentan la confianza mutua. SEKN enfrentó el desafío comunicacional de la colaboración, significativo en este caso a raíz de la dispersión geográfica de los miembros, mediante un enfoque basado en dos ejes. En primer lugar, creamos un canal de comunicación vía Internet, a través de un foro de Yahoo. Este canal de correo electrónico instantáneo ha resultado bastante efectivo y eficiente como vehículo comunicacional, aunque tuvimos que aprender a no abusar de él y a no enviar todos los mensajes a todos los miembros, sino al grupo al que le competía específicamente. También creamos nuestra propia página de Internet, que nos permitió compartir archivos y utilizar otros vehículos de comunicación. Tratamos de trasladar nuestro correo electrónico de Yahoo a nuestra plataforma Intranet vía Internet, pero descubrimos que, de esa manera, nuestras posibilidades de comunicación se reducían en lugar de ampliarse. En consecuencia, regresamos al sistema dual. A fin de implementar un proceso más sistemático para informar nuestros respectivos progresos y compartir aprendizajes, establecimos un informe mensual, que cada escuela elabora y un administrador de HBS compagina, para su distribución en forma de *newsletter* mensual de SEKN. El grupo evaluó si el beneficio de esta comunicación superaba el costo de elaboración y concluyó que así era, ya que les permitía a los socios tomar ideas generadas por los demás. Además, el proceso de elaboración del informe también suponía una disciplina de autorreflexión, que los informantes consideraron valiosa. El papel de coordinador de SEKN, desempeñado por HBS y su LARC durante el primer ciclo de dos años, también incluyó la responsabilidad general de la comunicación de las tareas conjuntas.

La comunicación cara a cara se produjo a través de talleres realizados cada seis meses. Si bien la comunicación electrónica es vital, su efectividad aumentó considerablemente gracias a la interacción personal desarrollada en estas reuniones grupales. La profundidad de las relaciones se incrementa a través de la espontaneidad y las conversaciones informales que se dan en las reuniones. Un "abrazo" electrónico no genera la conexión emocional que se produce en el contacto directo entre las personas.

La misma importancia tiene la comunicación dentro de cada una de las escuelas participantes y con sus públicos externos. Esta comunicación se ha logrado a través de una serie de artículos y actividades de difusión. Por ejemplo, SEKN ha aparecido hace poco en el *HBS Bulletin* –publicación que utiliza esta escuela para mantenerse en contacto con sus ex alumnos del mundo entero– y la *ReVista* –revista de distribución gratuita que publica el Centro David Rockefeller de Estudios Latinoamericanos (David Rockefeller Center for Latin American Studies) de Harvard University, dedicada a temas relacionados con América Latina, la comunidad latina de Estados Unidos y la península Ibérica. Además, el equipo SEKN de la Universidad de los Andes publica un boletín virtual bimestral sobre emprendimientos sociales llamado *Makruma,* con el propósito de conectar a diversos grupos de interés con sus esfuerzos de responsabilidad social. En términos más amplios, SEKN fue invitado a participar en la Primera Conferencia Americana de Responsabilidad Social Corporativa, "Alianzas para el Desarrollo", organizada en 2002 por el Banco Interamericano de Desarrollo, para analizar justamente el tema de las colaboraciones intersectoriales. Líderes de empresas, ONG y entidades gubernamentales de todo el hemisferio participaron en el encuentro. El líder del equipo de HBS presentó una versión preliminar de la investigación de la Red en la sesión plenaria y los líderes de otros equipos SEKN moderaron el debate subsiguiente. SEKN ya ha sido invitado a participar en la edición 2003 de la Conferencia, bajo el título de "La Responsabilidad Social Corporativa como Herramienta de Competitividad". Dado que la misión de SEKN consiste en generar y difundir conocimiento, el grupo trabajó en forma activa y coordinada para diseminar durante 2003-2004 los hallazgos de nuestra investigación, mediante la participación de sus integrantes en varias conferencias académicas y reuniones de asociaciones profesionales y de líderes, tanto nacionales como internacionales. Además de la publicación del presente libro y la distribución de los casos y notas de enseñanza en una Colección SEKN publicada por Harvard Business School Publishing, los académicos de SEKN también publicarán otros artículos sobre las investigaciones realizadas en diversos medios académicos y de interés general.

Si bien los canales de comunicación son importantes, su contenido y naturaleza lo son aún más. SEKN desarrolló ciertas normas en este sentido. En primer lugar, compartíamos el compromiso de producir investigaciones de muy alta calidad. El cumplimiento de este pacto de responsabilidad estuvo más ligado a la presión de los pares y el respeto mutuo –como formas de control social– que a la obligación formal que habíamos contraído con quienes financiaron el proyecto. De allí surgió la norma de valorar la devolución franca y la crítica constructiva sobre los trabajos producidos. La crítica inteligente y constructiva es difícil de hallar, pero, al mismo tiempo, es absolutamente esencial para lograr una calidad superior. Este tipo de comunicación se ha convertido en un importante beneficio para los miembros de SEKN. La misma norma se aplica no sólo a nuestro trabajo, sino también a nuestros procesos grupales. Otra norma paralela promueve, en forma explícita, la autorreflexión sobre nuestros propios procesos. Como el desarrollo de procesos en esta Red implica una importante cuota de aprendizaje sobre la marcha, resulta inevitable que cometamos errores. Por tanto, dedicamos un espacio de cada una de nuestras reuniones a reflexionar sobre los aspectos que funcionan bien y los que podrían mejorarse. La crítica individual o colectiva no es fácil de dar ni de recibir. Requiere coraje, madurez y confianza, pero se apoya en la convicción compartida de que sirve para lograr el objetivo común de la mejora continua. Creemos que estos procesos de responsabilidad, sumados a la devolución mutua franca y constructiva, son importantes para mantener la vitalidad de las colaboraciones intersectoriales y las que se gestan dentro de un mismo sector.

Cada escuela maneja su cartera de colaboraciones con otras instituciones de manera independiente y diferente. No obstante, todas parecen tener conciencia de la necesidad de mantener el foco y el equilibrio en sus alianzas. Debido a la magnitud de los recursos institucionales que requiere un emprendimiento como SEKN, la Red tiende a ser considerada como una iniciativa estratégica en la cartera de colaboraciones de los socios. Tal es el caso de la SEI de HBS, para la cual SEKN tiene una dimensión fundamental, como columna vertebral de su estrategia de internacionalización y desarrollo del área de emprendimientos sociales en el nivel global.

El capítulo quinto dejó claro que las colaboraciones no pueden formarse ni operar sin confianza mutua. La experiencia de SEKN puso en juego prácticamente la lista completa de recursos enumerados en dicha sección, con buenos resultados. La confianza mutua se generó sobre la base de no generar expectativas desmesuradas, de cumplir las promesas, de mostrar resultados, de actuar con transparencia en cada etapa del camino, de institucionalizar una rutina de trabajo conjunto, de fomentar el respeto y el reconocimiento mutuos, de superar juntos los desafíos, de tener un discurso consistente con nuestras acciones, de mantener un compromiso de largo plazo, de entablar fuertes relaciones interpersonales y de aprovechar la credibilidad de marcas institucionales reconocidas.

Otro elemento importante de las colaboraciones saludables consiste en la adjudicación de responsabilidades claras y compartidas. En SEKN ha surgido un proceso en el que se comparten todas las tareas, apuntando a que la distribución de la carga de trabajo sea equitativa, al aprovechamiento de las ventajas comparativas de cada socio y a la creación de oportunidades de aprendizaje. Por ejemplo, distintas escuelas han actuado como anfitriones de los talleres periódicos de investigación o se han ofrecido para desempeñar tareas específicas, tales como la función de tesorero de la Red. Cada una de las sesiones de los talleres está coordinada por un cuerpo de profesores perteneciente a una de las escuelas. El cumplimiento cabal de estas responsabilidades aumenta la credibilidad y la confianza entre los socios. A su vez, este proceso ha creado una expectativa de desempeño que constituye una forma de presión constructiva por parte de los pares. El sistema de gobierno se basa en decisiones compartidas, mientras que la función de coordinador de la Red es rotativa entre los miembros.

Es importante destacar que AVINA no ha actuado como un donante pasivo dentro de la Red. Desde el principio, AVINA fue considerada como un miembro más para el cumplimiento de la misión de SEKN. En consecuencia, los representantes de AVINA han participado en los talleres y han trabajado en estrecha colaboración con las escuelas. Así como las escuelas debieron aprender cómo trabajar de forma efectiva entre sí, también se ha dado un proceso de descubrimiento en la relación con

AVINA. El alcance y la naturaleza particulares de SEKN llevaron a AVINA a ajustar algunos de sus procedimientos y enfoques, para adecuarlos a los procesos y la estructura de SEKN. La congruencia de objetivos y la confianza personal posibilitaron que la implementación de estas modificaciones fuese parte de un proceso de aprendizaje colectivo continuo.

SEKN está estructurada como una coalición de organizaciones. La idea de inscribirla formalmente como ONG independiente fue descartada, fundamentalmente porque ese formato podría debilitar el sentimiento reinante, entre los miembros, de una responsabilidad directa por la existencia y vitalidad de la Red. Una organización independiente y formal correría el riesgo de convertirse en una entidad "manejada por otros", en lugar de una entidad que avanza a partir de los aportes directos de sus miembros. Podríamos analizar la evolución de SEKN en términos del *continuo de colaboración*. Inicialmente, las escuelas se unieron en lo que podríamos calificar como una relación transaccional: un proyecto de investigación con un ciclo de dos años, actividades definidas y resultados específicos. Este libro y los correspondientes 24 casos de estudio[2] representan la conclusión de ese ciclo. Durante ese proceso, sin embargo, SEKN evolucionó hacia una relación integrativa continua. La Red ha adquirido identidad propia en términos de nombre, logo, resultados, reconocimiento externo, estructura y cultura organizacional. Vale la pena señalar que los miembros de la alianza dedicaron un espacio considerable de diálogo al tema del nombre y el logo. Surgieron una serie de diferencias lingüísticas entre los distintos países en torno del mismo término. Por tanto, los miembros acordaron que cada uno de los países adoptaría el texto que mejor representara el concepto de Social Enterprise Knowledge Network en el idioma local, pero se conservaría el nombre en inglés, la sigla SEKN y el logo de diseño conjunto como elementos de identidad común en todos los países. En la actualidad, SEKN es más una *joint-venture*, una iniciativa colectiva, que un proyecto transaccional.

Crecimiento e innovación

Las colaboraciones dinámicas enfrentan el desafío constante del crecimiento y la innovación continua. Si bien SEKN se encuentra en la etapa inicial de su ciclo de vida, avanza en forma sistemática y sostenida. En septiembre de 2003, comenzó su segundo ciclo de investigación de dos años. A las siete escuelas fundadoras se agregaron cuatro instituciones en tres países nuevos, incluyendo España –con lo cual la Red ha pasado a ser iberoamericana–. Una de las escuelas fundadoras se ha retirado de mutuo acuerdo, ante la imposibilidad de movilizar los recursos docentes necesarios para generar los resultados esperados. Esto ha reforzado los parámetros de calidad y resultados de la Red. Para el Ciclo II, los miembros de SEKN han seleccionado como tema de investigación la identificación de los factores determinantes de éxito en los emprendimientos sociales llevados a cabo por empresas y ONG. A diferencia del foco de investigación del Ciclo I, de colaboraciones entre ONG y empresas, la nueva investigación estudiará a las ONG y las corporaciones exitosas en forma independiente, con el propósito de identificar y analizar los factores clave que las han conducido a un nivel superior de desempeño social. El proceso que llevó a SEKN a seleccionar esta nueva agenda intelectual sirve para explicitar la dinámica de la colaboración. Los criterios de selección básicos apuntaban a que el tema elegido respondiera a un vacío importante de conocimiento, respondiera a las necesidades de las escuelas participantes y fuera de investigación factible. En el diálogo colectivo surgieron muchos temas interesantes y significativos, aunque también diferencias resultantes de las necesidades divergentes de cada escuela. A través de un proceso iterativo, de sucesivas rondas de discusiones, se llegó a un consenso alrededor del tema mencionado. Una vez más, otra importante norma se manifestó en este proceso: la voluntad de construir soluciones consensuadas y de ceder posiciones, con el fin de evitar parálisis destructivas. En la colaboración constructiva, no se trata de ganar, sino de ganar en conjunto.

Una última dimensión de la estrategia de crecimiento de SEKN se ha basado en la creación de un efecto multiplicador dentro de cada uno de los países integrantes. La membresía de SEKN no puede ampliarse de manera irrestricta, porque se convertiría en una organización inmanejable. Se generarían deseconomías de escala que deben evitarse. Sin embargo, para cumplir su misión, SEKN debe maximizar su impacto. En parte, este objetivo se logra con la difusión de este libro y de los casos de enseñanza que ya se han mencionado. Sin embargo, además de la creación de capital intelectual, existe la posibilidad de que los miembros de SEKN desarrollen redes de escuelas y otras organizaciones de contenido social en sus respectivos países. Estas redes nacionales apuntan a capturar sinergias de colaboración y ampliar los canales de generación y difusión de conocimientos.

La necesidad de fortalecer las capacidades de generación de valor social de los gerentes de empresas y ONG sigue siendo crítica. El potencial que entrañan estos esfuerzos para la mejora de las sociedades de la región es enorme. SEKN ya ha emprendido la marcha en ese camino. Esperamos que este libro nos haya acercado a la meta y que este Epílogo les resulte de utilidad a quienes deseen aprovechar el poder de las redes institucionales para lograr una sociedad mejor.

Notas

1. El Centro Latinoamericano de Investigación (Latin America Research Center, LARC) de HBS fue uno de los cinco centros de investigación que se establecieron fuera de Boston desde 1997. El LARC fue inaugurado en Buenos Aires en agosto de 2000. También está presente en São Paulo, Brasil, y trabaja en otros países de la región.

2. La Colección SEKN se encuentra disponible a través de Harvard Business School Publishing (www.hbsp.org).

Índice de materias

Esta edición se terminó
de imprimir en Septiembre de 2005
en Contacto Gráfico Ltda.
congrafico@yahoo.com
Bogotá, Colombia